浙江省"十一五"重点建设教材
国家骨干高等职业院校重点建设专业教材

船 舶 管 理

轮机专业　　　　CHUANBO GUANLI

白继平　主　编
袁　对　副主编
黄连忠　陈逸宁　主　审

人民交通出版社

内 容 提 要

本书为浙江省"十一五"重点建设和国家骨干高等职业院校重点建设专业教材。根据轮机工程专业所对应的主推进动力装置功率在3000kW及以上钢质海船设置的二/三管轮岗位职责,立足于高等职业院校学生的认知规律及职业特征,将该课程内容划分为八个相对独立的教学项目,分别为:船舶适航性控制、船舶维修管理、机舱资源管理、船员管理法规解读、船舶防污染管理、船舶营运安全管理、船舶安全检查、船舶安全操作及应急处理。

本教材可作为轮机工程专业全日制高职学校的专业教材,也可作为钢质海船二/三管轮适任证书考试的培训用书。

图书在版编目(CIP)数据

船舶管理(轮机) / 白继平主编. --北京:人民交
通出版社,2012.6
　　ISBN 978-7-114-09832-1

　　Ⅰ.①船… Ⅱ.①白… Ⅲ.①船舶管理-高等职业教
育-教材 Ⅳ.①U692

　　中国版本图书馆 CIP 数据核字(2012)第 119924 号

浙江省"十一五"重点建设教材
国家骨干高等职业院校重点建设专业教材

书 名:	船舶管理(轮机)
著 作 者:	白继平
责任编辑:	杨 川
出版发行:	人民交通出版社
地 址:	(100011)北京市朝阳区安定门外外馆斜街 3 号
网 址:	http://www.chinasybook.com
销售电话:	(010)64981400,59757915
总 经 销:	北京交实文化发展有限公司
印 刷:	北京鑫正大印刷有限公司
开 本:	787×1092 1/16
印 张:	22
字 数:	577 千
版 次:	2012 年 6 月 第 1 版
印 次:	2012 年 6 月 第 1 次印刷
书 号:	ISBN 978-7-114-09832-1
印 数:	0001-3000 册
定 价:	56.00 元

(有印刷、装订质量问题的图书由本社负责调换)

前　　言

为了满足《1978 年海员培训、发证和值班标准国际公约》(简称 STCW 公约)马尼拉修正案的相关要求,适应我国高等职业技术教育海船轮机工程技术专业教学改革的需要,我们编写了本教材。

本教材根据轮机工程技术专业所对应的主推进动力装置功率在 3000kW 及以上钢质海船设置的二/三管轮岗位职责,立足于高等职业院校学生认知规律及职业特征,将该课程内容划分为八个相对独立的教学项目,即:船舶适航性控制、船舶维修管理、机舱资源管理、船员管理法规解读、船舶防污染管理、船舶营运安全管理、船舶安全检查、船舶安全操作及应急处理。

教材编写上努力体现"工学结合、校企合作",力求突出任务驱动、体现"知识为技能服务"的理念;力求突出船舶轮机管理的职业性,解决"做什么、怎么做,为什么这么做,做到什么标准"。实施过程中,以二/三管轮船舶实际工作任务为依据,根据教学项目的性质设置相应的教学情境、采取相应的教学方法,融知识传授、能力培养和素质教育为一体,充分体现"项目为载体、能力为目标、理实一体化"的目标。通过项目训练,不仅要求学生能在船舶适航性控制、船舶维修管理、机舱资源管理和船舶轮机安全操作及应急处理方面能够提供支撑,更希望学生能够正确解读船员管理法规、船舶防污染法规和船舶营运安全法规,做到知法、守法,并且能运用航运界法律法规维护船舶利益。

本教材由下列人员编写:浙江交通职业技术学院白继平(项目 1 中任务 1 ~ 3、项目 6 中任务 1 ~ 3)、徐红明(项目 7)、张业明(项目 2 中任务 1 ~ 3)、丁建洪(项目 5 中任务 1 ~ 3)、吴永华(项目 3)、吴伯才(项目 8 中任务 1 ~ 5)、蒋更红(项目 4 中任务 1 ~ 4)、阮少华(项目 1 中扩展任务 1、2);浙江国际海运职业技术学院陈永芳(项目 5 中任务 4 ~ 6)、胡贤民(项目 6 中任务 4、5)、袁对(项目 8 中任务 6 ~ 10);大连职业技术学院马希才(项目 2 中扩展任务 1、2);浙江海事局任德芙(项目 4 中任务 5 ~ 7)。全书由浙江交通职业技术学院白继平主编,大连海事大学黄连忠教授和浙江省海运集团浙海海运有限公司陈逸宁轮机长主审。

本教材编写过程中,编者参考了相关院校《船舶管理》的教学标准与课程标准、教材和相关的网络教学资源,并得到了有关船舶修造公司、海运企业、港航和海事部门专家的帮助,在此一并表示感谢。

由于编者水平有限,加之时间仓促,书中谬误和不足之处在所难免,恳请读者批评指正。

编　者
2012 年 5 月

目　　录

项目1　船舶适航性控制 ……………………………………………………… 1

　　任务1　船舶浮性控制 ……………………………………………………… 1

　　任务2　船舶稳性控制 ……………………………………………………… 12

　　任务3　船舶抗沉性控制 …………………………………………………… 19

　　扩展任务1　船体强度解析 ………………………………………………… 34

　　扩展任务2　船体结构加强 ………………………………………………… 40

项目2　船舶维修管理 ………………………………………………………… 53

　　任务1　修船的种类和原则解析 …………………………………………… 53

　　任务2　修船组织 …………………………………………………………… 57

　　任务3　轮机坞修工程管理 ………………………………………………… 68

　　扩展任务1　船舶动力管系管理 …………………………………………… 74

　　扩展任务2　船舶辅助管系管理 …………………………………………… 84

项目3　机舱资源管理 ………………………………………………………… 94

　　任务1　机舱资源管理解析 ………………………………………………… 94

　　任务2　轮机部团队构建 …………………………………………………… 99

　　任务3　人为失误与预防 …………………………………………………… 105

项目4　船员管理法规解读 …………………………………………………… 113

　　任务1　STCW 公约解读 …………………………………………………… 113

　　任务2　2006 海事劳工公约解读 ………………………………………… 122

　　任务3　劳动合同法解读 …………………………………………………… 132

　　任务4　船员条例解读 ……………………………………………………… 135

　　任务5　船员适任考试、评估和发证规则解读 …………………………… 141

　　任务6　海船船员值班规则解析 …………………………………………… 149

　　任务7　轮机部船员职责解析 ……………………………………………… 156

项目5　船舶防污染管理 ……………………………………………………… 164

　　任务1　MARPOL 73/78 公约解读 ……………………………………… 164

　　任务2　1990 年油污法解读 ……………………………………………… 186

　　任务3　海洋环境保护法解读 ……………………………………………… 191

　　任务4　防治船舶污染海洋环境管理条例解读 …………………………… 200

　　任务5　船舶防污设备管理 ………………………………………………… 207

　　任务6　防止油污文书解析 ………………………………………………… 216

项目6　船舶营运安全管理 …………………………………………………… 232

　　任务1　国际海上人命安全公约解读 ……………………………………… 232

  任务 2　ISM 规则与 SMS 解析 ·· 242

  任务 3　国际船舶保安规则解析 ·· 257

  任务 4　海上交通安全法解读 ·· 264

  任务 5　船舶检验 ··· 268

项目 7　船舶安全检查 ··· 282

  任务 1　船旗国监督（FSC）·· 282

  任务 2　港口国监督（PSC）··· 293

项目 8　船舶安全操作及应急处理 ····································· 308

  任务 1　轮机部安全操作 ·· 308

  任务 2　船舶搁浅碰撞应急处理 ····································· 315

  任务 3　全船失电应急处理 ·· 319

  任务 4　弃船时应急措施 ·· 321

  任务 5　机舱进水应急处理 ·· 323

  任务 6　船舶应变部署 ··· 326

  任务 7　机舱应急设备的使用管理 ··································· 332

  任务 8　恶劣海况下机舱安全管理 ··································· 335

  任务 9　轮机部防台措施 ·· 337

  任务 10　船内通信系统管理 ··· 340

参考文献 ··· 345

项目1　船舶适航性控制

通过本项目训练,学生应能达到船舶适航性控制方面的能力需求,即分别在船舶浮性、船舶稳性和船舶抗沉性方面达到相应的能力目标;同时,为了满足国家海事局适任证书考试需求,学生还应该达到相应任务的知识目标需求。学生分组完成教学任务,每个小组成员既要有明确分工,又要相互合作,这样也就达到了情感目标的教学要求。

任务1　船舶浮性控制

教学目标
- ◎ 能力目标:(1)能识读船舶载重线标志、船舶吃水标志;(2)能识读船舶静水力曲线图;
  (3)能根据舷外水密度变化判定船舶的浮态变化规律。
- ◎ 知识目标:(1)掌握船舶尺度和船型系数;(2)掌握载重线标志、吃水标志的组成与识读
  方法;(3)掌握船舶静浮于水中的力平衡条件;(4)熟悉船舶静水力曲线图的
  参数构成。
- ◎ 情感目标:(1)具备严谨的工作态度;(2)具备良好的职业道德;(3)具备团队合作精神。

【任务介绍】

(1)钢质海船为何能够在海水中漂浮?

(2)钢质海船静浮于水中为何会呈现出多种漂浮状态?

(3)船上装货或卸货后,船舶的浮态一定会发生变化吗?

(4)在内河中处于正浮状态的货船,为何驶入大海中就变成了船艉略微下沉、船艏略微上翘?

【任务解析】

船舶若能够静浮于水面,必须满足阿基米德定律,即船舶受到的重力与浮力要大小相等、方向相反,力的作用线要在同一条直线上。

船舶受到浮力的大小与船体水线以下的几何形状有关,而船舶的额定载重量是一定的,即水线以下船体的几何形状一定,所以满载状态下船舶所受浮力是一个定值。但是,当舷外水密度发生变化时,船舶的吃水会随之发生变化,导致浮心位置发生偏移。

船舶所受重力大小取决于船舶的重量,船舶重量由空船重量和载货重量组成,船舶装卸货物时,船舶重心的位置会发生变化。

浮心坐标或者重心坐标发生变化时,都会致使浮力或重力作用线发生偏移,从而破坏原有的平衡条件,船舶的浮态也会因此发生变化,直到再次满足阿基米德定律时,船舶才会再次静浮于水面,形成一个新的船舶浮态。

【相关知识】

一、基 本 概 念

1. 船舶浮性

船舶浮性是指船舶在各种载重情况下,能够保持一定浮态的性能。

2. 船舶浮心

船舶浮心是指浮力的作用中心,或船舶入水体积的几何中心。

3. 船舶重心

船舶重心是指重力的作用中心。

4. 船舶排水量

船舶排水量是指船舶自由浮于静水中排开水的质量。

5. 船舶重量

船舶重量 W 由两部分组成,即空船重量 W_0 和总载重量 DW,则 $W = W_0 + DW$。

空船重量是一个固定重量,其数值及空船重心坐标都可以从"倾斜试验报告书"中查得。空船重量等于空船排水量;总载重量是船上的船员、粮食、淡水、供应品、燃料、滑油、货物、旅客等各项可变重量总和的最大值,其重心坐标也可以通过相应公式计算出来。因此,船舶总载重量的数值大小随着航次的装载情况、航区和航程等不同而改变,是一个可变重量。

二、船舶静浮于水中的平衡条件

作用于船上的重力 W 和浮力 D,必须大小相等方向相反,且作用在垂直于静水面的同一条垂线上(图 1-1)。

三、船舶的浮态

船舶在水中的漂浮状态称为浮态。船舶浮态主要有正浮、横倾、纵倾、纵倾加横倾四种状态。

1. 正浮

船舶既无横倾又无纵倾的漂浮状态,称为正浮(图 1-2)。坐标表示见式 1-1。

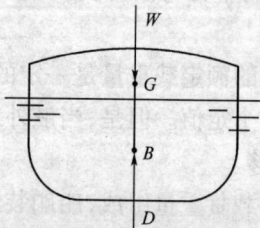

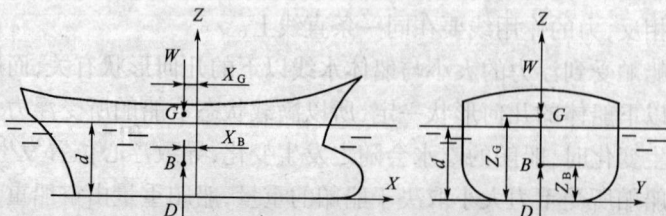

图 1-1　船舶受力　　　　　　　　图 1-2　船舶正浮状态

2

$$\begin{cases} X_{\mathrm{G}} = X_{\mathrm{B}} \\ Y_{\mathrm{G}} = Y_{\mathrm{B}} = 0 \end{cases} \tag{1-1}$$

2. 横倾

船舶只具有横向倾斜(无纵向倾斜)的漂浮状态,称为横倾(图1-3)。坐标表示见式1-2。

$$\begin{cases} X_{\mathrm{G}} = X_{\mathrm{B}} \\ Y_{\mathrm{G}} \neq Y_{\mathrm{B}} \end{cases} \tag{1-2}$$

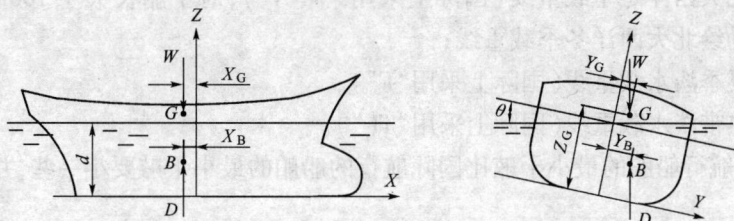

图1-3 船舶横倾状态

3. 纵倾

船舶相对于设计水线具有纵向倾斜(无横倾)的漂浮状态,称为纵倾(图1-4)。坐标表示见式1-3。

$$\begin{cases} X_{\mathrm{G}} \neq X_{\mathrm{B}} \\ Y_{\mathrm{G}} = Y_{\mathrm{B}} = 0 \end{cases} \tag{1-3}$$

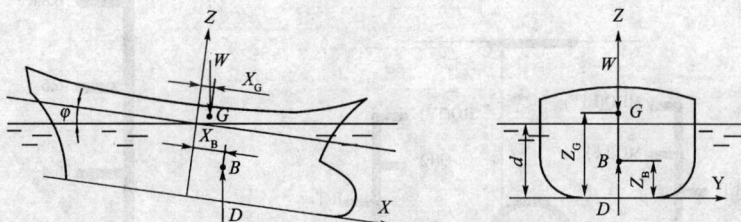

图1-4 船舶纵倾状态

4. 纵倾加横倾

船舶既有纵倾又有横倾的一种漂浮状态,称为纵倾加横倾(图1-5)。坐标表示见式1-4。

$$\begin{cases} X_{\mathrm{G}} \neq X_{\mathrm{B}} \\ Y_{\mathrm{G}} \neq Y_{\mathrm{B}} \end{cases} \tag{1-4}$$

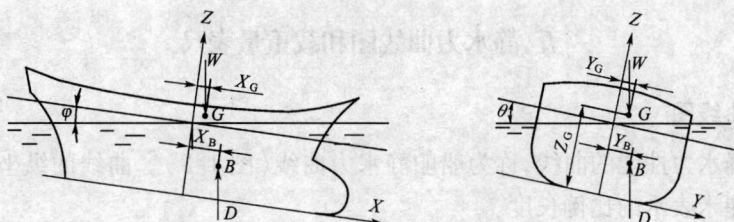

图1-5 船舶纵倾加横倾状态

四、载重线标志和水尺

1. 载重线标志

定义:载重线标志是为了保障船舶的安全航行和最大的载重能力而规定的最高吃水线。

3

意义:在保证船舶安全航行的条件下,最大限度地利用了船舶的载重能力。

组成:甲板线、载重线圈和载重线(图1-6)。

各载重线上的字母符号代表的意义如下:

"X"——夏季载重线(国际上采用"S");

"R"——热带载重线(国际上采用"T");

"D"——冬季载重线(国际上采用"W");

"BDD"——北大西洋冬季载重线(国际上采用"WNA"),对于船长大于100m的船舶,不需勘绘北大西洋冬季载重线;

"Q"——夏季淡水载重线(国际上采用"F");

"RQ"——热带淡水载重线(国际上采用"TF")。

比较:国内航行船舶的最小干舷比国际航行的船舶的最小干舷要小一些,并且没有冬季载重线。

2. 水尺

定义:水尺是表示船舶吃水的标记,也称吃水标志。

位置:用数字和线段刻画在船首、尾和船中两舷的船壳板上(图1-7),分别标明相当于首垂线、尾垂线和船中横剖面处的实际吃水值。

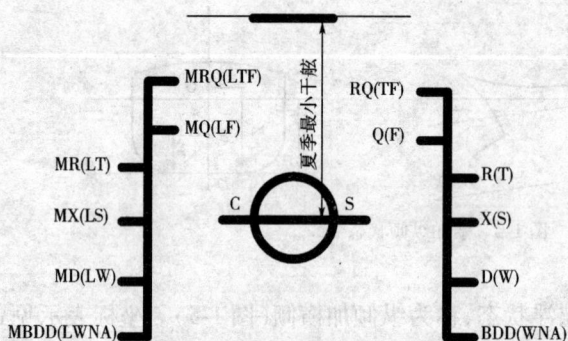

图1-6 载重线标志

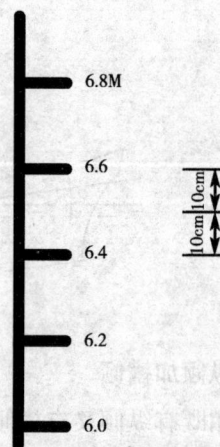

图1-7 吃水标志

五、静水力曲线图和载重量表尺

1. 静水力曲线图

表示船舶静水力性能的曲线,称为船舶静水力曲线(图1-8)。曲线的纵坐标是表示吃水 d,横坐标是以厘米表示的比例长度。

2. 载重量表尺

由于静水力曲线图比例太小,结果不精确。为了方便使用,将图中几个主要的参数,如载重量、干舷等,随吃水的变化情况列成表格形式,该表格称为载重量表尺,如图1-9所示。

需要强调的是,静水力曲线图和载重量表尺只适用于船舶正浮状态,根据吃水查相关数值,船舶有微纵倾时也可近似使用。

4

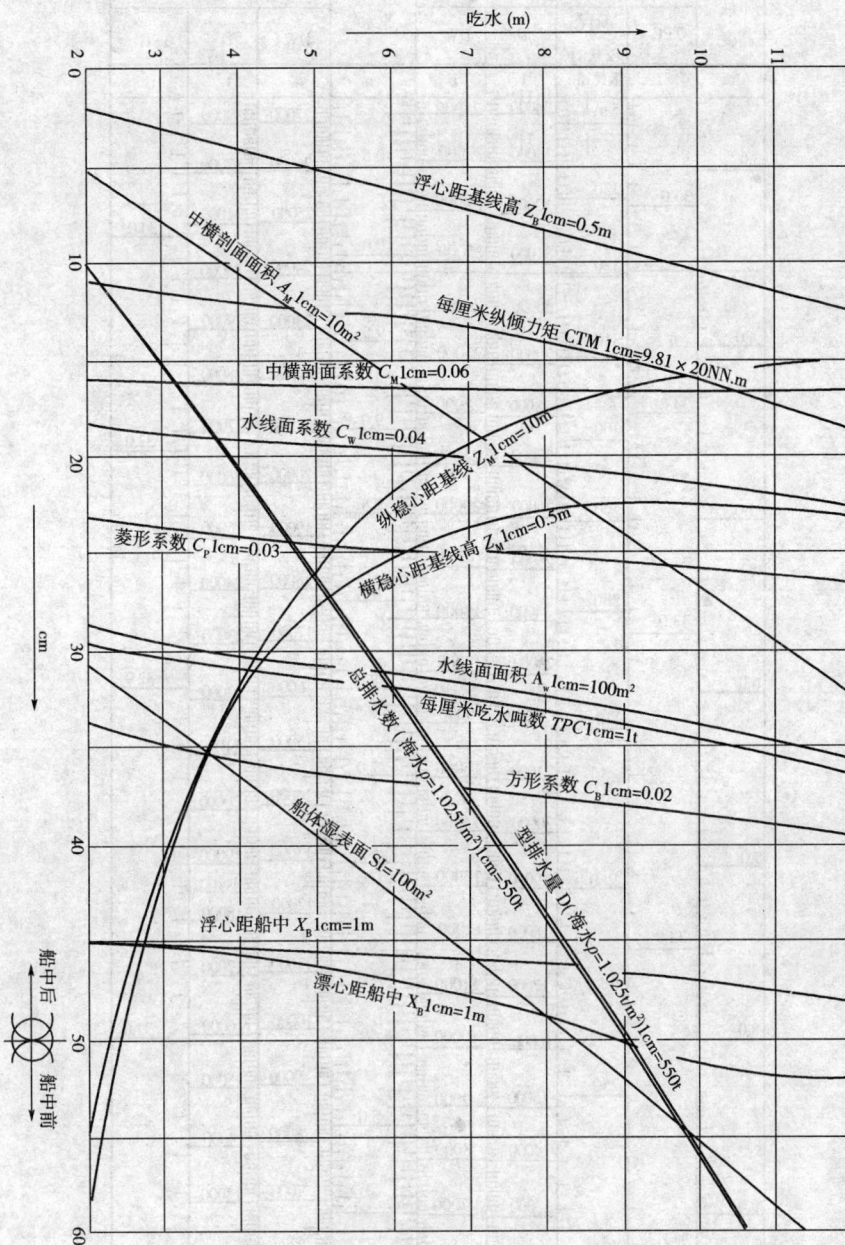

图 1-8　静水力曲线图

六、漂心与每厘米吃水吨数

1. 漂心

定义:船舶水线面积的几何中心称为漂心,通常以符号"*F*"表示。漂心位于船中前为正值,船中后为负值。

性质:船舶在小量装卸货物时,只有当货物装卸在水线面漂心的垂线上时,船舶才会平行沉浮(图1-10)。

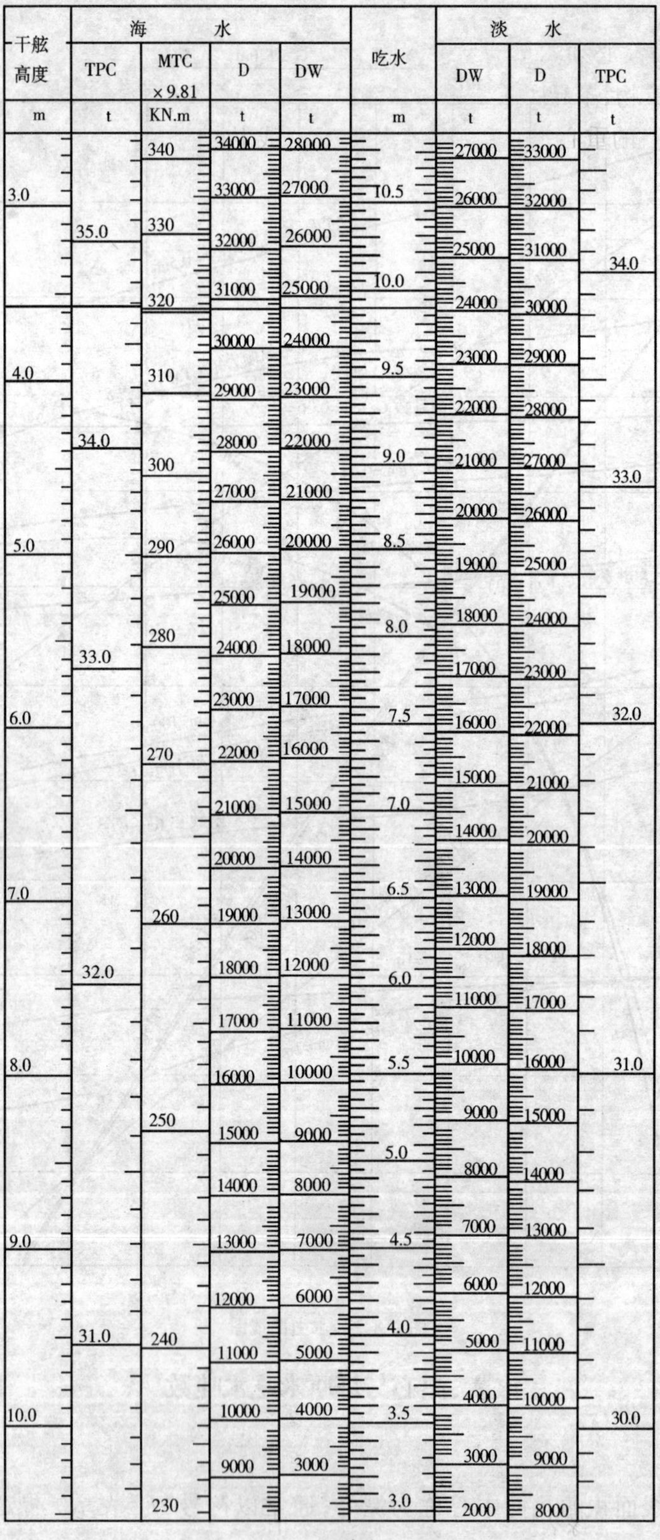

干舷高度	海水				吃水	淡水		
	TPC	MTC×9.81	D	DW		DW	D	TPC
m	t	KN.m	t	t	m	t	t	t

图 1-9 载重量表尺

2. 每厘米吃水吨数

定义:船舶在任一吃水时,水线平行改变(下沉或上浮)1cm 所引起排水量变化的吨数,通常以"TPC"表示。

船舶要平行沉浮,必须满足的条件如下:

(1)装卸少量重物,不超过载重量的10%。

(2)装卸重物 P 的重心位于原水线面漂心的垂线上。

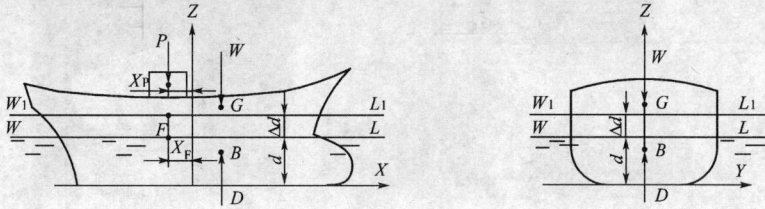

图 1-10 船舶平行沉浮

用途:船舶小量装卸时,可以较方便地求出船舶吃水改变量 Δd ,或根据吃水的改变量求船舶装卸的重量(式1-5)。

$$\Delta d = \frac{P}{TPC} \quad cm \tag{1-5}$$

【任务实施】

一、船舶载重线标志识读

若能够准确地对船舶载重线标志进行识读,必须明确下列几个问题:

(1)船舶载重线标志组成?

(2)载重线在载重线圈的船首侧还是船尾侧?

(3)国内航行船舶与国际航行船舶载重线标志的区别?

船舶载重线标志实际勘划情况取决于船舶的航区(图1-11),与理论要求(图1-6)存在一些差异。

对于运木材船,木材载重线勘绘在载重线标志向船尾一侧。而客船需要在载重线的下方绘有分舱载重线。

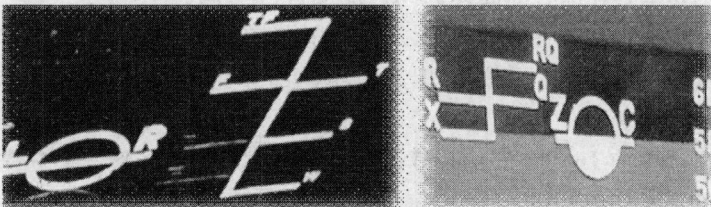

图 1-11 船舶载重线标志

二、船舶水尺识读

我国船舶吃水标志均采用国际单位制,即以米为单位,水尺采用阿拉伯数字标绘,每个数字高为10cm,数字与数字的间隔也为10cm(图1-12)。

识读标准:数字的下缘表示该数字所指的吃水值。

实例1:

(1)水面刚好与水尺"8.6"字样的下边缘相切,此时船舶吃水为8.6m;

(2)水面淹没水尺"8.6"字样一半时,此时船舶吃水为8.65m;

（3）水面刚好淹没水尺"8.6"字样的上边缘，此时船舶吃水为8.7m。

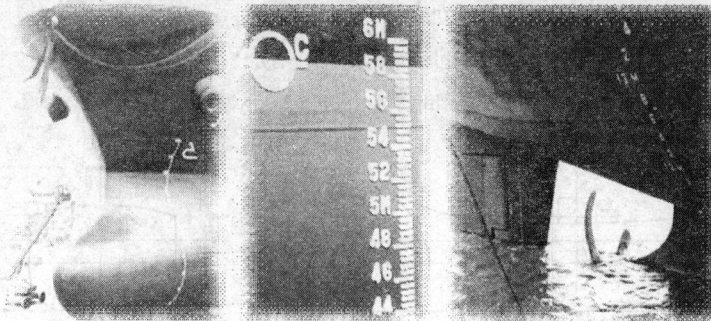

图 1-12　不同船舶部位水尺

三、船舶静水力曲线图识读

当船体几何形状一定时，船舶排水体积和浮心坐标只随船舶吃水 d 而变化。因此，船舶的排水量和浮心坐标都可以表示为 $D=f(d)$、$X_B=f(d)$、$Z_B=f(d)$ 的函数形式，由于船体的几何形状复杂，这些函数计算相当繁琐。为此，船舶设计部门或船厂把每一条船的排水量和浮心坐标随着吃水的变化都预先给计算出来，并以一定的比例绘成曲线，分别称 $D=f(d)$ 为排水量曲线，$X_B=f(d)$ 为浮心距船中坐标曲线，$Z_B=f(d)$ 为浮心距基线高度坐标曲线，这些曲线都绘在同一张图中（图 1-8），图中不同曲线有不同的比例尺度。

另外，在船舶静水力曲线图中还可以查到的静水力参数有：每厘米纵倾力矩 CTM、每厘米吃水吨数 TPC、中横剖面面积 A_M、水线面面积 A_W、中横剖面系数 C_M、水线面系数 C_W、棱形系数 C_p、方形系数 C_B、横稳心距基线高度 Z_M、漂心距船中距离 X_F。

四、少量装卸货对船舶浮态影响的判定

船舶正浮状态时，少量装卸货对浮态的影响取决于装卸货物重心与船舶漂心的沿船长方向相对位置变化（参见图 1-10）：

（1）装（卸）货物重心在漂心前面，$X_P>X_F$，船舶首（尾）倾；

（2）装（卸）货物重心在漂心后面，$X_P<X_F$，船舶尾（首）倾；

（3）装（卸）货物重心在漂心垂线上，船舶正浮。

实例 2：

某船漂心位于船中前 1m 处（$X_F=1$m），现从船中前 0.5m 处（$X_P=0.5$m）装下少许货物，装货结束后船舶的浮态如何？

答：由题目描述可知，$X_P<X_F$，即卸货的位置发生在船舶漂心后面，卸货后船舶会发生尾倾现象。

若从船中前 1.5m 处卸货，$X_P>X_F$，卸货的位置发生在船舶漂心前面，卸货后船舶会发生首倾现象。因此，可以将漂心理解成为跷跷板的支点。

五、舷外水密度变化对船舶浮态的影响

由排水量计算公式（1-6）知，在船舶重量不变的情况下，舷外水密度改变时，船舶排开水的体积是改变的。

$$D=\rho V_{排}　　　　　　　　　　　（1-6）$$

8

通常,船舶尾部比首部肥大,因此在舷外水密度变化而船内重物没有移动时,船舶浮态会发生如下变化:

(1)舷外水密度变小,船舶排开水体积增大,吃水增加,浮心后移,船舶首倾;

(2)舷外水密度变大,船舶排开水体积变小,吃水减小,浮心前移,船舶尾倾;

因为舷外水密度变化对船舶吃水变化的影响是很小的,所以吃水变化前后船舶水线面面积可以近似认为不变,则式(1-6)可以改写成式(1-7)。

$$d_1\rho_1 = d_2\rho_2 \tag{1-7}$$

【任务小结】

通过任务训练,学生能识读船舶载重线标志、水尺,能运用静水力曲线图获取相关参数,能根据客观事实变化判断船舶的浮态。

【知识链接】

1. 储备浮力

为了保障船舶的航行安全,在任何情况下都不允许船体的水密空间全部浸入水中。就是说在载重水线以上,必须保留一部分水密空间留作备用,因为甲板上浪或结冰会增加船舶的重量。另外,一旦发生海损船体内部进水,为了使船舶能保持一定的漂浮能力或不致立刻沉没,都需要有一定的备用水密空间提供浮力,以支持增加的重量。因此,满载水线(设计水线)以上的船体水密部分的体积所具有的浮力,称为储备浮力。

2. 干舷

所谓干舷,通常是指船舶夏季最小干舷而言的。它是在船中处,沿舷侧从夏季载重水线量至干舷甲板上表面的垂直距离。

干舷甲板,是按载重线公约或载重线规范所要求的、用以计算最小干舷的基准甲板。通常干舷甲板是最高一层全通甲板,在该层甲板及其下面的两舷侧,所有的水密开口都有永久性的水密封闭装置。

储备浮力的大小,一般是用干舷的高度来衡量的。干舷越大,载重水线以上的水密空间就越大,即储备浮力也就越大,所以干舷就被用作衡量储备浮力大小的一个尺度。

为了既能保证船舶的航行安全,又能使船舶具有尽可能大的装载能力。每条船都必须具有一个最小的储备浮力,即限定了最大的吃水,或者规定了最小干舷。船舶在任何情况下,装载的重量都不得使干舷小于所规定的最小干舷。

最小干舷高度的大小是由船舶的长度、型深、方形系数、上层建筑、舷弧、船舶种类、开口封闭情况以及船舶航行的区带、区域、季节期和航区决定的。

【拓展提高】

一、船体型表面、首垂线和尾垂线(图 1-13)

1. 型表面

型表面是指不包括船舶附体(主要包括:舵、螺旋桨、舭龙骨、减摇鳍、尾轴架等)在内的船体外形的设计表面。

2. 首垂线

首垂线是指通过首柱的前缘和设计夏季载重水线的交点所作的垂线,用 F_P 表示。

3. 尾垂线

尾垂线是指沿着舵柱的后缘或舵杆中心线所作的垂线,用 A_P 表示。

首、尾垂线之间的水平距离叫做垂线间长,一般用来代表船长,用 L_{BP} 表示。

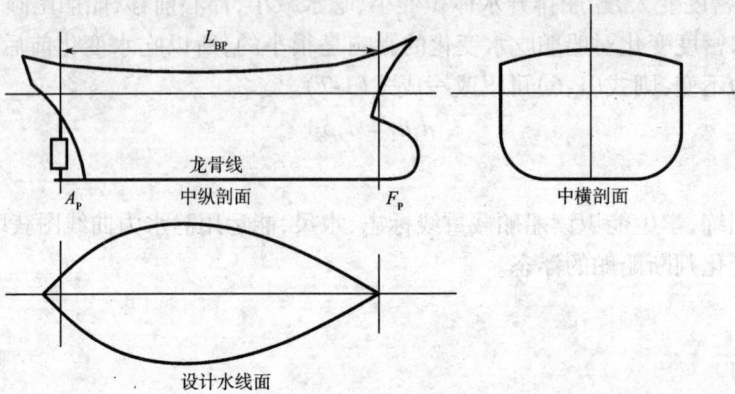

图 1-13   船体的三个主要剖面

二、基准面、基线和直角坐标

1. 基准面

基准面也称为主坐标平面,是用来确定船体上各部分位置和船体型尺度的直角坐标系统的坐标轴平面(图 1-14)。

（1）中线面。将船体分为左右两舷对称的纵向平面,是量度船体横向尺度的基准面。

（2）中站面。将船体分为前体和后体两部分,是量度船舶首尾方向尺度的基准面。

（3）基平面。通过中站面与龙骨线的交点,或船体型表面的最低点处,并平行与设计水线面的平面;该平面是量度船体垂直方向尺度的基准面。

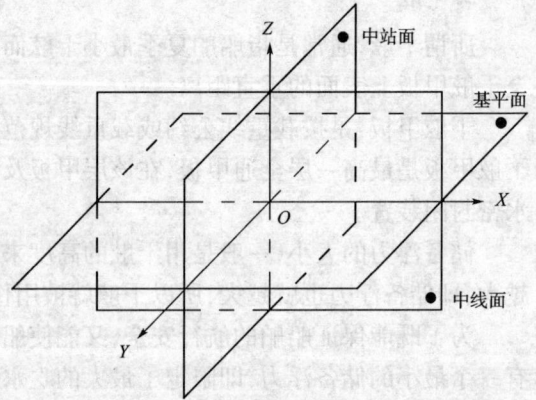

图 1-14   基准面和基线

2. 基线

中站面与基平面的交线,称为船体的横向基线;中线面与基平面的交线,称为船体的纵向基线。

3. 直角坐标

三个基准面的交点为坐标原点 O,中线面与基平面的交线为纵向基线,称为 X 轴;中站面与基平面的交线为横向基线,称为 Y 轴;中线面与中站面的交线为竖轴,称为 Z 轴。

三、船体的三个主要剖面

1. 中横剖面

中横剖面是中站面与船体相截所得的船体剖面;该剖面能反映出中横剖面系数、舭部升高和舭部半径的大小,对船舶阻力、横摇、舱容的大小、排泄舱底水等有重要影响。

2. 中纵剖面

中纵剖面是中线面与船体相截所得的船体剖面;该剖面的形状能反映出甲板、船底、首尾端的侧视轮廓,对船舶操纵性、速航性、耐波性等有一定影响。

3. 设计水线面

设计水线面是夏季载重吃水处的水平面与船体相截所得的船体剖面,对船舶阻力、稳性、船舶布置等有重要的影响。

四、船 型 系 数

船型系数是表示水线下船体肥瘦程度的无因次系数的统称,它表征水线下船体的体积和面积沿着各个方面的分布情况(表1-1)。

船型系数之间存在的关系:$C_B = C_P \cdot C_M$ 和 $C_B = C_{VP} \cdot C_W$。

船 型 系 数 表   表1-1

系数名称	公　式	影　响	示　图
水线面系数	$C_W = \dfrac{A_W}{L \cdot B}$	快速性、稳性、甲板面积	
中横剖面系数	$C_M = \dfrac{A_M}{B \cdot d}$	快速性、耐波性	
方形系数	$C_B = \dfrac{V_排}{L \cdot B \cdot d}$	排水量、舱室容积、快速性、耐波性	
棱形系数	$C_P = \dfrac{V_排}{A_M \cdot L}$	速航性、耐波性	
垂向棱形系数	$C_{VP} = \dfrac{V_排}{A_W \cdot d}$	速航性、耐波性	

【课后自测】

1. 什么是船舶的浮性?

2. 什么是漂心?有何作用?平行沉浮的条件是什么?

3. 什么是 TPC?其使用条件如何?有何用途?

4. 什么是静水力曲线?包括哪些曲线?

任务2　船舶稳性控制

【任务介绍】

船舶在大海中航行,当遭遇到狂风巨浪袭击时,为何有的船舶能够平安的驶向目的地港口,而有的船舶却葬身于大海? 船舶抵抗风浪的能力是一定的吗? 船舶能够抵抗多大风浪? 船舶抵抗风浪袭击能力的影响因素有哪些? 如何做才可以提高船舶抵抗风浪袭击的能力?

【任务解析】

为了解决这些任务,首先应该理解船舶稳性的定义,即船舶受到外力作用后倾斜,船舶本身的受力发生了哪些变化? 外力消除以后,船舶本身受力又是怎样? 其次应该清楚船舶稳性的影响因素有哪些,以及每一项影响因素所对应的生产实际事件;最后是船舶稳性的评价指标及相关因素。

【相关知识】

一、船 舶 稳 性

1. 定义

船舶受到外力作用后会离开平衡位置而倾斜,当外力消除之后,船舶能够自行回复到原平衡位置的性能叫船舶稳性。

2. 分类

船舶稳性分类如图 1-15 所示。

3. 基本概念

(1)横倾力矩 M_h。当船舶受一横向的风、浪或拖牵力等作用时,船舶会发生横倾,如图 1-16 所示。这种使船舶产生横向倾斜的外力,称为横倾力矩,通常以符号"M_h"表示。

船舶在横倾力矩作用下倾斜,若是倾斜过程中不产生角加速度和惯性量,则该横倾力矩就称为静态横倾力矩;若是倾斜过程中产生角加速度和惯性量,则该横倾力矩就称为动态横倾力矩,比如船上重物突然横移、横向突风作用、拖索急牵等所产生的力矩均可视作动态横倾力矩。

(2)船舶稳性力矩 M_s。船舶倾斜后,重力 W 与浮力 D 不作用在同一条直线上,形成一个与横倾力矩相反的扶正船舶或使船舶回复到初始平衡位置的力矩,称为船舶稳性力矩,通常以符号"M_s"表示：

$$M_s = D \cdot GZ \qquad (1\text{-}8)$$

（3）静稳性力臂 GZ。船舶重心 G 向船舶倾斜后的浮力作用线所作的垂线，称为静稳性力臂，通常以符号"GZ"表示：

$$GZ = GM \cdot \sin\theta \qquad (1\text{-}9)$$

（4）稳心 M。船舶倾斜前后，浮心轨迹的曲率中心，称为稳心，通常以符号"M"表示。

（5）稳心半径 BM。稳心 M 在浮心 B 之上的高度，称为稳心半径，通常以符号"BM"表示。

（6）初稳性高度 GM。稳性 M 在船舶重心 G 之上的高度，称为初稳性高度，通常以符号"GM"表示：

$$GM = Z_m - Z_g \qquad (1\text{-}10)$$

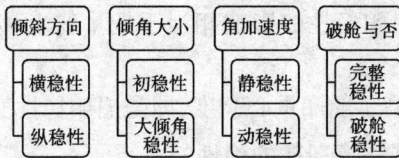

图 1-15　稳性分类

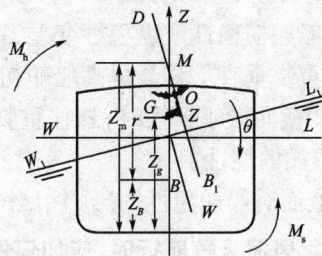

图 1-16　船舶横倾过程示意图

二、初稳性与大倾角稳性

1. 初稳性

（1）定义。船舶在横倾力矩 M_h 作用下，从正浮位置倾斜一个小角度 $\theta < 10° \sim 15°$ 时的船舶稳性。

（2）浮心 B 和稳心 M 的轨迹。船舶小角度倾斜时，浮心曲线可以近似看作是一段圆弧线，而它的曲率中心即是稳心 M，即是圆弧线的圆心，所以，船舶从正浮位置倾斜一个小角度时，稳心的轨迹可以认为是一个固定点。

2. 大倾角稳性

（1）定义。船舶在横倾力矩作用下，倾斜角度 $\theta > 10° \sim 15°$，此时船舶稳性称为大倾角稳性。

（2）浮心 B 和稳心 M 的轨迹。浮心 B 移动的轨迹不再是一段圆弧线，则浮心曲线的曲率重心，即稳心 M 点，也不再是一个固定点，而是随着横倾角逐渐移动的曲线。

三、静稳性与动稳性

1. 静稳性

船舶在静态横倾力矩作用下（倾斜过程中无角速度和惯性量）所具有的稳性称为静稳性。

2. 动稳性

船舶在动态横倾力矩作用下（倾斜过程中带有角速度和惯性量）所具有的稳性称为动稳性。

【任务实施】

1. 船舶为何具有稳性？

船舶在外力作用下倾斜，船体水线以下几何形状发生变化，即船舶入水体积几何中心发生漂移;此时,若船舶所载重物没有发生移动,则船舶的重力与浮力的作用线就不在同一直线上,从而对船舶产生一个力偶矩,当该力偶矩能够抵抗外界风压倾侧力矩时,船舶才具有稳性,否则船舶不具备稳性。

2. 影响船舶稳性的因素

影响船舶稳性的因素有船体几何形状、船舶装载状态、船内重物移动、悬挂重物和自由液面等。

(1)船体的几何形状包括船宽和干舷高度,其值大小由船舶设计时决定,船舶造好后,船体的几何形状和大小是一定的,因此船体几何形状对船舶稳性的影响也是一定的。

(2)船舶的装载状态决定了船舶重心距基线的高度,从而改变了船舶初稳性高度,是影响营运船舶稳性的主要因素。

(3)船内重物移动可以分成横向移动与纵向移动、垂直上移与垂直下移,重物的横向或纵向移动会导致船舶横稳性或纵稳性变差,重物垂直上移会降低船舶初稳性高度从而使船舶稳性变差,相反,重物垂直下移会提高船舶初稳性高度,改善船舶的稳性。

(4)在船舶横向微幅摇摆时,悬挂重物对船舶稳性的影响相当于把重物上移至悬挂点位置,即降低了船舶的稳性。

(5)自由液面对船舶稳性的影响相当于提高了船舶重心高度,即是船舶稳性变差。

3. 船舶在大风浪天气航行时,应如何保持或提高船舶的稳性?

保持船舶稳性的方法有:船内重物绑扎牢固,防止货物或者备件移位;对于压载水舱或者燃油舱,尽可能并舱,尽量减小自由液面对船舶稳性影响;对于散货船,舱内货物对船舶稳性会产生类似于自由液面的影响,所以应该及时调整货舱内上、下压载边舱压载水的量,及时消除船舶横向吃水差。

提高船舶稳性的方法有:将甲板上或者舱内的货物向船舶底部舱室移动,降低船内货物重心高度,增大船舶初稳性高度,都可以提高船舶稳性。

4. 船舶稳性的衡量标准

衡量船舶静稳性的标准是船舶的最大静稳性力矩,衡量船舶动稳性的标准是最小倾覆力矩;船舶在航行途中必须保证所受静态横倾力矩不超过最大静稳性力矩,所受风压倾侧力矩不超过最小倾覆力矩,即稳性衡准数 K 不小于 1。

【任务小结】

通过任务训练,学生能识读船舶静稳性曲线图,能正确判断船舶的稳性,并能采取相应的措施保持或提高船舶的稳性。

【知识链接】

影响静稳性曲线形状和大小有两方面因素:

一是船体几何形状和大小;二是船舶吃水和重心位置,即船舶装载状态和船内重物的移动。

1. 船体几何形状对稳性的影响

(1)船宽。船宽 B 大时,初稳性高度大,但大倾角稳性并不一定好(图1-17)。

(2)干舷高度。初稳性高度相同,但大倾角稳性时,干舷高度大的船,大倾角稳性好(图1-18)。

船宽和干舷的大小,是由船舶设计时决定的,当船舶造好后,船体几何形状和大小是一定的,即船宽 B 和干舷 F 就是一定值。

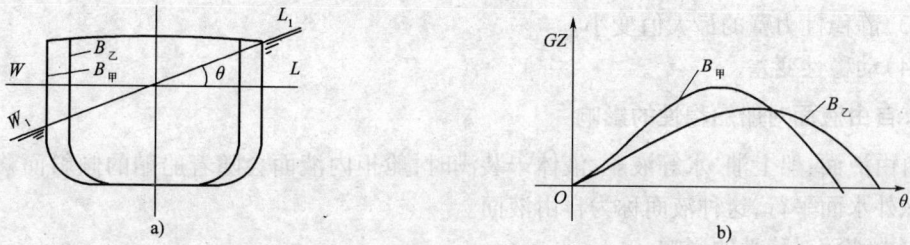

图 1-17　船宽对稳性的影响

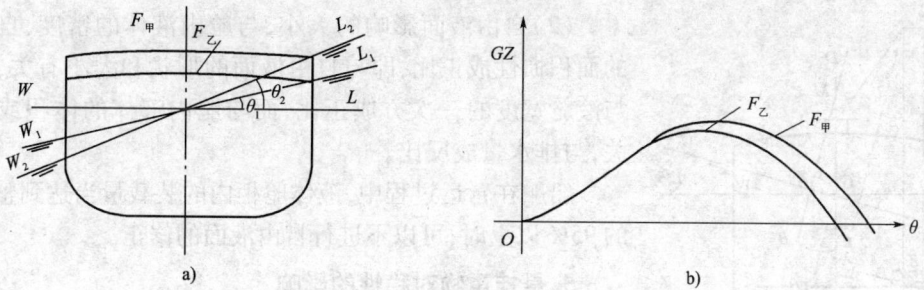

图 1-18　干舷对稳性的影响

2. 船内重物垂移对稳性的影响

重物垂移时,可以调整初稳性高度值,调整值 GG_1 如式(1-11),调整后的初稳性高度如式(1-12);

$$GG_1 = \pm p \cdot l_z / D \qquad (1\text{-}11)$$

式中:p——垂向移动重物重量;

l_z——重物移动距离;

D——船舶排水量。

$$G_1 M = GM + GG_1 \qquad (1\text{-}12)$$

当重物垂直下移时,式(1-12)中 GG_1 为正值,稳性提高;当重物下移时,式(1-12)中 GG_1 为负值,稳性降低。

3. 船内重物横移对稳性的影响

船内重物横移,静稳性曲线图受到影响(图 1-19),船舶稳性会发生如下变化:

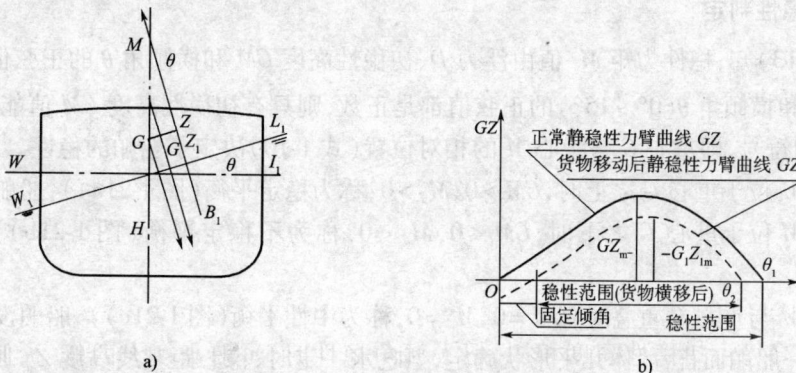

图 1-19　重物横移对稳性的影响

(1)船舶产生一个固定横倾角。

(2)减小了稳性范围。

15

（3）静稳性力臂的最大值变小。

（4）动稳性变差。

4. 自由液面对船舶稳性的影响

自由液面：船上油、水等液舱，液体未装满时，舱柜内液面会随着船舶的倾斜而移动，且保持与舷外水面平行，这种液面称为自由液面。

自由液面对稳性的影响：

（1）使船舶稳性变差。

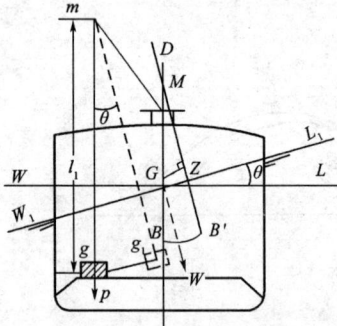

图1-20　悬挂重物

（2）自由液面影响的大小，与舱内液体的密度、自由液面的面积惯性成正比，即与自由液面的形状和大小有关，横倾时与液舱宽度的三次方成正比，而与舱内液体的体积或重量无关，与排水量成反比。

船舶在营运过程中，液体舱柜内的装载量当达到整个舱容的95%以上时，可以不进行自由液面的修正。

5. 悬挂重物对稳性的影响

悬挂物对船舶稳性的影响，相当于把重物从上移至悬挂点位置，即重物重心提高，稳性变差，如图1-20所示。

【拓展提高】

1. 初稳性方程

当船舶从正浮位置倾斜一个小角度 θ 时，船舶的初稳性方程组由式(1-8)～(1-10)得：

$$\begin{cases} GM = Z_m - Z_g \\ GZ = GM \cdot \sin\theta \\ M_s = D \cdot GM\sin\theta \end{cases} \quad (1\text{-}13)$$

稳性力矩 M_s 与横倾力矩 M_h 符号相反时，表明船舶遭受横倾力矩 M_h 作用时，船舶在稳性力矩 M_s 作用下具有回复到原来平衡位置的能力，说明船舶是有稳性的；但是，稳性力矩 M_s 与横倾力矩 M_h 符号相同时，表明船舶遭受横倾力矩 M_h 作用时，船舶受到稳性力矩 M_s 作用与横倾力矩 M_h 相同，船舶加速倾覆，说明船舶没有稳性。

2. 船舶稳性判定

由式(1-13)知，稳性力矩 M_s 值由浮力 D、初稳性高度 GM 和横倾角 θ 的正弦值共同决定，而浮力 D 值和横倾角 $\theta(0°～15°)$ 的正弦值都是正数，则只有初稳性高度 GM 值能够影响稳性力矩 M_s 值的符号，即重心 G 与稳心 M 的相对位置(式1-10)决定了船舶的稳性。

当稳心 M 位于重心 G 之上时，$GM>0$，$M_s>0$，称为稳定平衡(图1-21a))，船舶有稳性。

当稳心 M 位于重心 G 之下时，$GM<0$，$M_s<0$，称为不稳定平衡(图1-21b))，船舶没有稳性。

当稳心 M 与重心 G 重叠时，$GM=0$，$M_s=0$，称为中性平衡(图1-21c))，船舶没有稳性。

对于某一船舶而言，船体几乎形状确定，当吃水一定时，稳心距基线高度 Z_m 是一定值；船舶重心距基线高度 Z_g 与船舶装载状态有关，即与船舶装载货物的重心位置有关。同一航次中，由于航行中燃料、淡水等消耗，在出港、航行中途和到港，船舶的重心高度都会发生改变，因此初稳性高度 GM 值也会发生相应变化，船舶的稳性也会发生变化，即船舶出港时具有稳性，但是到港时就可能失去稳性。

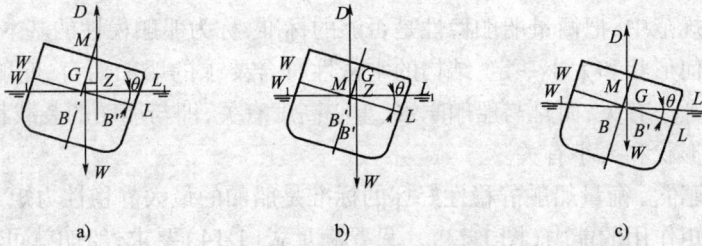

图 1-21　*GM* 值对稳定性的影响

a)稳定平衡;b)不稳定平衡;c)中性平衡

3. 稳性力矩

船舶大角度横倾时,初稳性时的直角三角形 *GMZ* 不再固定,因此式(1-9)在大倾角横倾时不再适用,即此时的稳性力矩方程只能写成式(1-8)的形式。由于静稳性力臂 *GZ* 无法简单确定,因此必须引入静稳性曲线图来求解大倾角时的稳性力矩。

4. 静稳性曲线图

(1)定义。船舶在某一吃水 d 和重心高度 Z_g 时,预先计算出不同倾角下的静稳性力臂 *GZ* 值,并画出静稳性力臂随着横倾角的变化曲线,即 $GZ = f(\theta)$,该曲线就称为静稳性曲线。静稳性曲线图如图 1-22 所示。

(2)特征:

①*GZ* 曲线在坐标原点处的切线 *OP*,与横轴 $\theta = 57.3°$ 处的竖坐标相交得 $EF = GM$。

②静稳性力臂 *GZ* 随着横倾角 θ 增大而增大,且存在最大值 GZ_m(对应横倾角为 θ_m)。

③横倾角超过 θ_m,静稳性力臂 *GZ* 逐渐减小,直到 $\theta = \theta_v$ 时 $GZ = 0$,称 $0 \sim \theta_v$ 为稳性范围。

综上所述,若判断船舶稳性是否足够,或者判断船舶能否具有抵抗风浪作用的能力,必须

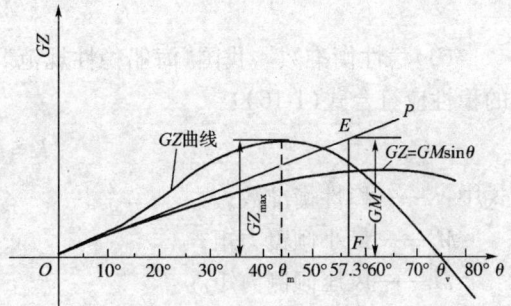

图 1-22　静稳性曲线图

借助静稳性曲线图,因此,该曲线图中的参数对船舶稳性的分析有着重要意义。

5. 静平衡与动平衡状态

(1)静平衡状态。在静态横倾力矩作用下,船舶发生倾斜,当 $M_h = M_s$ 时,船舶倾斜停止,此时船舶所处的平衡状态就称为静平衡状态(图 1-23)。

(2)动平衡状态。在动态横倾力矩作用下,船舶在倾斜过程中,当 $M_h = M_s$ 时,由于惯性作用,船舶会继续倾斜一个角度,直到横倾力矩对船舶所做的功 W_h 被稳性力矩所作工 W_s 消耗掉为止,即 $W_h = W_s$,此时船舶所处的平衡状态称为动平衡状态(图 1-24)。

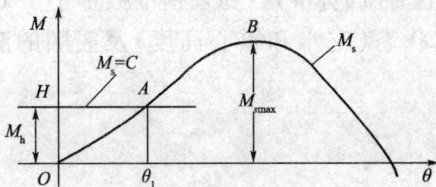

图 1-23　静平衡状态

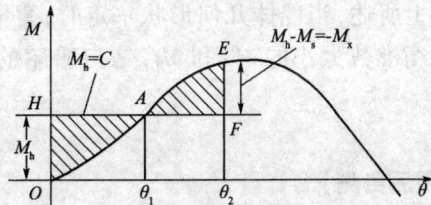

图 1-24　动平衡状态

17

6. 稳性的基本衡准

在船舶稳性规范中,把衡量船舶稳性是否够的标准,称为船舶稳性的基本衡准;

对应船体几何形状和大小一定、结构的水密性符合要求的船舶而言,船舶稳性是否够,不仅与海上风浪的大小有关,而且与船舶吃水、重心高度有关,即与船舶的装载状态有关,或者说与静稳性曲线的形状和大小有关。

(1)静稳性衡准。衡量船舶静稳性好坏的标准是船舶的最大静稳性力矩 M_{sm},其表示船舶抵抗静态横倾力矩作用的能力(图1-23)。只要满足式(1-14)要求,船舶就可以满足静稳性衡准需求。

$$M_h \leqslant M_{sm} \tag{1-14}$$

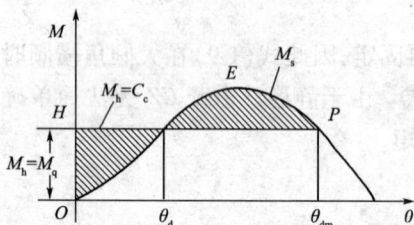

图1-25 最小倾覆力矩

(2)动稳性衡准。当横倾力矩增大到图1-24的情况时,$M_h = M_s$;若横倾力矩再增大,$M_h > M_s$,船舶不会有动平衡而将倾覆。此极限情况下的横倾力矩是使船舶倾覆的最小动态横倾力矩,称为最小倾覆力矩,通常以符号"M_q"表示(图1-25)。

因此,衡量船舶动稳性好坏的标准是最小倾覆力矩 M_q,只要满足式(1-15)要求,即表明船舶具有抵抗动态横倾力矩的能力。

$$M_h \leqslant M_q \tag{1-15}$$

(3)稳性衡准数。我国"海船稳性规范"中规定稳性基本衡准为:船舶在各种装载情况下的稳性应符合式(1-16):

$$K = M_q / M_f \geqslant 1 \tag{1-16}$$

式中:K——稳性衡准数;

M_q——最小倾覆力矩;

M_f——风压倾侧力矩。

①风压倾侧力矩:

$$M_f = P \cdot A_z \cdot Z \tag{1-17}$$

式中:P——单位计算风压;

A_z——船舶受风面积;

Z——计算风力作用力臂。

影响风压倾侧力矩大小的因素有:航区海上风压;受风面积距水面的距离。

②最小倾覆力矩。对于某一船舶而言,最小倾覆力矩与船舶吃水和重心距基线高度有关;航行中,船舶燃料、淡水的消耗,船舶吃水和重心位置是在不断变化的,所以船舶航行途中的最小倾覆力矩也是变化的。

综上所述,当船体几何形状一定时,衡量船舶稳性的标准是:稳性衡准数不小于1,而影响稳性衡准数大小的 M_q 和 M_f,是与船舶的装载状态(吃水和重心高度)及船舶的航区有关的。

【课后自测】

1.什么是船舶的稳性?

18

2. 什么是初稳性？其稳性特点是什么？浮心运动轨迹如何？

3. 什么是初稳性高度 GM？有何意义？影响 GM 的因素有哪些？

4. 什么是大倾角稳性？其稳心有何特点？

5. 什么是静稳性曲线？有何特征参数？

6. 提高船舶稳性的措施有哪些？

任务3　船舶抗沉性控制

教学目标

◎ 能力目标：(1)能判定船体破损浸水的类型；(2)能分析船舶的抗沉能力；(3)能正确选用
堵漏器材。

◎ 知识目标：(1)掌握船体破损浸水的三种情况；(2)掌握船舶抗沉性的基本概念；(3)掌握
船舶堵漏器材及其使用方法。

◎ 情感目标：(1)具备良好的职业道德；(2)具备团队合作精神；(3)具备面对船体破损情形
不畏艰险。

【任务介绍】

　　船舶在大海中航行,偶尔会遭遇狂风巨浪、海面固体漂浮物(冰山)、与他船碰撞和擦底、
触礁等情况,这些都有可能使船体破损,若不及时采取有效措施,可能会对船舶、人命和财产安
全构成威胁,严重时会导致沉船事故。

　　若是船舶遇险导致船舱破损,应该如何应对？船舱进水应如何判断？船舶的抗沉能力
如何？如何正确选用堵漏器材对船体破损部位进行堵漏？这些都是本任务中需要训练的
目标。

【任务解析】

　　船舶在遭遇突发情况、船体破损时,为有效保持船舶的抗沉性,应理清下列问题：

　　(1)船体破损浸水种类、特点及对船舶浮态和稳性的影响；

　　(2)机舱进水的严重性及应对措施；

　　(3)船舶结构的密性和开口关闭装置种类(特别是水密门)；

　　(4)船舶堵漏器材的种类及其使用方法；

　　(5)船舶防水与堵漏的组织措施。

【相关知识】

一、船舶的浸水形式及对船舶浮态和稳性的影响

　　船舶不同浸水形式的特点如表1-2所示。

不同浸水形式的特点比较　　表 1-2

形式	破损部位特点	浸水情况	处理方法	对船舶浮态和稳性的影响	实例
1	舱室顶部是水密的且位于水线以下	整个舱室内充满水	装载固体重量计算	较小	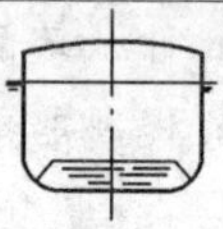 实例 1
2	舱室的顶部在水线以上	舱内与舷外水不相通,水未注满整个舱室	装载液体重量计算	较大	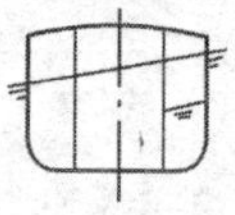 实例 2、3
3	舱室的顶部在水线以上	舱内水与舷外水相通(图 1-26)	逐次近似计算	最大	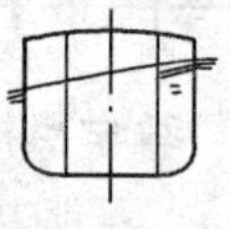 实例 4

注:实例 1:双层底破损;实例 2:船体破损,漏洞堵住,但水未抽干;实例 3:甲板开口漏水,引起舱内浸水;实例 4:TITANIC 号浸水。

图 1-26　船舶舷侧破损

二、基本概念

1. 船舶抗沉性

船舶抗沉性是指船舱(一舱或连续数舱)破损浸水后船舶仍能保持一定的浮态和稳性的性能。

《国际海上人命安全公约》(1974)和我国《海船分舱和破舱稳性规范》(1987)中规定:船舱破损浸水后,船舶最终平衡状态的浮性和稳性,满足如下条件就认为船舶是不沉的,或船舶达到抗沉性要求:

(1)浮态。在任何情况下,船舶浸水的终了阶段不得淹没限界线。

其中:限界线是指沿着船舷由舱壁甲板上表面以下至少 76mm 处所绘的线;舱壁甲板是横向水密舱壁所达到的最高一层甲板。

(2)稳性。在对称浸水情况下,当采用固定排水量法计算时,最终平衡状态的剩余稳性高度不小于 50mm;在不对称浸水情况下,其总横倾角不得超过 7°,在特殊情况下,可允许横倾角大于 7°,不过在任何情况下其最终横倾角不应超过 15°。

2. 船舶分舱

为满足船舶抗沉性要求,通过船舶分舱,即沿着船长方向设置一定数量的水密横舱壁,将船体分隔成许多水密舱室,舱室的长度越短,则船舱破损浸水后浸水量越小,越容易达到公约或规范对破舱浸水后的浮态和稳性的要求。

若船舶任意一舱破损浸水后,仍能达到抗沉性基本要求,则该船称为一舱制船舶;若有任意相邻二舱或三舱浸水后船舶不沉,称为二舱制船或三舱制船舶。

对于不同业务性质、航行条件和大小的船舶,抗沉性的要求是不同的。远洋货舱一般要求达到一舱制,客船一般要求达到二舱制,军用船舶一般要求达到三舱制及以上。

3. 分舱载重线

分舱载重线是指船舱破损浸水后,船舶不沉所允许的最大浸水量,它与破舱前船舶的初始水线位置有关,初始载重水线位置较低,船舶储备浮力大,破舱浸水量可以大些,或者说船舱水密舱壁间距可以长些。决定船舶分舱长度的初始载重水线,称为分舱载重线。通常都是用满载水线作为分舱载重线。

4. 渗透率 μ

船舱破损浸水后船舶不沉所允许的最大浸水量,还与船舱内各种设备所占据的体积和装载货物种类的不同有关。对于装载的货物密度大、体积小,在同样载重情况下占的舱容小,破舱后浸水量就大,要保证船舱浸水后船舶不沉,船舶分舱的间距就必须短些。

某一舱室或处所在限界线以下的理论体积能被水浸占的百分比,称为该舱室或处所的渗透率 μ。

船舶各种处所的渗透率是不同的,空舱 $\mu = 98\%$,起居处所 $\mu = 95\%$,机舱约为 $\mu = 85\%$,装载一般货物、煤或物料储藏专用处所约为 $\mu = 60\%$,装载钢铁等重货的货舱 $\mu = 80\%$。

5. 可浸长度 l_F 和可浸长度曲线

沿着船长方向以某一点 C_1 为中心的舱,在规定的分舱载重线和渗透率的情况下破舱浸水后,船舶下沉和纵倾后的最终平衡水线若刚好与限界线相切,则该舱的长度称为以 C_1 点为中心的可浸长度 l_F(图1-27)。即在规定的分舱载重线和渗透率的情况下,以 C_1 点为中心所作舱的长度,若大于该点的可浸长度,该舱浸水后船将沉没,船舶达不到抗沉性的要求。若实际舱长小于该点的可浸长度,该舱浸水后船舶不会沉没,最终平衡水线至限界线还有一段距离,即还有一定的储备浮力。所以,以某一点为中心的可浸长度,是满足船舶抗沉性要求的两水密舱壁间的最大长度。

由图1-28中可见,计入舱室渗透率后的可浸长度,渗透率越小可浸长度就越大。

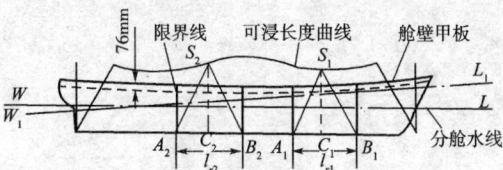

图1-27　可浸长度曲线　　　　　　　　　　图1-28　考虑渗透率的可浸长度曲线

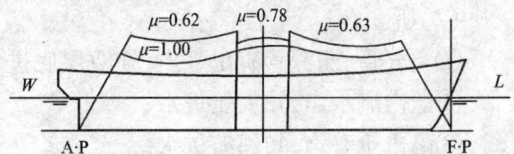

6. 许可舱长 l_P 与分舱因数 F

上面所述的可浸长度,是在规定的分舱载重线和渗透率情况下的两水密横舱壁的最大长度。船舶实际上允许的水密横舱壁间距,还要考虑到船舶的业务性质(或用途)和船舶长度而定。客船因载客而对船舶的航行安全要求较高,而货船因载货的需要,货舱的长度一般要大于可浸长度,因而满足不了抗沉性的要求。由于船舶业务性质和船长不同,对船舶抗沉性的要求也不同,用一个参数表示,即为分舱因数 F。分舱因数 F 是一个等于 1 或小于 1 的数,F 是随着船舶长度的增加逐渐地减小;当船长一定时,分舱因数 F 随着船舶业务性质而变,客舱容积占的比例大,载客量多,分舱因数小。

船长和船舶业务性质对抗沉性要求时所允许的实际舱长,称为许可舱长 l_P。

$$l_P = F \cdot l_F \tag{1-18}$$

(1)当 $1 \geqslant F \geqslant 0.5$ 时,船舶任一舱破损浸水后的最终平衡水线不会淹没限界线,即为一舱制。同为一舱制船舶,其 F 值的大小是不同的。F 值较小的船(舱长度小)破舱后下沉和纵倾也较小,其剩余干舷高度较大,船舶比较安全。

(2)当 $0.5 > F \geqslant 0.33$ 时,任意相邻两舱浸水后的最终平衡水线不超过限界线,即为二舱制船舶。

(3)当 $0.33 \geqslant F > 0.25$ 时,相邻三舱浸水后的最终平衡水线不超过限界线,即为三舱制船舶。

7. 分舱载重线标志和记载

《国际海上人命安全公约》(1974)和我国《海船分舱和破舱稳性规范》(1987)中规定:客船必须满足抗沉性的要求。对于有抗沉性要求的船舶:

(1)要求在船舶两舷侧勘划经过核准的分舱载线标志,并将所勘划的分舱载重线载入船舶安全证书中,以 C_1 符号表示主要是载客,以 C_2、C_3 等符号分别表示交替载运客货情况。

(2)有抗沉性要求的船舶,在船上备有分舱和破舱稳性报告书,供船长掌握船舶的分舱要求,一旦船舱浸水后可估算船舶所处的状态,从而采取相应的措施,来维持破舱后船舶的浮态和稳性。

【任务实施】

1. 船体破损浸水

当船体破损进水时,应及时采取堵漏和排水措施,判断属于哪一种形式,迅速确定破损部位,具体方法如下:

(1)判。
①触礁、搁浅,破损多在船底;
②碰撞,破损多在水线附近;
③破损多在横倾侧。

(2)听。
①空气管、测深管有出气声,知双层底进水;
②舱内流水声,知大舱进水;
③敲击舱壁声,知邻舱进水。

(3)看。
①水流,知破洞位置;
②气泡;若是水位在破洞之上,会有气泡产生,根据气泡大小、频率,可以判断破洞的大小;
③油渍,知油舱柜破损与否。

（4）测。

①双层底舱；

②压载水舱；

③油舱。

2. 机舱进水的应急措施

机舱是船舶的要害地区，机舱舱底少量水会使机电设备受潮或损坏，影响机器正常运转，并给管理工作带来困难；当机舱舱底积水过多时，将会严重影响船舶的稳性，并危及航行安全和海洋环境。

（1）报告值班轮机员或轮机长，同时设法抢救以防事态扩大或恶化；

（2）轮机长或值班轮机员闻讯应立即进入机舱到达现场，命令机舱全体人员进入机舱听候指令，并将进水情况报告值班驾驶员或船长，以便实施应变部署；

（3）值班轮机员应保证主、副机正常运转，必要时减速、备车航行或停车，以及开启应急发电机；

（4）保证安全航行的前提下，奋力做好堵漏抢救工作。

3. 抗沉能力分析

船舶抗沉能力主要研究舱室破损进水量与舱底排水能力，若前者大于后者，则表明船舶抗沉形势严峻。

（1）进水量估算。船体破损的进水量与破洞面积、破洞位置距水线的垂直距离有关（图1-29）。

$$Q_{in} = \mu F \sqrt{2gH} \qquad m^3/h \qquad (1-19)$$

式中：μ——流量系数，取 $0.6 \sim 0.75$，破洞面积越大，该值越大；

F——破洞面积，m^2；

g——重力加速度；

H——破洞中心在水线下的深度，m。

舱内水位超过破洞中心位置时，进水量估算公式为：

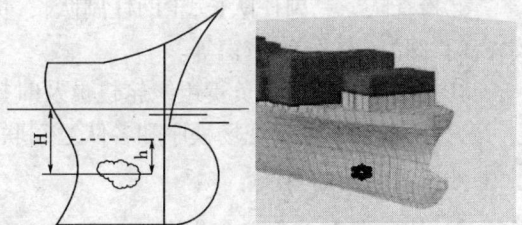

图1-29 船体破损示意图

$$Q_{in} = \mu F \sqrt{2g(H-h)} \qquad m^3/h \qquad (1-20)$$

式中：h——破洞中心在舱内水面下的深度，m。

（2）排水能力估算。

①舱底水泵数量：SOLAS公约和我国钢质海船建造规范规定，货舱至少两台、客船至少三台动力泵与舱底水总管相连。

②舱底水泵形式：所有动力舱底泵，均应为自吸泵或带自吸装置的泵。

③舱底水排量估算：

$$Q_{out} = 5.66 \times 10^{-3} d_1^2 \qquad m^3/h \qquad (1-21)$$

式中：d_1——舱底水总管内径，mm。

4. 排水原则

（1）先排吃水大侧舱室积水；

（2）先排小裂缝、小破洞舱室积水；

（3）先排自由液面大的舱室积水；

（4）先排机炉舱、舵机房等舱室积水；

（5）先排上层舱室积水。

5. 船舶堵漏

船体破损后，应及时采取堵漏和排水措施。为了使堵漏和排水取得效果，在进行堵漏和排水前，首先要确定船体破洞的位置和大小，然后选用合适的堵漏器材和工具。

堵漏毯是大型漏洞堵漏器材；堵漏板是中型堵漏器材；堵漏箱、堵漏螺栓、堵漏木塞等属于小型堵漏器材。

6. 防水与堵漏的组织

（1）破舱控制示意图。破舱控制示意图标明了各层甲板及货舱的水密舱室界限、界限上的开口及其关闭方法与控制位置，以及用于校正浸水倾斜装置的示意图。

（2）防水检查。轮机人员要负责经常检查机舱内的水密性，如轴隧的漏水情况等；排水管系的技术状况，如污水井盖要完整、清除井内污泥防止堵塞过滤器等。

在航行中，木匠每天上下午各探测一次水舱和污水井的水位，并将其结果由大副记入航海日志中。发现异常要及时找出原因，并采取相应措施。

水密舱壁上的水密门，不论是动力操纵还是手动，凡在航行中使用的，应每天进行操作。其他的水密门及为使舱室水密必须关闭的一切阀等，在航行中都要定期检查，每周至少一次。

（3）堵漏排水部署。当船舱破损进水时，根据进水量的大小、位置等情况要组织几个临时抢救队，由大副负责堵漏的现场指挥。

①堵漏队。水手长任队长，三管轮任副队长，组织堵漏队员分工负责堵漏工作。

②检查队。三副任队长，轮助任副队长，负责监视和检查各水密舱室的水密情况，并关闭水密门、阀门、人孔盖、舷窗等。

③排水队。轮机长负责组织轮机员及时排水，而木匠专门负责测量各舱的水位。

另外，事务长负责现场秩序和各队之间联络。医生负责救护伤员工作。

7. 堵漏操作演习

据《国际海上人命安全公约》(1974年)的规定，对于水密门、舷窗、阀以及泄水孔，出灰管与垃圾管的关闭机械的操作演习，应每周举行一次；对航期超过一周的船舶，在离港前应举行一次全面演习，此后，在航行中至少每周举行一次。

堵漏的警报信号是二长声一短声，连放1min，听到警报信号后，除固定值班人员外，所有船员应在2min内带有关的堵漏器材在指定地点集合，由现场指挥布置抢救方案和操作演习。演习中每一个船员要明确职责，熟悉堵漏器材的使用方法，演习完毕后，要检查、保养器材，并放回原固定位置。

【任务小结】

通过任务训练，学生能判断船体破损进水，能对机舱部位进水采取应急措施，能对船舶的抗沉能力进行分析，能选用合适的堵漏器材对船舶进行堵漏，并能组织堵漏操作演习。

船舶不同部位的渗透率不同，同一舱室所载货物不同时渗透率也会发生变化，所以学生在分析船舶抗沉性时应该充分考虑渗透率的影响。

【知识链接】

为了保证船体结构的水密性，在船壳外板、干舷甲板、水密舱壁、各种液舱的钢板接缝和开口关闭装置,根据它们的位置和用途的不同,要求保持不同程度的密性。

一、船体结构的密性

所谓密性,是指船体结构构件接缝、开口的关闭装置等,在规定的条件下,不渗漏气体、油、水等的性能。

1. 水密

水密是在规定的水压下,船体结构构件接缝和开口的关闭装置不渗漏水的性能,在干舷甲板以下的船壳外板、水密舱壁、各种液舱、双层底、隔离空舱、海底阀箱、货舱舷门等构件的接缝和开口的关闭装置,都要求水密。

2. 风雨密

风雨密是指在任何风浪情况下水都不得渗漏入船内。风雨密的密性要求比水密的低一些。在干舷甲板上及封闭的上层建筑和围蔽室等各种开口的关闭装置,要求保证风雨密。

二、开口的关闭装置

按用途划分:货舱舱口盖、船用门、船用窗、人孔盖。

按密性划分:水密型、油密型、风雨密型和非密性的关闭装置。

1. 货舱舱口盖

船舶货舱舱口盖的种类很多,若按密性来划分,有三种基本类型:

(1)风雨密舱口盖。

①单拉滚翻式舱口盖(图1-30)。这种舱口盖的主要优点是开闭迅速,而且舱口盖不受舱口长度的限制。但只适用于在露天甲板上的舱口使用,年久易损坏,且不易修理。

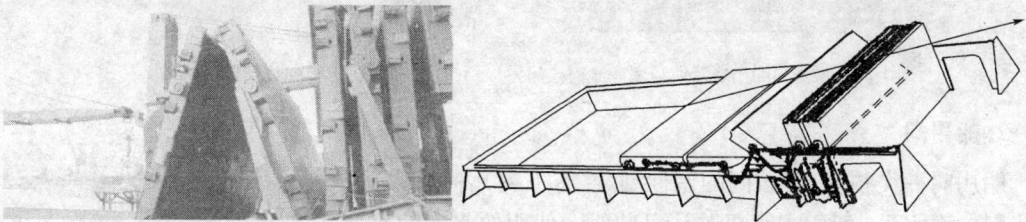

图1-30 单拉滚翻式舱口盖

②铰接折叠舱口盖(图1-31)。这种舱口盖的优点是方便、灵活、便于操作,但若采用电动液压驱动装置,造价昂贵。

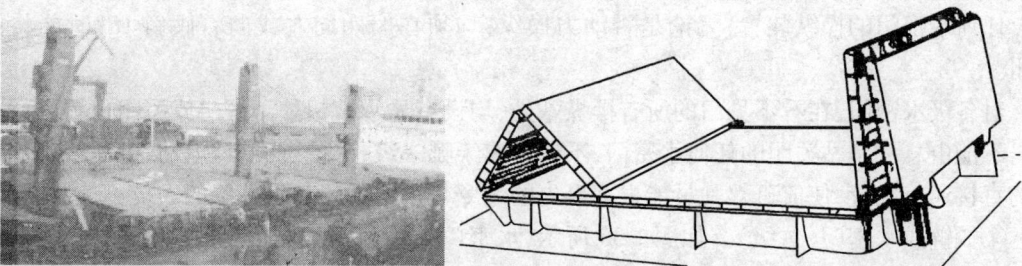

图1-31 铰接折叠舱口盖

③滚动式舱口盖(图1-32)。舱盖板是由数块装有滚轮的钢结构盖板组成,舱盖板是从舱

当中对称布置的。当开舱时,将夹扣松开之后,用千斤顶把舱盖顶起来,使盖板周边的橡皮垫料与舱口围板脱离接触,用钢索通过导向滑车接到铰车上拉开盖板,将盖板从舱当中分开移至舱口的两侧或前后端存放。

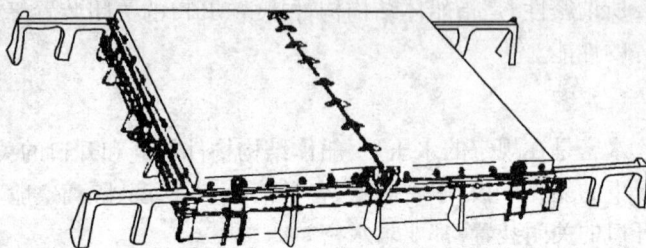

图 1-32　滚动式舱口盖

④吊移式舱口盖(图 1-33)。舱口盖的开闭是采用大型起重机吊装,移至舱口两侧的甲板上或岸上存放。这种舱口盖主要用在船上有门式起重机的集装箱船上。

(2)非水密舱口盖。用于下层甲板上的舱口上。无舱口围板,舱盖板与四周的甲板齐平。

(3)水密和油密的小型专用舱口盖(图 1-34)。用于油船的货油舱舱口上,这种舱口盖都是小型舱口盖。

图 1-33　集装箱船吊移式舱口盖

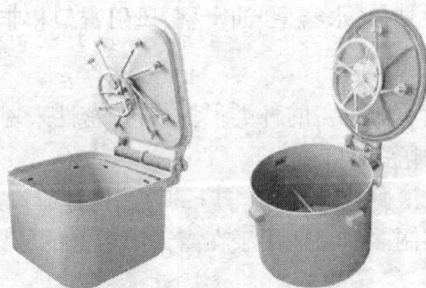

图 1-34　水密/油密舱口盖

2. 船用门

船用门种类很多,若按门的密性划分,有下列几种形式:

(1)水密门。船舶主管机关认可的船上使用的水密门有如下三级:

一级——铰链门;

二级——手动滑动门;

三级——动力兼手动滑动门。

任何水密门的操纵装置,无论是否动力操纵,均须在船舶向左或向右倾斜 15°时能将门关闭。

对各级水密门,在看不见门的所有操纵站处,均设有显示该门处于开启或关闭位置的指示器。不能由总控制站关闭的任何水密门,不论其属于哪一级,都备有机械、电动、电话或其他适宜的直接通信装置,使值班驾驶员能根据事先的命令与负责关闭各水密门的人员迅速联系。

①铰链式水密门(一级)。如图 1-35 所示,水密门板是由钢板制成的,门板周围的槽口装有橡胶封条,并用把手压紧在门框上,使其水密。水密门把手的数目一般为 6 ~ 8 个,要求在门的两面均可以迅速的关闭。

②手动滑动门(二级)。手动滑动门分为横动式或竖动式两种。要求能在门的两侧可以

关闭,并能在舱壁甲板上方可到达之处,用转动手轮,由齿轮连杆传动,使水密门开启或关闭。当船舶在正浮位置时,用手动将门完全关闭所需的时间应不超过90s。

③动力滑动门(三级)。动力滑动门(图1-36)可分为竖动式和横动式的。动力式滑动门还备有手动装置可在门两侧操纵,并在舱壁甲板上方可到达之处用转动手轮,由齿轮和连杆传动,使水密门开启或关闭。门上设有音响信号装置。当门开始关闭,继续移动直至完全关闭为止的整个期间发出警报。若这种门采用液压操纵时,每一动力源都有一台能在60s以内关闭所有门的泵。

图1-35 铰链式水密门   图1-36 动力滑动门

(2)风雨密门。在干舷甲板以上的封闭上层建筑两端壁的出入口处,要求装设风雨密门。

①钢质风雨密门。钢质风雨密门结构上与钢质水密门相似,但门板较薄,门的把手数目也较少,密性较差,只能保证风雨密,也要求在门的两面可以操纵。

②木质风雨密门。木质风雨密门门板是用橡木和柚木作的。装设在上层建筑甲板以上的甲板室敞露的出入口处。分为铰接式和滑动式两种,密性都较差。

驾驶室两侧壁的门,因为顶风的情况下铰接式门不易开闭,故都采用横向滑动式门。

③钢质轻便门。此种门的结构较轻,装设在无密性要求的贮藏室、工作舱室、卫生处所等的出入口处。

④防火门。防火门是一种用钢板制成的门板和门框,镶嵌石棉等耐火材料的防火隔热门。装设在防火控制区的舱壁上,平时开启着,当发生火灾时,温度上升到一定高度门能自动关闭,或门上装有磁性牵制器,断电以后门会自动关闭。防火门的启闭形式也有铰接式和横移式两种。

3. 船用窗

在船上为了采光和通风,装设有各种类型的窗。

(1)舷窗(图1-37a)。舷窗是一种圆形窗。分为重型舷窗和轻型舷窗。重型舷窗装有铰链式抗风浪的舷窗盖。舷窗盖边上镶有橡胶封条,并用螺栓压紧,保证水密。轻型舷窗一般不带有风暴盖。

(2)方窗(图1-37b)。方窗是各钟方形窗。装设在上层建筑中的上层甲板室的围壁上。方窗的周边用橡胶条密封,关闭时用螺栓压紧,要求保证风雨密。根据所处的位置不同,可以向外、向内或上下开启。

(3)天窗(图1-37c)。天窗是装设在舱室顶部用以采光和通风的窗。如机炉舱顶部的天窗,因位置较高是采用机械传动或液压传动开闭。

(4)手摇窗。手摇窗主要是装在驾驶室前壁上的窗。类似于汽车窗,用手摇机构升降玻璃或整个窗扇进行开闭的。

图 1-37　船用窗
a)舷窗;b)方窗;c)天窗

4. 人孔盖

在船体结构的构件上为人员出入而开设的孔,称为人孔。其中在液舱、隔离空舱等的顶板或壁板上开的人孔,必须装设人孔盖,并保证水密性。为了便于维修、逃生和有利于通风,一般每个液舱或空舱在顶板或壁板上至少要开两个人孔,并成对角线布置。人孔通常有圆形或椭圆形两种,人孔盖主要有下列几种形式。

(1)齐平人孔盖(图1-38a))。人孔盖是块平钢板,用螺栓连接在舱顶板或舱壁板上人孔周缘的加强环(座板)上,螺栓是被焊接或旋接在加强环上。在盖板和加强环之间装有橡胶垫圈,用来保证水密性。

(2)凸起式人孔盖(图1-38b))。用角钢或折边板做成的围板焊接在人孔的周缘上,人孔盖用螺栓紧固在围板的折边上。这种人孔盖因为装设有一定高度的围板,可防止液体和脏物落进舱里,紧固螺栓易拆换,且不易受损。

(3)铰链式人孔盖(图1-38c))。这种人孔盖,在人孔的周围焊一圈不带折边的围板,围板的高度要符合舱口围板高度的要求,人孔盖板周缘有槽口,镶嵌橡胶垫料。人孔与围板之间用铰链连接,关闭时用夹扣将人孔盖压紧在围板的上缘。这种人孔盖是开设在不宜开设舱门或大舱口的贮藏室等处所。

(4)凹形人孔盖。凹形人孔盖主要用在舱面不允许有突出物的场所。

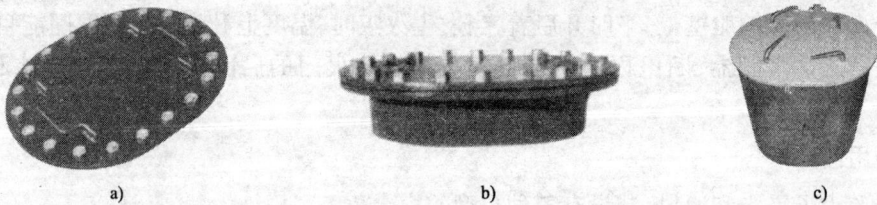

图 1-38　人孔盖
a)齐平人孔盖;b)凸起式人孔盖;c)铰链式人孔盖

三、船舶堵漏器材及其使用方法

根据船舶的大小、类型和航区等的不同,在船上要配备不同规格和数量的堵漏器材。主要的有堵漏毯、堵漏板、堵漏箱、堵漏螺杆、堵漏柱、堵漏木塞、垫料、黄沙和水泥等。

1. 堵漏毯

堵漏毯也称为堵漏席(图1-39),是一种大型的堵漏设备。主要用来堵住船开水线下部位的破洞进水。其规格有 $2\times2m^2$、$2.5\times2.5m^2$、$3\times3m^2$ 等。分为重型堵漏毯和轻型堵漏毯两种。重型堵漏毯是用双层防水帆布中间铺有一层镀锌的钢丝网制成的。轻型堵漏毯也是用双层防水帆布制成的,但在两层防水帆布中间铺设一层粗羊毛毯。由于轻型堵漏毯比较软,为了防止堵漏时被海水压入洞内,一般在毯的一面缝有几道管套,用时插入几根镀锌钢管作为支撑。

在堵漏毯的四个角和每边的中部都装有套环,堵漏时将绳索系在套环上,用一根或两根绳索从船首端兜过船底,沿船舷拉到破洞处,根据

图1-39　堵漏毯及使用方法

破洞深度,固定好顶索的长度,并将堵漏毯从甲板上推下水,收紧其他绳索,直至堵漏毯贴紧破洞为止。

2. 堵漏板

堵漏板是用铁板或木板制成的。在铁板或木板上装有橡皮垫和固定堵漏板用的绳索或螺杆,使堵漏板能紧贴在破洞处。堵漏板主要用来堵漏舷窗大小的中型破洞。堵漏板有的是用整块板做成的,有的是两块板或三块板,中间用铰链连接起来的折叠式。使用整块板式的堵漏板时,是在船内从破洞处将一根系有小木块的拉索推出船外,待木块上浮出水面后,从甲板上将木块捞起,并将拉索系在中央眼环上。用吊索将堵漏板放于水中,收紧拉索使堵漏板紧贴在破洞处的船壳板上(图1-40)。折叠式堵漏板在使用时是将板先折叠起来,从破洞伸出舷外后再张开堵漏板,收紧拉索或旋紧螺杆,使堵漏板紧贴在破洞外的船壳板上(图1-41)。

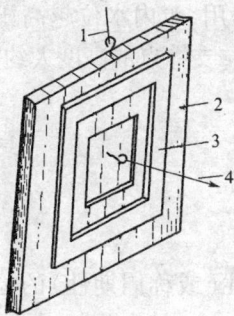

图1-40　整块堵漏板及使用方法
1-吊索;2-铁板;3-橡皮垫;4-拉索

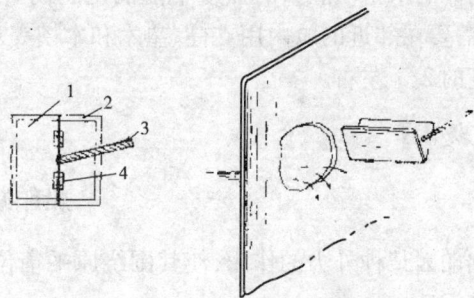

图1-41　折叠式堵漏板及使用方法
1-拉索;2-橡皮;3-两折式铁板;4-铰链

3. 堵漏箱

堵漏箱是用铁板制成的方箱,在箱开口一面的四周镶有橡皮条,堵漏时在舷内用箱口压在破洞口的周围,再用支柱和木楔撑住方箱(图1-42)。

4. 其他堵漏器材

对于堵漏小型破洞,常用的器材有:堵漏木塞、堵漏螺杆、堵漏水泥箱、堵漏柱、堵漏木楔等(图1-43)。

船用堵漏器材、工具、材料都存放在水线以上的舱室内取用方便的处所,室外有明显标记。橡皮、黄沙等物料要保持清洁,不得涂漆或被油脂等污染。每半年检查一次各种堵漏器材有无损坏、短缺、变质等,不合的要及时更换、补充。

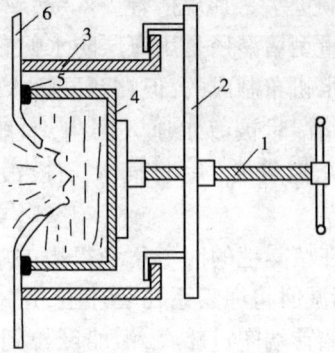

图 1-42　堵漏箱及使用方法
1-螺杆；2-撑杆；3-肋骨；4-堵漏箱；5-橡皮；6-船壳板

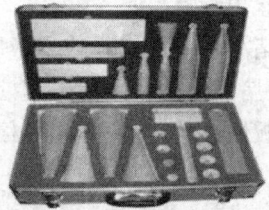

图 1-43　堵漏木塞、堵漏木楔

5. 舱壁支撑

船体的水密横舱壁的强度不能满足舱内进水后的水压力作用，舱内水位越高压力越大。因此，需要在邻近的舱内用支柱、垫木和木楔等对舱壁进行支撑。支撑点的高度大约为舱内水位高度的 2/3 左右。

【拓展提高】

一、船舶减摇装置

船舶因某种外力的作用，使其围绕原平衡位置所作的往复性（或称周期性）的运动，称船舶摇荡运动。

1. 船舶摇荡

船舶摇荡运动可分为六种形式（图 1-44）：横摇、纵摇、首摇、垂荡、纵荡和横荡，其中横摇运动对船舶的性能影响最大。

影响横摇周期的因素如下：

（1）船舶横摇固有周期的大小与横倾角的大小无关。

（2）船舶横摇固有周期与 GM 的平方根成反比。

（3）船舶横摇固有周期与船宽成正比例。

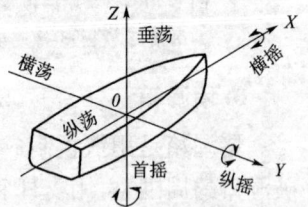

图 1-44　船舶摇荡的形式

2. 摇荡运动对船性能的影响

船舶摇荡运动是一种有害的运动，剧烈的摇荡会引起以下严重的后果：

（1）可能使船舶失去稳性而倾覆。

（2）使船体结构和设备受到损坏。

(3)引起货物移动从而使船舶重心移动危及船舶安全。

(4)使机器相仪表的运转失常。

(5)会使螺旋桨的效率降低,船舶阻力增加,船速下降。

(6)工作和生活条件恶化,甲板上浪等。

3. 减摇装置

为了减小船舶的摇荡,除了在装载和操纵方面采取措施以外,在船舶设计与建造中,都装设必要的减摇装置。目前采用的减摇装置有以下几种:

(1)舭龙骨。舭龙骨是装设在舭部外侧,沿着水流方向的一块长条板(图 1-45)。舭龙骨的作用是减小船舶横摇。由于减摇效果较好、制造简单,几乎所有的船舶均装设有舭龙骨。

舭龙骨板的长度约为 1/4 ~ 1/3 船长,宽度约为 200 ~ 600mm(大型船更大些)。近似垂直于舭部列板,其外缘不超出船的半宽线与船底基线所围的范围,以免受到码头和

图 1-45　舭龙骨

海底等碰损。在结构形式上,舭龙骨有连续式的和间断式的两种结构。连续式结构简单,适用于航速不很高的船。间断式结构适用于高速船,其优点是对船舶的航行阻力较小,而对横摇阻力较大。为了防止舭龙骨损坏时使船体外板受损,舭龙骨一般不直接焊接在舭部外板上,而是用一块覆板将两者连接起来。

舭龙骨虽然装设在船中部很长的一段范围内,但在结构上不参与船舶的总纵弯曲,仅承受船舶横摇时的水动压力。

(2)减摇鳍。减摇鳍一般是一个长约为 3m、宽为 1.5m 左右的长方体,剖面为机翼型,安装在船中央附近两舷的舭部。在船内设置操纵机构,根据需要可将减摇鳍收进船内或伸出舵外,并且可调整机翼剖面相对于水流的攻角,使两舵的减摇鳍所产生的升力形成一个阻碍船舶横摇的力偶矩(图 1-46)。并使力偶矩方向的改变与船舶横摇同步,这样可有效地减小船舶横摇。

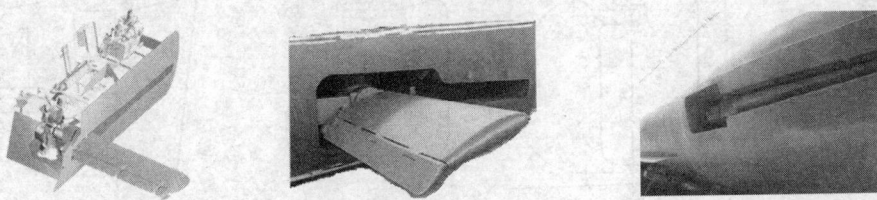

图 1-46　减摇鳍

因减摇鳍需配备有自动操纵系统,造价高。目前只有在大型豪华客船上或军舰上才设置。

(3)减摇水舱。如图 1-47 所示,在船内横向设置 U 形水舱,当船在横摇时,使水舱内的水位移动与船的横摇之间有一个相位差。这样,水的重力所形成的力矩可减小船舶的横摇。

上述 U 形减摇水舱内的水与舷外水不连通时,称闭式减摇水舱。若减摇水舱内的水与舷外水相通时,称开式减摇水舱。当水舱内的水左右舷流动是可以控制的,称主动式减摇水舱;而不能控制水的流动的,称被动式减摇水舱。

(4)减摇陀螺仪(图 1-48)。该装置在高速旋转时具有保持原方向不变的特性,即船舶摇摆时,该装置的回转惯性力产生一个与摇摆方向相反的减摇力矩,使船舶减摇,多用于军舰或

31

大型客船。

优点:性能灵敏,效果显著,不受船速影响。

缺点:价格昂贵,占船体积大。

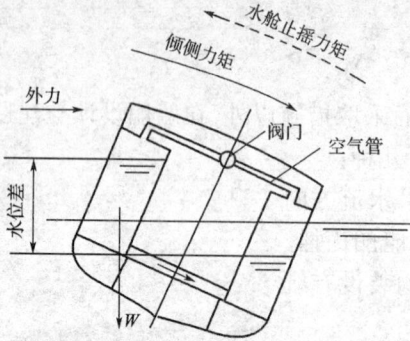

图 1-47　减摇水舱

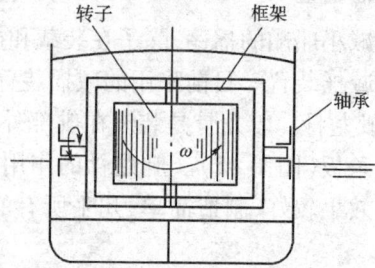

图 1-48　减摇陀螺仪

二、操纵装置

船舶操纵性是指船舶能保持或改变航向、航速和位置的性能。

舵的作用:船舶航行中,通过操纵舵可以实现保持或改变船舶航向。

操舵装置的组成:舵杆、舵柄、舵叶、舵销、舵承、舵柱、舵底托等。

1. 舵的种类

(1)按舵杆中心线位置分(图 1-49):不平衡舵、平衡舵和半平衡舵。

(2)按舵叶的剖面形状分(图 1-50):流线型舵、平板舵(又称单板舵)。

(3)按舵的支承分(图 1-49):多支承舵、双支承舵、半悬挂舵和悬挂舵。

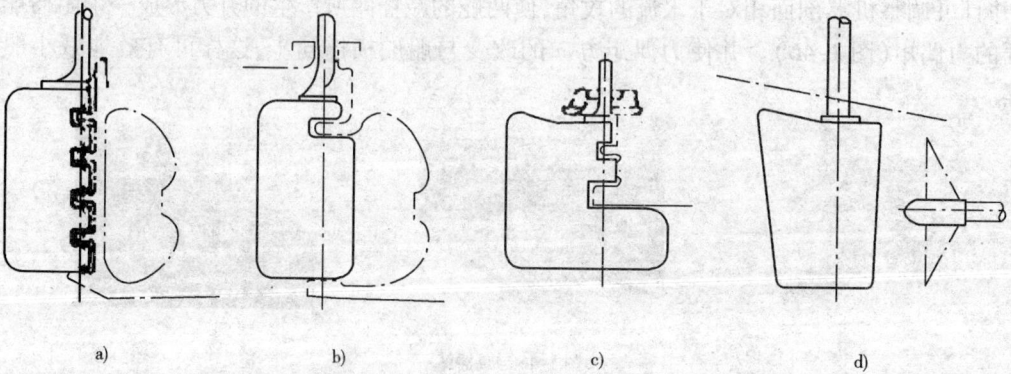

a)　　　　　　b)　　　　　　c)　　　　　　d)

图 1-49　舵的分类

a)不平衡舵,多支承;b)平衡舵,双支承;c)半平衡舵,半悬挂;d)平衡舵,悬挂

2. 舵叶面积系数

定义:舵叶面积 A_R 与船长 L 和吃水 d 乘积之比;

$$\mu = A_R / (L \cdot d) \tag{1-22}$$

用途:衡量船舶操纵性好坏。

常见船舶舵叶面积系数见表 1-3。

3. 舵力

定义:作用在舵叶上的垂直作用力。

影响因素:舵叶面积大小、船速和转舵角,其中与船速平方成正比。

4. 舵平衡系数(舵平衡比)

舵杆中心线前面的舵叶面积 A_p 和整个舵叶面积 A_R 之比值,即:

$$K = A_p/A_R \qquad (1\text{-}23)$$

一般情况下,人力舵 $K = 0 \sim 0.2$,电动液压舵 $K = 0.25 \sim 0.3$。

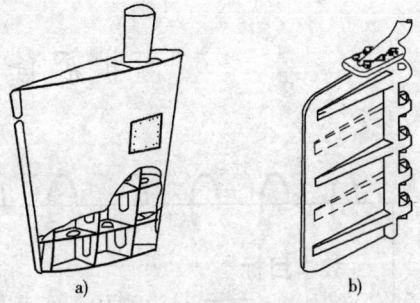

图 1-50 流线型舵和平板舵
a)流线型舵;b)平板舵

舵叶面积系数表   表 1-3

船舶类型	舵叶面积系数 μ	船舶类型	舵叶面积系数 μ
单桨远洋船	$1/70 \sim 1/50$	内河船	$1/20 \sim 1/10$
沿海船	$1/50 \sim 1/40$	拖船	$1/25 \sim 1/18$

5. 特种流线型舵

为了改善螺旋桨的推进效率或提高舵效,需要适当改进舵的性质或位置,因此出现许多特殊形状的舵,如图 1-51 所示。

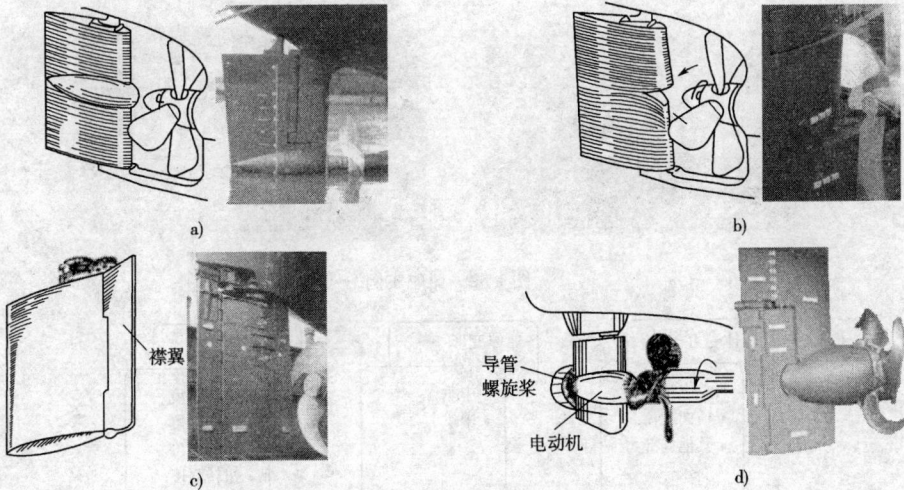

图 1-51 特种流线型舵
a)整流帽舵;b)反应舵;c)襟翼舵;d)主动舵

【课后自测】

1. 什么是船舶的抗沉性?

2. 船体破损浸水的三种情况是什么?哪种情况对船舶的危害最大?

3. 什么叫渗透率?渗透率大小对船舶有何影响?

4. 船舶的摇荡运动有哪几种?

5. 按舵杆中心线位置分类有几种舵?并比较它们的优缺点。

扩展任务 1　船体强度解析

【任务介绍】

通过项目训练,学生能判断船体变形的特点,能根据船体变形对船体受力情况进行分析,能根据船体受力采取措施保证船体强度在安全限度内。

【任务解析】

同样的钢制海船(图 1-52),有的船舶在风平浪静的海面上会从中间折断,而有的船舶在惊涛骇浪中航行却完好无损? 究其原因,应该从船体受力、变形入手,分析船体所受应力与船体钢材许用应力的关系(图 1-53)。

图 1-52　船舶实例

图 1-53　任务解析路线

【相关知识】

基本概念

(1)船体强度。船体强度是指船体结构抵抗各种内力与外力作用,而不被破坏和变形的能力。

(2)纵向强度(又称总纵弯曲强度)。纵向强度是指船体结构抵抗总纵弯曲力矩和剪力作用,而不被破坏和变形的能力(图 1-54)。

弯曲力矩是指船体弯曲变形趋势引起的内力;剪力是指船体变形引起内部上下移动趋势构成的内力。

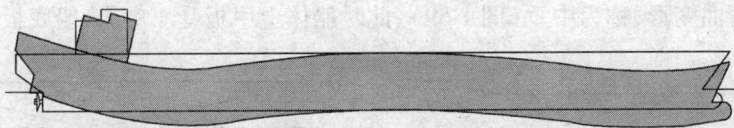

图 1-54　船体纵向变形

(3)横向强度。横向强度是指船体结构抵抗横向作用,而不被破坏和变形的能力(图 1-55)。

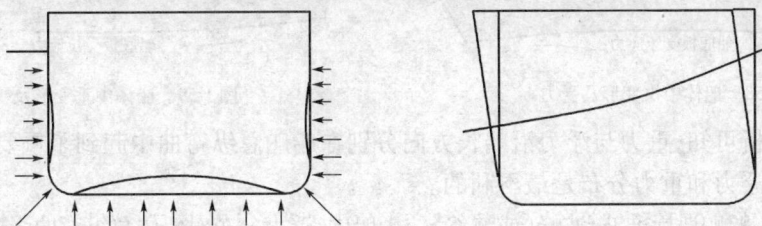

图 1-55　船体横向变形

(4)局部强度。局部强度是指船体结构抵抗局部外力作用,而不被破坏和变形的能力(图 1-56)。

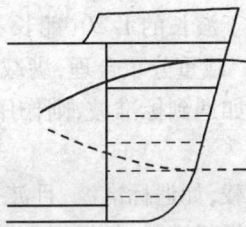

图 1-56　船首受到海浪冲击

(5)扭转强度。扭转强度是指整个船体结构抵抗扭转变形和破坏的能力(图 1-57)。

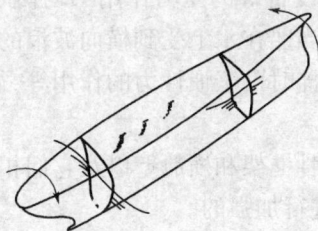

图 1-57　船体扭转变形

【任务实施】

1. 船体发生总纵弯曲变形的原因

船体受力包括船舶重力、惯性力、浮力,波浪冲击力、螺旋桨和机器运转时的振动力、碰撞力,搁浅时礁石反作用力、进坞时墩木反作用力等;在这些力的作用下,船结构可能会发生各种变形和破坏,有的属于整体性的,有的是在局部位置上。

船体的几何形状是一个中部肥大,向首、尾两端逐渐廋削的细长体,所以沿着船长方向某一区段船体上的重力与浮力不一定相等,由此就会引起船体发生总纵弯曲变形。若船体中部浮力大而首尾浮力小,重力在中部小而首尾两端大,船体将发生中部上拱,首尾两端下垂的总

35

纵弯曲变形,称为中拱(图1-58),此时船体上甲板受拉应力,船底板受压应力;相反,若在船体中部浮力小而首尾两端的浮力大,重力在中部大而首尾两端小,船体将发生中部下垂而首尾两端上翘的总纵弯曲变形,称为中垂(图1-59),此时船体上甲板受压应力,船底板受拉应力。

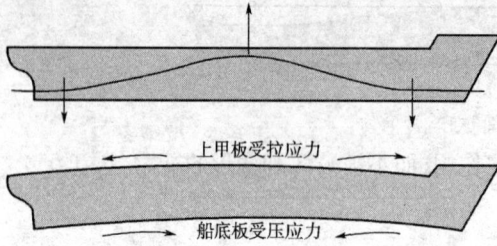

图1-58 船体中拱变形及受力   图1-59 船体中垂变形及受力

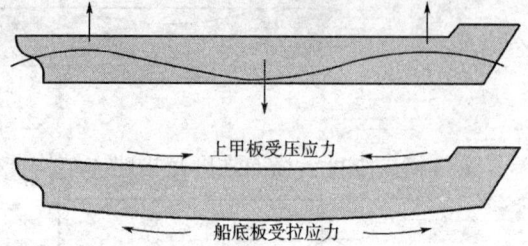

由上述分析可知,重力与浮力沿船长方向分别在船舶总纵弯曲中起到了重要的作用,下列情形对船舶的浮力和重力分布是最不利的。

(1)浮力。船舶遇标准波,波峰(或波谷)位于船中,浮力分布对船体总纵弯曲强度最不利。所谓标准波是指:

①波形近似坦谷波,即波峰较陡而波谷平坦;

②波长等于船长;

③波高等于波长的1/20(船长不小于120m)或波长的1/30加2m(船长小于120m)。

(2)重力。载重分布合理,满载进、出港;压载进、出港,船舶重力的分布对船体总纵弯曲强度都不利。如遇到标准波,则作用在船体上的弯曲力矩和剪力有可能达到最大值。

例如:

①油船满载,如遇标准波,且波谷位于船中,中垂弯曲变形最大;

②中机舱货船满载,如遇标准波,且波峰位于船中,中拱弯曲变形最大。

2. 横向强度

当船体受到的舷外水压力作用与舱内货物、机器设备等的压力作用不均衡时,甲板、船底和舷侧结构会在船体横向断面内发生凹变形。另外,当船在水上受到横向波浪的作用时,会使船的一舷水压力大于另一舷的水压力,或者船舶在横摇时由于惯性力的作用等,往往也会使肋骨框架发生歪斜(参见图1-55)。

横向强度主要由横梁、肋骨、肋板、肘板组成的肋骨框架和横舱壁以及它们相连的外板、甲板板等来承担的。船体的横向强度通常是根据经验进行加强的。

3. 局部强度

船体的局部强度通常是根据经验进行加强的。船舶局部应力典型案例见表1-4。

船舶局部应力典型案例

表1-4

船舶动作(现象)	局 部 应 力	船舶动作(现象)	局 部 应 力
压载航行	船底板发生凹陷变形	螺旋桨旋转	船尾部受激振力作用
靠码头	舷侧外板被碰撞、挤压变形	桅、吊杆及甲板机械	上甲板局部受力
冰区航行	船体被冰块挤压		

4. 扭转强度

一般船舶由于舱口较小,均有足够的抗扭强度,都不进行扭转强度计算。不过对于集装箱船等,因甲板上货舱口较大,需要考虑船体结构的扭转强度问题,如采取双层船壳等措施。船舶发生扭转变形的原因如图1-60所示。

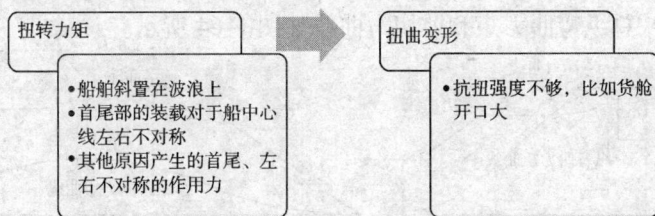

图1-60 扭转变形

【任务小结】

通过该任务训练,学生应掌握船舶强度的基本概念及特点,掌握船舶发生变形的原因及船体变形的结果,学生应具备判断船舶变形趋势的能力,根据船体变形分析船体受力的能力,及采取相应措施保持船体强度在安全极限范围内的能力。

【知识链接】

1. 基本概念

(1)船体总纵弯曲。船体总纵弯曲是指作用在船体上的重力、浮力、波浪水动力和惯性力等而引起的船体绕水平横轴的弯曲,由静水总纵弯曲和波浪总纵弯曲叠加而成。

(2)静水总纵弯曲。静水总纵弯曲是指船舶在静水中船体各段重力和浮力的不平衡,船体相应部分可能发生上下移动,由此在船体结构内必然产生内力,使船体发生弯曲(图1-61)。

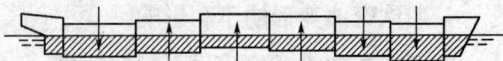

图1-61 船体静水总纵弯曲

(3)波浪总纵弯曲。在波浪状况下,船中处于波峰位置而船舶首、尾部处于波谷位置时,或船中处于波谷位置而船舶首、尾部处于波峰位置时,船体内产生的内力使船体发生的弯曲(图1-62)。

图1-62 船体波浪总纵弯曲
a)中拱;b)中垂

(4)横向载荷。船体在静水或波浪中,局部受到水压力和货物等横向载荷时,所产生的局部弯曲(图1-63)。

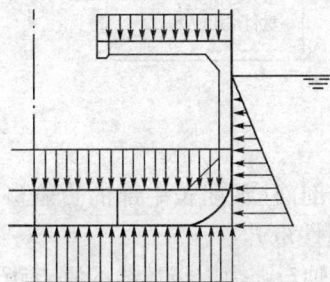

图1-63 船体上的横向载荷

2. 总纵弯曲力矩和剪力沿着船长方向的分布

(1)船的首尾两端的弯矩和剪力总是等于零。

(2)总纵弯曲力矩值,从首尾两端向船中逐渐增大,最大的弯曲力矩范围内。

(3)最大的剪力位于距首尾两端大约1/4船长附近。

(4)根据梁的弯曲理论可知,最大弯曲力矩处其剪力值等于零。

(5)对于营运的船舶来讲,船体的几何形状和大小是一定

37

的,船舶可能遇到的最不均匀的重力分布的装载状态和可能遇到的最不均匀的浮力分布的波浪的也应是一定的;因此,每一条船舶就有一个可以确定的最大弯曲力矩值和剪力值。

船舶重力、浮力、总纵弯曲力矩和剪切力曲线如图1-64所示。

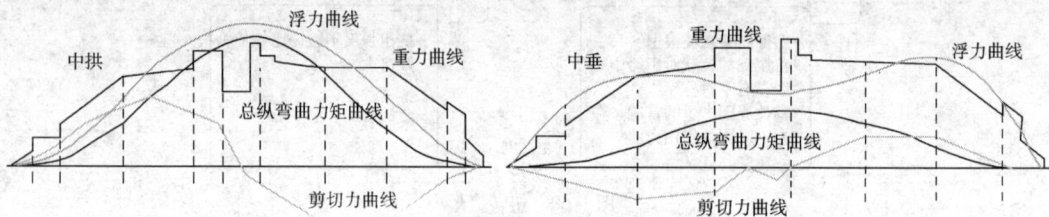

图1-64　重力、浮力、总纵弯曲力矩和剪切力曲线

3. 影响船体总纵弯曲力矩和剪力的因素

船体总纵弯曲力矩和剪力与船舶的大小、船舶重量和浮力的大小沿着船长方向的分布有关。

(1)浮力的大小和沿着船长方向的分布,与船体水线下的几何形状和大小有关,对营运船舶来讲,船体几何形状、大小和总布置是一定的。

(2)船舶重力的大小与沿着船长方向的分布,主要决定于船舶的装载状态,即决定于货物、旅客、燃油、淡水等载重的大小和布置。

研究表明,在载重分布合理的情况下,船舶满载出港、满载到港、压载出港和压载到港的装载状态,船舶重力的分布对船体总纵弯曲力矩和剪力是最不利的。

4. 船体弯曲变形的不利影响

由于船体中拱或中垂而引起的挠度,一般不得大于船长的1‰。船体发生过大的中拱和中垂弯曲变形时,会对船舶产生许多不利的影响。

(1)过大的中垂状态,使船中吃水大于首尾吃水,根据载重线标志判断载重量及装载量。

(2)使上层建筑和甲板室连接处作用力增加。

(3)使轴系和管系等发生弯曲变形。

(4)大开口舱口变形会影响与舱盖的配合。

【拓展提高】

假设船体是一根两端自由的空心变端面的梁,而且船体破坏一般都是总纵弯曲破坏,因此可以通过材料力学理论,计算出船体的总纵弯曲应力,通过与船体结构材料的许用应力相比较,便可以确定船体结构是否满足总纵强度要求,如图1-65所示。

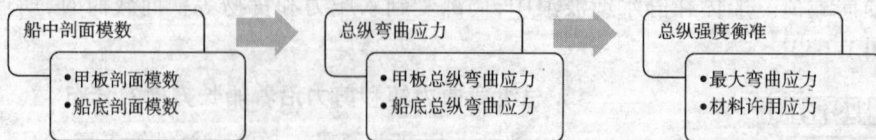

图1-65　船体总纵强度衡准思路

1. 船中剖面模数

在船体最大总纵弯曲力矩作用处,可以找出纵向构件较少的剖面(如船长中部的货舱口处剖面),求出承受总纵弯曲力矩的构件对船体横剖面中和轴的惯性矩 I。

(1)甲板剖面模数 W_d。甲板剖面模数是指惯性矩 I 除以中和轴至强力甲板边线的垂直距离 Z_d:

$$W_d = I/Z_d \tag{1-24}$$

（2）船底剖面模数 W_b。船底剖面模数是指惯性矩 I 除以中和轴至船底平板龙骨上缘的垂直距离 Z_b：

$$W_b = I/Z_b \tag{1-25}$$

式（1-24）中的 W_d 和式（1-25）中的 W_b 统称为船中剖面模数。

2. 总纵弯曲应力

总纵弯曲应力的大小沿着船身方向是成线性分布的。

（1）甲板总纵弯曲应力。甲板总纵弯曲应力是指船体所承受的最大总纵弯曲力矩 M 除以甲板剖面模数 W_d：

$$\sigma_d = M/W_d \tag{1-26}$$

（2）船底总纵弯曲应力。船底总纵弯曲应力是指是指船体所承受的最大总纵弯曲力矩 M 除以船底剖面模数 W_b：

$$\sigma_b = M/W_b \tag{1-27}$$

甲板和船底的弯曲应力方向相反，当船体发生中拱弯曲时，甲板受拉应力作用，船底受压应力作用；若船体发生中垂弯曲变形时，甲板受压应力作用，船底受拉应力作用；而位于中和轴处的总纵弯曲应力等于零。

3. 总纵强度衡准

由于船底部构件较多，中和轴一般偏低，故甲板剖面模数较船底剖面模数小，即一般甲板所受的总纵弯曲应力较船底的总纵弯曲应力大。

为了进行强度校核，船中剖面模数 W 取甲板剖面模数和船底剖面模数中小者，设船体遭受的最大总纵弯曲力矩为 M，则在船体结构中产生的最大弯曲应力如下：

$$\sigma = M/W \tag{1-28}$$

（1）船体总纵向弯曲强度校验公式。船体结构材料若是满足总纵弯曲强度要求，则必须满足式（1-29）：

$$\sigma \leqslant [\sigma] \tag{1-29}$$

式中：$[\sigma]$——船体结构材料的许用应力。

（2）船体总纵弯曲强度的衡准。当船体的几何形状、大小和布置、载重量、结构材料等确定时，最大的总纵弯曲力矩 M 和结构材料的许用应力值 $[\sigma]$ 也是一个确定的值：

$$W_0 = M/[\sigma] \tag{1-30}$$

因此，衡量船体总纵弯曲强度的衡准是实际的船中剖面模数 W 必须满足式（1-31）中所述关系：

$$W \geqslant W_0 \tag{1-31}$$

《钢质海船入级与建造规范》中，根据船体的几何形状和大小（主要是船长、船宽、方形系数等）及波浪与静水弯矩、造船材料的许用应力等，规定了一个船体最小船中剖面模数 W_0。每一艘新造的船舶，实际的船中剖面模数 W 必须大于该规范中所规定的 W_0 值，这样船体的总纵弯曲强度才能满足要求。船舶营运多年后，船体材料因锈蚀而变薄，所以实际的船中剖面模数会逐渐变小。

【课后自测】

1.船体强度是指什么？包括哪些内容？

2. 影响船体强度的因素有哪些？

3. 什么是中垂和中拱？发生中垂和中拱时,甲板和船底板的受力情况如何？

扩展任务 2　船体结构加强

教学目标

◎ 能力目标:(1)能分析构件在船体结构加强中的作用;(2)能正确选用机舱应急逃生设备。

◎ 知识目标:(1)掌握船体结构加强的方法;(2)掌握船舶主要部位和舱室布置。

◎ 情感目标:(1)具备良好的职业道德;(2)具备团队合作精神。

【任务介绍】

(1)船体结构构件中的主要构件有哪些? 次要构件有哪些? 横向构件有哪些? 纵向构件有哪些?

(2)什么是强力甲板? 甲板边板和舱口之间的甲板有何特点?

(3)船舶外板包括哪些? 如何识读外板展开图?

(4)什么是横骨架式结构、纵骨架式结构和混合骨架式结构? 其各有什么特点? 分别适用于什么类型的船舶?

(5)主船体内布置的舱室通常有哪些? 上层建筑中的各层甲板有哪些? 船舶主要工作舱室有哪些? 液舱的种类有哪些?

【任务解析】

不同用途的钢质海船的结构是不同的,同一艘船舶不同部位的舱室结构也是有所不同的(图1-66),这主要是由船体强度决定的(图1-67)。

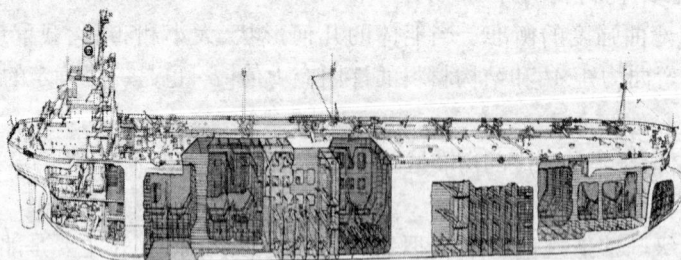

图 1-66　船体结构示意图

图 1-67　船体结构任务解析

构件是船体结构的基本组成单元,构件放置的位置不同,作用也不同。本任务主要通过学习船体各个典型部位的结构,如图1-68～图1-70所示。使学生能分析不同舱室、部位的构件对于提高船体强度的作用。

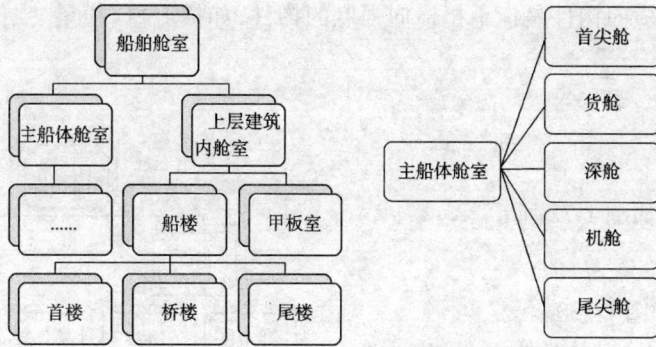

图1-68　船舶舱室解析

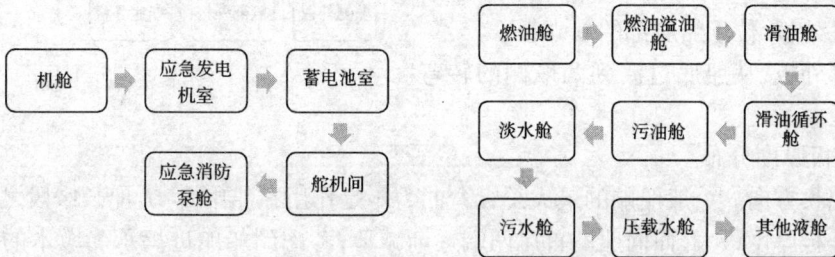

图1-69　轮机部主要工作舱室

图1-70　船舶主要液舱

【相关知识】

1.船体构件

(1)定义:船体结构中的一个加工单元,如一块钢板,一根角钢。每一个构件按着在船体中所处的位置和作用不同,有着不同的名称。如由角钢制成的构件,在甲板下面纵向布置的称为甲板纵骨;在甲板下横向布置的称为甲板横梁;在舷侧竖向布置的称为肋骨;布置在舱壁板上的称为舱壁扶强材。

(2)按照用途分类(图1-71)。

①主要构件。主要构件是指支撑着其他构件的大型组合构件,如甲板纵桁、舷侧纵桁、强横梁、强肋骨。

②次要构件。次要构件是指甲板、外板、舱壁板等板材的扶强材,如肋骨、横梁、纵骨、舱壁扶强材。

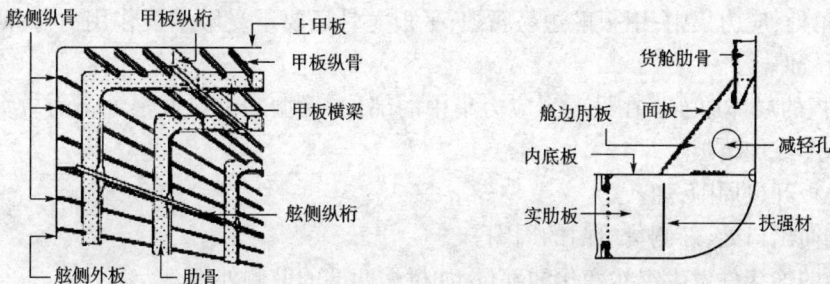

图1-71　舱内部分构件示意图

（3）按照所承担的强度分类：

①纵向构件。纵向构件是指承担总纵弯曲强度的构件，如甲板、甲板纵桁、甲板纵骨、船底纵桁、船底纵骨、内底板、纵向舱壁、船体外板。

②横向构件。横向构件是指承担横向强度的构件，如横舱壁、横梁、强横梁、肋板、横梁肘板、舭肘板。

【任务实施】

1. 船体结构

船体结构组成如图 1-72 所示。

2. 外板

（1）外板名称（图 1-73）。

①舷侧外板，位于主船体两舷侧的船壳钢板。

②船底外板，位于船底部的外壳板。

③舭部外板，从船底过渡到两舷侧的转弯处的船壳板。

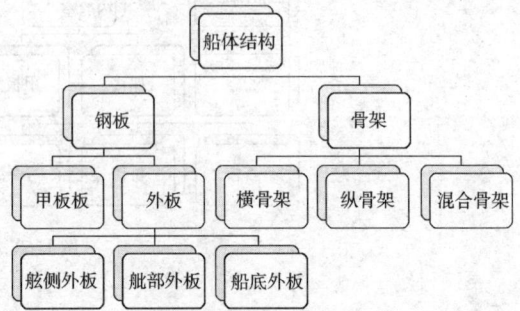

图 1-72　船体结构示意图

（2）外板厚度分布。

①沿船长方向。一般船舶的最大总纵弯曲力矩是作用在船中 $0.4L$ 船长区段之内，所以在该区段内外板厚度最大，而向船的首尾两端逐渐减薄；考虑到船舶进坞承受墩木的作用力、搁浅等原因，平板龙骨（位于船体中心线处的一列船底外板）从船首至船尾宽度保持不变。

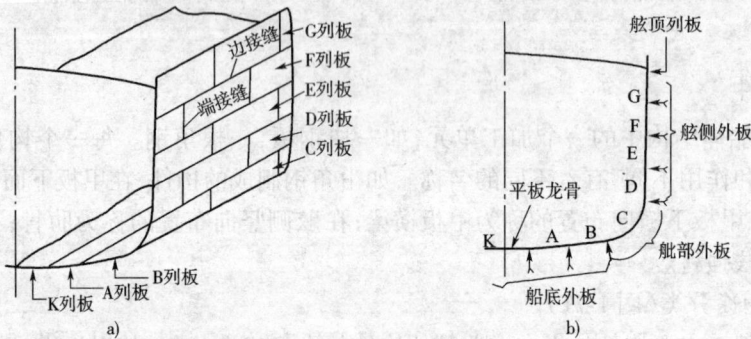

图 1-73　外板示意图

②沿肋骨围长方向。由于弯曲应力大小的分布，在中和轴处为零，向甲板和船底成线性增大，因此，平板龙骨和舷顶列板较其他列板厚一些；另外，舷侧外板受拉、压力交替作用，易疲劳；位于折角处，应力集中；甲板舷边易腐蚀；平板龙骨还要承受墩木反作用力等原因，这都要求这两列板较厚。

（3）外板的局部加强。在易产生应力集中的部位、受振动力或波浪冲击力较大的部位都需将外板加厚或加覆板。

船壳外板开口周围，如：

①锚链筒出口处，舷侧货舱门的周围。

②外板的连接件发生突然变化的部位，如桥楼两端的舷侧外板。

③与尾柱连接的外板，轴毂处的外板，尾轴架托掌固定处的外板。

④船首部位受波浪砰击力作用的船底外板和舷侧外板等处。

（4）外板作用。

①保证船体水密性。

②承担船体总纵弯曲强度、横向强度和局部强度。

③承担舷外水压力、波浪冲击力、坞墩反作用力、外界碰撞、挤压和搁浅等作用力。

（5）外板展开图（图 1-74）。

①外板展开图简介：

定义：表示全船外板的每块钢板的位置、大小、厚度和形状的图纸。

尺寸：外板的横向尺寸是实际长度，而纵向尺寸是投影长度。

替代：习惯上是绘制右舷的外板展开图，替代全船的外板展开图。

②外板展开图的识读：

编号：在图中把全船外板的每一列钢板和每一块钢板都用字母和数字编成号数，平板龙骨的一列钢板定义为 K 列板，左右相邻的两列板为 A 列板，再次的为 B 列板，依次类推（图 1-74），而每一列钢板中的每一块钢板，从尾向首排列号数。

信息：在图中标注有每块钢板的厚度、规格尺寸、边接缝和端接缝的位置；在图中标注有外板上的开口和加强覆板的位置、形状和尺寸；在图纸上标注有与外板的内表面相连的纵向和横向构件的位置，以及舭龙骨的位置。

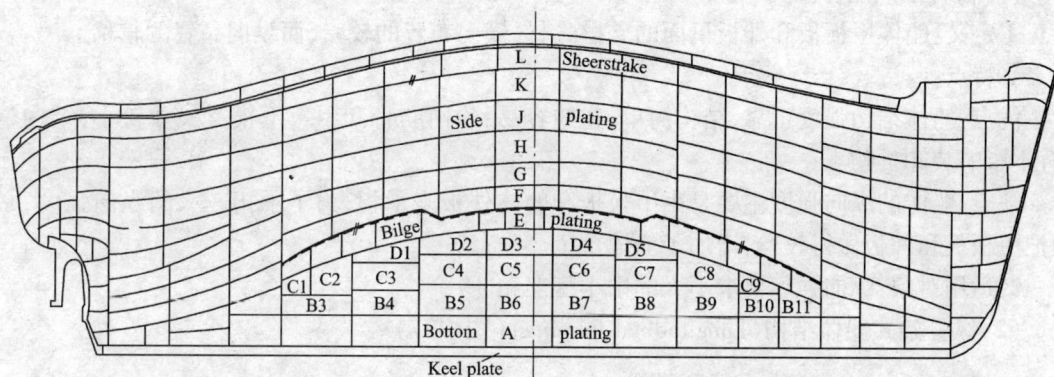

图 1-74　外板展开图

3. 甲板板

在船体总纵弯曲时承担着最大抵抗力的甲板，称为强力甲板（图 1-75）。

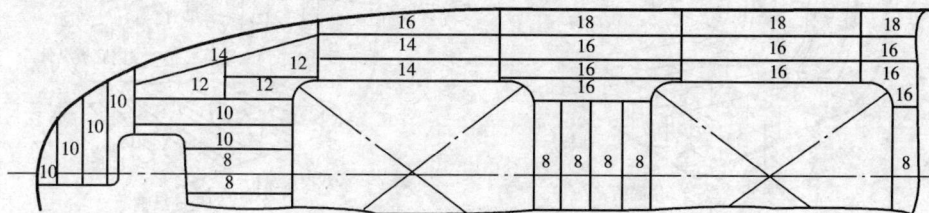

图 1-75　甲板板的排列

（1）甲板板的厚度分布。

①多层甲板。强力甲板（或上甲板）距中和轴最远，是承担总纵弯曲应力作用的主要甲板，故强力甲板板在各层甲板中是最厚的甲板。

②沿船长方向。在船体中部 0.4L 船长区域内,强力甲板板最厚,向首、尾两端逐渐减薄。

③沿横向。甲板边板(在强力甲板中,沿着舷边的一列钢板)最厚,这是由于甲板边板位于舷边折角处,易引起应力集中,舷边又经常积水锈蚀严重的缘故。

④最薄的钢板。在舱口之间的甲板板最薄,因被舱口切断不连续,不能参与总纵弯曲。

(2)甲板板排列。从舱口边至舷边的甲板板,钢板是纵向布置的,长边沿着船长方向并且平行于甲板中线;在舱口之间以及首尾端的甲板,因地方狭窄一般将钢板横向布置。

(3)甲板开口处的加强。甲板板上的开口,由于损失了部分甲板断面面积,同时开门的角隅处易产生应力集中,故必须予以补偿和加强。

①甲板上的人孔。采用圆形或椭圆形的人孔,一般无须采取加强措施,但椭圆形人孔的长轴要沿着船长方向。

②货舱开口等矩形大开口。矩形开口的长边是沿船长方向布置的,开口的四个角隅做成圆形或椭圆形,在开口角隅处的甲板板要用加厚板或覆板予以加强。

4. 骨架

船体结构若按结构中骨架的排列方式划分,分为横骨架式船体结构、纵骨架式船体结构、混合骨架式船体结构。

(1)横骨架式船体结构(Transverse framing)(图 1-76)。

①定义:船体甲板板和外板里面的支撑骨材,横向布置的较密,而纵向布置的较稀。

②特点:

优点:船体结构强度可靠,结构简单,建造容易;舱内肋骨和甲板下横梁尺寸较小,结构整齐,不影响装卸货物。

缺点:船体的纵向强度主要是由甲板板和船体外板来承担,为了承担较大的纵向强度,必须把甲板板和外板做得较厚,增加了船体重量。

③适用对象:纵向强度要求不大的中小型船舶。

(2)纵骨架式船体结构(Longitudinal framing)(图 1-77)。

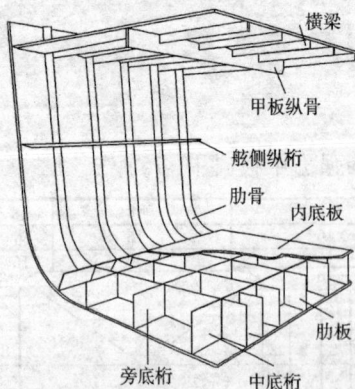

图 1-76 横骨架式船体结构   图 1-77 纵骨架式船体结构

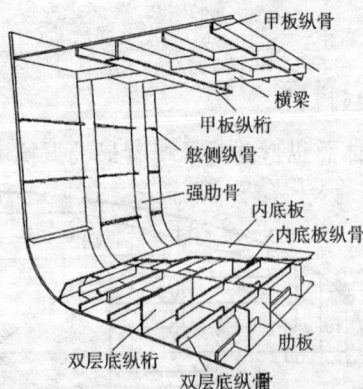

①定义:甲板和外板里面的支撑骨材纵向布置得较密、横向布设得较稀,但船的首尾端是采用横骨架式结构。

②特点:

优点:船体的纵向强度大,甲板板和船体外板可以做得薄些,船体重量轻。

缺点:货舱内布置着大型肋骨框架,有碍货物装卸,但不妨碍液体货物装卸。

③适用对象:主要用在纵向强度要求较高的大型油船。

(3)混合骨架式船体结构(Combination framing)。

①定义:在主船体中段的强力甲板和船底采用纵骨架式结构,而在舷侧和下甲板上采用横骨架式结构,船舶首尾端采用横骨架式结构(图1-78)。

②特点:船体纵向强度大,并有足够的横向强度,建造容易,货舱内突出的大型构件少,不妨碍货物装卸。

③适用对象:目前在大、中型干货船上广泛采用。

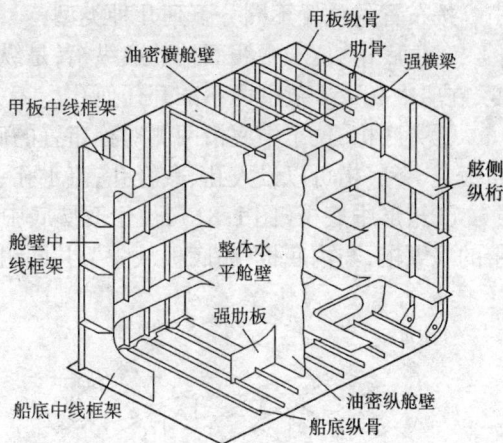

图1-78　混合骨架船体结构(油船)

【任务小结】

通过项目训练,学生应掌握船体典型舱室结构及结构强度加强方法,掌握船舶舱室布置原则,能运用所学理论知识正确分析构件在船体结构加强中的作用,遇到突发事件(进水、火灾等)时能正确选用机舱应急设备或正确选取逃生路线。

【知识链接】

1. 舱底结构

船底结构可为分四种型式:横骨架式单底结构、纵骨架式单底结构、横骨架式双层底结构和纵骨架式双层底结构。

1)横骨架式单底结构(图1-79)

(1)中内龙骨:位于中线面上并焊接在平板龙骨上的T形钢材,与肋板同高度,除首尾端外不准有开孔,是一个纵向连续构件;承担总纵弯曲强度、船底局部强度及墩木的反作用力等。

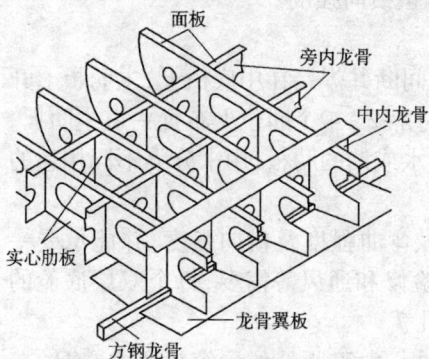

图1-79　横骨架式单底结构

(2)旁内龙骨:位于中内龙骨两侧对称布置的纵向构件,根据船宽的不同,每侧可设1~2道,与肋板同高并在肋板处间断焊接在肋板上;其作用与中内龙骨同。

(3)肋板:设在船底每一个肋位处的横向构件;主要作用是承担横向强度。

(4)舭肘板:连接肋骨下端与肋板的构件,用来加强节点的连接强度。

(5)流水孔:为了疏通舱底积水,在肋板、旁内龙骨的下边缘上开有半径为30~75mm的半圆形小孔。

2)纵骨架式单底结构

纵骨架式单底结构主要用在小型军舰及油船上,结构布置特点是在船底纵向布置许多间距较小的船底纵骨,而肋板是每隔3~4个肋位布置一道。

3）横骨架式双层底结构（图1-80）

（1）底纵桁：是在双层底内沿着船长方向布置的与双层底同高度的纵向大型构件的统称，其作用是承担总纵弯曲强度、局部强度及墩木反作用力等。

按布置的位置不同分下列几种类型：

①中底桁：位于中线面处的底纵桁，是纵向连续构件，为了减小自由液面的影响和增加强度，在船中0.75L范围内不准开任何孔。

②旁底桁：位于中底桁两侧对称布置的底纵桁，每侧布置1~2道，在肋板处间断并焊接在肋板上，旁底桁可以设人孔、减轻孔、流水孔、空气孔等。

③箱形中底桁（图1-81）：位于双层底中线面的两侧，间距为2m左右，平行的设置2道水密的底纵桁，与内底板、船底板从骨架共同组成一个水密的箱形结构，代替中底桁。

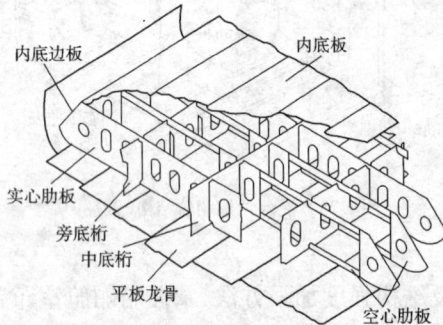

图1-80　横骨架式双层底结构

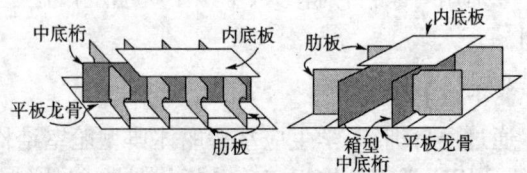

图1-81　箱形中底桁

箱形中底桁有如下的作用：

a）可将舱底管系集中地布置在箱形中底桁内，避免管子穿过货舱妨碍装货和受损，这样便于维修。

b）箱形中底桁一般可只设在机舱前壁至防撞舱壁之间的一段双层底内，在机舱内及其后部一般不设箱形中底桁。为了进入箱形中底桁内，在机舱前壁处开设行水密装置的人孔，在箱形中底桁的前端设有通向露天甲板的应急出口。

c）为了能使底纵桁搁置在坞内墩木上，箱形中底桁的两侧壁间距一般不大于2m。

d）箱形中底桁内部，设有纵向或横向的加强构件。

（2）肋板：布置在双层底内肋位上的横向构件，主要承担横向强度。

按其结构型式划分有下列几种：

①主肋板：又称实肋板，与双层底同高度，在中底桁处间断并焊接在中底桁上，主肋板上开有人孔、减轻孔、流水孔、空气孔和通焊孔等；货舱区域内每隔2~4个肋位上布置一道主肋板。

②水密肋板和油密肋板：在规定的压力下能保持不透水或油的肋板，用来分隔不同用途的双层底舱。

（3）内底板，是双层底顶的水密铺板，内底板承担总纵弯曲强度及横向强度，并能承受一定的水压力，在货舱口下面的内底板要加厚。为了清舱、检修和通风等需要，每个双层底舱的内底板的对角线位置处，开设两个人孔，并装有水密的人孔盖。

（4）内底边板，是内底边缘与舭部外板相连接的一列板，由于所处位置容易积水，腐蚀较严重，因此厚度须比内底板稍厚些。

内底边板常见有下列几种型式：

①水平式内底边板：舱内平坦，施工简单方便，但舱内积聚的污水无处流出，需设污水井。

②倾斜式内底边板：内底边板与舭部列板形成一个沟槽，污水可积聚在沟槽中。

（5）舭肘板：是连接肋骨下端与肋板的肘板，以增强连接处的强度。

（6）双层底其作用如下：

①万一船底破损，内底板可以制止海水浸入舱内，以保证船舶和货物的安全。

②增强船底强度（总纵弯曲强度、横向强度、局部强度）。

③把双层底内部空间分隔成舱柜，可储存燃料、淡水，空船时装压载水。不仅有效地利用了空间，而且可调整纵倾和吃水，降低船的重心，增加船舶稳性。

4）纵骨架式双层底结构

纵骨架式双层底结构的双层底内纵向布置的构件较密，而横向布置的构件较稀（图1-82）。其与横骨架双层底结构的区别主要如下：

（1）纵骨架式双层底结构中，在内底板的下面和船底板的里面布置有大量的纵骨，这些纵骨与船底纵桁、内外底板等一起承担总纵强度和局部强度，可使船底板减薄。

（2）纵骨架式双层底结构中，主肋板是每隔3~4个肋位布置一道，而在主肋板之间不设框架肋板。

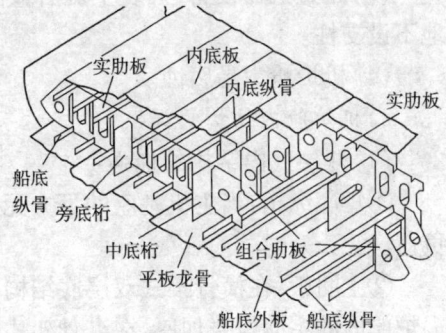

图1-82　纵骨架式双层底结构

2. 舱壁结构

1）舱壁的作用

（1）横向舱壁：承担着船体的横向强度，进行水密分舱和分隔防火区，一旦船舱进水和着火可不使其蔓延。

（2）纵向舱壁：可减小自由液面对稳性的影响，并承担总纵弯曲强度。

2）舱壁的种类

（1）根据舱壁的作用划分：

①水密舱壁：是在规定的水压下能保持不渗透水的舱壁。

②油密舱壁：是在规定的压力下能保持不渗透油的舱壁。

③防火舱壁：是分隔防火主竖区并能限制火灾蔓延的舱壁。

④制荡舱壁：在舱壁上开有流水孔，用来减小舱内液体的摇荡所产生的冲击力。

⑤轻型舱壁：是一种无密性、强度和防火要求的轻型结构舱壁，只起简单隔离作用。

（2）根据舱壁的结构型式分：

①平面舱壁。

②槽形舱壁。

3）水密舱壁的设置

水密横舱壁的数目，主要是根据船体强度的要求，水密分舱、机舱的位置和货舱的长短等因素决定的，在船舶建造规范中有具体的规定。但是，下列几个水密横舱壁对于任何船都是必须设置的。

（1）防撞舱壁：又称为首尖舱舱壁，是位于船首最前面的一道水密横舱壁，要求距首垂线的距离不小于$0.05L_{BP}$，自船底向上通至干舷甲板；在舱壁上不准开设门、人孔，通风管隧和任何其他开口；该舱壁的作用是一旦船首破损，阻止水蔓延至其他船舱。

（2）尾尖舱舱壁：是位于船尾最后一道水密横舱壁，该舱壁向上可以允许通到水线以上的平台中板。

（3）机舱两端的水密横舱壁：在机舱的前后端必须设置横舱壁与其他舱室隔开，对于尾机型船，机舱后端的舱壁即为尾尖舱舱壁。

3. 机炉舱的结构

1）机炉舱特点

（1）机炉舱重型设备（主机、辅机、锅炉等）集中，局部负荷大。

（2）主机、辅机等设备在运转时易引起船体的振动。

（3）布置机器设备、拆装主机活塞杆等工作的需要，甲板上开口大，不设两层甲板，尽可能地不设支柱。

（4）机炉舱内易腐蚀。

2）机炉舱内结构的加强

（1）双层底内结构的加强：

①短底纵桁：当主机基座的下方无船底纵桁时，要求装设短底纵桁支承主机传下来的集中负荷。

②主肋板：在横骨架式双层底结构中，机舱和锅炉的底座下应在每个肋位上设置主肋板；锅炉舱内的主肋板要加厚，在纵骨架式的双层底内，机舱区域至少每隔一个肋位设置一道主肋板，但主机底座、锅护底座、推力轴承座下的每一个肋位上均应设主肋板。

③内底板：要增厚 $1\sim2$ mm。若燃油舱设置在双层底上时，内底板厚度不小于8mm。

（2）甲板和舷侧结构的加强：

①在甲板和舷侧要求每隔3个肋位至少应设置一道强横梁和强肋骨，而且强肋骨与强横梁位于同一肋位上。

②当机舱内主肋骨的跨距大于6m时，要设置舷侧纵桁；舷侧纵桁是由组合型材制成的，断面尺寸的高度与强肋骨相同，沿着船长方向布置在机舱内的两舷侧。

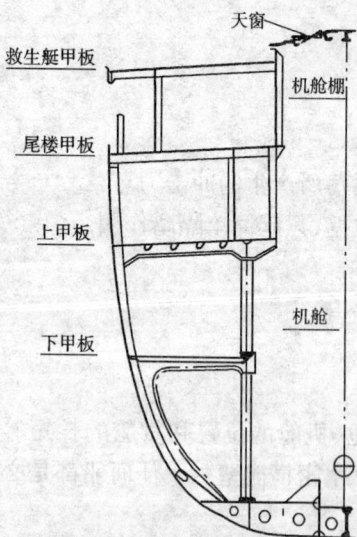

图 1-83　机炉舱棚的结构

3）机炉舱棚（图1-83）

因布置机舱设备的需要，机舱上面的甲板开口较大，并且设置机炉舱棚保护开口；一般船舶的机炉舱棚都是布置在上层建筑中。当无上层建筑保护时，机炉舱棚的门必须是风雨密的，门槛要高出露天甲板600mm以上。

机炉舱棚的主要作用和布置要求如下：

（1）保护机舱的安全不受风浪的侵袭。

（2）减少机舱的噪声和热气对舱外的影响。

（3）布置某些设备需要用机舱棚围起来，如烟道、日用油箱、格栅、扶梯等。

（4）保证维修柴油机吊缸时所要求的空间高度。

（5）机舱通风和采光，机炉舱棚的顶部一般通至露天艇甲板上，在艇甲板上设置整体可拆式天窗供通风采光用，并且要保证风雨密。

（6）在机炉舱棚的四周壁板的内例设置扶强材，加强壁板的刚性。

4. 基座结构

基座是用来支承船上各机械设备并将设备固定在主船体结构上的结构。

（1）基座的作用和要求：

①支承机械设备自身重量。

②承受设备运转时产生的不平衡力。

③船在激烈的横摇、纵摇、升降运动时，承受机械设备产生的惯性力。

④承受大角度倾斜引起的倾斜力矩和水平力等。

⑤基座必须具有足够的强度和刚度。

（2）柴油机主机基座。柴油机主机基座由两道纵桁（包括腹板相面板）、横隔板、肘板及垫板组成（图1-84）。

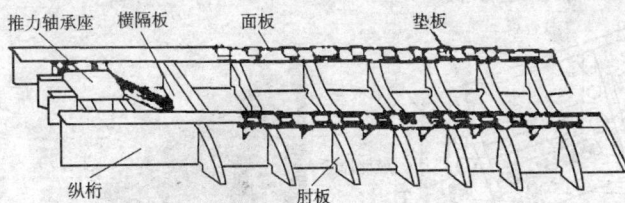

图1-84 主机基座

（3）锅炉底座。船用锅炉种类很多，底座的结构型式要求与锅炉结构型式相配合。水管锅炉底座如图1-85所示。

（4）辅机基座。辅机基座一般位于两舷侧、靠近舱壁处、平台甲板上和构架上，其结构型式与主机机座基本相同。

（5）推力轴承座。推力轴承座是支承推力轴承的基座，其将螺旋桨产生的轴向推力通过推力轴承基座传递到船体结构上，所以要求推

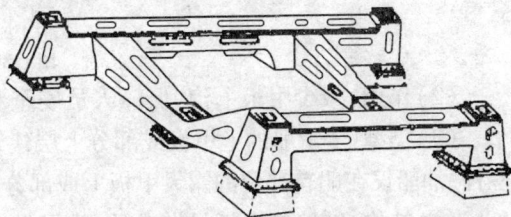

图1-85 水管锅炉底座

力轴承基座的纵向刚性较大，在轴承的两端装设牢固的加强肘板，使其纵向摆动最小。

【拓展提高】

1. 舷侧结构

舷侧结果如图1-86所示。

肋骨，是指横向、竖向或斜向布置在舷侧、船底及尖舱中尺寸较小的骨材的统称，与外板、船底板一起承担横向强度。

根据所在的位置和结构尺寸的大小可分：

（1）主肋骨：通常所称的肋骨均指主肋骨而言，是位于防撞舱壁与尾尖舱舱壁之间，在最下层甲板以下的船舱内的肋骨。

（2）甲板间肋骨：位于两层甲板之间舷侧的肋骨，由于跨距和受力较小，故尺寸较主肋骨小。

（3）中间肋骨：在冰区航行的船舶，为了增强舷侧抵抗冰的挤压的能力，在主肋骨间距中点处装设的小肋骨，中间肋骨上下两端均不设肘板，称为自由端。

（4）强肋骨：是一种大尺寸的肋骨，也称宽板肋骨。在横骨架式的舷侧结构中装设强肋骨，是为了局部加强。在纵骨架式的舷侧结构中，强肋骨用来支撑舷侧纵骨，并与强横梁、肋板一起组

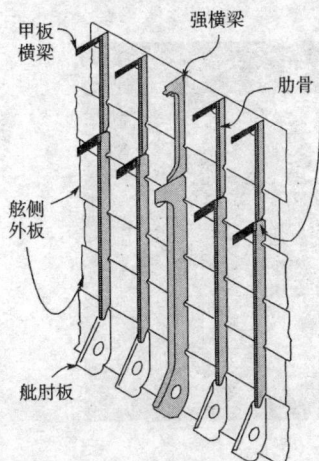

图1-86 舷侧结构示意图

成坚固的框架,保证船体横向强度。强肋骨都是采用T形组合型材或带折边的宽板制成的。

①舷侧纵骨:在舷侧沿着船长方向布置的骨材,装在纵骨架式的舷侧结构中,如油船的舷侧。

②舷侧纵桁:在舷侧沿着船长方向布置的大型组合型材,与强肋骨高度相同,一般多设在机舱和首尾尖舱内。

③梁肘板:连接甲板下横梁与肋骨的三角形钢板,用来增强节点的强度。

2. 舷墙

(1)定义:沿着露天甲板边缘装设的围墙(图1-87)称为舷墙。

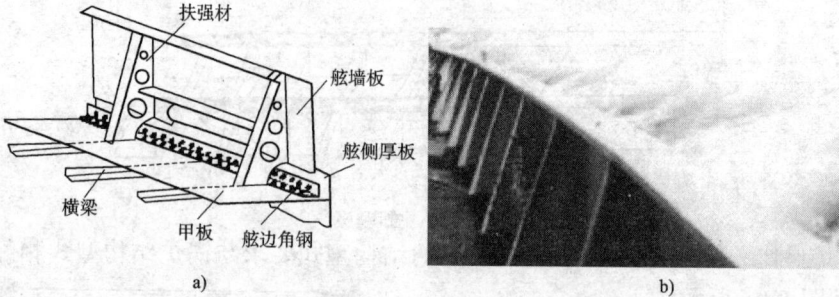

图1-87　舷墙结构

(2)作用:减少甲板上浪,保障人员安全和防止甲板上货物及物品滚到舷外。

(3)类型:干货船的上甲板或部分上层建筑甲板的露天部分设置舷墙,其他的露天甲板设置栏杆;油船仅在船首部位的露天甲板上或部分上层建筑甲板上设置舷墙,其他部位设置栏杆。

(4)结构:舷墙是由板材做成的,为了保证舷墙的刚性,在其内侧装设扶强材,舷墙的上边缘装设水平的扶手,舷墙的下边开有长条形的排水口;为了使舷墙不参与总纵弯曲,舷墙与舷顶列板的上缘不可以牢固的焊接成一个整体。

(5)尺寸:舷墙和栏杆的高度不小于1m,栏杆的最低一挡以下的开口应不超过230mm,其他各挡的间隙应不超过380mm;对于没有圆弧形舷缘,则栏杆支座应设置在甲板的平坦部位。

3. 轴隧

轴隧如图1-88所示。

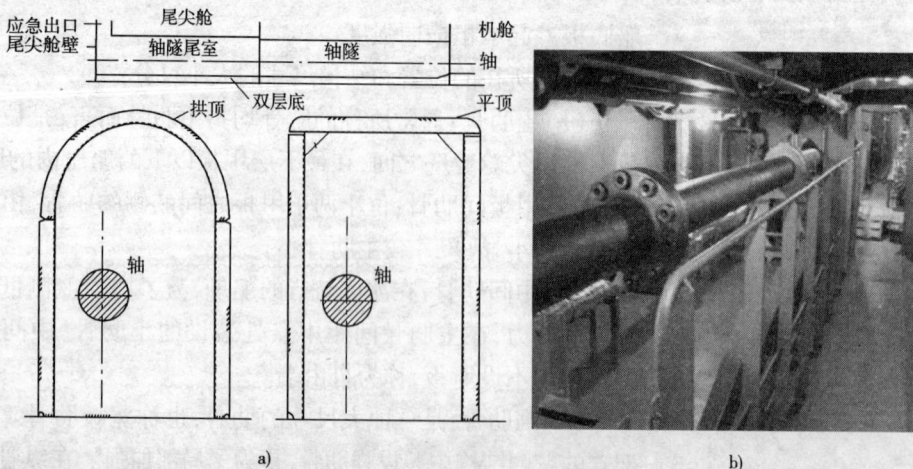

图1-88　轴隧

（1）作用：保护轴系和便于工作人员对轴系进行检查、维修。

（2）分类：平顶和拱顶，前者便于装袋，后者强度较好。

（3）水密门：在轴隧的前端，即机舱的后壁上，设有一扇通往机舱的手动滑动式水密门，该门要求在舱壁甲板上能开闭；船舶正浮状态时，该门关闭时间不超过90s。

（4）应急逃生口：在轴隧的末端靠近尾尖舱舱壁处，设有应急围井通至露天甲板上，作为轴隧和机舱的应急出口，平时作为轴隧的通风口，应急出口盖不能加锁。

4. 首端结构

（1）定义：船舶的首端是指上甲板以下、防撞舱壁以前部分（图1-89）。

（2）受力：总纵弯曲力矩较小，但是受的局部作用力较大。

（3）结构特点和加强。

①横骨架式结构，肋骨间距小，构件尺寸大，设有许多空间骨架构件。

a）肋骨间距一般不大于600mm，每一肋位上都设有升高肋板，中内龙骨与升高肋板尺寸相同，并延伸至首柱底部。

b）在舷侧除了设置肋骨外，必须设置间距不大于2m的舷侧纵桁。

c）在左右舷的两个舷侧纵桁之间，每隔一个肋位设置一道空间撑杆，称为强胸横梁，或者设置带有开孔的平台，代替强胸横梁和舷侧纵桁。

d）在中纵剖面处设置制荡舱壁。

②从防撞舱壁至距首垂线0.15L区域内的舷侧，要在首尖舱舷侧纵桁的延伸线上设置舷侧纵桁。

③从防撞舱壁至距首垂线约0.25L区域内的船底，要在每一肋位上设置主肋板；旁底桁间距不大于3个肋骨间距或纵骨间距，在旁底桁之间还设有半高旁底桁。

5. 首柱结构

（1）定义：船体最前端的构件，用来加强船首，连接舷侧外板、甲板和龙骨末端的构件（图1-90）。

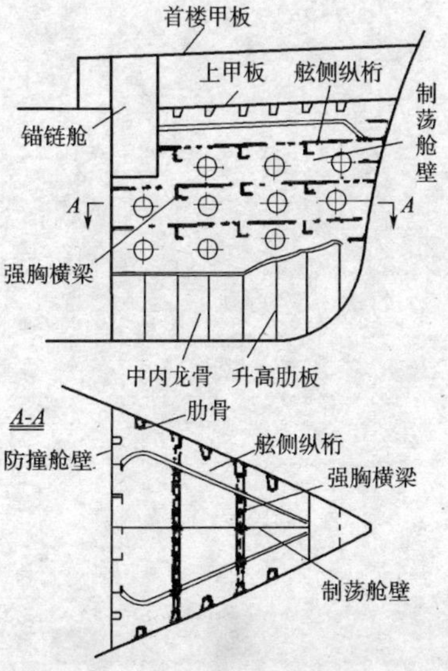

图1-89　船舶首端结构

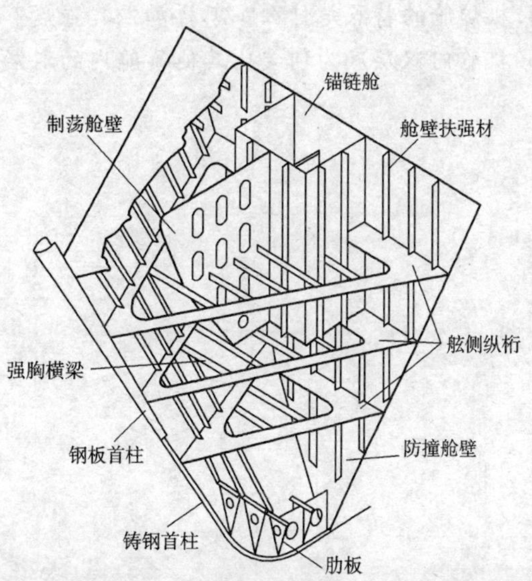

图1-90　首柱结构

（2）分类：钢板焊接制成的首柱和铸钢制成的首柱。

①钢板首柱:用较厚的钢板弯曲焊接制成的,在弯曲钢板的内侧焊接有水平的和竖向的扶强材。其特点如下:

a)与外板、甲板、中内龙骨、平板龙骨等连接牢固。

b)制造容易,重量轻、成本低,碰撞时钢板仅局部发生变形,易修理。

②铸钢首柱:由铸钢浇铸而成的,其特点如下:

a)刚性大而韧性差,重量也较大。

b)可以制成较复杂的断面形状,但制造费工。

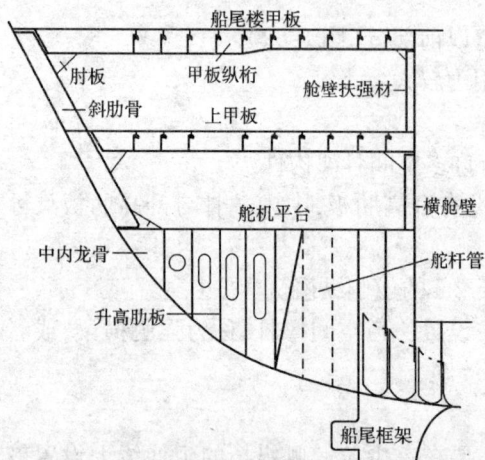

图 1-91 船舶尾端结构

6.船尾端结构

(1)定义:尾尖舱壁以后、上甲板以下的船体结构,包括后尖船和尾部悬伸端(图 1-91)。

(2)受力:船尾所受的总纵弯曲力矩较小,但承受下列的局部外力作用。

(3)结构加强:一般多是采用横骨架式结构,并采取下列的加强措施:

①在每一肋位上设置升高肋板。

②在舷侧除了肋骨之外,设置舷侧纵桁,而且其竖向间距不大于 2.5m,左右舷的两舷侧纵桁之间设有强胸横梁。

③有的尾尖舱内也设有制荡舱壁。

【课后自测】

1.船体骨架结构有哪几种?分别有何特点?它们的应用场合有哪些?

2.双层底的作用是什么?

3.什么是强力甲板?甲板边板和舱口之间的甲板有何特点?

4.机炉舱的特点是什么?怎样加强其强度?

5.机舱内双层底为何要比其他货舱内的双层底高?

项目 2　船舶维修管理

任务 1　修船的种类和原则解析

教学目标

◎ 能力目标：(1)能根据修船类型编制修理单；(2)能根据修船原则确定修船要求。

◎ 知识目标：(1)掌握修船的种类；(2)掌握修理单编制要求；(3)掌握修船的原则和要求。

◎ 情感目标：(1)具备良好的职业道德；(2)具备团队合作精神；(3)具备企业主人翁精神。

【任务介绍】

在茫茫大海上,为保证船舶正常航行,机械设备的正常运转是基础,船员日常对设备的维护、保养是保障。

通过任务训练,学生能根据修船的类型编制修理单；能根据修船所需进行相应的准备工作。

【任务解析】

根据我国目前航运系统现状,船舶修理分为船舶预防检修和船舶厂修两大类。

船舶预防检修是主要依靠船员自修解决船舶设备技术缺陷的一种修船方式。在公司船舶技术部门的领导和监督下,根据"船员职务与职责"、"船员保养、检修分工明细表"、"设备预防检修、保养周期表"等有关规定,由轮机长负责组织所属船员对船舶设备进行预防性养护、检查、修理工作。随着 PMS(船舶机械计划保养系统)的实行,船舶预防检修越来越显示出它的重要性。

对于船舶厂修类别的规定,各厂船不完全一致,中国船舶工业公司将船舶厂修分为坞修、小修、中修和大修四种,而交通运输部制定的有关修船规定分为航修、小修、检修三种。

【相关知识】

一、修船的类别

1. 航修

船舶营运中发生局部过度磨损或一般性事故,影响航行安全而船员难以自行修复,必须由船厂或航修站修理的工程。

2. 小修

小修的目的是按规定周期结合验船的坞内检验和年度检验,对船体和主副机等主要设备进行不拆开或少拆开机器设备的必要的重点检验,修复过度磨损的部位或部件,保证舰艇安全营运到下次计划修理。

小修的间隔期,客货船为 12 个月,远洋货船为 12~18 个月。如船舶的技术状况良好不需修理时,经验船师检验认可后,可以延期 6 个月,但最多不超过 12 个月。

3. 检修

检修是修船的最大修理类别。检修的目的是经过 2~3 个小修以后结合验船的特别检验,拆开必要的机器设备,对船体和全船的各主要设备及系统进行一次比较全面的检查,修复已经磨损而在小修时不能解决的缺陷,保持船舶的强度并结合以后的小修,使主要设备和系统安全运转到下次检修。

另外,事故修理是指船舶在营运中,如遇到不可抗拒(台风、龙卷风)的因素外(船舶碰撞,触礁所造成)的海损事故后的修理。其修理情况要根据船舶损坏程度和船检部门提出的修理意见和要求进行临时性的修理,以取得适航证书。

二、船舶修理的原则和要求

1. 以原样修复为主

船舶进行更新和改造时,应作经济论证,并经上级批准。

航区和种类不同,船舶使用年限也有很大差别,修船方针也不同。

中远(集团)总公司规定船舶的营运年限:杂货船、多用途船为 20~25 年,散货船、滚装船、集装箱船及客船为 15~20 年,油船、液化气船和化学液品船为 8~15 年。上述船舶达到2/3 使用年限时则称为老龄船。修船级别及性能要求见表 2-1。

修船级别及性能要求   表 2-1

修船级别	营运年限	性能要求
一类级别	<1/3	按设计要求,保持基本性能
二类级别	<2/3	保持使用年限,满足入级要求
	>2/3	在减载或限制功率的前提下,充分利用剩余价值,但要满足入级最低要求和营运安全

2. 远洋船舶应按入级标准进行修理

如为达到原入级要求而修理范围过大,经技术经济论证不合算时,应按改变入级航区或移交沿海使用的要求进行修理。

3. 保证修船的质量

修理的项目必须达到质量标准,应满足验船规范、修理标准、技术说明书等有关规定,做到牢固可靠、经久耐用、性能良好。船厂应对修理的质量负责,修船质量保证期,固定件应为 6 个月,运动件应为 3 个月。

4. 缩短修期

修船厂时间直接影响船舶营运率,是船舶运力的一个重要计划指标,应努力缩短修期,减少对船舶营运造成的利润损失。

5.降低修理成本

修理费直接影响运输成本,是运输单位的重要经济指标。修船要勤俭节约,重点把主要设备修好,应努力降低各类船舶不同修理类别时的修理成本。

【任务实施】

修理单是船舶修理工程的一种基本技术文件,是公司船舶技术部门、船厂安排修船计划的依据,也是船厂用来估工估料,编制作业计划,估算修船费用和修船完工日期,签订合同的依据。修理单不正确将造成一系列的错误,会使应当修理的部分没有进行修理,而不该修理的部分却消耗了工时和经费,所以修理单应力求准确无误。

1.修理单编制的依据

(1)公司的修船计划和规定的修理级别。

(2)船舶证书上需要船级社检验的项目。

(3)说明书所规定的各种设备和部件的检修间隔期。

(4)船舶在航行中的技术状况、磨损与损坏规律以及各种测试资料。

2.修理单的分类和编制

船舶修理单分甲板、轮机、电气和坞修四个部分。其中轮机和电气部分均由轮机员负责编制,由大管轮汇总后轮机长审定。

3.修理单的内容和要求

(1)修理项目简单、准确。修理单包括修理项目的名称、部位、损坏的情况、修理办法、范围;所用材料规格、数量;修理过程中可能拆装的一些工程(附带工程),并注明设备制造厂名、出厂日期及编号。

(2)隐蔽工程。所谓隐蔽工程是指平时无法拆检,不能确定修理内容的工程。其流程如下:

隐蔽工程拆卸船厂写出拆检报告船技部门(或船方)认签列入修理单。

(3)预制件。应在修理单上绘制草图,或注明船厂派人上船测绘。

(4)重大工程、机电设备、特殊材料和预制件。其一经提出不能随意更改。

重要材料,需厂方提供材料化学成分和机械性能的证明的,应在修理单中标注清楚;如有特殊需求,如需委托厂方设计,或利用旧设备,应在修理单中注明。

(5)自修项目。自修项目及所需配件和材料,应另列清单(不能与修理单混写),报船技部门。

(6)上交时间。"检修"应在进厂前4个月将修理单送公司船舶技术部审批,"小修"应在进厂前2个月送交修理单;船舶技术部审核后于"检修"船进厂前3个月、"小修"船进厂前40天将修理单送交船厂。

(7)更改项目。修船过程中,若有部分设备更新改造项目,必须准备好设计任务书、施工图纸等技术文件,汇同修理单一起报船技部门和验船部门审批。

【任务小结】

通过本任务训练,学生掌握修船的类别、修船的原则和要求,能根据"修理单的内容和需求"针对修船的不同类别编制修理单。

【拓展提高】

修理单按轮机、电气、坞修、工程专用设备等各项分别编写,并说明修理的类别(表2-2)。修理单一式三份,在规定的日期送公司船舶技术部门审核,一份送厂,一份退回船,进行报价选择。

船舶修理单示例   表2-2

序号	项目编号	工程内容	报价
		一般服务	
	G-001	船舶进/出坞 次	
	G-002	拖船费(进/出坞/厂内移动) 为船舶进/出坞(厂)提供拖船,需 条拖船	
		坞修工程	
	D-010	船体表面处理	
	D-010-1	提供临时排水孔护罩 只	
		甲板工程	
	H-002-1	舷墙栏杆换新(肋骨号 —)	
	H-020-1	清扫、处理货舱舱底、楼梯、走道、污水井等处垃圾。每舱容 m³	
		轮机工程	
	M-001	每天清洁机舱舱底,包括处理垃圾	
	M-010	主机 制造厂: 型号: 发火顺序: 额定输出功率: 额定转速:	
	M-010-2	活塞 拆掉缸头,拉出活塞,清洁、测量活塞和缸套;解体活塞填料函;打磨缸套上死点的雷治;完成后装复	
		电气工程	
	E-010	绝缘测量	
	E-010-1	进行下述电气设备的对地绝缘测量并提交报告以备查 —发电机 —电动马达 —航行灯电缆线	
		其他工程	
注:本范围包括所有上述工程中未尽杂项及追加工程			
	Z-010	机舱电加热热水柜底座加固	

编制负责人/日期:	船长签名/日期:

船舶技术部意见:

主管机务员/日期:　　　　　　　　　　　　经理助理/日期:

【课后自测】

【课后自测】

1. 简述修船的种类有哪些?

2. 简述修船的基本原则。

3. 简述船舶修理单的内容和编制要求。

任务2 修船组织

教学目标

◎ 能力目标:(1)能准备修船所需备件和物料;(2)能准备修船所需专用工具和资料;(3)能组织修船;(4)能对施工工艺和工程进度进行监督;(5)能对修理设备进行验收。

◎ 知识目标:(1)掌握修船时所需的备件和物料;(2)掌握修船时所需专用工具和资料;(3)掌握修船组织的一般安全工作和防火工作;(4)掌握自修工作的组织;(5)掌握监修与验收的要点。

◎ 情感目标:(1)具备良好的职业道德;(2)具备高度责任感。

【任务介绍】

通过任务训练,学生能够具备修船时所必需的能力(图 2-1),如能准备修船所需的备件和物料,能准备修船所需工具,特别是专用工具,能备齐修船所需资料,能对工程现场进行正确标示;学生能够具备组织修船的能力,如一般安全工作的组织,防火工作的组织及自修工作的组织;学生能够具备对施工工艺和工程进度进行监督的能力。

修船能力	组织能力	监督验收能力
• 准备备件	• 安全工作	• 施工工艺
• 准备物料	• 防火工作	• 工程进度
• 准备工具	• 自修工作	• 修理设备
• 准备资料		

图 2-1 任务训练能力

【任务解析】

通过虚拟环境,给学生营造一个修船的范围,培养学生修船、组织和监督与验收的能力(图 2-2)。

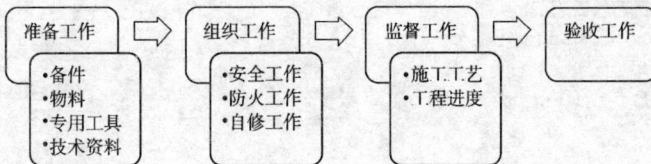

准备工作		组织工作		监督工作		验收工作
• 备件	⇒	• 安全工作	⇒	• 施工工艺	⇒	
• 物料		• 防火工作		• 工程进度		
• 专用工具		• 自修工作				
• 技术资料						

图 2-2 能力培养解析

【相关知识】

1. 备件

在编制修理单的同时,根据修船项目的需要,应做好所需备件的订货工作,重大部件至少

57

应在半年前提出申请,以便及时订货、保证修船进度和节约修理费用,在修理单上可写明备件由船方提供。

对于订货困难需要船厂制造加工的配件应提前向船厂提供资料,由船厂安排制造。在修理单上应写明备件由厂方提供。

船舶常用的备件如下:

(1)主柴油机备件。主轴承、主推力轴承、气缸套、气缸盖、气缸阀、连杆轴承、活塞、活塞环、活塞冷却(冷却管和附件)、凸轮轴传动齿轮及链环、气缸注油器、喷油泵、喷油管、扫气鼓风机、扫气系统、减速/倒车齿轮、主机带动空气压缩机。

(2)副柴油机备件。主轴承、气缸阀、连杆轴承、活塞环、活塞冷却、喷油泵、喷油管、垫片及填料。

(3)主、辅汽轮机备件。主轴承、汽轮机推力轴承、主推力轴承(主汽轮机)、汽轮机轴密封环和滤油器。

(4)独立驱动的空气压缩机备件:活塞环、阀组。

(5)主锅炉和重要用途辅锅炉备件。管盖、管塞、燃烧器、水位表和安全阀。

(6)泵的备件。往复泵、离心泵、齿轮泵和螺杆泵。

(7)轴系备件:联轴器螺栓。

(8)自动化系统的备件。容易损坏的传感器、指示仪表、控制器、执行器(如电磁阀等)、继电器、熔断器、指示灯、报警声响器、电子计算机(若使用时)的功能模块和外部设备等。

2. 物料

对于修船中使用的物料,应有计划地分期申领。

(1)燃润料及水:包括各种燃油、润滑油、润滑脂和蒸馏水。

(2)黑白金属:包括各种型钢、钢板、无缝钢管、接缝钢管、镀锌钢管、优质碳素刚材、合金钢材。

(3)有色金属:包括有色金属原材及合金、紫铜材、黄铜材、青铜材和铅、铝、锌材等。

(4)金属制品:包括各种阀门、管接头、螺栓、垫圈、开口销、焊接材料和其他金属制品等。

(5)化学品:各种化学原料、试剂、油漆、清洁剂等。

(6)电工材料。

(7)各种工具。

(8)仪器仪表。

(9)安全设备、劳保用品。

(10)垫料、橡胶及纤维品。

(11)各种杂品。

3. 工具

进厂前,轮机长应召集轮机员和电机员,针对修船项目,准备好所需专用工具。尤其是液压工具要提前调试好,保持可用良好状态,以免因为工具的原因而影响修船进度。

(1)标准工具。是机舱日常维修工作所需的通用工具及装置,如活络扳手、梅花扳手、开口扳手、六角扳手、套筒扳手、吊环螺钉、钳子、手锤、提升工具、应急处理工具、各种量具、油枪、电焊、气焊、虎钳、车床、钻床、刨床等。

(2)专用工具。为了提高设备的可维修性和寿命,各种设备都随机推荐专用工具,如各种专用扳手、专用拉具、专用吊环螺钉、专用顶丝、专用液压工具、气动工具、专用测量工具、清洗工具、研磨工具等。

（3）可租用的专用工具。是指用于柴油机和重要部件的运输和安装的大型专用工具，如吊运横梁、托架、导轨、加固支架等。

4. 技术资料

对于所修设备的技术资料，轮机长也应提前准备好，有条件的船舶可将一些技术参数从说明书中复印下来交船厂工程主管。如果厂方需要将技术资料带走，一定要让其写借条，以免资料丢失。

【任务实施】

一、备件申请与订购

1. 备件申请

公司每年都给船舶一定的备件费，各船必须结合本年度修船的需要和备件的库存情况，及时提出备件申请，公司船技处审核后向供应商进行报价。

临时检修所必需的备件，应向公司另行申请，报批后可由轮机长自行购买。500元以内的备件，轮机长有权决定购买，不需审批。不经审批，盲目地购置备件是不允许的。

2. 备件订购

向供应商提供本船和机型的详细资料，以便供应商查找到所需要的备件。如果缺乏详细的资料，可能购不到需要的备件。

如订购柴油机备件，订购单应提供下列资料：

（1）船名（包括原船名）。

（2）船级社。

（3）主机机型和气缸编号。

（4）主机编号。

（5）主机制造厂。

（6）所需要的零件名称。

（7）零件的编号。

（8）需要的零件数量。

订购备件时还应注意下列事项：

（1）备件改型后是否可以通用。有的柴油机型号和备件编号不变，但某些备件如喷油器等的结构做了改进，所以应注意到它的适用性。

（2）备件质量有时差别很大，因为备件来源不同，有原制造厂生产的，有在备件厂加工生产的，还有翻修的备件，所以要严格把好质量关。

（3）为了节约开支，必须向船舶供应商做好报价工作，以便购买到价格低廉、质量可靠的备件。

（4）对急用的备件，要求供货迅速，按期送上船。

（5）做好备件验收工作，凡型号不对、质量不合格、不能使用的备件应及时退货。

二、交厂工程现场标示

进厂前，轮机长应会同各主管轮机员和电机员对厂修项目进行现场标示，标示序号应与修理单一致,以便同船厂对账时尽快找出修理部位,尤其是管路、阀件、舱底设备,一定要标示清楚、明了。在现场标示的同时,也可在修理单上注明检修设备的位置。修理单要人手一份,对于所有的厂修项目,每个轮机员都要知道,了解其具体修理情况,包括非自己主管设备,以便个别轮机员离船时在船轮机员可以进行监修。

三、自 修 工 作

船员自修工作对摸清技术状况、及时消除隐患、节约修理费、缩短修理期、延长船舶寿命、提高船员技能和保证船舶安全都有重要作用,必须充分发动船员开展自修工作。

(1)厂修期间应适当安排船员自修项目,以配合船厂共同完成修船任务,缩短修期,节省修理费用。

(2)根据船员人力和备件情况尽量安排自修工程,对不停航无法解决的项目,如主机吊缸、锅炉洗炉等应在厂修期间完成。

(3)进厂时自修主要项目应该编入修船计划,并由船技处审核和检查质量。

(4)船员自修应充分利用船上已有的设备和工具。机务和供应部门要有计划地给船舶配备必要的工具。

(5)船员自修所必需的备品、配件和物料,各主管部门要给予优先安排和及时供应。

(6)船舶进厂时船员要基本固定,必须调动时要征得机务部门的同意,以保证自修力量。

(7)船厂要为船员自修安排必要的协作加工任务。

四、监 修 工 作

(1)船公司一般派主管到船厂进行监修,主管负责与船厂联系,最后确定工程,处理修船中发生的问题,并代表船方签署文件。不指派监修时,应由轮机长负责监修轮机修理项目。船舶应负责具体修理项目的监修和验收工作。

(2)具体的修理工程由大副、轮机长分别组织人员监修,重要工程应由轮机长亲自监修。监修人负责监督船厂是否按船舶修理单指定的范围和要求施工;工艺、材料及安装质量是否符合技术要求;施工中有无船厂责任引起的部件及设备的损坏;施工时,有无不安全因素,可能引起火灾及其他危险,必要时有权停止其施工,并向主管人员汇报,等待处理;做好必要的修理记录以便为验收和审核账单准备材料。此外,监修人应配合船厂工作,为施工提供方便条件。

(3)对修理工程进度、材料、工艺和测量数据等,轮机员应该进行监修,如有不妥应及时向厂方提出意见。

(4)需提交验船师检验的项目、厂修项目由船厂申请检验,自修项目可以自己申请,也可以通过船厂申请检验。

(5)试验、试航和工程验收根据甲乙双方事先商定的内容和按船级社的标准进行。如在试验和试航中,船级社及船方提出属船厂修理工程中的缺陷和遗漏,船厂应及时消除和完成;如不属船厂修理工程范围而又需船厂修理时,则按追加工程办理。

(6)船厂应对承修工程的质量完全负责,船厂修理工程的保修期,固定部件为6个月,运动部件为3个月。

(7)在保修期内,如属船厂工程项目的质量问题,由船厂及时免费修复;如该船在其他港口,船厂不便派人前往修理时,船方可将船厂应负责的项目修妥,然后将其账单交船厂审核,并由船厂支付其修理费用。如双方有分歧时,在听取船级社意见后协商解决。

五、工程进度的监修

修船进度的快慢，直接影响船舶的出厂日期，也将直接影响公司的经济效益。船舶进厂修理工程开工后，每天早晨机舱碰头会之前，每位主管轮机员要向轮机长汇报厂修项目的开工情况、进度情况，轮机长要将没有开工的项目、进度太慢的项目、施工困难的项目以及修船过程中发现的新问题需要追加的项目汇总后及时报公司主管及船厂主管，督促其安排工人保质保量完成修理工作。

六、项 目 验 收

（1）验收的目的是检查修理质量是否达到技术要求。

（2）船厂施工完毕应交船员验收，验收时应由厂、船双方代表在场，验收后由验收人签字，作为该工程的结束。对船检要求检验的项目，应由船厂申请验船师检验。

（3）单项工程完毕后，可进行单项验收，需要运转试验的设备，应进行运转试验。必须试航才能验收的项目，可留待试航时验收。凡不符合要求的项目，应由船厂负责解决，双方如有争议，首先进行协商，必要时可申请船检部门仲裁。

（4）修理完工后可根据修理范围决定是否需要试航，或在码头试车。试航时，应由双方提出试航大纲，明确试航时的安全责任。在试航中发现的问题，凡由厂方负责的项目应由工厂负责修理。

（5）未经船厂交验的项目，船员不得擅自试验和使用。

（6）修理完毕，应立即组织力量，认真审核完工单。完工单是编制账单的主要依据，要严格把关，属于质量未达到要求的用文字注明，并双方签字。

【任务小结】

通过项目训练，学生能够熟悉船舶备件、物料和工具的种类，掌握修船过程中的安全工作注意事项，掌握监修的技术要点，掌握修理项目的验收要点，实现学生修船组织能力的培养。

【知识链接】

一、安 全 工 作

（1）船舶修理期间的防火安全工作，由船方、船厂双方结合实际情况拟订具体措施，共同做好。

（2）施工过程中，双方都要严格履行开始前商定的安全协议，遵守双方的防火等安全规定。本船修理时，施工区域的防火安全主要由厂方负责，船方应给予密切配合。

（3）为使进厂修理的船舶得以安全、顺利地完成修理工程，双方协商后签订协议书，共同遵守下列事项：

①凡进厂修理的船舶需经工厂生产、安全、消防等部门共同实地检验，认为合格后方准进厂。

②船舶进厂前，必须将易燃易爆物品、有毒物品、弹药安全地卸掉，视工程范围清洗油舱、柜（箱）和管路，并排除易燃易爆气体和有害气体。

③修理的船舶如需留有少量油类和易燃易爆物品，应由双方协商同意。该类物品必须集中妥善保管，做出明显标记，并将存放位置通知工厂施工员。

④船舶进厂后,应负责本船的警卫值班,安全防火,配合工厂施工和清扫等工作,并采取有效防火措施。在动用明火作业部位,应派专人看火,并落实防坠落、防滑、防冻和安全用电工作。

⑤与修理工程无关的设备、零部件等,均由船方自行保管保养。

⑥船舶进厂后,应遵守厂方各有关规章制度,厂方人员也应遵守船上的有关规定。

⑦船舶进厂后的安全平时由工厂负责、船方协助,如遇不可抗拒的自然灾害,其造成的一切损失由船方负责,或向保险公司索赔。

(4)为了配合船厂做好施工安全工作,机舱应派员看火,协助船厂安全员做好机舱防火安全工作和施工现场的安全工作。

(5)修船过程中万一发生意外灾害事故时,船员要坚守岗位,首先保卫好本船的安全,然后服从船厂统一指挥,共同保护或抢救其他船舶。如遇不可抗拒自然灾害,其造成的一切损失由船方负责,或向保险公司索赔。

二、防 火 工 作

1. 进厂之前

(1)全船进行一次防火安全教育,重申船舶防火的各项规定,结合厂修提出具体要求,消防主管人员宣讲消防知识和各种灭火器材的使用方法。

(2)清查全船的消防设备和器材,做到心中有数,准备好专用消防皮龙和用于烧焊地点的消防器材。

(3)充实"在港消防应变部署"人员,建立岗位责任制,落实防火监护和巡查制度,并建立专职消防员。应该使人人明确自己的消防职责,一旦有事能各尽其责。

(4)船上的易燃、易爆物品应妥善保管,或者搬下船选择适当地方存放。

2. 厂修期间

(1)船舶进厂后,SSO(Ship Security Officer 船舶保安员)应尽快同船厂安保部门取得联系,确定本船厂安保等级,按安保等级要求安排好船上保安工作。轮机长还要了解船厂有关消防情况和规定,明确船方与厂方的消防分工责任。

(2)要求船厂在每天开工前后和施工过程中,派安全检查员上船检查安全防火情况,及时处理发现的问题。

(3)进行电焊、气焊前,要由该项工程的船舶主管人负责查清动火部位四周及上下邻近各舱室有无易燃物、危险品,特别要查清油舱情况,绝对不允许冒险施工。在清除易燃因素后,部门长要指派专人在作业现场观察,要准备好相应的灭火器材,完工后要检查现场是否留有火种和隐患。

(4)严格控制火种,加强对登船人员的宣传和监督,不准到处抽烟和随地扔烟头,用过的棉纱头、破布应放在指定的带盖的金属容器内,不准乱扔乱放。私人房间不得使用电炉,当使用电水壶等电气设备时,要有人看管,人离房间要拔掉电源。

(5)发现工人野蛮作业危及设备、船舶安全并劝阻无效时,应立即停止其施工并通知工程主管。

(6)甲板部水手值班时,每班应至少安全巡查两次。检查要有明确的线路和重点部位,并做好记录和交接,水手长和大副则检查了解其执行情况。轮机部由安全班轮机员或指派一名机工做类似上述的巡回检查。

（7）船舶进坞后，应从岸上接进消防皮龙和消防用水，必要时增设灭火器材。

（8）值班人员应把工作重点放在安全防火，交接班要在岗位上进行；每天收工后，应由值班人员负责检查施工现场有无火灾隐患。检查情况，记入甲板或轮机日志。船员在职务移交时，应把本人的消防职责交清。

（9）接受以往灭火中发现的器材失灵、现场混乱的教训，重申《船舶安全生产及技术管理汇编》中"船舶保养分工明细表"规定："机舱灭火管系、器材、沙箱、面具和呼吸器等均由三幅负责检修保养，要明确职责，克服死角，使全部消防器材处于随时可用状态。当船舶发生火警进行施救时，船长为总指挥。机舱失火的现场指挥为轮机长，甲板与舱室失火时，大副为现场指挥。"

三、物料的申请

许多国家的船舶供应商和船舶公司都编制有船舶物料手册，手册中有各种物料的编号、规格、性能、材料等，以便指导物料的选用和订购。

根据工作需要，每月或每航次由大管轮填写物料申请单，经轮机长审查后交公司供应处审核和供应。船舶物料应由专人负责保管，杜绝浪费现象。远洋船舶一般由一名轮助负责，沿海船舶由机匠长负责。

四、工具的管理

1. 工具清单的编制

大管轮应编制各类工具清单，并根据工具清单每年清点一次，向公司物资供应部门报告。需要订购附加的专用工具或者需要更换工具时，应查明工具的名称、代号以及设备的型号。

2. 标准工具的管理

大管轮应根据船舶实际情况制定工具使用和管理制度，通常有下列措施：

（1）设专人保管工具，负责工具的保管和借还。

（2）常用工具发放给个人保管使用。

（3）在不同地点架设工具板，将常用工具悬挂在板上固定位置，用后放回原处。

3. 专用测量工具的管理

保持良好的精度，否则会影响机器的技术状况和维修计划。一般由轮机长或大管轮使用和保管。

4. 液压工具的使用和管理

液压拉伸器是由液压油缸、液压活塞、间隔环等构成的。它是利用油压使螺栓受拉伸变长和变细（直径减小），然后轻易地将螺母旋到预定的位置上或将螺母拆卸下来。

使用液压拉伸器应按说明书规定油压泵抽，任何情况下均不得超过规定油压的10%和不得超过最大拉伸量；使用前，应检查下密封圈，因其容易损坏，故应及时检查和及时更换。安装时注意不可损伤密封圈；使用后，应释放油压，使液压活塞复位；液压系统中的所用滑油必须是纯净的液压油或透平油（如SAE20等），绝不可使用系统滑油或气缸油，因滑油不仅黏度大，且是碱性的，易使密封圈损坏；液压拉伸器不使用时，应仔细地涂抹油脂保存于干燥的地方，以备再用。

液压工具不使用时,应仔细地涂上油脂,放在干燥清洁的地方,防止损坏。长期存放或频繁使用后,密封圈会老化变硬,从而失去良好的密封作用。因此应储存一定数量的符合规定尺寸和质量的密封圈备件。安装新的密封圈时,应十分小心,不能损伤,不能过分拉紧而造成变形。

5.专用工具的管理

各轮机员所分管设备的专用工具由负责轮机员分管和使用;专用工具应在使用后清洁干净,涂上油脂防止生绣,损坏后应及时补充;应放在固定的地方或专用工具箱内。

【拓展提高】

一、试验与试航

为了保证挂靠和修理质量,监修人(监造人)应要求厂方做好各项试验和试航工作。

船舶柴油机从制造到装船使用,必须经 5 个阶段试验,即重要部件的材料试验、部件试验、出厂试验、系泊试验和航行试验。如柴油机经严重损坏而进行修复性修理后,只需要做部分的系泊试验和航行试验,以检验修复质量,保证舰艇的航行安全。下面就对系泊试验和航行试验进行介绍。

1.系泊试验

船舶在建造完毕或修理结束后,为了确保船舶具备出海试验的条件,对船舶动力装置要在验船师监督下进行一次安装、修理质量和工作效用的试验。如在系泊试验过和中发现有不正常现象,应由船厂重新修复后再做系泊试验。

(1)主机启动试验。对修理的船舶主机连续启动 3 次;对新建造的船舶主机,利用启动空气瓶的容积,在一次充满空气后要能连续启动 12 次。

(2)主机换向试验。连续换向 4 次,包括遥控操纵主机在内。

(3)主机运转试验(大于 2 205kW)。系泊试验的最高转速为额定转速 n_H 的 80% ~ 85%。如果螺旋桨露出水面而影响主机功率时,应尽可能压载或适当增加试验所用的转速。试验要求如下:

正车 50% n_H 连续运转 0.5h;正车 70% n_H 连续运转 1h;正车 80% ~ 85% n_H 连续运转 2h;倒车 70% ~ 80% n_H 连续运转 0.5h。

在各种转速成下要测取主机各种参数。

2.航行试验

系泊试验合格后才允许进行航行试验。

海上航行试验是为了进一步保证船舶动力装置系统的安装修理质量、运转的稳定性和可靠性,测试有效功率及经济性能等,验证各项试验结果的性能是否符合规范要求,以保证船舶航行安全。

(1)主机的试验:

①扭转振动试验测量主机的扭转振动临界转速,确定转速禁区。

②推进特性试验(大于 2 205kW)。正车 80% n_H 连续运转 0.5h;正车 90% n_H 连续运转 1h;正车 100% n_H 连续运转 4h;正车 103% n_H 连续运转 0.25h;倒车 80% ~ 85% n_H 连续运转 0.25h。

各种转速成下所测取的参数要均匀,即:

各缸压缩压力的差值不超过 ±2.5%;各缸爆炸压力的差值不超过 ±4%;各缸排气温度的差值不超过 ±5%;各缸指示功率的差值不超过 ±2.5%。

③最低稳定转速试验。

④紧急倒车试验(从全速前进到紧急停车,到紧急最大倒车转速)。

⑤船速试验。

⑥调速试验。

⑦减缸试验。

⑧减增压器试验。

(2)其他试验:

①锚机试验。

②舵机试验。

③起货机试验。

④锅炉蒸汽量测及安全阀试验。

⑤泵的自动交换试验。

二、交验项目

为了保证重要设备的修理质量,中国船舶工业总公司发布了国家行业标准《民用钢质海船修船交验项目》,船方应据此要求厂方交验。

1.柴油机交验项目

(1)机座底部垫片及铰孔螺栓接触面。

(2)曲轴主轴颈与主轴承接触面、间隙。

(3)主轴承全部安装后的臂距差。

(4)气缸盖本体水压试验。

(5)气缸套、气缸套安装后紧密性水压试验。

(6)活塞组装后,冷却水水腔水压试验。

(7)气缸体、导板冷却水水腔水压试验。

(8)活塞、活塞杆、十字头拖板、连杆在船上安装后校中。

(9)曲柄销、十字头及轴承的安装间隙。

(10)活塞行至上止点时,活塞与气缸盖之间余隙。

(11)气缸盖安全阀试验。

(12)废气涡轮增压器的油封、气封、轴承间隙。

(13)废气涡轮增压器外壳水压试验。

(14)废气涡轮转子平衡试验。

(15)防爆门防爆装置开启压力。

(16)热交换器水压试验。

(17)调速器性能试验。

(18)码头系泊试验。

(19)试车后的曲臂距差。

(20)航行试验提交。

2. 推力轴、中间轴、尾轴、尾轴管及轴系的交验项目

（1）推力面与推力块的接触面及间隙。

（2）推力轴承底座垫片接触面。

（3）推力轴、轴承外观及间隙。

（4）中间轴承底座垫片接触面。

（5）中间轴与轴瓦接触面及间隙。

（6）尾轴铜套、套结合。

（7）新换铜套水压试验。

（8）尾轴、前后轴承外观及安装间隙。

（9）尾轴可拆联轴节锥度接触面及探伤。

（10）尾轴油封装置外观及安装后压油试验。

（11）轴系校中。

（12）轴系联轴节铰孔精度。

（13）轴系试航提交。

3. 锚机的交验项目

（1）锚机主要零部件。

（2）锚链直径。

（3）航行试验中抛锚、起锚试验。

4. 舵及舵机的交验项目

（1）舵叶外观质量及水密试验。

（2）舵系轴承安装间隙。

（3）舵角零位、限位校正。

（4）舵机液缸安装后油密试验。

（5）舵机主要零部件。

（6）舵机安全装置性能试验。

（7）舵机航行试验。

5. 空气压缩机的交验项目

（1）主要零部件。

（2）试车与充气试验。

（3）安全阀校核。

6. 货物冷藏设备及系统交验项目

（1）压缩机机组、蒸发器、冷却器、冷凝器、储液器压力试验。

（2）压缩机组主要零部件。

（3）制冷压缩机组及系统抽真空试验。

（4）冷藏系统效用试验。

（5）冷藏系统自动装置效用、安全及报警试验。

（6）较大修理后热平衡试验。

7. 起货机及绞缆机的交验项目

（1）起货机、绞缆机主要零部件。

(2)起货机吊重试验。

8. 泵、系统及阀件的交验项目

(1)各种泵的主要零部件。

(2)各种泵运转和效用试验。

(3)舱底、压载、消防系统效用试验。

(4)蒸汽管路水压试验。

(5)管系安全阀上船实效试验。

(6)快关阀系统动作试验。

(7)新制阀壳强度水压试验。

(8)海底阀、舷侧阀现场色油检查。

9. 锅炉的交验项目

(1)受压部件内场密性试验。

(2)水位计水位显示正确性。

(3)气密试验。

(4)燃烧系统效用试验。

(5)排污装置效用试验。

(6)安全阀装置及安全阀校核。

(7)焊缝探伤。

(8)修换板材、管材"ZC"(中国船检)证件。

(9)水压试验。

10. 压力容器的交验项目

(1)气瓶焊缝探伤。

(2)气瓶水压试验。

(3)气瓶及附件的内外部检验。

(4)气瓶安全阀船上安装后校核。

(5)气瓶易熔塞抽样化试验。

11. 生活污水处理装置的交验项目

(1)生活污水处理装置内外部检视。

(2)生活污水处理装置效用试验。

(3)生活污水处理装置声光报警效用试验。

(4)标准排放接头安装的正确性。

(5)国家环保部门出具的证书。

12. 分油机及机器处所油污水处理装置的交验项目

(1)分油机油水分离实效试验。

(2)油水分离/过滤装置效用试验。

(3)舱底油污水高位报警试验。

(4)标准排放接头安装的正确性。

(5)15ppm 报警试验。

13. 防摇鳍及侧推装置的交验项目

（1）防摇鳍主鳍壳体密性试验。

（2）防摇鳍主辅油泵运转试验。

（3）防摇鳍收放角及限位指示正确性试验。

（4）侧推装置管系密性试验。

（5）侧推装置推进器零位及限位指示正确性试验。

【课后自测】

1. 简述修船常用备件有哪些。

2. 简述修船常用物料有哪些。

3. 简述修船防火工作有哪些。

4. 简述修船工具管理有哪些。

任务3 轮机坞修工程管理

教学目标

◎ **能力目标**：（1）能做好坞修工程各项准备工作；（2）能对坞修工程项目进行验收。

◎ **知识目标**：（1）掌握坞修工程主要项目；（2）掌握坞修工程准备工作内容；（3）掌握坞修工程验收标准。

◎ **情感目标**：（1）具备良好的职业道德；（2）具备团队合作精神；（3）具备实事求是的道德品质。

【任务介绍】

通过项目训练，学生能掌握轮机坞修工程的主要项目内容，能掌握为顺利开展轮机坞修工作应做的准备及掌握轮机坞修工程项目的修理标准，培养学生具备组织开展轮机坞修工作的能力及对轮机坞修工程进行验收的能力。

【任务解析】

1. 轮机坞修工程

轮机坞修工程主要是船舶推进装置、舵和水线下的船舷阀件等的检修，图2-3 给出了舵和水线下船舷阀件坞修项目的简图。

2. 轮机坞修准备

坞修时间安排非常紧凑，为了顺利完成各项坞修工程项目，不耽误坞修工期，应做好如图2-4 所示的准备工作。

3. 坞修工程验收

坞修工程验收的流程图如图2-5 所示。

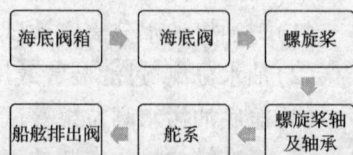

图2-3 轮机坞修工程项目简图

图 2-4 坞修准备事项简图

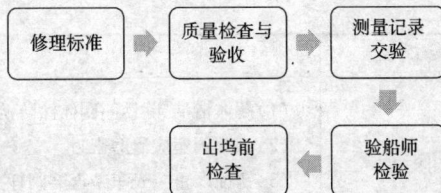

图 2-5 验收流程图

【相关知识】

1. 零件的清洗

船机长期运转后,零件表面附有油垢、积炭和铁锈等,拆卸后经过进行有效清洗。可使船机恢复正常运转,常用的清洗方法如图 2-6 所示。

使用清洗剂应注意的事项如图 2-7 所示。

2. 管系的清洗

当一台柴油机新造或完成大修投入运转之前,不论是在造机厂、船厂还是在船上,都应该注意柴油机的燃、滑油路的清洁,以免留下后

图 2-6 常用清洗方法

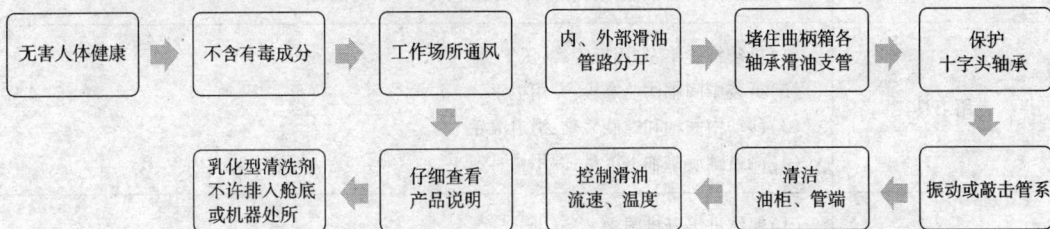

患。主滑油系统脏污和润滑油不清洁将造成配合件的磨损加剧,造成主轴承、十字头轴承、连杆大端轴承和各种轴承的损伤和轴颈的磨损,破坏润滑油膜,引起抱轴、拉缸等新的故障发生。

清洗主滑油系统是为了彻底清除管路中残存的杂质、污物颗粒以及管壁上的污垢,防止它们进入轴承等配合件中,确保柴油机安全、可靠运转。

柴油机主滑油系统清洗注意事项如图 2-8 所示。

图 2-7 清洗注意事项

图 2-8 滑油系统清洗注意事项

【任务实施】

1. 轮机坞修主要工程项目(表 2-3)

坞修工程项目表　　　　　　　　　　　　　　　　　　　　　　　表 2-3

名　　称	主要工作内容
海底阀箱	(1)拆下格栅→检查连接螺栓和螺帽 (2)钢板敲锈出白→涂防锈漆 2~3 度 (3)箱内锌块换新 (4)钢板锈蚀严重→测厚检查→换新→海底阀箱水压试验

名　称	主要工作内容
海底阀	(1)解体清洁、除锈→阀体涂防锈漆2~3度 (2)阀及阀座应研磨密封 (3)锈蚀严重→光车→再磨阀杆→填料换新 (4)海底阀与阀箱的连接螺栓检查,锈蚀严重时应换新
螺旋桨	(1)拆下检查→桨叶表面抛光→测量螺距 (2)桨叶如有变形→矫正→静平试验 (3)桨叶如有裂纹和破损→焊补和修理
螺旋桨轴及轴承	(1)抽轴检查→桨轴锥部探伤 (2)铜套密封检查 (3)滑油密封装置→密封圈换新 (4)锥部键槽和键检查→键与键槽研配(如换新) (5)轴承下沉量和轴承间隙测量→轴承磨损情况
船舷排出阀	海水出海阀、锅炉排污阀检查修理方法参照海底阀

2. 坞修准备工作(表2-4)

坞修准备工作项目表　　　　　　　　　　　　　　　　　表2-4

名　称	准备工作内容
修理单	报公司船技处→审核、报价、选船坞
重要备件	船方预先订购:螺旋桨抽轴→备好密封环、O形密封圈
专用工具	(1)拆装螺旋桨:专用扳手、液压工具 (2)拆装中间轴法兰螺栓:专用扳手 (3)移动中间轴和螺旋桨轴:滑道滚轮 (4)测量螺旋桨轴下沉量:专用量具
图纸资料	(1)船体进坞安排图 (2)螺旋桨图 (3)螺旋桨轴及其轴承图 (4)上次坞修的测量记录和检验报告
安全工作	(1)油舱清洁处理: ①驳油 ②洗舱和防爆检查 (2)锅炉检查:进坞前放光炉水
其他事项	与船厂主管工程师商洽: ①岸电供应 ②淡水供应 ③蒸汽供应 ④消防水的供应等

3. 坞修工程验收（表2-5）

名　称	内　容
修理标准	(1) CBT3417—92　船舶尾轴、中间轴、推力轴及联轴器修理技术要求 (2) CBT3418—92　船舶轴系轴承、尾轴管及管路修理技术要求 (3) CBT3419—92　船舶轴系密封装置修理技术要求 (4) CBT3420—92　船舶轴系修理装配技术要求 (5) CBT3421—92　船舶轴系修理验收要求与提交文件 (6) CBT3422—92　船用螺旋桨修理技术要求 (7) CBT3425—92　船舶舵系、舵杆修理技术要求 (8) CBT3607—93　螺旋桨及尾轴安装质量要求
质量检查与验收	(1) 海底阀和出海阀→解体、清洁、研磨 (2) 阀与阀座的密封面→装复(轮机员检查、认可) (3) 尾轴和螺旋桨→安装(轮机长在场监督) (4) 坞修中的各项修理项目,按修理单的要求修理,必要时应做水压试验和运行试验
测量记录交验	(1) 坞修的测量记录: ①尾轴下沉量 ②螺旋桨螺距测量和静平衡试验 ③尾轴承间隙 ④舵轴承间隙 ⑤轴系找正等 (2) 其他年度检验的测量记录 (3) 上述测量记录一式两份提交给轮机长
验船师检验	(1) 现场检验 (2) 签证检验报告
出坞前检验	轮机长对下列修理工程仔细检查,认可后方可允许出坞: (1) 海底阀箱: ①格栅→装妥 ②阀箱→没有异物(工具、塑料布等) ③所有海底阀和出海阀→装妥 (2) 舵、螺旋桨和尾轴→装妥 ①将军帽→涂好水泥 ②尾轴密封装置→油压试验 (3) 船底塞、各处锌板→装复好 (4) 坞内放水 ①关闭各海水阀→管路(有无海水漏入) ②开启各海水阀→管路接头及拆修部分→漏水→上紧连接螺栓 ③海水系统→放空气→充满海水 (5) 冷却系统、燃油系统和滑油系统正常工作→柴油发电机→切断岸电

【**任务小结**】

通过该任务训练,学生对轮机坞修工程工作能够全面了解,掌握舵和水线下的船舷阀件等坞修要点,掌握船机拆卸零件清洗的方法及注意事项,掌握主推进动力装置的管系清洗要点,掌握船机拆卸、检测与修理要点，掌握船机装配的要求。

【知识链接】

　　船舶机械修理要经历三个阶段（图2-9）。通过船机拆卸和检测，可以理清故障的范围、程度，找出故障的原因，直接影响船机修理的质量、时间和费用。所以，不论是自修还是厂修，船机修理均应做好修前的拆卸和检测工作。

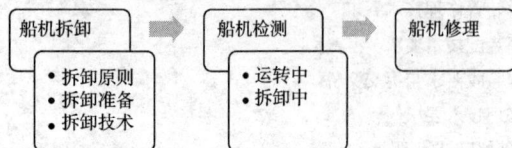

1. 船机拆卸

　　船机拆卸即把机器的运动部件从其固定件上拆下来，将机器进行局部或全部解体。

　　船机拆卸过程是一个对机器技术状况和存在故障进行调查研究的过程，零部件表面的油污、积炭、水迹等均是发现故障的线索。船机拆卸原则、拆卸准备工作和拆卸技术如图2-10 ~ 图2-12所示。

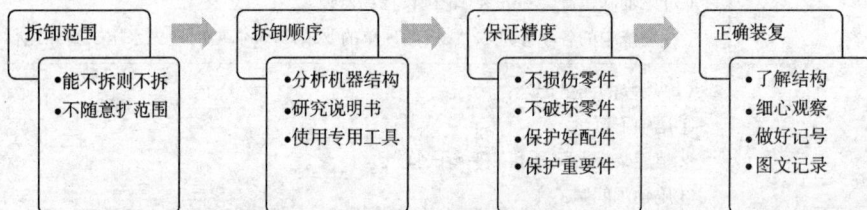

图2-9　船机修理流程

图2-10　船机拆卸原则

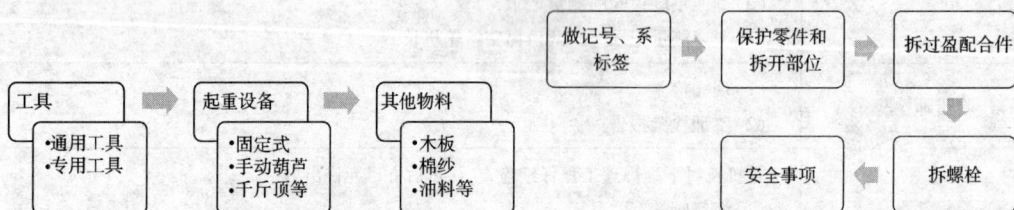

图2-11　拆卸准备工作

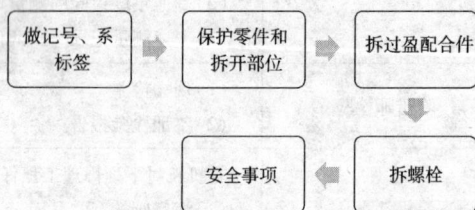

图2-12　拆卸技术

2. 拆卸中的检测

　　船机拆卸前、拆卸过程中的检验和测量（图2-13）是对机器的剖析和透视，是查明故障、分析和诊断故障原因、制订修理方案的重要依据。

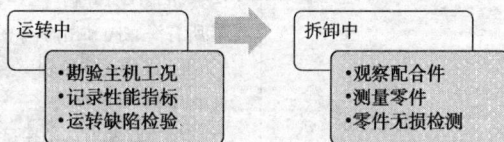

图2-13　拆卸中的检测

【拓展提高】

　　船机装配的流程如图2-14所示。

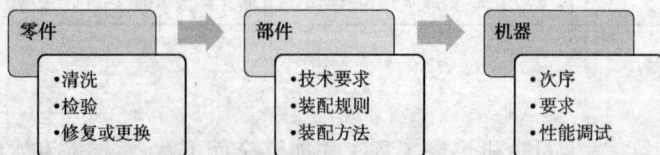

图2-14　船机装配流程

72

船机装配注意事项：

1. 装配要求

装配工作是一项极为重要的工作,装配质量直接关系到柴油机运转的可靠性、经济性和使用寿命。装配工作的主要技术要求应达到正确配合、可靠固定和运转灵活,具体要求如下:

(1)保证各相对运动配合件之间的正确配合性质和配合间隙。

(2)保证机件连接的可靠性。

(3)保证各机件轴心线之间的正确位置关系。

(4)保证定时、定量机构的正确连接。

(5)保证运动机件的动力平衡。

(6)确保装配过程中的清洁。

2. 装配方法

零件装配成部件时,可能是原件装配,也可能是备件或者是加工的配制件装配。一般原件装配较为顺利,若是换新零件,则装配工作需要采用一定的方法才能达到装配要求。

(1)调节装配法。采用调节某一个特殊的零件,或移动连接机构中某一零件,达到装配精度。

(2)机械加工修配法。采用修理尺寸法、尺寸选配法、镶套法等,使配合件恢复配合间隙和使用性能。

(3)钳工修配法。采用锉、刮或研磨等方法,达到装配精度。

3. 装配工作的主要内容

(1)装配前,保证零件清洁干净,清除备件、修理的或新配制的零件上的毛刺、尖角,尤其要保证配合面上无瑕疵与脏污等。

(2)对连接件配合面进行必要的修理与拂刮,保证连接件的紧密贴合。

(3)有过盈配合的配合件,应采用敲击、压力装配或热套合装配、冷套合装配。

(4)采用液压试验检验零件或系统的密封性。

(5)对各部件、配合件及机构进行试验、调整和磨合运转等。

(6)进行机器的装复,并做整机检验与调试,以检验机器的技术性能和修理质量,达到检修的目的。

4. 装配过程中的注意事项

(1)应熟悉机器的构造和零件之间的相互关系,以免装错或漏装。

(2)有相对运动的配合件的配合表面和零件工作表面上不允许有擦伤、划痕和毛刺等,并保持清洁、干净。

(3)零件的摩擦表面和螺纹应涂以清洁的机油,防止生锈。

(4)装配过程中对各活动部件应边装配边活动,以检查转动或移动的灵活性,应无卡阻;若待全部装配完毕再活动则不能及时发现装配工作中的问题,甚至可能会造成返工。

(5)对于有方向性要求的零件不应装错。

(6)旧的金属垫片,如完好无损,可继续使用;而纸质、软木、石棉等旧垫片则一律换新。

(7)重要螺栓如有变形、伸长、螺纹损伤和裂纹等均应换新。安装固定螺栓的预紧力和上紧顺序均应按说明书或有关规定操作。

(8)对规定安装开口销、锁紧片、弹铰垫圈、保险铁丝等锁紧零件的部位,均应按要求装妥,锁紧零件的尺寸规格亦应符合要求。

(9)安装中,需用锤敲击的时候,一般采用木褪或软金属棒敲击,且不能敲打零件工作表面或配合面。

【课后自测】

1.简述轮机坞修工程的内容及准备工作。

2.简述轮机坞修工程的验收。

3.简述船机修理流程和船机装配流程。

扩展任务1　船舶动力管系管理

教学目标

◎能力目标:(1)能对船舶动力管系进行维护保养;(2)能正确操作动力管系上的附件。

◎知识目标:(1)掌握船舶动力管系的组成、作用和原理;(2)掌握船舶动力管系的布置要求和管理要点。

◎情感目标:(1)具备良好的职业道德;(2)具备团队合作精神。

【任务介绍】

能认知船舶动力管系,能维护、管理船舶动力管系,能模拟一次燃油加装。

【任务解析】

动力管系是为船舶动力装置服务的管系,其任务是保证动力装置正常工作;按其用途不同可以分成:燃油系统、滑油系统、冷却水系统、压缩空气系统、排气系统和蒸汽系统等。

【任务实施】

一、船舶燃油系统

1.燃油系统的作用

为主、副柴油机、锅炉等供应足够数量和一定品质的燃油,以确保船舶动力机械的正常运转。

2.燃油系统的组成

燃油舱、沉淀柜、日用柜、驳运泵、调驳阀箱、分油机、粗细滤器、低压输送泵、加热设备及有关管路与阀件(图2-15)。

3.燃油系统组的功能

(1)注入。注入是指船舶所需燃油自船舶两舷甲板经注入口和注入管路注入主燃油舱,注入时一般是利用岸上油泵或船上的燃油驳运泵,注油后将注油口封好,以防落入污物。

(2)贮存。贮存是指船上设有足够容量的储油舱,储备燃油以满足船舶最大续航力的需

74

要,例如利用双层底的一部分作为双层底燃油舱,利用双层底至上甲板的两舷部分作为深油舱等。

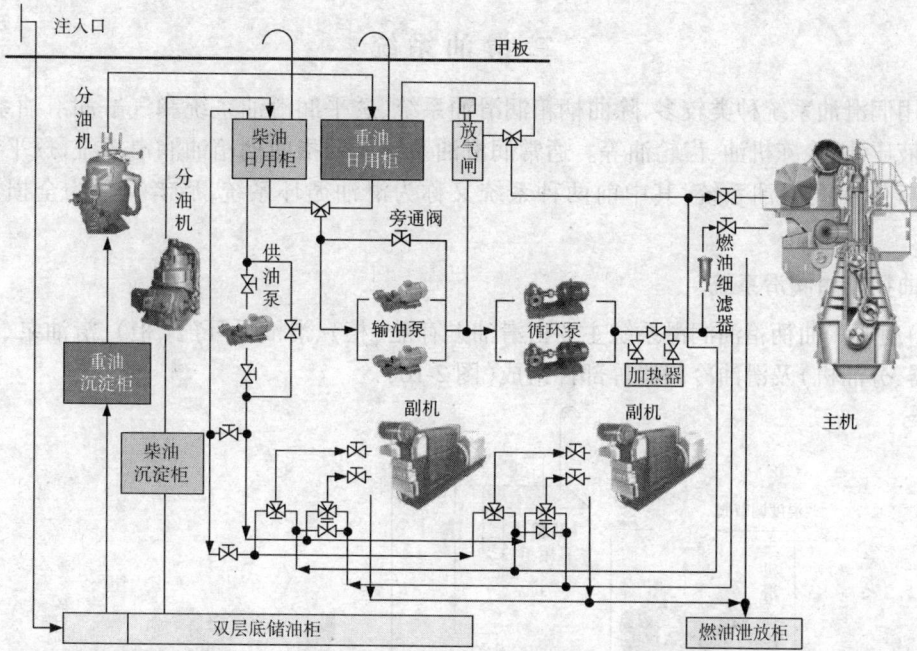

图 2-15　燃油系统示意图

（3）测量。为了及时了解燃油舱（柜）中的燃油储量、主机的燃油消耗量和系统中各处的燃油温度与压力等,在燃油系统中还设有测量与指示装置,如流量计、温度计和压力表等。

（4）驳运。为了满足使用和船舶稳性的要求,在各燃油储存舱、柜之间进行燃油的相互调驳。

（5）净化。对于燃油中所含的水分和杂质通常采用加热、沉淀、过滤和分离等方法进行净化和处理。

（6）供给。将经过沉淀、分离净化后符合要求的燃油驳入日用油柜,再由燃油供给泵或靠重力使燃油经过滤器过滤后输送到主、副柴油机和锅炉。

4. 船舶燃油系统的管理要点

（1）正确选用燃油。

（2）做好燃油的净化工作。

（3）定时排放油舱（柜）的水和脏污物,大风浪天气尤其要注意。

（4）做好燃油的申领、加装与日常管理工作。

（5）重油的使用注意事项。

重油净化主要采用过滤、沉淀和离心分离等手段,并采用均质器处理高黏度劣质油;重油系统中采用燃油磁性滤器、搅拌器、均质器和增压泵等,通过磁吸、碾压和乳化等方法处理重油。

燃油腐蚀,重油含硫较高、具有强烈腐蚀性,可采用碱性气缸油中和酸性物质,并使气缸排气温度超过硫酸的露点25℃以上,防止腐蚀;另外,也可采用添加剂来改善燃油的燃烧性能,应当防止燃油净化时添加剂损失。

轻、重油切换,正常航行改成机动操纵时,重油换用轻油可直接进行（有缓冲器时）,然后关闭蒸汽加热系统和黏度计;反之,轻油换用重油,应该加热轻油至85℃,运转一段时间,待高压油泵预热后再换重油,并调节蒸汽加温阀使重油达到所要求温度,由黏度计自动调温。

二、滑 油 系 统

船用润滑油系统种类较多,除曲柄箱润滑油系统、透平润滑油系统和气缸润滑油系统外,还包括液压油、冷冻机油、齿轮油等。通常润滑油系统主要指曲柄箱油润滑系统、透平油润滑系统和气缸油润滑油系统,其中前两种系统又称为滑油循环系统,后者又称为全损润滑油系统。

1. 曲柄箱油润滑系统

(1)组成。曲柄箱油润滑系统主要由滑油贮存舱(柜)、滑油循环舱(柜)、滑油泵、净油设备(滤器、分油机)及滑油冷却器等部件组成(图2-16)。

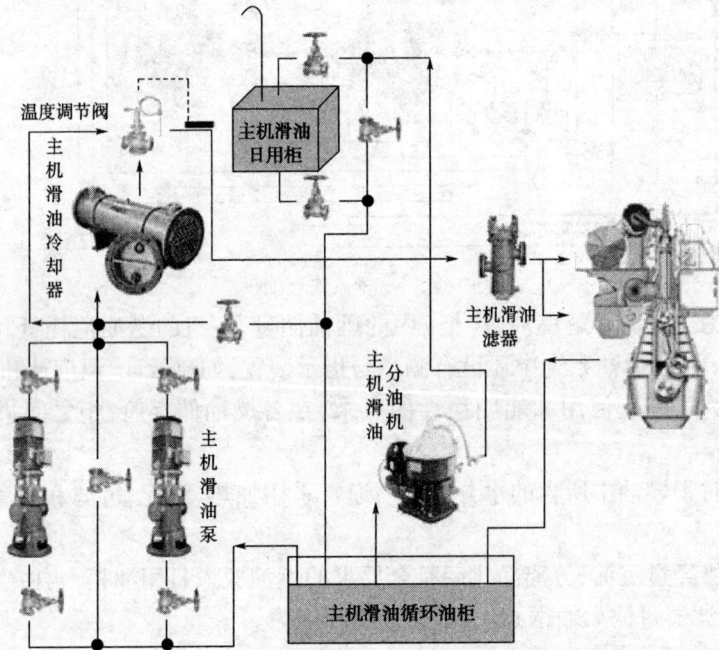

图2-16 曲柄箱润滑系统示意图

滑油贮存舱(柜):大型船舶常在双层底下设有贮存舱(柜),其四周应设有干隔舱与油水舱隔开,并设有测量管;通过滑油驳运泵将舱中滑油驳至重力油柜,再向主、副机循环柜补油。

滑油循环舱(柜):常用于干式曲柄箱的大型柴油机。

滑油泵:常采用螺杆泵,通常设置两台,其中一台为独立驱动式。为了保证正常吸油,真空度不超过0.03MPa,泵的排出管上装有安全阀和调节压力、流量的旁通阀,其调定压力通常为管路正常工作压力的1.1倍。

滑油分油机:通过吸入管从滑油循环柜中吸入曲柄箱油,经过加热器预热后送至分油机进行净化处理,净油重新返回循环舱柜。事实上,这是一个独立的净化系统,在主机运转中可连续对滑油循环柜中的曲柄箱油进行分离净化处理,其净化速率应保证一天内的净化油量为循环柜贮油量的2~3倍。

滑油滤器:滑油泵进、出口端分别设有粗、细滤器,滤器一般是双联式,其前后端都装有压力表,平时可以根据流经滤器的压力差来判断滤器工况,即当压差超过正常值时表明滤器脏堵,需立即清洗,若无压差或压差变小,表明滤网破损或滤芯装配不对,需立即拆卸检查。

滑油冷却器:常用的有壳管式和板式两种,循环流动的润滑油对主、副机运动部件起到冷却作用,润滑油在冷却器内将热量再传递给冷却水,保存润滑油恒温。

(2)曲柄箱油润滑系统管理要点:

①滑油工作压力。滑油压力高于海水压力和淡水压力。滑油压力过高,会加大油泵与管路负荷,滑油易泄漏、易氧化变质;滑油压力过低,则因供油不足,加剧机件磨损,严重时会发生重大机损事故。

因此,船舶柴油机均应设有滑油低压报警装置和失压安全保护装置。

②滑油工作温度。滑油温度过高,黏度降低,润滑性能变差,零部件磨损增大,滑油易氧化变质;滑油温度过低,黏度增大,摩擦阻力增大,油泵耗功增加。

通常,滑油进口温度保持在 $40 \sim 55 \, ^\circ\!C$(中高速机取上限),最高不超过 $65 \, ^\circ\!C$(中高速机位 $70 \sim 90 \, ^\circ\!C$);进出机温差一般为 $10 \sim 15 \, ^\circ\!C$,滑油温度调节,一般通过滑油冷却器的旁通阀进行。

③滑油工作油位。滑油循环柜油位一般低于柜顶板 $15 \sim 20\,cm$。油位过高,在船舶摇摆时会溢油;油位过低,油温会升高,加速氧化变质,影响柴油机正常工作。

经常检查油位,发现异常应尽快查明原因:油位过高,可能是循环油柜加热管泄漏、活塞或缸套冷却水(油)泄漏所致;油位过低,可能是循环油柜或系统管路泄漏、分油机跑油、阀门误操作等引起。

④备车时管理。备车时,提前对滑油系统加温,一般利用滑油循环柜中加热盘管,也可在开航前 2 小时开启分油机,加热温度控制在 $82 \, ^\circ\!C$ 以下循环分离,使系统中滑油逐渐预热到 $38 \, ^\circ\!C$ 左右,即可启动滑油泵,使滑油在系统中循环并对机件预热,防止柴油机干摩擦。

⑤完车时管理。主机完车后,继续让系统运转 $20min$ 以上,使柴油机各润滑表面得到充分的冷却。

⑥定期检查油质。定期取油样化验监控滑油质量是保证柴油机正常运转和延长使用寿命的手段。通常采用的理化检验,是采用简易仪器对滑油的黏度、闪点、水分、酸值和杂质等进行定量检查,以判断滑油的质量;另外,也可以采用专门精密设备对油样进行光谱分析或体谱分析,对滑油中的金属颗粒的大小或成分、含量等做出分析报告。化验间隔期不应超过半年。

⑦定期检查冷却器。检查滑油冷却器的冷却水管,防止其被海水腐蚀烂穿,清洗冷却器以提高其冷却效果;通常壳管式冷却器使用三氯乙烯溶液清洗,板式冷却器则用人工清洗。

2. 透平油润滑系统

透平油润滑系统又称涡轮增压器润滑系统,通常有两种形式:自身封闭式润滑系统和重力-强制混合循环润滑系统,滚动式轴承的增压器采用前者,滑动式轴承的增压器采用后一种润滑形式。

①自身封闭式润滑系统:

组成:不需要另设润滑系统。

管理:船舶航行中经常通过观察镜了解透平油的油位与油质,视情况补油或换油。

②重力-强制混合循环润滑系统:

组成:主要由重力油柜、循环油柜、透平油泵、冷却器和滤器等部件,如图 2-17 所示。

管理:要随时注意系统的压力和重力油柜的油位;增压器高速旋转工作的特性,决定其润滑系统不能瞬间断油,靠重力油柜的存油单独供增压器润滑 $10 \sim 15min$。

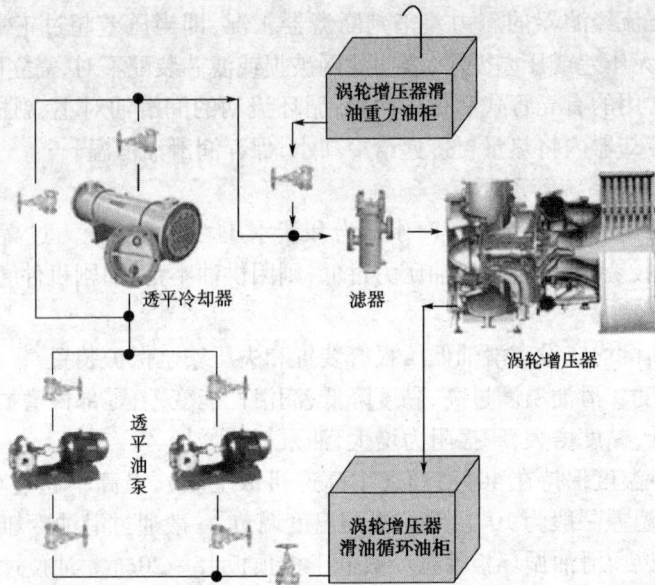

图 2-17　涡轮增压润滑系统示意图

3.气缸油润滑系统

组成:通常用于大型十字头柴油机气缸润滑,主要由贮存柜、滤器、输送泵、日用柜、注油器等部件组成。

管理:气缸油润滑系统是全损润滑系统,应该根据柴油机转速、负荷及工况等综合因素选择注油量;注油量过多,活塞顶面、活塞环槽和排气阀等处会形成沉积物,引起活塞环或排气阀粘连,气口和气道积炭,严重时导致扫气箱着火;注油量过少,难以形成完整油膜,使活塞环与缸套磨损加剧、燃气泄漏严重、环面有磨痕,若是倒角消失,还会导致拉缸事故发生。

三、冷 却 系 统

船舶动力装置中使用的冷却介质主要有海水、淡水、滑油、燃油和空气等,其中最常用的是海水和淡水。

1.冷却系统的作用、要求

作用:把冷却介质送到受热部件,将其多余的热量带走。

要求:确保充足、连续和温度适宜的冷却介质供给柴油机动力装置的各个需要冷却的部位,工作可靠和安全,便于维护管理和经济耐用等。

2.冷却系统的类型及特点

在柴油机动力装置中,根据冷却方式和工作特点的不同,冷却系统分为开式、闭式和集中式三种类型。

(1)开式冷却系统。

定义:利用舷外水直接冷却主、副机运动部件,即海水泵将舷外水经海底阀门吸入到系统中,通过空气冷却器、活塞和缸套等吸热后,再经出海阀排至舷外(图2-18)。

特点:

①所需的设备和管路少、维护管理方便、水源丰富。

②冷却介质为舷外水,水质和水温变化较大,容易使零部件冷却水腔积垢和堵塞,使受热零部件产生过大的热应力。

③广泛应用于小型船舶柴油机的冷却系统。

(2)闭式冷却系统。

定义:用淡水冷却高温零部件,然后用海水冷却淡水使之温度降低后再次使用(图2-19)。

特点:

①冷却介质是淡水,水质好,含盐量少,对零部件腐蚀性小。

②可提高柴油机动力装置的经济性和延长其零部件的使用寿命。

③冷却系统结构复杂,包括高、低温淡水系统和海水系统,管理麻烦,工作量大。

④广泛应用于大型船舶柴油机的冷却系统。

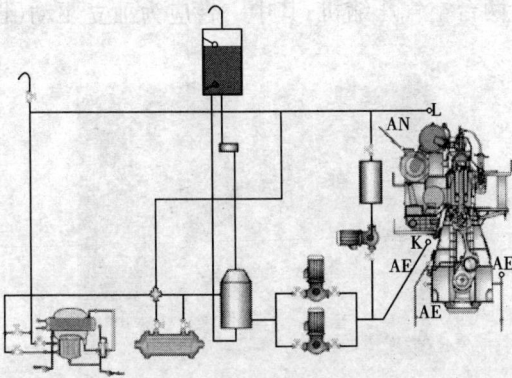

图 2-18　开式冷却水系统　　　　　　图 2-19　闭式冷却水系统

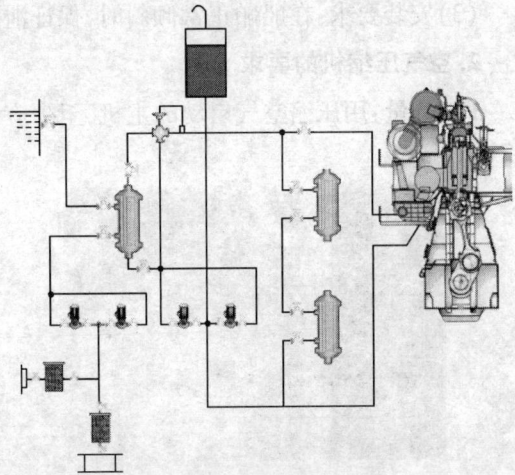

(3)集中式冷却系统。

定义:用海水冷却低温淡水,低温淡水再冷却高温淡水,高温淡水冷却高温零部件。

特点:

①与海水直接接触的设备、管路阀件少,系统的维修工作量少和系统寿命长。

②板式热交换器选用钛合金,结构紧凑,耐海水腐蚀,传热效率高,便于维护保养。

③设备费用高,对维修技术的要求较高。

3. 冷却系统的管理

(1)正确使用和管理冷却系统的各种机械、设备。

(2)正确控制冷却介质的压力,如淡水压力高于海水压力,滑油压力高于淡水压力。

(3)正确调节冷却介质的温度:

①淡水出口温度取上限值,进出口温差小于12℃。

②当环境温度、热负荷发生变化时,应按冷却水或海水进入冷却器的流量来调节温度,切不可调节冷却水进机流量。

③备车时,对冷却水进行加热,用蒸汽加热或用副机余热加热进行暖缸。

(4)注意膨胀水箱的变化,如出现水位、水温的变化,水中气体溢出,水中漂浮油等情况,都预示着系统中的设备、零部件存在故障。

（5）定期清洁海水滤器，抑制海生物在系统中的生长，并在其海水系统中装防腐锌块。

（6）定期对冷却系统进行水质处理。

（7）闭式淡水冷却系统，应设有开式海水冷却管路，且二者管路之间应设隔离阀，在淡水系统发生故障时，可用海水直接冷却。

四、压缩空气系统的要求

1. 供主机启动用的主空气瓶（图2-20）的数量、容量及安装要求

（1）数量：至少应有2个。

（2）容量：总容量应在不充气的情况下，保证每台可换向的主机能从冷车连续启动不少于12次（正倒车交替进行），每台不能换向的柴油机能不少于6次。

（3）安装要求：在船舶正常倾斜时，保证泄放接管有效。

2. 空气压缩机的要求

（1）数量：用压缩空气启动的主机，至少应设两台空气压缩机，其中一台应为独立驱动（图2-21）。

图2-20　主空气瓶　　　　　　　　　　　　　　　图2-21　主空压机

（2）排量：总排量应在1h内使空气瓶由大气压力升至连续启动所需要的压力。

（3）另外，无限航区的船舶，应设置一台应急空气压缩机，以保证对空气瓶的初始充气。

3. 空压机安全阀和其他阀件

（1）安全阀开启压力不应大于工作压力的1.1倍。

（2）每台空压机的排出管应直接与每个空气瓶连接。

（3）空压机与空气瓶之间应安装油、气分离器或过滤器，用以分离并泄放压缩机排气中所含的油和水。

4. 大型低速柴油机启动总管上的安全阀和其他阀件

（1）安全阀开启压力为最高启动压力的1.1倍。

（2）在通往柴油机的启动空气管路上装有截止止回阀，用以保护压缩空气管路不受缸内爆炸气体的影响。

（3）缸径大于230mm的柴油机，其启动空气系统应安装火焰阻止器。

（4）直接换向的柴油机，每一启动阀处安装一个火焰阻止器。

（5）不可换向的柴油机，只装在启动空气管上安装一个火焰阻止器。

5. 空气瓶上的安全阀和相应阀件

（1）空气瓶上的安全阀，开启压力不超过工作压力的1.1倍。

（2）易熔塞：如在空气进气管上或空压机上装有安全阀，且在充气时能防止瓶内压力超过设计压力时，可不安装安全阀，但应装易熔塞，熔点约为 70～90℃，其尺寸应保证失火时能有效地放出空气。

（3）空气瓶是压力容器，其排出阀为止回阀，以防当一只空气瓶压力低时，另一只压力高的空气瓶在开启时空气倒灌入压力低的瓶内。

（4）空气瓶应设残油、水的泄放设备。

6. 压缩空气系统的管理要点

（1）空压机应处于随时启动状态，目的是为了保证各主空气瓶中有足够的空气压力，管理中应注意的问题有：

①定期检查曲柄箱油位和油质，空压机运转时，不可避免地漏气于曲柄箱中，漏下的热气遇冷后的凝结水积聚于曲柄箱中，不仅造成假油位，而且使滑油乳化变质，所以应定期放水，必要时换油。

②注意倾听空压机运转声音，特别是起、停车过程中的气流声音，定期检查气、水分离器工作的有效性。

③注意察看各仪表的读数是否正常。

（2）保持空气瓶中空气压力在 2.0～2.5MPa 以上，并定期放残水。

（3）定期校验安全阀和检验空气瓶。

（4）定期清洗空气滤器和放出其中的残水。

【任务小结】

结合轮机模拟器对该任务进行训练，培养学生对船舶动力管系的管理能力，从而满足参与或领导值班的能力需求。

【知识链接】

1. 燃油系统的布置要求

（1）燃油系统应保证在船舶横倾 10°、纵倾 7°的情况下，管路仍能正常供油。

（2）为保证系统连续供油，大、中型船舶设置独立驱动的燃油输送泵；如依靠重力油柜供油，则油柜必须位于柴油机高压油泵上方至少 1m 处；现代低速柴油机加压燃油系统需增设燃油加压输送泵，以防燃油气化。

（3）各油舱（柜）供油管路上的截止阀或旋塞应设置在舱（柜）壁上，双层底以上的储油舱（柜）的供油出口应安装速闭阀，以便在机舱以外易于接近的安全处遥控关闭；遥控方式有油压、气压或钢丝绳等。

（4）燃油管路布置必须与其他管路隔离，不得布置于高温处和电气设备处，也不得通过水舱和起居室。若必须通过，应采取防火、防水措施。

（5）重油（燃料油）加热用的饱和蒸汽压力不大于 0.7MPa，以防燃油结炭。

（6）燃油管路应设置回油管路；大型船舶的柴油机应分别设置轻柴油和燃料油两套回油管路。

（7）沉淀油柜、日用油柜应安装自闭式放水阀或旋塞，且设有收集油舱（柜）和聚油盘排出的污油水的舱（柜）。

2. 冷却系统的布置要求

（1）开式冷却系统的布置要求：

①海水泵:一般两台,其中一台备用,备用泵可用同型号的通用泵或压载泵代替。

②吸水口:应分布在两舷,并有高位和低位之分,高位吸水口应位于船舶空载吃水线以下约300mm处,低位吸水口位于船的艉部或船底,当船舶进入浅水或港区时用高位吸水口,以免泥沙污物进入系统,当船舶航行在海上时则用低位吸水口,以免船舶摇摆时高位吸水口漏出水面造成吸空。

③应急舱底水吸入口:海水泵的排置是最大的,通常在其吸入管中接一应急舱底水吸入口,以备机舱进水时应急排水用。

图 2-22　海底防止生物附着系统

④海水吸入口处设置隔栅、海底阀后设置海水滤器,以防污物和海生物进入系统。

⑤海底阀箱中设置与压缩空气管和蒸汽管相连的吹除管,以便吹掉堵塞隔栅的污物或融冰。

⑥设置电解海水装置,杀死海水系统中的海生物,防止其在海水系统中寄居生长造成系统污染(图2-22)。

(2)闭式冷却系统的布置要求:

①膨胀水柜:使系统中冷却水受热后有膨胀的余地;当系统中的淡水因蒸发或漏泄而减少时,为系统补水;排出系统中的空气;膨胀水柜与淡水泵的吸入口连通,可保证淡水泵有足够的吸入压力;在膨胀水柜中投药,对淡水冷却水进行化学处理。

②膨胀水柜置于机舱高处,距柴油机曲轴中心的高度为9~16m,在其上安装水位表、透气管、水位报警器、与淡水压力柜连通的补水管和溢流泄放管等。

③系统中设置预热泵和加热器,以满足备车时暖机的需要。

【拓展提高】

一、集中式冷却系统

(1)冷却主机气缸的高温淡水和冷却其他设备的低温淡水均由海水冷却,高温淡水和海水之间在缸套水冷却器中进行热交换,低温淡水和海水之间在中央冷却器中进行热交换;采用此种方案需要两个用海水冷却的冷却器(图2-23)。

(2)高温淡水用低温淡水冷却,二者在缸套水冷却器中进行热交换,所以,用海水冷却的冷却器只有中央冷却器(图2-24)。

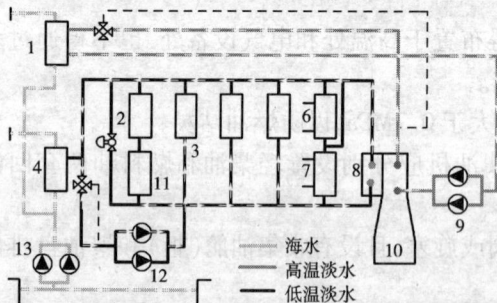

图 2-23　集中冷却系统1

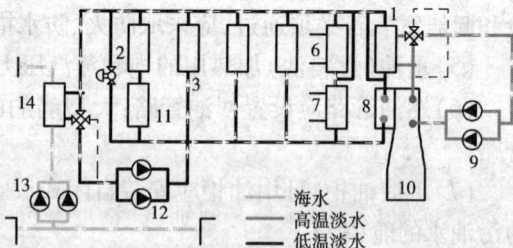

图 2-24　集中冷却系统2

(3)高温淡水不再是一个独立的系统,而是通过混合阀将高温淡水和低温淡水连通,该阀根据高温淡水的温度要求来控制低温淡水进入高温淡水中的数量;高、低温淡水带走的热量全部在中央冷却器中与海水交换(图2-25)。

二、蒸汽系统

1. 作用

(1)小型船舶上:加热生活用水、蒸饭和舱室取暖等。

(2)中大型船舶上:用于主机启动时暖缸、燃油和滑油加热以及生活需要;驱动透平发电机。

(3)油轮上:加热货油舱及清洗油舱;驱动货油泵。

(4)用于空调、消防、冲洗海底门等。

2. 组成

辅助锅炉、管路、阀门、蒸汽分配管、凝水集合管、阻汽器、热水井(凝水柜)和给水泵(图2-26)。

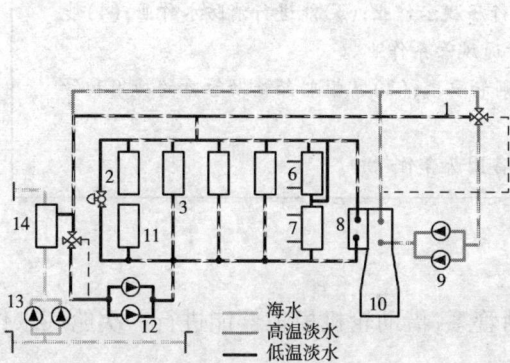

图2-25 集中冷却系统3

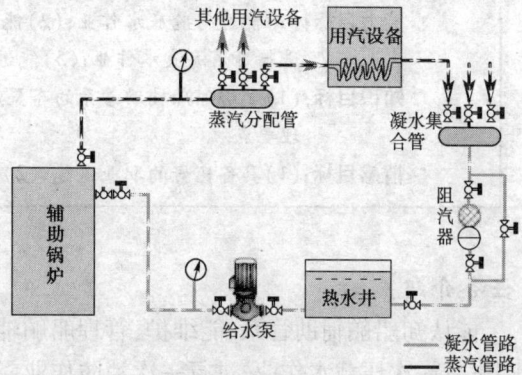

图2-26 辅助锅炉系统示意图

3. 对蒸汽系统的要求

(1)蒸汽管一般不穿过灯间、油漆间和货舱,但不可避免通过货舱时,应有防止机械损伤的可靠措施,管子接头应尽可能少并尽量采用对接焊接。

(2)蒸汽管工作压力大于0.98MPa,沿燃油舱壁布置时,距离应不小于250mm。

(3)蒸汽管路应布置在机、炉舱内容易看到且易于接近的地方,除加热管路和吹洗管路外,一般不应布置在花铁板下面。

(4)若2台或2台以上锅炉的蒸汽管相连通时,应在每台锅炉至总管的连接管上加设一只截止止回阀,在这些阀中间的管段上应有泄放凝水的阀。

(5)蒸汽管系的任何管段应能有效地泄放凝水,放水阀和旋塞应便于接近;若设有凝水阻汽器,则应设旁通管路。

4. 蒸汽系统的管理要点

蒸汽系统的管理主要是对辅助锅炉、废气锅炉的管理,除此之外,还应注意:

(1)送汽前,应对蒸汽管进行暖管,泄放蒸汽管内残水,以防产生过大温度应力和水击。

(2)运行过程中,应防止油污混入凝水中,如有应及时处理。

(3)保持蒸汽管安全阀的正常工作状态。

1. 简述船舶动力管系的作用及种类。

2. 简述船舶燃油系统和滑油系统的管理要点。

3. 现代大中型柴油机动力装置船舶冷却水系统采用中央冷却系统,其优点是什么?

4. 简述船舶冷却系统的管理要点。

5. 简述船舶压缩空气系统的作用。

扩展任务2 船舶辅助管系管理

教学目标

◎ **能力目标:**(1)能进行舱底水作业;(2)能进行压载水作业;(3)能进行消防水作业;(4)能进行日用海淡水作业;(5)能进行通风管系作业。

◎ **知识目标:**(1)了解船舶辅助管系的布置原则和要求;(2)掌握船舶辅助管系的功用和管理要点。

◎ **情感目标:**(1)具备良好的职业道德;(2)具备团队合作精神。

【任务介绍】

能认知船舶辅助管系,能维护、管理船舶辅助管系,借助轮机模拟器能进行一次舱底水作业、进行一次压载水作业、进行一次消防作业。

【任务解析】

辅助管系又称通用管系或船舶管系,是为全船服务的管系,其任务是保证船舶安全营运和满足船上人员生活需要。按其用途不同,主要有舱底水系统、压载水系统、消防系统、日用淡水系统和卫生水系统、通风系统、制冷与空调系统,以及其他特殊任务的系统。

【任务实施】

一、舱底水系统

1. 舱底水系统的组成

舱底水系统主要由舱底水泵(污水泵)、舱底水总管、支管、舱底水吸口、吸水口滤器、泥箱、分配阀箱、油水分离器及有关附件组成(图2-27)。

2. 舱底水系统的作用

及时将机炉舱和货舱的舱底积水排至舷外。另外在应急情况下,可以排除机舱的大量进水,为堵漏争取时间。

3. 舱底水系统的布置原则

(1)为能吸干舱底积水,各吸入管的吸入口1皆应布置在每个舱底的最低处。在有舭水沟的船舱中,可位于该舱两舷的最低一端;当无舭水沟时,则需在两舷或纵中剖面处设有污水井,以便吸出。

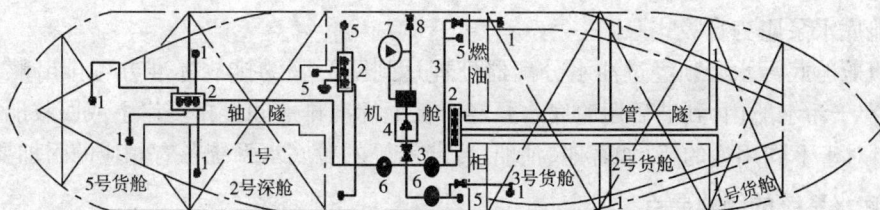

图 2-27　典型舱底水系统
1-舱底水吸入口;2-舱底水集合阀箱;3-舱底水总管;4-舱底水泵;5 机舱舱底水吸入口;6-泥箱

(2)为操作方便和简化管路,位于机舱前、后的货舱和管隧及各隔离空舱污水,都应各自从吸入口1经吸入支管分组汇集于各舱底水阀箱2,然后再经舱底水总管3通至舱底水泵4的吸入口。在通至各干货舱的管路上应有不少于两个截止止回阀。

(3)机舱是整个船舶的要害地区,且经常积水较多,所以应设两个以上的吸入口5,并且至少有一根吸入支管与舱底水泵直接相连,其余则经舱底水总管通至舱底水泵。此外,为了在机舱破损时能应急排水,在主机机舱还应设置一个应急舱底水吸口,该吸口一般应通向一台主海水冷却泵并装设截止止回阀,阀杆应适当加长,以使手轮高出花铁板至少460 mm。应急舱底水吸口阀应安装永久性的清晰铭牌。

(4)舱底水泵应具有自吸能力。由于含油污水要经过油水分离器处理,为了提高分离效果,通常在机舱中都设有一台排量较小的往复泵或单螺杆泵作为日常抽除机舱污水之用。大排量的舱底水泵多为自吸式离心泵。不少货船上还采用喷射泵,这种泵没有运动部件,能排出极其污浊的液体,构造简单,不易损坏,具有干吸能力,在某些场合下,往往具有其他类型水泵所不及的优越性。

(5)在远洋船舶上应有两台以上的舱底水泵。对于国际航行的客船,所用作舱底水泵的台数应较一般船舶多1~2台,以提高船舶的安全性。为了减少机舱中水泵的数量,舱底水泵可由足够排量的压载泵或通用泵兼任。

(6)舱底水很脏,为了防止舱底污物堵塞吸入口,机器处所和轴隧内每根舱底水支吸管及直通舱底泵吸管(应急吸口管除外)均应设置泥箱,以过滤舱底水。该泥箱应易于接近,并自污泥箱引一直管至污水井或污水沟,直管下端或应急舱底水吸口不得设滤网。

货舱及除机器处所和轴隧外的其他舱室的舱底水吸口端,应封闭在网孔直径不大于10mm的滤网箱内。滤网的流通面积应不小于该舱底水吸入管截面积的2倍。

4.舱底水系统的要求

(1)所有机动船舶均应设置舱底水系统,并能有效地排除任何水密舱中的积水。

(2)舱底水系统应在船舶正浮或横倾不超过5°时,均能通过不少于1个吸口(一般均应在两舷设置吸口)排干任何舱室或水密区域内的积水。

(3)系统中的管路应能防止舷外海水、来自压载水舱的水进入货舱或机炉舱,或从一舱进入另一舱的可能性。对与舱底水系统和压载水系统有连接的任何深舱,应采取有效措施,以防深舱灌入水浸湿货物,或深舱压载水通过舱底排水管排出。

(4)为防止各舱底水互相连通,管路中的分配阀箱、舱底水管和直通舱底水支管上的阀门均应为截止止回阀,以保证舱底水系统管路中的水流为单向,即只进不出。

(5)舱底水泵、压载水泵、消防水泵等若相互连通时,管路布置应保证各泵同时工作而不相互干扰。

(6)舱底水泵应为自吸式泵。

(7)机舱舱底污水必须经过油水分离器处理达到防污公约排放标准方可排出舷外,也可将污水暂存于污水舱内,到港后用舱底水泵经甲板上标准排放间接排至岸上或回收船处理。

此外,对于不同用途的船,如客船、油船、冷藏船等的舱底水系统各有相应的附加要求。

5. 舱底水系统的管理要点

舱底水系统的管理主要包括对舱底水系统中的各种设备的正确使用与维护;严格遵照国际海事组织(IMO)的国际防污公约的要求进行排污等。

(1)要求排放含油舱底水。经轮机长和驾驶员同意方可排放,并填写"油类记录簿"。

(2)注意检查舱底水系统各种设备的工作情况,如舱底水泵的吸排压力是否正常,排出压力过高则说明操作有误或排出管堵塞。吸水管堵塞和进气是最常见的故障,前者使泵的真空度增加,后者使泵的真空度建立不起来,均造成吸排水困难,甚至不能排水。

(3)定期检查污水井水位,并及时将污水排入污水舱。定期测量污水舱水位,视情况用油水分离器处理污水舱的污水,并作记录。定期检查机舱污水井报警装置。

(4)定期清洗各污水井和舱底水泵吸入口处的滤器、泥箱,疏通污水沟与污水井,船员切勿乱丢棉纱、破布和塑料制品等,以免造成堵塞。

(5)排放舱底水时应分区域排放,不宜同时打开全部舱底水的吸口,以免造成泄漏使排放速度降低。

(6)定期检查机舱应急舱底水吸口,加强维护管理,确保排水的有效性。

二、船舶压载水系统

1. 船舶压载水系统组成

船舶压载水系统主要由压载水泵、压载水管路、压载舱及有关阀件组成。

2. 船舶压载水系统作用

根据船舶营运的需要,对全船压载舱进行注入或排出,以达到下述目的:

调整船舶的吃水和船体纵、横向的平稳及安全的稳心高度;减小船体变形,以免引起过大的弯曲力矩与剪切力,降低船体振动;改善空舱适航性。

3. 压载水系统的布置原则

(1)压载水系统的管路布置有三种形式:支管式、总管式和管隧式。

(2)为满足压载水系统的工作特点和简化管路,多采用调驳阀箱来调驳各压载水舱的压载水。调驳箱的展开图如图 2-28 所示,图中与压载泵吸入管相通的下半部为阀箱的驳出侧(即自流灌入侧),该侧各阀专用于控制各压载舱水的驳出。与压载泵排出管相通的上半部为阀箱的吸入侧,该侧各阀开启时可将水分别注入各相应的压载舱。

(3)各压载水舱的压载吸入口应布置在有利于压载水排出的位置。

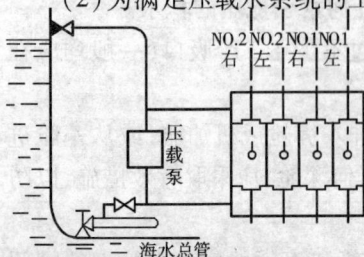

图 2-28　调驳箱展开图

4. 对压载水系统的要求

压载水系统既要将水注入压载水舱,又要通过同一管道将压载水舱中的水排出。因此,压载水系统管路中的压载水应具有"可进可出"双向流动的工作特点。压载水系统在船上的布置随船型、装载货物等的不同而异。为了可靠地完成压载和卸载,应满足以下要求:

(1)压载水系统的管路上不可设置任何形式的止回阀。

(2)压载水管路应设置在双层底舱中央的管隧内,不可穿过货舱,以防管道泄漏发生货损,也不得穿过饮水舱、炉水舱和滑油舱。

(3)首尖舱压载水管在穿过船首防撞舱壁时,应在甲板上设置截止阀,以便发生船首海损时可立即在甲板上关闭该阀,防止海水进入压载水系统。

(4)为便于日常操作管理,各压载水舱的控制阀应相对集中。对于设有集中式遥控操作的压载水系统,其控制台应设在机舱以外,以便于甲板人员使用。

(5)干货舱或油舱(包括深舱)用作压载水舱时,压载水管系应装设盲板或隔离装置。同样,饮用淡水舱兼作压载水舱时亦应如此,以免两个系统相通。

(6)含油压载水的排放应符合有关防污规定。

(7)压载水系统应设置两台以上的压载水泵,其容量应以排出全部压载水所要求的时间而定。不同类型、大小的船舶全部排出压载水的时间不同。

海船压载水舱的容量很大,一般杂货船的压载水量可达船舶满载排水量的15%左右,其中首、尾尖舱的压载水约占总压载水量的12%～17%,其余大多存于双层底舱中。通常,要求压载水系统在2～2.5h内将最大的压载舱注满或排空,在6～8h内将全船的压载水舱注满或排空。

5. 压载水系统的管理要点

一般船舶压载水系统的日常操作是按甲板部的要求进行。自动化程度高的船舶大多是由甲板部直接进行压载水系统的日常操作,这种船舶设有专门的船舶压载—平衡水控制室,其内安装各舱液位检测装置、泵的控制装置和各种控制阀的遥控设备。压载水系统中的各种设备均由轮机部负责日常维护管理,其要点有:

(1)压载水泵通常是大排量低压头离心泵,启动前应注油、盘车,确认无卡阻后全开吸入阀、全关排出阀进行封闭起动,以防大起动电流冲击电网,随后逐渐开大排出阀。

(2)注意压载水泵轴封处的泄漏情况,轴承应定期加油。

(3)压载水泵出口压力一般为0.15～0.25 MPa,可通过泵的进、出口间的旁通阀进行压力调节。

(4)熟悉设备位置,防止误操作。例如,船舶舱底水控制阀箱与压载水控制阀箱位置很近,为防止开错阀应涂以不同颜色以示区别。此外,压载水舱较多,应列出操作程序使操作规范化。

(5)对用燃油舱兼作压载水舱的船舶,压载管系应装设盲板或其他隔断装置,含油压载水的排放应符合有关防污法规的要求。

三、消防水系统

1. 消防水系统组成

消防水系统主要有消防泵、消防栓、消防水带、水枪及管路附件等。

2. 消防水系统作用

消灭可用水熄灭的火患,同时起到冷却和保护的作用。平时还兼作船舶甲板水、锚链水之用。

3. 应急消防泵

应急消防泵:设于机舱之外,其出口与机舱消防水总管相连,便于机舱失火(主消防泵不能使用)时的应急使用。

4. 固定式水消防灭火系统

除常规固定式水消防系统外,还有用于客船、货船的起居和服务处所的自动喷水系统,它可扑救初起火灾和自动报警;用于机舱和特种处所的水雾灭火系统,一般为手动控制喷出水雾灭火。这两种系统均属于固定式水消防灭火系统。

5. 消防水系统的布置原则

(1)所有消防泵均为独立泵,一般为离心泵,如果压载泵、通用泵或卫生水泵符合消防泵要求,均可替代消防泵使用。

(2)消防泵的数目按规范要求,4000 总吨及以上客船至少 3 台,4000 总吨以下客船和 1000 总吨以上货船至少 2 台,每一消防泵应至少能维持两股所需水柱(12m)。

(3)大于 500 总吨的船舶至少配备一只国际通岸接头。

(4)消防栓的布置与数量,应至少能将两股不是由同一消防栓所出的水柱射至船上任何部位,消防栓的位置应便于连接消防水带和有效灭火。

(5)管路设有足够的残水阀,寒冷季节注意放水。

6. 消防水系统的管理要点

(1)按规定时间进行效用试验,消防演习时,要求警报发出 5min 内能供水。

(2)消防皮龙放置适当、固定位置,并查无破裂磨损现象,所有皮龙接头应保持润滑、垫圈良好。

(3)水龙、喷头放置一起并配有装接工具,两用水枪喷水孔无堵塞及腐蚀现象。

(4)所有水栓阀门状况良好,随时便于操作,消防总管放水阀状况良好,寒冷时随时能排出管中存水。

(5)消防水泵启动后能保持正常供水能力,应急消防泵随时可以启动、使用。

【任务小结】

通过任务训练,学生能对船舶辅助管系进行认知,能对船舶辅助管系进行操作、维护和保养。

【知识链接】

一、舱底水的来源、危害

舱底水的来源:在船舶的正常营运中,由于机舱设备的泄水、各种管路的漏泄、冲洗水、船体接缝不严密处的渗漏、从舱口流入的雨水和水线附近甲板或舱室的疏水泄放等均聚集于舱底,形成舱底水。通常机舱舱底水最多。

舱底水的危害:舱底积水对船体有腐蚀作用;货舱积水会浸湿货物造成货损;机舱舱底积

水会使机电设备受潮或浸水损坏,影响机器正常运转,并给管理工作带来困难。当舱底水积存过多时,将会严重地影响船舶稳性和危及航行安全。

二、舱底水系统实例

图 2-29 为某尾机舱船的舱底水管系布置图。机舱尾部设一污水井,首部左右各设一污水井,机舱舱底水应急吸口直接与中央冷却系统的主海水泵吸口相连接。货舱舱底水由各支管汇集于机舱前端的阀箱中,因其一般不含油分,故可通过舱底水泵、通用泵、消防泵中的任一台排出舷外。

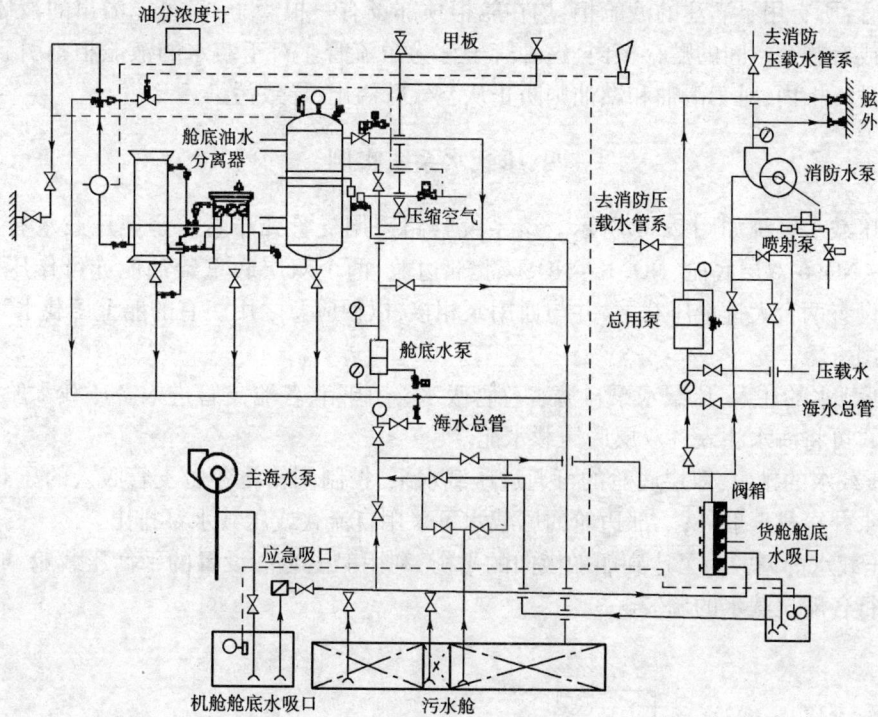

图 2-29　舱底水系统布置实例

该船油水分离器为 CUX-E0515 型,其舱底水泵为 NE40 型单螺杆泵($Q = 5 \mathrm{m}^3 / \mathrm{h}$, $p = 0.5 \mathrm{MPa}$),油分浓度计为 VR11S 型,当检测的油分超过排放标准时,出口管上的电磁气动三通阀自动关闭,将污水循环流回污水舱。分离出来的污油储存于污油舱内,可由污油泵驳给焚烧炉加温焚烧,或到港后用污油泵输给港方接受设备。

为便于在停止运转之前冲洗油水分离器和舱底水排出管路,以及为了油水分离器本身工作的需要,舱底水泵的吸入口还接有海水吸入管路。污水井内均设有浮子式水位报警装置,以监测全船舱底水水位。

三、压载水舱与附属管

压载水舱:随着船舶的种类、用途和吨位的不同,压载水舱在船上的位置、大小和数量也不同。一般船上可用首尖舱、尾尖舱、双层底舱、边舱、顶边舱与深舱等作为压载水舱。首、尾尖舱对调整船舶的纵倾最有效,边舱对调整船舶横向平衡最有效,而调节深舱压载水量可有效地调整船舶的稳心高度。对于货船,通常将首尾尖舱、双层底舱作为压载水舱,有的货船还把上、下边舱和深舱也作为压载水舱。货船的压载水量一般占船舶载货量的50%～70%；油船的货油舱可兼作压载水舱，有的还设专用压载舱。压载水量占货油量的40%～60%。

测深管：在船上的每一个液舱和污水井中，都装设一根直径为30～50mm的直管，称为测深管。利用测深尺从测深管上端口坠入舱底，然后把尺收上来观察尺的浸湿长度，从而决定舱中液体的存量和液面高度以及干隔舱中有无液体。

空气管：空气管又称透气管，其作用是保证液舱在注入或排出液体时，使空气能自由地从管中排出或进入舱中。

溢流管：所有用泵灌注的液舱柜，均在舱柜顶部设有一根管子，将可能溢出的液体引入到溢流柜内或有剩余空间的贮存柜内，这种管子称为溢流管。对于装水的液舱柜则引到开敞处所或其他溢流柜内，对于滑油和燃油则防止从空气管溢出，导致污染。

四、压载水系统实例

某船压载水系统如图2-30所示。该系统管路采用支管式布置。全船压载水有首、尾尖舱、NO.1～NO.6双层底舱、NO.1～NO.6上部边舱，两个双层底重柴油舱亦可作压载水舱。在机舱中设有两台大排量压载泵，并与通用泵相接，以便应急之用。有的船上压载水泵与消防泵互为备用。

(1)压载水的注入：压载水泵自海水总管吸水，经阀箱、各舱支管进入各压载水舱，如利用海水自流式可将海水注入各双层底压载水舱。

(2)压载水的排出：双层底舱的可通过压载水泵、控制阀箱将各舱支管吸入的压载水排至两舷集合水井再排至舷外；上部边舱的压载水可采用自流式或压载水泵排出。

(3)压载水的调驳为了达到船舶横向的平衡，利用船上专门设置的平衡压载舱，或通过调驳阀箱进行各舱压载水的调驳。

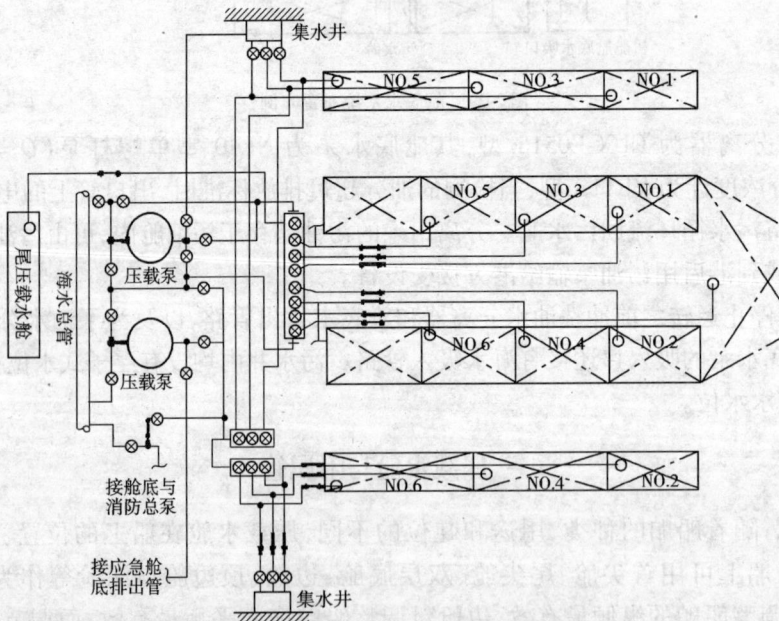

图2-30　某船压载水系统布置图

五、船舶日用供水系统实例

1.压力式供水系统

压力供水的特点是设置压力水柜,借助水柜中空气的压力将水送至各用水处,这种压力水柜的布置不受高度的限制。在大中型船舶上,至少应设两个压力柜:一个是海水压力柜,供应卫生水;一个是淡水压力柜,供应饮水和洗涤水。压力供水系统工作原理如图 2-31 所示。

由于压力水柜密封,当水泵 1 向压力水柜 2 进行充水时,随着水面的升高,柜内上部的空气逐渐被压缩而产生压力。当水充到规定液面时,水泵 1 即停止供水,压力水柜 2 内的水就依靠柜内上部空间被压缩了的空气的压力,经管路、阀件输至各用水处。为保障正常工作,压力水柜头部设有压力表 9 和安全阀 8,还设有压力开关 7 以便自动控制水泵 1 的工作。当柜内压力低于设定的最低工作压力时,则由压力开关 7 自动启动水泵 1,当柜内压力达到设定的最高工作压力时,亦由压力开关 7 自动停止水泵 1 供水。为减少压力水柜充气容积和补充柜内空气的消耗,通常在压力水柜顶部接压缩空气注入管。

2.压力式冷热水供应系统

如果船上需要供应热水,则在供水系统中加设热水器。热水器有蒸汽加热、电加热和燃油加热 3 种,其中蒸汽加热最为常见。压力式热水供应系统的工作原理如图 2-32 所示。

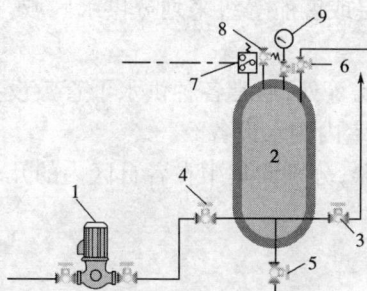

图 2-31　压力式供水系统原理图

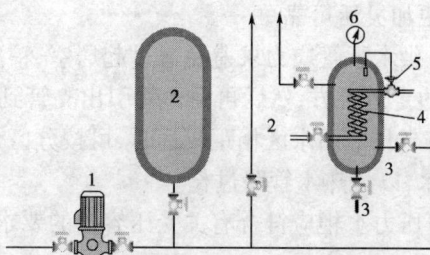

图 2-32　压力式热水供应系统的工作原理

密闭的热水器 3 内设有蒸汽加热盘管 4,蒸汽通过温度调节阀 5 进入加热器 3。一般热水器加热温度控制在 70~80℃,蒸汽量的多少由温度调节阀 5 自动控制。从热水器出来的热水供应管路,一般均应包扎绝热材料,防止热量散失。大型船舶或热水消耗量大、管路较长的船舶,则设一专门的热水循环泵,使热水进行强制循环,以便随时供应热水。

六、通风系统实例

某远洋货轮的机械通风系统的布置示意图如图 2-33 所示。该船机舱共设有 4 台轴流式通风机,为使通风机负荷分配均匀,将他们分别布置在前、后部及左、右舷两侧。图示仅为前部左舷和前部右舷的两台风机及其相应的管路布置。通风机 2 抽吸外界空气,分别沿送风总管 3 向下送往机舱内各需要通风的场所。其他需要通风的场所(如柴油发电机组等),则由另外两台风机供风(图上未标出),它们的

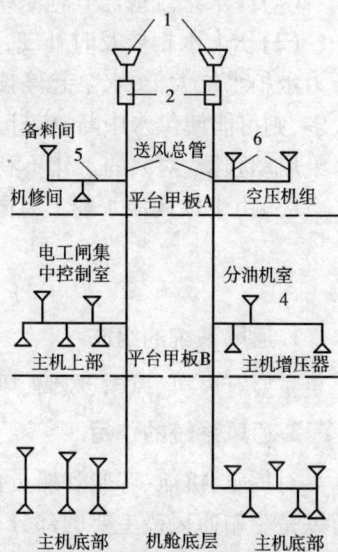

图 2-33　某远洋货轮的机械通风系统的布置示意图

管路布置也类似。

一、日用海淡水系统

1. 日用海淡水系统的作用

满足船员和旅客日常生活用水需要,可分为饮水系统、卫生水系统和洗涤水系统。饮水系统主要供应炊事用水、饮用水和医疗用水等。卫生水系统从舷外吸取海水供厕所、洗脸间和浴室等处冲洗用。洗涤水系统主要供应浴室、洗衣室、洗物池和洗盆等处的冷热洗涤水。

2. 日用海淡水系统的组成

主要有水泵、水柜、热水器、供水管和阀件等。

日用海淡水供水方式:重力供水和压力供水。目前,大中型海船基本上采用压力供水方式。

3. 日用海淡水系统的要求

(1)为在系统局部发生故障时不致影响整个供水系统的工作,同时也避免大直径的供水管,可采取分区供水,即将全船划分为几个用水区,各区直接从压力水柜的输出管上引出一路供水干管,并装设截止阀,分别控制。客船通常按甲板层或客舱等级来划分供水区域,这样可使系统更加灵活可靠。

(2)供水干管应力求避免通过起居室、粮库和物料舱等处,通常各种供水干管敷设在各层甲板两边走道上方,然后再由干管引出支管到附近的各室内用水设备。

(3)当几个用水区相距较远时,可按分区设置热水器,分别向集中在各自区内的几个用水处供热水,以免热水管路过长。

(4)压力水柜应符合有关受压容器的要求。

4. 日用海淡水系统的管理要点

(1)淡水系统应与其他系统相互隔绝,以保护饮用水不受污染。

(2)压力水柜要及时补气,使其压力维持在正常范围内。通常为1:2。若压力太高会导致压力水柜水位太低,水泵起停频繁;若压力太低则压力水柜中的水到不了高层甲板。如果空气太多,则可能使供水中断,应打开水柜顶部的放气阀,放掉一部分气体。如果空气太少,则会使水泵启动频繁,对泵的工作不利,应打开水柜顶部的补气阀,用压缩空气进行补气。

(3)由于饮用淡水船上有限,如发现用量异常,应查找原因,消除漏泄。

二、通 风 系 统

1. 通风系统的组成

主要有风机、风帽、风筒、风管等。

2. 通风系统的作用

对货舱、机舱、客舱和船员住室、工作室等进行通风,排除废气,补充新鲜空气。由于机舱通风是船舶通风最主要的部分,因此,船舶通风系统一般是指机舱通风系统。

3. 通风方式

一般分为自然通风和机械通风两类。一般对于大、中型船舶机舱采用机械通风并设置相应的通风管系;对于小型船舶,大多不设机械通风设备,但也利用机舱棚及风斗进行自然通风。

(1)自然通风。自然通风主要是依靠开孔,如门、窗、舱口、通风斗和通风筒等。通风斗和通风筒是一种排气或吸气的专门设备。为了提高自然通风效率,常利用舱室的外壁上对风的一面压力增大、逆风的一面压力降低的原理,把通风斗和通风筒制成各式各样。自然通风系统结构和设备简单,造价低,维护费用少,但因其受风向、相对速度和室内外温度差的影响,工作不稳定,故对要求较高的舱室应用机械通风。

(2)机械通风。机械通风可分为为机械送风和机械排风。机械通风的优点是通风量可以人为控制,不受外界自然条件的影响,且能对空气进行合理的分配并输送到各个特定处所,故在大、中型船舶上都作为主要的通风方式,还往往和自然通风结合起来使用。

4.通风系统的布置要求

(1)通风管不得通过舱壁甲板以下的水密舱室。

(2)在开敞的干舷甲板和后升高甲板以及开敞的上层建筑甲板上的通风筒,通往干舷甲板或封闭上层建筑甲板以下的处所时,应有钢质或其他相当材料的接管,其结构坚固并与甲板有效地连接,如果通风筒甲板接管的高度超过900mm时,应有适当的加强支撑。

(3)通过非封闭的上层建筑的通风筒,应在干舷上有坚固结构的钢质或其他相当材料的接管。

(4)机器处所应有足够的通风,以保证其中的机器或锅炉在所有气候包括恶劣气候条件下全功率运转时,该处有足够的空气供应,从而确保工作人员的安全和舒适以及机器的运转。

(5)所有锅炉自然通风用的风斗,应具有能将风斗转至任何所需位置并能加以固定的转动装置。

(6)通风头应设在开敞甲板上,并尽量远离排气管口、天窗和升降口等处。

(7)通风系统还应满足防火方面的规定。

5.通风系统的管理要点

(1)船舶正常航行时机舱应开足通风,确保主、副机和锅炉等动力装置的正常运行。

(2)在大风浪天气一般应控制通风,必要时拔除风帽,另加帆布罩,以保证水密。

(3)在码头装卸煤、石灰等粉尘较大货物时,则不应通风。

(4)船舶在寒冷天气系泊时,机舱应控制通风或间隔通风以便机舱保温。

(5)发生火灾时要关闭失火舱室的风闸,防止火焰从失火舱室窜向其他舱室。

(6)启动空调时,要确认电网负荷是否允许,并加强对压缩机的维护管理。

(7)定期检查通风机的径、轴向间隙,看其是否在规定值之内,若超出应进行调整。

(8)定期检查叶轮的磨损或损坏情况,若过度磨损或损坏应更换之。

【课后自测】

1.压载水系统的作用是什么?

2.简述船舶舱底水系统的管理要点。

3.船舶消防系统主要分哪几类?其分别使用在什么场合?

4.简述船舶通风系统的布置要求。

项目3　机舱资源管理

通过本项目训练,使学生明确什么是船舶资源、机舱资源,管理的基本职能,机舱资源管理的作用和目的;明确轮机部的组织和团队;理解人为因素、通信与沟通的重要性,减少人为失误。

任务1　机舱资源管理解析

教学目标

◎ 能力目标:(1)转变思想理念,端正工作态度;(2)提高情景意识,能及时发现和中止失误链与事故链;(3)注重不同文化意识与背景,能保持良好的通信与交流;(4)改进管理作风,能提高操纵决策水平和应变能力;(5)执行规章制度与操作程序,能确保机舱作业的安全。

◎ 知识目标:(1)通过科学管理保证机舱人力资源发挥最大作用;(2)通过科学管理确保船舶在海上的安全。

◎ 情感目标:(1)具备严谨的工作态度;(2)具备良好的安全意识;(3)具备高超的船舶管理水平。

【任务介绍】

理清机舱资源的基本含义,能对机舱资源进行科学管理。

【任务解析】

(1)"资源""管理"的定义与内涵;

(2)管理的基本职能;

(3)船舶资源的构成、特点、分配与排序;

(4)资源管理的作用与目的;

(5)机舱资源管理的概念;

(6)机舱资源的构成、特点、分配与排序;

(7)机舱资源管理作用与目的。

【相关知识】

英国的一些著名英文字典将"资源"定义为"可利用的资产(Available assets)"或"用以维持的财源(Means of support)",我国的"辞海"大词典将其定义为"资产的来源"。实践证明,任何一个组织若要维持自己的生存与发展,首先需要拥有一定的资源,其次是要能够对有限的资源进行合理应用和配置,使其达到最佳的使用效果,以支持组织目标的实现。所以说资源是各种经营活动不能缺少的根本保证。

对资源的应用和配置实质上就是对资源的管理。资源管理是可利用的资产或用以维持财产的控制和组织,也可以认为对可利用的资产或用以维持财产的管理技艺、行为或处理。因此,"机舱资源管理"是指对船舶机舱工作环境中的各种可利用资产的控制和组织,或是对船舶机舱工作环境中的各种可利用的资产的管理技艺、行为或处理。它也可以定义为:为达到船舶安全营运的目的而运用和协调好全部船舶机舱团队人员所能应用的技能、经验与其他各种相关的资源。

一、基本概念

1. 管理的职能

它是管理过程中各项活动的基本功能,又称管理的要素,是管理原则、管理方法的具体体现。一般将管理职能分为五项:计划、组织、人员管理、指导与领导、控制。

(1)计划。计划是为实现组织既定目标而对未来的行动进行规划和安排的工作过程。包括组织目标的选择和确立,实现组织目标方法的确定和抉择,计划原则的确立,计划的编制,以及计划的实施。计划是全部管理职能中最基本的职能,也是实施其他管理职能的条件。

(2)组织。组织是为实现管理目标和计划,对所必需的各种业务活动进行组合分类,把管理每一类业务活动所必需的职权授予主管这类工作的人员,并规定上下左右的协调关系。为有效实现目标,还必须不断对这个结构进行调整,这一过程即为组织。组织为管理工作提供了结构保证,它是进行人员管理、指导和领导、控制的前提。

(3)人员管理。人员管理是对各种人员进行恰当而有效地选择、培训以及考评,其目的是为了配备合适的人员去充实组织机构规定的各项职务,以保证组织活动的正常进行,进而实现组织既定目标。人员管理与其他职能有密切的关系,直接影响到组织目标能否实现。

(4)指导与领导。指导与领导是对组织内每名成员和全体成员的行为进行引导和施加影响的活动过程,其目的在于使个体和群体能够自觉自愿而有信心地为实现组织既定目标而努力。指导与领导所涉及的是主管人员与下属之间的相互关系。

(5)控制。控制是按既定目标和标准对组织的活动进行监督、检查,发现偏差,采取纠正措施,使工作能按原定计划进行,或适当调整计划以达预期目的。控制工作是一个延续不断的、反复发生的过程,其目的在于保证组织实际的活动及其成果同预期目标相一致。

2. 船舶资源的内容

(1)人力资源(Human resource)。人力资源涉及船舶安全航行的所有人员,包括船长、驾驶员、轮机长、轮机员和保证船舶动力、导航和其他相关设备正常工作的其他人。人力资源是指以上人员的技能、能力、知识以及他们的潜力和协作力,它是最为重要的资源。

(2)物质资源(Material resource)。物质资源涉及确保船舶本身正常航行和操作所需要的设备、仪器、物品、工具、备件等。物质资源是指船舶航行中所需要的物质性条件,它是确保船舶正常航行与操作的基本资源。

(3)信息资源(Information resource)。信息资源涉及确保船舶本身正常航行和操作所需要的信息与资料,包括电子海图、AIS、命令簿、操作手册、使用指导书、海图、航行计划、航海出版物、港口信息等。它是确保船舶正常航行与操作的必要资源。

（4）其他资源（Other resource）。其他资源涉及确保船舶本身正常航行和操作所需要的时间、空间、技能、经验和与有关部门（如主管当局与机关、公司、团体、人员等方面）的合作及支持的程度与广度。这类资源将有助于组织目标的实现。

为了合理应用和配置以上不同类型的资源，在船舶安全工作中，船舶人员应能掌握现代管理的基本知识与技能，通过对管理本身五大不同功能的运用，做到事先周密计划、现场组织和实施有效的控制，加以正确的操纵与指挥，并合理协调相关各方之间的关系及工作，从而顺利完成船舶安全航行的任务。

【任务实施】

根据国际海事组织和我国交通运输部海事局有关海员培训、发证和值班标准、海上防污染、海上人命安全和安全管理等公约与规定的内容与要求，结合机舱安全工作的实际情况与需要，"机舱资源管理"主要包括以下内容：

1. 分析人为失误和机舱事故的发生与预防之间的关系

绝大多数船舶事故与船舶轮机人员或船员的人为失误有关。为了减少和预防船舶事故的发生，必须明确人的因素中在船舶航行中的失误链与最终事故发生相互之间的关系，并根据这些特定的关系采取相应的措施，减少或破断失误链的产生与发展，从而达到减少和预防船舶事故发生的目的。

2. 注意多元文化意识对机舱安全工作的影响

船舶轮机人员的实际工作涉及不同国家、不同地域、不同公司的船舶与人员。来自不同国家、不同地域的船员在他们各自的工作中经常体现出多元文化意识的特点，并对机舱安全工作的实际操作产生一定的影响。为此，船舶轮机人员之间应通过对彼此文化意识的理解与尊重，从而保证机舱及其的正常运行和安全。

3. 阐述情景意识对机舱安全的作用

机器运行中经常会出现不可预知的事件。轮机人员必须随时保持高度的情景意识，全面了解和掌握机器的状况，才能积极地采取合理的措施与行动避免机器事故的发生。为了能保持高度的情景意识，轮机人员首先必须具有正确的工作态度。

4. 明确团队与团队工作在船舶航行中的必要性

在机舱工作的所有成员都是团队成员之一。为了确保机器安全运行，轮机长和轮机员在工作中要积极配合和协调。因此，轮机长和轮机员都应充分认识机舱团队工作的必要性，并在明确自己职责义务的基础上，协调好相互的关系，共同协作做好工作。

5. 掌握正确处理船舶航行中的工作压力和消除疲劳的方法

船上工作繁忙、船期周转快，而船员编制又有限，因此机舱人员极易产生很大的工作压力和过于疲劳的现象，而许多船舶事故都是在这些情况下发生的。为此，机舱人员在实际工作中有必要掌握自我正确处理工作压力和消除疲劳的方法。

6. 规范化执行规章制度和操作规程

船舶航行时必须严格执行国际相关公约与安全规则，并遵守我国政府和主管部门制定的相关的法律、法规。同时，机舱人员还必须根据航行与作业的需要，认真地按照规定的各类操作规程来控制和操纵设备。

7. 提高船舶应急处理的技能

船舶航行时经常面临一些由于自然原因、船舶原因或人的因素而突然发生的异常情况与紧迫局面。为此,机舱人员必须在工作中熟悉和掌握各种不同紧急情况与局面下的应急处理方法,并不断提高自己处理和应对这些不同紧急情况与局面的技能。

【任务小结】

"轮机资源管理"的目的在于通过进一步加强对安全工作理念的学习与教育,以便使轮机人员能在正确思想认识的基础上,提高与转变思想认识与理念,端正自己的工作态度,熟悉与掌握一些实用的轮机资源管理的相关知识与方法,进而提高自己在船舶安全管理方面的水平,以确保船舶的安全。

【知识链接】

"轮机资源管理"(ERM)是在西方发达国家"航空资源管理"(CRM)的研究基础上逐步发展起来的一门充分调动各种资源、从理念上确保安全的应用研究项目。目前在我国航运界已经起步。

国际海事组织(IMO)在 2010 年 6 月召开的马尼拉外交大会上通过了 STCW 公约 2010 年修正案,于 2012 年生效。该修正案将机舱资源管理(ERM)的知识和技能要求纳入到管理级和操作级的 STCW 规则的 A 部分(强制培训内容)。

实践表明,轮机员通过"机舱资源管理"学习,对改变自己的不良行为,实现机舱组织程序、团队工作、领导能力以及人员沟通具有重大现实意义。为有计划、有组织、有控制、有激励、有协调、有创新性地管理好船舶,将机舱安全管理水平上升到一个新台阶打下牢固的基础。

【拓展提高】

现代人力资源管理理论主要有:

1. X 理论、Y 理论及 Z 理论

道格拉斯·麦格雷戈(Douglas Mcgregor)把对人的基本假设作了区分,即 X 理论和 Y 理论。X 理论认为:人们总是尽可能地逃避工作,不愿意承担责任,因此要想有效地进行管理,实现组织的目标,就必须实行强制手段,进行严格的领导和控制。Y 理论则是建立在个人和组织的目标能够达成一致的基础之上。Y 理论认为,工作是人的本能,人们会对承诺的目标做出积极反应,并且能够从工作中获得情感上的满足;员工在恰当的工作条件下愿意承担责任。

不同的理论假设对于人力资源管理实践具有不同的含义:X 理论要求为了实现有效的管理,实现企业的目标,应当采取严格的人力资源管理措施,进行严格的监督和控制。Y 理论则要求管理实践要满足人们的成就感、自尊感和自我实现感等需求。

在 20 世纪 80 年代具有重大影响的《Z 理论》的作者威廉·大内,通过大量的企业调研在其著作中提出了"Z 型组织"的理论。他认为:"提高生产率的关键因素是员工在企业中的归属感和认同感",因此,企业应实行民主管理,即职工参与管理。他的理论是在行为科学的 X 理论、Y 理论之后,对人的行为从个体上升到群体和组织的高度进行研究,认为人的行为不仅仅是个体行为,而且是整体行为。Z 理论的要点是:长期的雇佣;相互信任的人际关系;员工相互平等;人性化的工作条件和环境,消除单调的工作,实行多专多能;注重对人的潜能细致而积极地开发和利用;树立整体观念,独立工作,自我管理。Z 理论为以人为本的思想提供了具体的管理模式,以人为本的员工管理模式的关键在于员工的参与。

2. 激励—保健理论

激励—保健理论是美国心理学家赫茨博格(Frederick Herzberg)提出的。他认为员工对待工作的态度很大程度上决定着任务的成败。按照赫茨博格的理论,导致工作满意的因素和导致工作不满的因素是有区别的。这些导致工作不满的因素成为保健因素,而那些带来工作满意感的因素成为激励因素。当导致工作不满的保健因素得到改善时,员工的不满感降低,但也是仅此而已。要想真正激励员工努力工作,必须重视激励因素,只有这些因素才会真正增加员工的满意度。

赫茨博格的激励保健理论对于人力资源管理具有现实意义,因为员工的激励问题是人力资源管理实践的核心问题。因此,改善保健因素,而重视激励因素必然有助于充分发挥人力资源管理,调动组织成员积极性和创造性的功能。

3. 马斯洛的需求层次理论

马斯洛(Abraham Maslow)提供了一个人的需求层次模型,他认为人的需求是具有不同层次的,一个层次需求的满足会引致更高层次的需求。

马斯洛的需求层次模型如图 3-1 所示。

他认为,人们在较高层次的需求得到满足之前首先要满足较低层次的需求。人们的需求层次从底层到顶层包括人的生理需要、安全保障需要、社会需要、自尊的需要以及自我实现的需要。另外,不同人的需求层次因个人情况也存在着差异。

马斯洛的需求层次模型对于人力资源管理实践的意义在于:它要求在人力资源管理实践中,人力资源管理实践要实现对员工的激励必须考虑人的不同需求,通过满足员工不同层次的需求来激发员工的工作积极性,获得员工对企业的认同感和归属感,从而使员工能够把个人需要同企业目标联系在一起。

4. 霍桑研究

该研究开始于 1924 年,是在西方电器公司的霍桑工厂中进行的。最初研究目的是检查不同的照明水平对工人生产率的影响。他们建立了实验组和对照组,实验组被给予不同的照明强度,而对照组保持原有的照明强度。结论是照明强度同生产率没有关系。1927 年,哈佛大学的梅奥教授加入研究,经过新的实验,梅奥得出的结论是:群体对个人的行为有巨大的影响;群体工作标准规定了单个工人的产量;在决定产量方面,金钱因素比群体标准、群体情绪和安全感的作用要小。

霍桑研究使人们在管理过程当中对人的因素更加重视;霍桑研究所提出的群体对个人的行为有巨大的影响,要求人力资源管理充分考虑群体因素,加强沟通和团队协作,营造和谐的企业文化,以更好实现吸纳、维持、开发和激励员工的功能。

5. 期望理论

期望理论(图 3-2)是由弗鲁姆(Victor Vroom)提出的。该理论认为,当人们预期到某一行为可以带来既定并具有吸引力的结果时,个人就会采取特定的行为,包括三种联系:

(1)努力—绩效联系,即个体感到通过一定努力而达到一定工作绩效的可能性。

(2)绩效—奖赏联系,即个体对于达到一定工作绩效后可获得奖赏的判断。

(3)吸引力,即个体在工作完成后所获得的潜在结果或者奖励对个体的重要程度。

人们对目标可能性的预期将决定人们采取的行动,期望理论得出的结论是人们会选择最有可能实现预期的绩效水平。

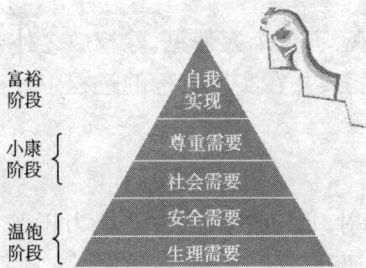

图 3-1 马斯洛需求层次模型

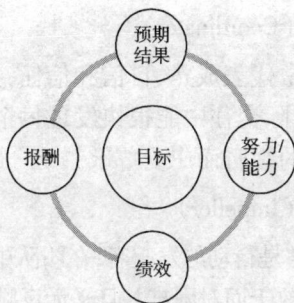

图 3-2 期望理论

【课后自测】

1. 什么是机舱资源管理？船上有哪些资源？

2. 简述机舱资源管理的技巧。

任务 2 轮机部团队构建

教学目标

◎ 能力目标：能转变思想理念，端正工作态度，树立团队意识。

◎ 知识目标：(1)通过团队合作保证机舱人力资源发挥最大作用；(2)通过团队合作提高船舶在海上的安全生产效率。

◎ 情感目标：(1)具备团队的等级及服从意识；(2)具备良好团队的核心价值；(3)具备热情高昂的斗志和克服一切困难的决心。

【任务介绍】

能从处理同学关系出发，培养团队合作精神，培养服从意识。

【任务解析】

建立集体主义观念，杜绝个人主义；注重团队内部不同文化意识与背景，保持良好的通信与交流；改进团队管理作风，充分发挥集体智慧。

【相关知识】

一个完整的团队由众多的角色组成，英国的贝尔宾博士通过对数千个团队长时间的研究得出一个结论：优秀的团队由九种角色构成(图 3-3)。

1. 实干者（Doer）

实干者有很好的自控力和纪律性，对组织的忠诚度高，为组织整体利益着想而较少考虑个人利益。由于实干者的可靠性、高效率及处理具体工作的能力，他的作用巨大，他不是根据个人兴趣而是组织需要来完成工作，好的实干者会因为出色的组织技能和完成重要任务的能力而胜任较高的职位。

图 3-3 优秀团队的九种角色

99

2. 协调者（Coordinator）

协调者通常代表成熟、自信和信任,办事客观,不带个人偏见,除权威之外,更有一种个性的感召力,在人际交往中能很快发现每个人的优势,并在实现目标的过程中妥善运用,协调者因其具有开阔的视野而广受尊敬。

3. 推进者（Impeller）

推进者常常是行动的发起者,在团队中活力四射,尤其在压力下工作精力旺盛。推进者一般是高效的管理者,敢于面对困难并且义无反顾地加快速度,敢于独自做决定而不介意别人是否反对。

4. 创新者（Innovator）

创新者在团队中常常提出一些新想法,这对团队开拓新的思路很有帮助,通常在一个项目刚刚启动的时候,或团队陷入困境的时候,创新者显得非常重要。

5. 信息者（People interisting in information）

信息者对于团队的作用是调查团队内外的意见,调查某件事情的进展,他们适合做的工作是外联和持续性的谈判工作。

6. 监督者（Supervisor）

监督者在团队中的作用很明显,首先他们善于分析和评价,善于权衡利弊、选择方案。

7. 凝聚者（People attravtive and united with the others）

凝聚者善于调和人际关系,在冲突的环境中,凝聚者的作用非常明显,他们的社交能力和理解能力是化解矛盾和冲突的资本。有凝聚者在的时候人们能够协作得更好,他们是真正的团队润滑剂。

8. 完美者（Completist）

完美者具有一种持之以恒的毅力,做事非常注重细节,力求完美和追求卓越。完美者通常性格内向,其工作动力源于内心的渴望,他们几乎不需要外界的刺激就能主动、自发地去开展工作,他们不太可能去做那些没有把握的事情,从不打无把握的仗。

9. 技术专家（Technical experts）

技术专家对于团队来说是奉献的人,他们热衷于自己的本职专业,甘心奉献,他们为自己所拥有的专业和技能自豪。他们的工作就是要维护一种标准,而不能降低这个标准。他们陶醉在自己的专业中,是某个领域里绝对的权威。

以上每个角色均擅长不同的领域,在团队中,通常创新者首先提出观点、信息者及时提供信息,实干者开始运筹计划,推进者希望散会后赶紧实施,协调者在想谁干合适,监督者开始泼冷水,完美者吹毛求疵,凝聚者润滑调试等,团队的价值就在于通过组合而达到完美。在团队中,一个人的角色并不完全是单一的,有时一个人可以充当不同的角色。

【任务实施】

一、成熟班组形成的过程

1. 组建（Forming）

多个体联合称一个组,为了共同的目标而工作,称为组建团队。这主要应完成两方面的工作:一方面是形成团队的内部结构框架,另一方面是建立团队与外界的初步联系。

100

（1）形成团队的内部结构框架。团队的内部结构框架主要包括团队的任务、目标、角色、规模、领导、规范等，在其形成过程中，必须明确的问题如图3-4所示。

（2）建立团队与外界的初步联系。在团队组建之初，团队成员比较关注工作的目标和工作程序。在人际关系的发展方面，成员之间相互了解和相互交往，彼此呈现出一种在一起的兴趣和新鲜感；在行为方面，不会轻易投入，保持礼貌和矜持等。

2. 冲突（Storming）

团队经过组建以后，隐藏的问题逐渐暴露，团队内部冲突加剧（图3-5），虽然说团队成员接受了团队的存在，但对团队加给他们的约束仍然予以抵制。而且，对于谁可以控制这个团队，还存在争执，互不服气。在这一阶段，热情往往让位于挫折和愤怒，这时候就要化解各种矛盾冲突，进行良好的沟通和协调。

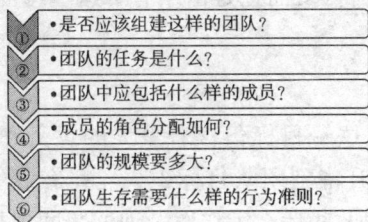

图3-4　明确的问题

图3-5　冲突的三个方面

3. 规范（Norming）

经过一段时间的冲突，团队逐渐走向规范。在这个阶段中，团队内部成员之间开始形成亲密的关系，并表现出一定的凝聚力。团队成员对新的技术、制度也逐步熟悉和适应，并在新旧制度之间寻求某种均衡。团队和环境之间的关系也逐渐地理顺。这时候，团队面临的主要危险是团队的成员因为害怕遇到更多的冲突而不愿提出自己好的建议。此时的工作重点就是提高团队成员的责任心和权威，以鼓励他们多提建议。

4. 执行（Performing）

在这个阶段，团队结构已经开始充分地发挥作用，并已被团队成员完全接受。团队成员的注意力已经从试图相互认识和理解转移到充满自信地完成自己的任务。整个团队已熟练掌握如何处理内部冲突的技巧，也学会了团队决策和团队会议的各类方法，并能通过团队会议来集中大家的智慧作出高效决策，并通过大家的共同努力去追求团队的成功。

二、团队工作的三环模式

要使一个团队得到良好的成长，需要用心的经营和维护。团队建设的三环模式如图3-6所示。

三、团队的作用

从管理的角度，"团结就是力量"改成"团队就是力量"是非常恰当的（图3-7）。在一个组织之中，如果没有团队合作精神，个人的计划再精密，可能也难以圆满实现预定的目标。无论是一个家庭，还是一个公司或是一个社会，甚至是一艘船舶，一个人的本事再大，能力再强，要做成一件事，没有其他人的帮助和支持是根本不可能成功的。

101

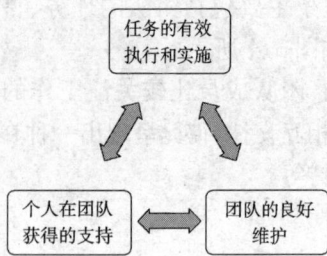

图 3-6 团队建设的三环模式

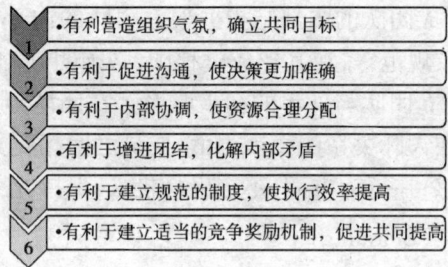

图 3-7 团队的作用

四、优秀团队的特征

一个处于良性运转的高绩效团队必须具备一些显著特征,而正是由于有了这些特征,一个群体组织才能称之为良好团队或高绩效团队。

1. 明确的目标(Clear aim)

团队对于主要达到的目标应有清楚的了解,并坚信这一目标包含着重大的意义和价值。而且,这种目标的重要性还激励着团队成员把个人目标升华到团队目标中去。在有效的团队中,成员愿意为团队目标作出承诺,清楚地知道希望他们做些什么工作以及他们之间怎样共同工作和完成任务。

2. 相关的技能(Relative skills)

团队是由一群有特定能力的成员组成的。他们具备实现理想目标所必需的技术和能力,而且相互之间有能够良好合作的个性品质,从而能够出色完成任务。后者尤为重要,但却常常被人们忽视。有精湛技术能力的人并不一定就有处理团队内关系的高超技巧,也不一定就能对团队目标实现作出贡献,但良好团队的成员往往兼而有之。

3. 良好的沟通(Good communication)

这是团队一个必不可少的特点。团队成员通过畅通的渠道交换信息,包括各种言语和非言语信息。此外,管理层与团队成员之间良好的信息反馈也是正常沟通的重要特征,有助于管理者知道团队成员的行动,消除误解。就像一对已经共同生活多年、感情深厚的夫妇那样,团队中的成员能迅速地相互理解,具有一致的想法和情感。

4. 一致的承诺(Coherent promises)

团队成员表现出高度的忠诚和承诺,为了能使团队获得成功,他们愿意去做任何事情。我们把这种忠诚和奉献称为一致的承诺。对成功团队的研究发现,团队成员对他们的群体有认同感,他们把自己属于该群体的身份看作是自我的一个重要方面,因此,一致的承诺特征表现为对团队目标的奉献精神,愿意为实现这个目标而调动和发挥自己的最大潜能。

5. 有效的领导(Effective leadership)

有效的领导能够让团队跟随自己共同度过最艰难的时期,因为他能为团队指明前途所在。他们向成员阐明变革的可能性,鼓舞团队成员的自信心,帮助他们更充分地了解自己的潜力。优秀的领导者不一定非得指示或控制,高效团队领导者往往担任的是教练和后盾的角色,他们对团队提供指导和支持,但并不试图去控制它。当很多管理者已开始发现这种新型的权力共享方式的好处,或通过领导培训逐渐意识到它的益处后,若仍然有些思想僵化、习惯于专制方

102

式的管理者无法接受这种新概念,这些人应该尽快转换自己的老观念,否则就将被淘汰。

6. 相互的信任(Mutual trust)

成员间相互信任是团队的显著特征,这就是说,每个成员对其他成员的行为和能力都深信不疑。我们在日常的人际交往中都能体会到信任这东西是相当脆弱的,需要花大量的时间去培养又很容易被破坏。而且,只有信任他人才能换来他人的信任,不信任只能导致相互的不信任。因此,要维持团队内的相互信任,还需要引起管理层足够的重视。组织和管理层的行为对形成相互信任的团队氛围很有影响。如果组织崇尚开放、诚实、协作的办事原则,同时鼓励团队成员的参与和自主性,它就比较容易形成信任的环境。

【任务小结】

通过任务训练,学生能够参与团队,或者组建团队。

【知识链接】

一、不同环境下班组工作的要点

所谓团队协作的方法是指团队的每个成员都知晓行为的预期过程,并作出自己的最大贡献,以便最大限度地减少任何错误所导致的影响和把事故发生的可能性减低到绝对小的程度。

船上良好的团队协作方法要求:

(1)团队领导力求坚定,但又不失灵活和友好。这与专制系统对照而言,专制系统里所有的事情都是由一人决定。如果专制的领导犯了错误,就很少或没有检查或反馈。同样地,如果缺乏坚定的领导,各行其是的“自由主义”模式也一样糟糕。

(2)船舶团队每一成员各司其职,而轮机长则需要随时监督轮机值班的正确性。轮机长负总责但不能专制,热情、友好的评价和幽默有助于激励团队。

(3)决策的时候要基于事实,而不能基于个人偏见和主观臆断。

(4)团队每一成员的贡献自有其价值,这有强烈的激励作用,因为所有的行动都是团队的共同决策而不仅仅是上级的决定。

(5)船舶这一特定类型团队应能正确地应对各种紧急情况和环境的任何突然变化。

(6)团队每一成员都应留心所发生的任何情况以便及早发现失误并避免失误链的形成。

二、不同环境下班组工作的要点

在任何时候,轮机值班的组成应确保影响船舶安全操作的所有机器的安全运转,不论是自动还是手动操作,都应适合当时的环境和条件。

负责轮机值班的轮机员是轮机长的代表,在任何时候,主要负责对影响船舶安全的机械设备进行安全有效的操作和保养,并根据需要,负责值班责任范围内的一切机械设备的检查、操作和测试,确保在任何时候均能保证安全值班。

值班轮机员应当在备车前将具体备车时间报告给轮机长,轮机长应当及时下机舱值班,轮机长是全船的机电设备的总工程师,也是机舱部的行政领导人。轮机长除了在技术上能给予值班轮机员及时的指导外,在精神上也能给予莫大的鼓舞和支持,使值班人员在思想上提高警惕,防止意外事故发生。

轮机部可能会面临的工作情形:

(1)机动用车时的班组。

（2）定速航行时的班组。

（3）在港外锚地的班组。

（4）各种应急状况下的班组：

①船舶发生搁浅、擦底或触礁时的班组。

②大风浪中航行、锚泊时的班组。

③全船失电时的班组。

④在台风季节的班组。

⑤弃船时的班组。

【拓展提高】

一、对团队人员协调和激励的措施

（1）轮机长应当协助公司做出安排，建立标准和程序，以选拔具备相应业务知识，掌握良好技能，具备优良职业作风的船员。

（2）监视轮机员在履行职责时所显示的标准。

（3）鼓励高级船员参加初期培训。

（4）仔细监视和经常核查普通船员在船上获得知识和技能等方面的知识。

（5）按规定进行知识更新培训。

（6）采取措施，鼓励船员树立良好的职业作风和工作荣誉感。

（7）充分利用"技术指导性文件"结合船上具体情况，对在职人员进行培训，使满足公约的具体要求。

二、对轮机部人员的协调和激励

为保持船舶正常营运，轮机长应当重视船员的组织管理，船员素质管理和船员响应管理。

1. 船员响应的管理

船员响应管理是指既定素质的船员对组织化管理的响应，它直接关系到控制人为因素的效果，包括权利强制，利益激励，群体响应，人际关系与沟通，领导行为影响等。轮机长是全船机电设备的技术负责人，也是轮机部的行政负责人，其行为的有效性与其素质和权利的运用有极大关系。

2. 激励

激励是响应的基础，是船员响应的主要手段，其原理基于利益需要，分为机制利益（又称外在激励）和内在激励。

（1）机制激励：是根据人员的不同需要层次而设置的，如经济奖励，运用安全行为科学激发安全行为动机。

（2）内在激励：分为信念激励和观念激励。

①信念激励：能使船员主动遵守安全管理标准，它的关键在于"信"，可以通过培训，动员，学习，验证，兑现等方法获取信念，信念容易受干扰，轮机长应当维护和巩固轮机员的信念。

②观念激励是安全激励的最高境界，较"信念激励"有很高的稳定性，其核心是保证安全和保护环境的责任感和使命感。

3. 轮机长对轮机人员的协调和激励

（1）轮机长在轮机管理中应运用激励来激发轮机员的动机，从而引发轮机员的安全操作行为。

（2）从技术水平，工作态度，工作能力，工作成效等方面对轮机员进行考核。

（3）在行政管理的同时辅以经济手段。

（4）从行政管理角度出发，做好下列协调工作：

①根据检修的轻重缓急协调轮机员的工作，对分析故障有不同看法，应实事求是的给予指导和分析。

②按规章制度协调机工之间的争执。

【课后自测】

1. 简述一支优秀的团队应该具备哪些要素。

2. 如何建设一支团队？

3. 简述在紧急情况下团队成员应如何进行协同合作？

任务3 人为失误与预防

教学目标

◎ 能力目标：(1)能自我约束；(2)能及时调整心态；(3)能与他人交往；(4)具有团队合作意识；(5)能运用激励与教育的手段管理团队。

◎ 知识目标：(1)掌握人的失误与人的行为概念；(2)掌握影响船舶航行安全的因素和作用机制；(3)掌握情景意识的含义与要求；(4)掌握疲劳与压力的概念。

◎ 情感目标：(1)具备严谨的工作态度；(2)具备良好的职业道德；(3)具备团队合作精神。

【任务解析】

由于从事船舶运输工作具有较高的风险，人的失误（Human Error）也极易产生，所以全世界船舶搁浅、碰撞、油污、火灾等事故屡有发生，并造成了严重的后果。为了有效地控制和预防船舶事故的发生，轮机管理人员应积极采取措施减少和避免船舶在航行过程中产生的人为失误，以确保船舶航行的安全。

实践证明，世界上所有事故的发生都具有它们的共性与特性，其中最为突出的共性就是绝大部分事故的主要原因均与人的因素（Human factor）有密切的关系。人为因素是造成海事事故的主要原因，已为航运界所公认。据有关统计显示，海事事故中有80%以上的事故与人为因素有关。国际海事组织（IMO）的《海事调查员示范教程》中指出：人为因素在事故的初发阶段起到十分重要的作用，即70%～95%的工业和运输事故涉及人为因素。目前人为失误的研究主要在两个方面：一是对船长和船员的责任归属，二是依靠改进设备和船舶航行条件。改进设备和船舶航行条件所需的投资和经济损失很难为船东接受。因此，可

105

以对人为因素进行深入研究,对人为因素进行系统化、定量化的评估成为目前亟待解决的问题。定量分析人为因素中导致海事失误的权重比例,可以使管理者和船员有效采取预防措施,降低海事发生率。

【相关知识】

1. 人为因素

人为因素是指人在完成某一特定任务时,人的行为对这一系统的正确功能或成功性能的不良影响。

人在完成某一系统中的特定任务的过程中,人是否有足够的综合能力处理系统中出现的种种情况,就成为安全完成任务的关键因素。人为因素对安全的影响最终是由人的失误所体现出来的。这些人的失误的产生和人们在工作中的不安全行为有着不可分割的关系,而这些不安全的行为是在与物的某些不安全状态发生交叉时而导致事故发生的。

2. 人的失误(Human error)

人的失误是指在某一特定系统中的操作人员在完成任务的过程中因意识、判断或行为等出现疏忽(Neglect),从而不能根据当时环境和情况的进行适当的操作,最终致使其无法正确处理面临的情况而发生系统运行的失常。从通俗的意义而言,它就是通常人们认为的该做的未做,不该做的却做了。在这种所谓的失误中,也存在着操作人员水平不高和缺乏必要的学习与训练等因素。

3. 人的行为(Human behavior)

人的行为是复杂和动态的,它具有计划性、多样性、目的性、可塑性,并受各人安全意识水平的调节,也受到受思维、情感、意志等心理活动的支配;同时,它还受到道德观、人生观和世界观的影响。人们的工作态度、意识、知识、认知往往决定了人的安全行为水平,因而人的安全行为表现出差异性。不同的人员,由于上述人文素质的不同,会表现出不同的安全行为水平;同一个单位或生产环境,同样是轮机长、轮机员,由于责任、认识等因素的影响,会表现出对安全的不同态度、认识,从而表现出不同的安全行为。

4. 情景意识(Situation Awareness)

情景意识,英语为 Situation Awareness,以下简称 S/A,有的译作"局面意识"、"警惕性"等,是指在一个特定的时间对影响船舶的因素和条件的准确感知。它是人们对于事故发生的一种预知和警惕,属于思维和思想活动的范畴。

团队情景意识是船上所有船员各人情景意识的综合。

5. 疲劳(Defination of fatigue)

疲劳是人的一种生理规律,是为避免机体过于衰弱,防止能量过度消耗的一种保护性反应。产生疲劳的原因很多,主要受到生理、心理及社会等因素的影响。

疲劳的定义有许多种。然而,疲劳通常被描述成一种感觉疲劳、萎靡不振、或困乏的状态。这种状态是由于长时间的脑力或体力工作、长时间的焦虑以及艰苦的环境或失眠所引起的。疲劳的结果是损害了身体机能,降低了警觉性。

6. 压力(Concept of Stress)

"压力"这个名词在人的生活中可谓是高频率的出现,是现代社会普遍使用的名词之一,随着社会生活节奏的不断加快,压力也不断侵入人的生活,影响着人的身心健康。

"压力"一词包含许多不同的因素。可以表现为:

(1)扰乱人体自然平衡的任何影响。

(2)人和环境之间的一种特殊关系,这种环境在个人看来已给他的应付能力带来负担或超出个人应付能力,并且危害到他的健康。

(3)对环境变化的普遍反应。

(4)处理问题失败而带来的心理反应。

(5)持续焦虑时间过长导致疾病。

(6)对身体的任何要求的不具体反应。

关于心理压力的定义有许多不同的说法,没有一个人们普遍接受的定义,一个现行的较为合理的定义是"压力是人对刺激因素的普遍反应",这个定义既强调了环境的刺激,也考虑了个体反应方式的差异性。将可能产生压力的环境和事件称为压力源,压力是一种主观的感受,伴随着对压力情景产生身心反应;一般认为,压力是个人对具有威胁性的刺激情境一时又无法摆脱时的被压迫的感受,压力源本身是非特异性的,具有客观性,只有通过个体感受才形成压力感。

【任务实施】

一、人 为 失 误

众所周知,80%以上的船舶海事事故是由于人的失误造成的。由此可见,人的因素与船舶事故之间具有非常密切的关系。从事船舶航行和安全管理的所有人员都必须深刻认识人的失误的产生原因、特点及其后果,及时发现已产生的人的失误与形成的失误链,果断采取有效措施来避免人的失误,中断失误链的继续发展,从而达到船舶安全的目的。

1.失误链与事件链(Error Chain and Event Chain)

实践证明,海上事故或灾难很少是由一种人的失误或单一事件所造成的,它们几乎都是由一系列不严重的失误或事件的叠加、互为因果导致的。也就是说,这些事故或灾难都是失误链或事件链发展的最终结果。换言之,一系列失误链或事件链的连续发展,将导致事故或灾难的发生。这些失误链或事件链可能是顺序地发展,也可能是无序地发展;它们之间可能有联系,也可能没有联系;它们之间的联系可能是明显的,但也可能是不明显的。无数事故证明,在事故发生以前,实际上已经存在了正在不断发展的失误链。这种失误链客观也就形成了事件链(也有人称其为事故链,Accident Chain)。在常规情况下,由潜在因素而形成的失误链通过一定时间与条件的发展而进入增长期,在特定条件下,当不安全行为发生后,又发展进入了临界期,直至最后的工作差错而导致事故的最终发生(图3-8)。

2."多米诺骨牌"效应(Domino effect)

1936年美国人海因里希(H. W. Heinrich)首先提出了事故因果连锁的理论,用以阐明导致伤亡事故的各种原因和伤害之间的关系。该理论认为,伤亡事故的发生不是一个孤立的事件,尽管伤害可能在某瞬间突然发生,却是一系列原因事件相继发生的结果,并用五个竖立的骨牌(骨牌效应)来形象说明这种因果关系,即当第一块倒下后,会引起连锁反应而导致其余的骨牌倒下。因此,这一效应也被称为"多米诺骨牌"理论(图3-9)。

海因里希提出的事故因果连锁过程包括五个因素,如图3-4所示,认为伤害事故的发生、发展过程为五个具有一定因果关系的因素。发生事故的因果关系如下：

（1）遗传以及社会环境（简称 M）。人的性格上缺点是由于遗传因素及社会环境而产生的。遗传因素可能造成鲁莽、固执等不良性格；社会环境可能妨碍教育、助长性格上的缺点发展。

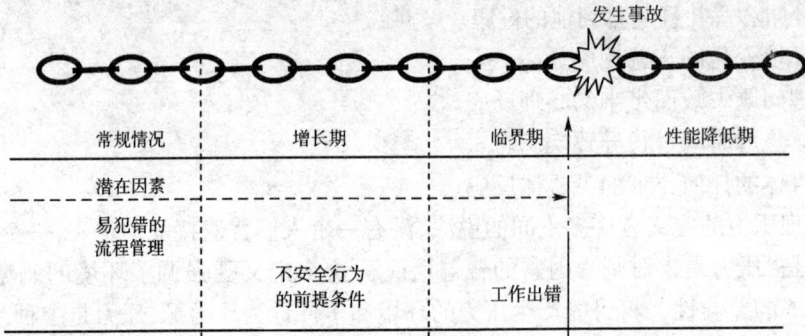

图 3-8　失误链的发展过程

（2）人的缺点（简称 P）。人的缺点是使人产生不安全行为或造成机械、物质不安全状态的原因，它包括鲁莽、固执、过激、神经质、轻率等性格上的先天的缺点，以及缺乏安全生产知识和技能等后天的缺点。

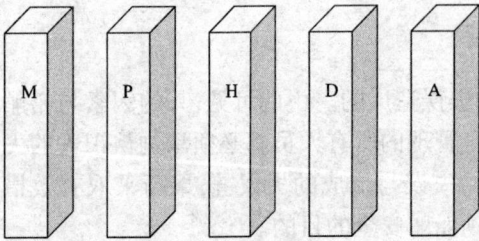

图 3-9　"多米诺骨牌"理论

（3）人的不安全行为或物的不安全状态（简称 H）。事故的发生是由于人的不安全行为或物的不安全状态造成的。所谓人的不安全行为或物的不安全状态是指那些曾经引起过事故，或可能引起事故的人的行为，或机械、物质的状态，它们是造成事故的直接原因。

（4）事故（简称 D）。事故是由于物体、物质、人或放射线的作用或反作用，使人员受到伤害或可能受到伤害的、出乎意料之外的和失去控制的事件。

（5）伤害（简称 A）。由于事故才产生人身伤害。坠落、物体打击等能使人员受到伤害的事件是典型的事故。

在实际工作中，我们不难看出"多米诺骨牌"效应是与上述失误链或事故链的结论具有相同的道理。如任其发展，骨牌向前倒，即一倒都倒，最终导致造成损失或伤害；失误链或事故链也将从增长期进入了临界期直至导致事故的最终发生。但是，如果移去其中的一块骨牌或连锁中的一个部分（因素），则这种骨牌和失误链或事故链之间的连锁关系即被破坏，事故发展的过程也就被中止了。在船舶航行中，只要真正认识事故的作用机制和人的不安全行为的危害性，并及时发现和中止人为失误即不安全状态，中断事故连锁的进程，就能避免事故发生。

3. 人的失误的类型（Types of human errors）

（1）疏忽或差错（Slips and lapses）。由于疏忽或差错而导致的失误是最为常见的。他们的产生往往是与本身对待工作的态度和自己在工作所处环境中的实际情况密切相关的。例如由于自己对工作掉以轻心而注意力分散，或是对船舶的安全工作重视不够而未能保持高度警惕性，或是在实际工作中因工作压力太大和由于过度的疲劳等而造成对正常可预见环境的变化不能采取适当而有效的行动而导致失误的发生。这类失误在实际工作中是经常发生的。

（2）基于知识的失误（Knowledge based mistakes）。基于知识的失误主要是指因本身的无知而犯错，即由于自己缺乏足够的相关知识或错误理解了船舶航行或作业中的一些关键性原则，而无法或不能正确应对或处理相关的局面或情况而导致的失误。

（3）基于法规的失误（Rule based mistakes）。基于法规的失误主要是指因本身没有正确或充分考虑相应的法规而草率决定并采取行动，或是没有注意到法规的适用性而错误地执行了法规、或是凭主观意念错误地应用被"简化的"法规而导致的失误。它也包括了由于对相关法规的信息不明确而犯错的现象。从现有的一些船舶事故来看，这类失误在客观上是经常发生和存在的，它与船舶事故有着非常密切的联系。

（4）基于技能的失误（Skill based mistakes）。基于技能的失误主要是指因本身由于缺乏从事本职工作的操作技能而导致在实际工作中发生的失误。它往往是由于缺乏足够的训练或缺少实际工作的实践经验而发生的，当然这也和自己与同事间相互交流经验过少有关。

（5）基于文化制约的失误（Cultural Conditioning）。基于文化制约的失误主要是指因本身工作环境中的团队人员由于文化意识与背景的不同而产生的局限性所引发的失误。它可以包括团队人员中由于不同语言的使用与理解或缺乏上下级别人员之间的交流与质询或可能对意图的误解和毫无疑问地服从等具体原因而产生的失误。

（6）基于违反安全惯例的失误（Violation of safe practices）。基于违反安全惯例的失误是指本身因未能严格遵守实际工作中形成的通常的安全习惯做法所引发的失误。导致这类失误的发生常与自己的过于自信或自满、对工作中良好的通常习惯做法与安全之间的关系不够重视、喜欢凭个人经验办事、不注重团队工作的作用、忽视别人的建议有关。

二、人 的 行 为

为了达到抑制不安全行为的目的，有必要了解掌握影响人的行为的因素，并从安全行为科学的角度来认识和解决这一问题。

1. 影响人的安全行为的因素（Influenced Factors to human safety behaviors）

（1）个性心理因素的影响（Influence of the psychological Individual Character）。情绪是每个人所固有的，它是受客观事物影响的一种外在表现。这种表现是体验又是反应，是冲动又是行为。从安全行为的角度看，当情绪处于兴奋状态时，人的思维与动作会非常敏捷；处于抑制状态时，思维与动作显得迟缓；处于一定的紧急局面时，往往会产生反常的举动，这种情绪可能导致思维与行动不协调、动作之间不连贯，所以这是不安全的行为的一种反映。

（2）安全行为自觉性方面性格特征的影响（Influence of the characteristics consciousness for the safety behaviors）。这种影响表现在从事安全行动的目的性或盲目性、自动性或依赖性、纪律性或散漫性。安全行为的自制方面，表现有自制能力的强弱，约束或放任，主动或被动等。安全行为果断性方面的特征，表现在长期的工作过程中，安全行为是坚持不懈还是半途而废，严谨还是松散，意志顽强还是懦弱。

2. 社会心理因素的影响（Influence of the social psychology factor）

（1）社会知觉对人的行为的影响（Influence of the social perception to human behaviors）。知觉（Perception）是眼前客观刺激物的整体属性在人脑中的反映。客观刺激物既包括物也包括人。人在对别人感知时,不只停留在被感知的面部表情、身体姿态和外部行为上,而且要根据这些外部特征来了解他的内部动机、目的、意图、观点、意见等。

(2)价值观对人的行为的影响。价值观是人的行为的重要心理基础,它决定着个人对人和事的接近或回避、喜爱或厌恶、积极或消极。因此,要使相应的人员具有合理的安全行为,首先要使他们具有正确的安全价值观念。

(3)角色对人的行为的影响。在生活与工作中,每个人都在扮演着不同的角色。每一种角色都有一套行为规范,人们只有按照自己角色的行为规范行事,社会生活才能有条不紊地进行,否则就会发生混乱。从某种程度上讲,这也是工作中是否和谐的一种体现。角色实现的过程,就是个人适应环境的过程。在角色实现过程中,常常会发生角色行为的偏差,使个人行为与外部环境发生矛盾。在安全管理中,需要利用人的这种角色作用来为其服务。

3. 环境与物质的影响(Influence of environmental and material factors)

人的安全行为除了内因的作用和影响外,还有外因的影响。环境、物质的状况对劳动生产过程的人也有很大的影响。环境变化会刺激人的心理,影响人的情绪,甚至打乱人的正常行动。物的运行失常及布置不当,可影响人的识别与操作,造成混乱和差错,打乱人的正常活动。

除了以上所述的影响因素外,还必须考虑到从事不同工作的人员在生理或心理方面的局限性,如警惕性、注意力和适应性及其他与这些局限性相关的各种因素。

必须强调的是,有两个非常重要因素也可能影响人员的行为:第一,由于工作性质和连续的工作时间造成的精神疲劳;第二,由于生理节奏的打乱和不连续的睡眠,尤其是在夜间值班所引起警惕性的降低。精神疲劳可能会随着工作的单调程度和压力大小成比例地增加。从人的行为矩阵图(图3-10)可以看出与人员行为相关的警惕性、注意力和适任性与其他各种制约因素也具有非常密切的关系。

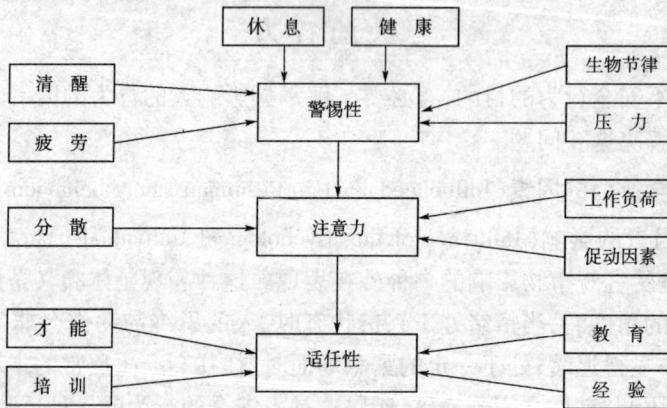

图3-10 人的行为矩阵

轮机人员在实际工作中经常遇到高强度的工作负荷和压力,休息时间的不足和过于疲劳导致一些生理方面的问题,或因缺乏足够的技能、经验或教育与培训等而带来心理方面的问题,所有这些问题都会对他们的行为带来一定的影响。

三、船舶事故的预防

船舶机器安全是船舶安全工作的最重要的组成内容之一。轮机人员必须正确认识人的因素与船舶机器安全之间的重要关系,并切实采取一些有效的措施来做好预防船舶事故发生的工作。

1. 全面认识人的因素与船舶事故的关系

2. 认真分析船舶事故中涉及人的综合影响因素

3. 注意调节生理与心理状态

4. 及时识别和破断安全工作中的失误链与事故链

由于绝大多数海上事故归因于人为因素,因此,我们就应该做好人的工作,将人为因素带来的航海风险降至最低。从以下方面预防人为因素带来航海风险:

(1)培养具有较高素质的高级船员。人是生产力中最具有决定性的因素,市场竞争说到底是人才竞争。新知识、新技术、新管理方法等源于人们不满足现状而产生,但是最终还是要以人为载体去实现。同样的道理,航运企业只有拥有一支高素质、懂经营、善管理、能创新的员工队伍,才能在未来的竞争中求得生存,稳步发展,立于不败之地。因此,改进航海教学模式,提高航海教育质量已迫在眉睫。

(2)做好对海盗的防御工作。由于船舶条件有限以及所处环境特殊,船员对海盗的防范较为被动。但只要高度重视,周密部署,是完全可以避免海盗攻击的。一方面船舶公司领导层要保持高度警惕,对所属船舶将航行的海区的最新情况及须特别注意的区域及时通知船上;另一方面,船长和相关负责人要根据公司指示和航海警告,结合质量安全体系和保安规则的要求,在进入危险海域前切实作好准备工作,周密部署,调动全体船员的积极性,让他们充分认识到防海盗工作的重要性,切实履行自己的职责。

(3)激励船员树立良好的职业道德。职业道德是指职业范围内特殊的道德要求,它是一般的社会道德在职业生活中的具体体现。职业道德的基本要求是热爱本职工作,忠于职守,爱岗敬业。如果有了良好的职业道德,就有了基本的工作责任心,工作中出事故的概率就相应降低了。

(4)学会自我调节,保持健康的心态。现代社会的生活节奏快,竞争非常激烈,受到各方面的压力很大,特别是在远洋船上工作,受到特殊的工作、生活环境的影响,加上身体、家庭、人际关系的因素等原因,船员的情绪容易波动。这就要求船员要学会调整自己的心态,加强与他人的沟通,这样有利于身心的健康,工作起来也就心情愉悦了,责任心自然就增强了,航海风险因此而降低。

(5)培育船员的安全文化。根据马克思主义辩证法的思想,外因是事物发展的重要原因,内因是根本原因。这里所谓内因,即从个体上来说就是船员的安全意识和安全习惯,从整体上来说就是企业的安全文化。而法规与制度讲究的是秩序、规范、纪律,只能从外部强制对船员提出要求,这种要求一旦失去强制力就很难收到效果,尤其是船舶远航在外,漫长的海上生活容易使船员思想松懈,制度的约束力淡化,因此必须将内因与外因有机地结合起来。

四、情景意识的构成要素

为了充分理解情景意识在安全方面所起的作用,认识情景意识的构成要素是十分必要的。作为船舶安全的保障,从各个构成要素着手是轮机人员培养情景意识的有效手段。而情景意识的构成涉及很多因素,其中主要表现为:经验与训练、操纵与操作技能、身体情况与心理状态、对情况的适应与熟悉程度;以及机舱领导与管理技能。

【任务小结】

航海是一项人类活动,人为因素对航海风险有决定性的影响,是海难事故的主要原因,研究人为因素产生的原因,对于防止海难事故发生有重要意义。

【拓展提高】

1. 船员行为的模型(Models of the behaviour for the crew)

船员在船舶航行中主要是依靠自己的视觉、听觉或其他适应当时环境和情况的一切手段对机器设备进行观察。当他们在长期和反复从事某一操作时,有时会因人本身的特点与局限性而产生自己的视觉与客观环境中对象之间的不一致,这种自己的视觉和客体不一致的错觉往往是不安全行为的起因,有时会导致事故的发生。它们大多是因视觉差错或思维判断差错而引起的,这主要涉及船舶运动与定位的错觉或差错。

2. 船员的信息处理(Information process of the crew)

人对信息的处理是受其信号通道限制的。研究表明,人只有一个单一的信号通道,所有的信息要按次序通过这个通道。当两个信息同时传向大脑时,其中一个必须等到另一个放入工作记忆中之后。这就是为什么人在同一时间只能注意一件事情的原因。轮机人员的注意力往往会受到人的生理和心理因素的影响,有时还可能会被某种事情的预先占有而分散了工作中的注意力,而这些客观存在的影响因素就难以保证他们的正常工作,甚至引发事故。

另外,"不正确的假设"往往会影响轮机人员正确处理信息的能力。当有大量的信息冲击轮机驶人员的大脑时,他们不可能都非常仔细地处理全部的信息,而只能对有些信息作一些粗略的推论和假设。但当这些信息进入工作记忆以后,信息被转化为判断,接着可在长期记忆中的有关判断被激活,最后形成新的命题网络。轮机人员脑中的不正确的假设可能会在自己工作记忆和长期记忆的命题联络之中产生错误,而这些错误的假设也常会引起工作中的失误而引发事故。

3. 船员的决策(Decision-making of the crew)

实践证明,决策不当或不力在船舶事故原因中占有很大比例,即使受过正规教育与培训且有丰富经验的人,有时也会作出不当或不力的决策。通常情况下,判断必须是在感知外部的信息后才能进行,而操作又必须基于判断的基础之上,所以内外部信息越复杂,决策难度就越大。同时,这种情况对决策的反应时间也相对增长,且易引起错误的决策而导致错误的行为发生。

4. 船员的操作(Operation of the crew)

船员的所有操作行动,实质上是为了安全控制船舶。关于人类活动能力的研究证明,随着工作范围与内容的不断增加,其操作的准确性就会随之下降。

以上所述轮机人员的人的因素在自己行为模型中的错觉和在实际工作中对信息处理、决策和操作过程中的具体反映,再次要求相关的人员必须全面认识和高度重视人的因素与船舶事故的关系,以便能积极采取针对性的措施做好事故的预防工作。

【课后自测】

1. 简述事故链的成因。
2. 如何避免人为失误?
3. 什么是情景意识?如何建立情景意识?
4. 如何进行有效沟通?

项目 4　船员管理法规解读

通过本项目训练,学生能够达到熟练领会并有效履行国际国内法规、规定以及轮机部船员职责的能力要求,即分别在国际海事组织、国际劳工组织、国际卫生组织以及我国主管机关的有关规定,轮机部船员职责等方面达到相应的能力目标;同时,学生还应该达到国家海事局适任证书考试的知识目标要求;在实施学习任务过程中,学生应培养敬业爱岗精神、认真负责的态度、遵守法规规则的自觉性以及团队沟通和协作能力,达到情感目标要求。

任务 1　STCW 公约解读

教学目标

◎ **能力目标:**(1)能正确解读和有效履行 STCW 公约;(2)能结合该公约的相关规定进行案例分析。

◎ **知识目标:**(1)公约背景及修正;(2)公约的构成和主要内容。

◎ **情感目标:**(1)具备良好的责任意识;(2)具备团队合作精神。

【任务介绍】

开展有关船员的适任、培训、考试和证书获取的国际统一标准的讨论,对个人进行船员职业生涯规划。

【任务解析】

(1)正确解读 STCW 公约及各修正案;

(2)熟悉 STCW 公约功能及发证机制;

(3)剖析海上事故的深层次原因,分析船员培训、发证和值班标准对海上安全的影响。

【相关知识】

1. STCW 78 公约

International Convention on Standards of Training, Certification and Watchkeeping for Seafarers,1978,即《1978 年海员培训、发证和值班标准国际公约》,(简称 STCW78 公约),是国际海事组织(IMO)约 50 个公约中最重要的公约之一,最初通过时间为 1978 年 7 月 7 日,生效日期为 1984 年 4 月 28 日。该公约第一次突出地强调了人的因素,为各国提供了一个普遍能接受的船员培训、发证和值班标准方面最低标准。公约包括正文及一个附则,基本框架如图 4-1 所示。

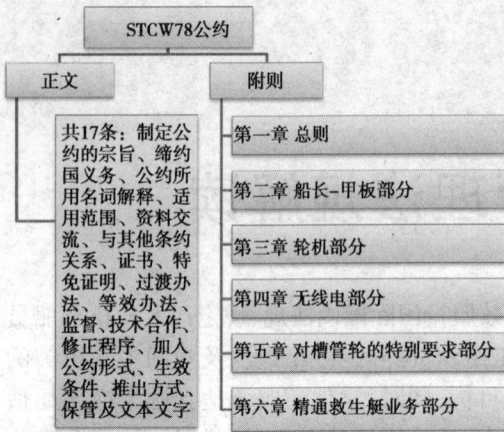

图 4-1 STCW78 公约基本框架

2. 经 1995 年修正的 STCW78 公约

（1）基本框架。根据航海技术和航运业发展的需要,公约进行了多次修正。其中,1995 年修正案对 STCW 公约的附则进行了全面修改,同时新制定了《海员培训发证和值班规则》（STCW 规则）,作为对 STCW 公约附则的补充。经 1995 年修正后的 STCW78 公约简称 STCW 78/95 公约。其基本框架如图 4-2 所示。

STCW78/95 公约主要由四部分组成,即正文、附则、规则 A 部分、规则 B 部分。

正文同 STCW78 公约正文部分。

公约附则是修改的核心,把公约技术条款在附则中以规则形式体现。主要对缔约国的责任、监督、对学生、学校的培训和评估、模拟器性能标准等方面以规则的形式提出具体要求和基本原则。

STCW 规则 A 部分,即关于公约附则有关规则的强制性标准,它与附则的各章一一对应,共有八章,详述了附则中需要制定的标准、规定、证书模型以及功能证书中各个功能责任级应该与传统发证标准对应的适任内容、知识、理解和熟练要求程度,表明适任的方法以及评价适任的标准一一列表。在第 II 章、第 III 章、第 IV 章有关最低适任标准对应表中细化了任职适任条件,便于操作、培训、考核。在第 V 章中还列出对液货船船长、高级船员和普通船员培训的纲要、操作的原则和程序。规则 A 部分的制定为全面履行公约提供了充分的条件。

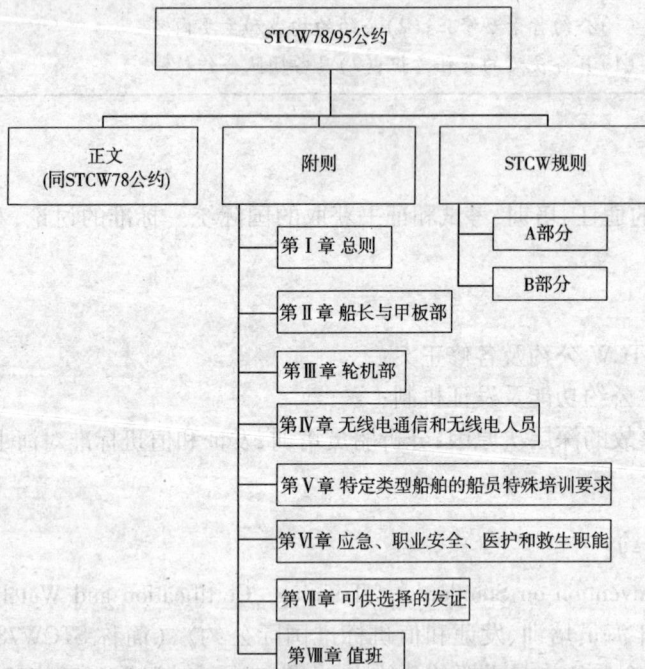

图 4-2 STCW78/95 公约基本框架

STCW 规则 B 部分是关于公约及其附则的建议指导。也与公约附则的各章相对应,补充说明公约条款、内容指导,虽然不作为强制性条款,但它的指导符合海上交通安全与防污染的总原则以及与其他国际公约相呼应。

（2）主要特点：

①加强对缔约国主管机关的要求。该修正案最重要的特点之一是第一次授予 IMO 对各缔约国的一些监督权力。公约附则第 I 章总则规则 I—7 要求，各缔约国为使公约得到充分和完全实施而采取的管理措施；教育和培训、发证程序和其他履约资料，在规定时间内提交 IMO；由海上安全委员会（MSC）对这些资料进行评价，以确认那些完全履行公约要求的缔约国，经确认的缔约国所签发的证书即可得到国际海运界的承认。

②规定了对航运公司的责任要求。经 1995 年修订的 STCW 公约充分考虑了 SOLAS 第 IX 章"船舶安全营运管理"（包含 ISM 规则）中的要求，在附则第 I 章总则规则 I－14 和 STCW 规则 A 部分第 A－I－14 两节中增加了"公司的责任"强制性条款以及 STCW 规则 B 部分第 B－I－14 节增加"关于公司责任的指导"建议性条款。

③增加了有关值班的基本准则。体现在 STCW 公约附则第 VIII 章和规则 A－VIII 章的强制性内容和规则 B－VIII 章的建议性条款中。内容有以下几个方面：

a）适应值班的要求。这是一项大原则，1995 年修正案强调了制定并实施参与值班的人员的作息时间，规定在 24 h（小时）内至少有 10 h 休息时间，而且在 7 天时间内总休息时间不少于 70 h，还要求将值班安排表张贴在显而易见之处，这些要求都是为了防止疲劳和适应值班以保证安全。

b）值班人员的岗位。1995 年修正案规定了负责航行值班、轮机值班、值班无线电人员在值守时间内的具体场所。

c）海上航行值班的职责。1995 年修正案详细规定了航行值班、在港值班的原则以及关于瞭望、值班安排、交接班、在不同海况、装载危险货物等情况下应当注意或执行的事项。

d）防止吸毒和酗酒。为了保证海员履行其值班职责的能力和健康，公约规则 B－VIII 章中提出了请主管机关制定必要的鉴别吸毒和酗酒的甄别计划等建议性条款。

④引进培训、考试发证质量保证机制。为了保障培训、考试、发证的质量，1995 年修正案在公约附则第 I 章总则增加了规则 I－6 与在规则 A 部分第 I 章关于总则的标准第 A－I－6 节"培训和评估"，引进质量保证机制来控制培训、考试、发证的全过程。公约要求各缔约国确保教员、监督员和评估员完全胜任公约要求的特定各类和级别的培训和对海员适任能力的评估，以及对在职培训的方法、手段、程序和教材要由经主管机关评估后的合格人员去评估实施和监督。

⑤引进功能发证机制。1995 年修正案第一次引进可供选择的发证机制，公约附则第 VII 章和规则 A－VII 章规定了可供选择的发证原则，即把各类持证船员应具备的适任能力归纳为七项功能。证书的责任级别分为管理、操作和支持三个级的一种发证办法，又称为功能发证办法。该办法允许持有某种功能的责任级证书的人，在具有一定的有关的服务资历和完成附加的教育和培训后，可申请通过考试取得另一种证书。

⑥增加了包括模拟器训练、特殊类型船舶、基本安全和人员管理在内的多种强制性和非强制性的培训项目。

⑦严格并扩大对证书再有效的规定和适用范围。

⑧集中和系统地规定了海员在各种条件下保持正常和安全值班的原则和要求。

3. STCW 公约马尼拉修正案产生背景

随着全球经济一体化的进程，船舶正朝着大型化、快速化、专业化、现代化的方向发展，全球对海洋环境保护更严格,包括信息技术(IT)在内的新技术的应用越来越广泛与深入,对海员的培训与值班标准的要求越来越高。同时,由于海盗猖獗,海运安全受到严重的挑战,对海员的培训与值班标准又提出了新的保安要求。1995年修正案生效后,国际海事组织又对STCW公约和STCW规则进行了多次修正。1995年修正案通过10年后,国际海事组织认为需要对STCW公约和STCW规则进行全面回顾,从而对STCW公约与STCW规则进行系统的修正。

2006年,应STW分委会第37次会议的请求,海上安全委员会(MCS)第81次会议指示STW分委会在工作计划中加入"对STCW公约和规则全面回顾"的高优先权议题。2007年STW分委会第38次会议确定了对STCW公约和规则全面回顾的8项原则即:

(1)保留1995年修正案的结构与目标。

(2)不降低现有标准。

(3)不修改公约条款。

(4)解决不一致的问题、清理过时的要求及体现技术发展的需求。

(5)确保有效的信息交流。

(6)由于技术的创新,在履行培训、发证与值班要求方面提供一些灵活性。

(7)考虑短航线船舶与近海石油工业的特点与环境。

(8)考虑海上保安。

对STCW公约全面回顾的8项原则的前3项原则是马尼拉修正案的基础。马尼拉修正案保留了1995年修正案的结构与目标,不降低现有标准,不修改公约正文条款,仅对公约规则(Regulations)与STCW规则进行全面回顾与修正。STW分委会在对STCW公约和STCW规则进行全面回顾时,要求每个提出修正的文件或提案必须明确说明该修正内容是根据第几条原则提出的。由于海盗猖獗,海运安全受到了严峻的挑战,根据第8项原则,修正案增加了保安职责的新要求。由于近海石油工业的发展,根据第7项原则,相应提出了新的培训要求。根据第5项原则,明确了独立评价报告的内容,并提出电子查询的要求。根据第6项原则,提出远程教育和电子教育。第4项原则在全面回顾中应用最多,主要体现在包括信息技术在内的技术发展的需求。

经过4次STW分委会会议及2次特别会间会议的审议,2010年1月召开的STW分委会第41次会议基本完成对STCW公约和规则进行全面回顾的议题,形成STCW公约和规则的修正草案。该修正草案于2010年6月21日~25日在菲律宾马尼拉召开的STCW公约缔约国外交大会上获得通过,该修正案称为STCW公约马尼拉修正案,并于2012年1月1日生效。

4. STCW公约马尼拉修正案主要修正内容

(1)第Ⅰ章"总则"的主要修正内容:

①新增"适任证书"、"培训合格证书"、"书面证明"、"电子员"、"电子技工"、"高级值班水手"、"高级值班机工"、"保安职责"等新定义。明确证书分为三层:适任证书(COC)、培训合格证书(COP)、书面证明。适任证书系指依据本附则第Ⅱ、Ⅲ、Ⅳ或Ⅶ章的条款向船长、高级船员以及GMDSS无线电操作员签发或签注的证书。培训合格证书系指向海员签发的除适任证书以外的,说明符合本公约要求的相关培训、能力和海上服务资历的证书。书面证明系指除适任证书或培训合格证书以外的,用来证明已符合本公约的相关要求的文件。新修正案提高了证书的签发、签证、认可的审查要求,规定适任证书、根据规则第Ⅴ/1-1条和规则第Ⅴ/1-2条规定签发给船长和船员的培训合格证书仅应由主管机关签发。强调现代化船舶中电子员的必

要性。适应海上运输保安的需要增设船舶保安方面的强制性培训要求。

②新增证书的签发和登记条款,对海上服务资历的认可、培训课程的确认、登记的电子查询、证书注册数据库的开发都做了明确的规定。

③在控制近岸航行原则中新增缔约国应与相关缔约国就有关航区和其他相关条件的细节达成一致的条款。

④增加了独立评价报告内容的明确要求,对最初资料交流(履约报告)、后续报告(独立评价报告)及有资格人员的小组等做出了明确的规定。

⑤明确了海员健康标准及健康证书的签发要求。要求海员健康检查均应由缔约国认可的完全合格的有经验的从业医生完成;缔约国应制定认可从业医生的规则,对从业医生进行登记;并根据请求向其他缔约国、公司及海员提供。

⑥增加了公司的责任。公司应确保其指派到任一船上的海员均接受了本公约要求的知识更新的培训;任何时候都必须按 SOLAS 公约第 V 章第 14 条第 3 款的规定确保其在船上能进行有效的口头交流。

⑦明确了过渡期的安排。过渡期为生效日加 5 年。

(2)第 II 章"船长和甲板部"的主要修正内容:

①强调电子海图显示与信息系统(ECDIS)的应用。新增使用 ECDIS 保持安全的航行值班(操作级)和使用有助于指挥决策的 ECDIS 和附属系统以保持安全航行(管理级)的要求。

②简化天文航海的知识、理解和熟练要求,提倡使用电子航海天文历和天文航海计算软件。

③新增领导和团队工作技能的使用(操作级)和领导力和管理技能的使用(管理级)的强制性适任能力。驾驶台资源管理成为强制性适任标准。

④新增海洋环境保护意识方面的知识、理解和熟练要求。

⑤新增按照船舶报告系统和 VTS 报告程序的一般规定进行报告的内容。

⑥新增高级值班水手发证的强制性最低要求。

(3)第 III 章"轮机部"的主要修正内容:

①删除"至少 30 个月的认可的教育与培训"的要求。

②提高普通船员晋升轮机员的要求,从 95 修正案的"不少于 6 个月的轮机部海上服务资历"提高到"完成不少于 12 个月的金工实习和认可的海上服务资历",其中包括不少于 6 个月的机舱值班(在轮机员的指导下)服务资历。

③新增领导力和团队工作技能的使用(操作级)和领导力和管理技能的使用(管理级)的强制性适任能力。机舱资源管理成为强制性适任标准。

④新增电子员和电子技工发证和资格的强制性最低要求。

⑤新增高级值班机工发证的强制性最低要求。

(4)第 IV 章"无线电通信和无线电人员"的修正内容。本次修订,对第 IV 章的有关概念进行了修改。将第 IV 章标题"无线电通信和无线电人员"修改为"无线电通信和无线电操作员"。本章中出现的"无线电人员"全部被改为"无线电操作员",此外,在第 I 章的规则 I/1(定义和说明)中增加了 GMDSS 无线电操作员的定义。

(5)第 V 章"特定类型船舶的船员特殊培训要求"的修正内容:

①对 95 修正案的液货船船长、高级船员和普通船员培训和资格强制性最低要求作了重大的调整,由 V/1"液货船(油船、化学品船、液化气船)船长、高级船员和普通船员培训和资格强

制性最低要求"分解为"V/1-1 油船、化学品船船长、高级船员和普通船员培训和资格强制性最低要求"及"V/1-2 液化气船船长、高级船员和普通船员培训和资格强制性最低要求"两部分。证书调整为五种:油船和化学品船货物操作基本培训证书、油船货物操作高级培训证书、化学品船货物操作高级培训证书、液化气船货物操作基本培训证书、液化气船货物操作高级培训证书。

②新增承担货物装卸、积载、洗舱、过驳或其他与货物有关操作直接责任的人员强制性适任能力的要求。

③将原来的 V/2"滚装客船的船长、高级船员、普通船员和其他人员的培训和资格的强制性最低要求"和 V/3"除滚装客船以外的客船的船长、高级船员、普通船员和其他人员的培训和资格的强制性最低要求"修改为新的第 V/2 条。第 V/2 条标题相应改为"客船船长、高级船员、普通船员和其他人员的培训和资格的强制性最低要求",不再突出滚装客船的特殊要求。

④在 B 部分,增加:B-V/d"对 STCW 公约的规定适用于海上移动平台(MOUs)的指导";B-V/e"对近海供给船上的船长、负责航行值班驾驶员培训和资格的指导";B-V/f"对操作动力定位系统的人员的培训和资历的指导";B-V/g"对航行极地水域船舶船长和高级船员培训的指导"。

(6)第 VI 章"应急、职业安全、医护和救生职能"的主要修正内容:

①明确所有船员的熟悉和基本安全培训及训练的强制性最低要求,增加海洋环境保护基本知识、船上有效沟通、团队工作、理解并采取措施控制疲劳等新内容。

②保安培训分为 4 类培训:船舶保安员培训,熟悉保安培训,保安意识培训,负有指定保安职责人员的培训。船舶保安员必须持有船舶保安员培训合格证书,所有船员必须持有"熟悉和保安意识培训合格证书",被指定负有保安职责的海员则还应持有"负有保安职责培训合格证书"。

③对船员保持包括基本安全、熟练救生艇操作、高级消防等适任能力的方式修改为每 5 年需要提供保持适任的证据;对于那些可以在船上实施的训练项目,主管机关可以接受船员在船上的训练和实践经历。但对于"如何保持不能在船上实施的训练项目的适任能力的方式与方法"并没有达成一致。

(7)第 VII 章"可供选择的发证"的主要修正内容。增加了高级值班机工申请高级值班水手和高级值班水手申请高级值班机工应符合的适任标准,支持级船员发证资历要求,和甲板部、轮机部特殊综合培训项目的指导。

(8)第 VIII 章"值班"的主要修正内容。规定主管机关为防止负有安全、防污染及保安职责的值班人员疲劳,应制定与实施保证足够休息时间的措施,规定主管机关为防止药物和酒精的滥用,应制定适当的措施。增加了负有保安职责的值班人员的规定、值班时间和休息时间的要求和防止药物和酒精滥用的指导。

此外,在 STCW 公约中引用的一些法规的变化也体现在此次修正案中。例如,以《国际航空和海上搜寻救助手册》取代《商船搜寻和救助手册》,以《IMO 标准航海通信用语》取代《标准航海用语》,以《IMSBC 规则》取代《BC 规则》等。

【任务实施】

1. 对 STCW 公约及其历次修正案的正确解读

到目前为止,STCW 公约共修正了 7 次,其中 1995 年修正案和 2010 年修正案为公约的全面修正,是公约阶段性的改进。历次修正时间、内容和生效日期见表4-1。

STCW公约主要修正案

表4-1

时 间	修 改 内 容	生效日期
1991年	将STCW公约附则第Ⅳ章改为无线电人员;将附则第Ⅰ章总则中增添规则Ⅰ/5的"试验的实施",使夜间单人瞭望试验合法化	1992.12.01
1994年	将"液货船人员的特殊培训要求"替代STCW78公约附则第Ⅴ章"对槽管轮的特别要求",详述了对液货船船长,高级船员和一般船员的培训和资格强制性最低要求	1996.01.01
1995年	对STCW公约附则和STCW规则第一次全面修订	1997.02.01
1997年	引入客滚船船舶人员培训和资格的强制性最低要求	1999.01.01
1998年	引入载运固体散货船舶人员的最低适任标准	2003.01.01
2006年	修正案关于第Ⅰ和Ⅵ章A部分第A-Ⅵ/2、5节的修改。关于SSO的培训,以及快速救助艇的回收和发放培训	2008.01.01
2010年	对STCW公约附则和STCW规则第二次全面修订。理顺证书管理体系,提高证书签发、签证与认可的审查要求,明确并细化独立评价报告的内容要求、人员资格要求及质量体系审核机制,明确海员健康标准及健康证书签发要求,增加电子员与电子技工及高级值班水手与高级值班机工的适任要求,强化保证海员充足休息的时间要求等	2012.01.01

2. STCW78/95公约功能发证办法

1995修正案第一次引进可供选择的发证机制,公约附则第Ⅶ章和规则A-Ⅶ章规定了可供选择的发证原则,即把各类持证船员应具备的适任能力归纳为七项功能(图4-3),证书的责任级别分为管理、操作和支持三个级别(图4-4)的一种发证办法,称为功能发证办法。

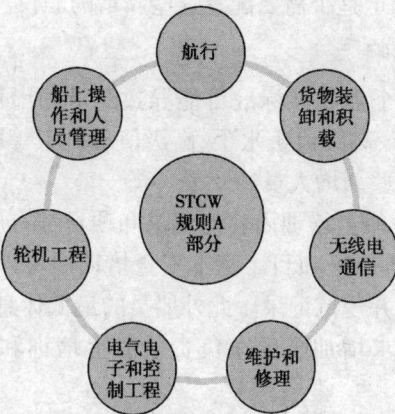

图4-3　STCW78/95公约规定的七项功能

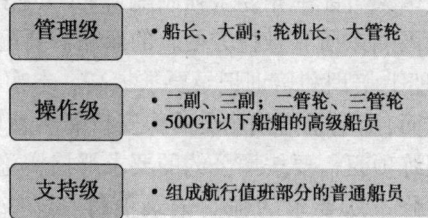

图4-4　证书的责任级别

3. 海上事故的深层次原因及预防

国际海事组织统计指出,海上事故的发生约有80%是由于人为因素引起的。人为因素主要表现为人的心理、生理、行为能力等方面存在缺陷或问题,导致事故的发生成为可能。当船员在船舶航行中处于不良的心理状态,如紧张、激动、孤独时,就很容易造成感知错误,继而错误判断,再就是操作失误。生理因素主要包括船员身体健康程度和疲劳两方面。船舶长期在海上航行,船员不仅要能够长时间持续工作,还要承受不同航区气候的变化。因此,船员的身体健康与否会对船舶航行安全构成直接影响。同时,船员的大脑疲劳在生理上表现为感觉迟钝,动作不准确且灵敏性降低,在心理上表现为注意力不集中,思维迟缓,反应慢,心情烦躁等,导致船舶安全事故或潜在安全事故增加。人的行为能力则较集中地体现在船员的专业技能上,它不仅与船员的知识有关,而且与经验、工作岗位和语言能力有关。如对航路不熟悉,错误使用仪器等,容易给航行带来潜在危险。

船舶航行安全中人为因素是目前水上交通事故预防的重点。建立船员培训、发证和值班的最低国际统一标准可以有效加强各环节的预防,加强培训管理,强化船员素质培养和管理机制,提高培训质量,严把考试评估和发证关,注重船员知识更新和水上资历的要求,以提高船员的适任能力,科学建立合理的工作及生活节律,充分休息和睡眠,丰富船员的业余生活,加强劳动时间管理,提高船舶作业效率,以减少海上事故。

【任务小结】

通过以上任务的学习,使学生能正确解读《STCW 公约》,结合海员培训、发证和值班标准进行个人职业生涯规划。

【知识链接】

1.STCW 公约马尼拉修正案对海事主管机关产生的影响

海事主管机构除了应对现有的教育、培训、考试、评估和发证规则和规范性文件进行针对性的修改外,此次修订对主管机关提出了如下的新要求:

(1)需要对负责船员健康体检的人员进行认可,对体检、健康证书的签发过程实施质量控制;需要对公司如何实施此次修订的强制性条款进行监督。

(2)增加了签发证书过程中对申请文件的审核责任,同时证书的更新量也有所增加;新增了多个强制性培训与发证项目。

(3)主管机构需要根据本国船舶的实际需要,确定是否需要配置这些新增的职位。

2.STCW 公约马尼拉修正案对船公司产生的影响

(1)国内船员职能变化。此次修订新增的这几个强制性标准可能导致配员的增加,特别是方便旗国家可能率先要求强制配备 ETO(操作级)、高级值班水手、高级值班机工等职务,这将导致我国船东所有悬挂方便旗的船舶需要配置这些新增人员。

(2)船上培训和培训记录要求提高。本次修正,船上培训内容的要求和项目都有所增加。在项目方面,新增了诸如船员的保安技能熟悉培训等新增项目。基本安全培训中可以在船上实施的训练项目需要按照公约的要求严格实施训练并规范记录。此外船员的最低休息时间记录是本次修正所要求的强制记录项目。这些新要求增加了船东负责的船上培训和记录的责任。

(3)船员素质及船员的责任增加。此次修订,高级船员的有关适任能力表中新增了多项有关管理技能方面的适任能力项目,这些修订将使高级船员的素质有所提高,具体表现在管理技能方面、船上沟通能力方面、信息处理方面,对外沟通联系方面等。另外,对第 VI 章基本安全训练明确了每 5 年进行保持技能训练将提升船员的基本安全适任能力。因此,此次修订后,船的基本安全技能将有所提高,高级船员的适任能力也将有所提高。

同时,船员参加培训的义务也将增加,除了将需要参加必须在岸上进行的第 VI 章中基本安全训练外,同时也应积极接受公司提供的培训等。

3.STCW 公约马尼拉修正案对船员培训机构产生的影响

(1)教员知识和技能的更新。此次修订,高级船员、普通船员的相关适任能力标准表中新增了多项适任能力,及在相关的适任能力项下新增了若干要求。许多新增的内容对从事海事培训的师资人员是新的知识或技能,因此在开展履约培训之前,相关师资人员需要提前进行知识及技能的更新培训。

（2）培训机构设备购置负担加重。新增培训要求、培训项目可能需要培训机构配置额外的设备,诸如 ECDIS、ERM、BRM 培训所需要的实际操作、演练、模拟器等设备,对于此次修订明确的需要在岸上进行的基本安全培训项目,培训机构需要有针对性地增加设施和设备,以应对未来将增加的基本安全技能更新培训。此次修订,制定了系统的液货船船员的适任和发证标准,培训机构需要将该标准与目前实施的培训标准进行比对,从设备、师资、准入标准等方面进行针对性的调整。诸如此次修订新增了液货船高级消防培训项目,对培训机构的设备等提出了新要求。

（3）更新管理体系。培训机构的培训质量管理体系、培训大纲需要根据此次修订进行吐故纳新工作。

【拓展提高】

我国在 STCW 公约马尼拉修正案履约方面做了哪些工作?

及时、全面、有效地履行马尼拉修正案将有助于完善我国海员培训、发证管理体系建设,对于实现海员强国的战略目标、保障我国航运事业健康发展具有重要意义。为做好履约的各项准备工作,确保高质量完成各项履约任务,保持并扩大我国在国际上履行该公约的良好声誉和影响力,进一步提高我国海事履约水平,交通运输部海事局于 2010 年 10 月份下发《关于开展〈1978 年海员培训、发证和值班标准国际公约〉马尼拉修正案履约工作的通知》,对履约工作进行了部署,确定了履约工作总体原则、组织结构和履约工作进度安排。

（1）履约工作总体原则。全面履约、服务发展、解放思想、锐意创新。

（2）组织机构。成立了 STCW 公约马尼拉修正案履约领导小组、秘书处、顾问组、公约解读组和履约专项工作组。根据履约各阶段工作需要,成立六个专项工作组。

（3）履约工作进度安排。履约工作分为四个阶段:

①第一阶段:2010 年 9 月至 12 月。完成船员管理相关法规和配套文件的起草工作(包括公约的解读,法规修订的调研和起草工作)。

②第二阶段:2011 年 1 月至 3 月。面向社会广泛征求意见,完善征求意见稿,形成报批稿。

③第三阶段:2011 年 4 月至 12 月。按照法规制定审批程序将报批稿逐级上报。组织人员起草、审定相关配套办法以及编写新一轮履约船员培训教材,完成新题库建设,推动船员考试和船员管理信息系统的建设。

④第四阶段:2012 年 1 月至 2016 年 12 月。根据修订的相关法规和规定,全面部署并完成过渡期履约工作,开展过渡期培训,完成各类船员证书换发工作。按公约要求,完善船员管理信息系统,向其他缔约国或公司提供证书登记的电子查询。按经修订的质量标准体系,对海员培训、适任评估、发证(包括健康证书的发证)、签证和再有效进行连续监控,按时向国际海事组织(IMO)递交我国履约独立评价报告。全面梳理船员管理法规,做好相关的废、改、立工作。

【课后自测】

1.《STCW 公约》的基本内容是什么?

2.《STCW 公约》对轮机值班的基本原则是什么?

3. 正常航行值班交接班时,巡回检查路线和项目是怎样的?

任务 2　2006 海事劳工公约解读

教学目标

◎ 能力目标:(1)能正确解读 2006 年海事劳工公约;(2)能运用海事劳工公约维护船员合法权益。

◎ 知识目标:(1)掌握商船最低标准公约、海员协议条款公约、海员带薪年假的公约、船东责任公约等;(2)掌握海员遣返公约、防止海员工伤事故公约、工作或休息时间等规定。

◎ 情感目标:(1)具备良好的责任意识;(2)具备团队合作精神。

【任务介绍】

开展一次关于 2006 年海事劳工公约的实施对船东、船舶、船员等的影响讨论。

【任务解析】

(1)了解 2006 年海事劳工公约的制定背景和生效条件;

(2)掌握 2006 年海事劳工公约相关条款。

【相关知识】

1.制定《2006 年海事劳工公约》的背景

国际劳工组织(ILO)制订一部新的综合性海事劳工公约的决定,是在国际海组织和国际船东协会 2001 年提出联合决议案,并得到 ILO 成员国政府支持的基础上形成的,主要考虑到:

(1)航运业是世界第一、真正的全球性产业,需要有整个行业适用的国际标准。

(2)ILO 于 1920 年起制定有关海员方面的国际标准,在《2006 年海事劳工公约》通过前,已有数十个专门针对船员而制订的公约、相关建议案及其他法律文件;但随着航运业的不断发展,一些公约标准未能得到及时更新,已无法满足当代海员船上工作和生活的需要。

(3)ILO 的现有大部分海事方面的公约,是针对处理单一方面问题的文件,且规定得非常细,使得 ILO 成员国很难全部批准和实施相关要求,现有 ILO 许多公约被批准的程度很低。

(4)建立有效的遵守和执行公约的体系,打击低标准船。

鉴于上述诸多因素,ILO 组织将现有 68 个有关海事的国际标准进行了合并和更新,制定了新的综合性海事劳工公约,建立统一的海事劳工标准。ILO 希望通过《公约》实施帮助船东获取平等的竞争环境,帮助船员获得体面的工作。

2.《公约》生效条件

(1)合计占世界船舶总吨位的 33% 。

(2)至少 30 个成员国的批准书已经送请国际劳工局局长,在登记之日 12 个月后生效。

在此以后,ILO 成员国的批准书送请国际劳工局局长、在登记之日 12 个月以后,《公约》对该成员国生效。

3. 现有已经批准《公约》国家

现在有以下 5 个国家已经批准了《公约》:利比里亚(2006 年 6 月 7 日)、马绍尔群岛(2007年 9 月 25 日)、巴哈马(2008 年 2 月 11 日)、巴拿马(2009 年 2 月 6 日)、挪威(2009 年 2 月 10日)。

上述批准《公约》国家所拥有的船舶占世界总吨位的 40% 左右。

【任务实施】

1. 规则 1.1 最低年龄

目的:确保未成年人不得上船工作

(1)低于最低年龄的人不得在船上受雇、受聘或工作。

(2)在本公约生效伊始,最低年龄为 16 岁。

(3)在守则规定的情形中应要求更高的最低年龄。

2. 标准 A2.1 – 海员就业协议

成员国应通过法律和条例,具体规定受其国家法律约束的所有海员就业协议需要包括的事项。在所有情况下海员就业协议均应包括以下细节:

(1)海员的全名、出生日期或年龄及出生地。

(2)船东的名称和地址。

(3)订立海员就业协议的地点及日期。

(4)海员将担任的职务。

(5)海员的工资数额,或者如果适用,用于计算工资的公式。

(6)带薪年假的天数,或者如果适用,用于计算天数的公式。

(7)协议的终止及其终止条件,包括:

①如果协议没有确定期限,各方有权终止协议的条件,以及所要求的预先通知期,船东的预先通知期不得短于海员的预先通知期。

②如果协议有确定期限,其确定的期满日期。

③如果协议是为一次航程而订,其航行之目的港,以及到达目的港后海员应被解雇前所须经历的时间。

(8)将由船东提供给海员的健康津贴和社会保障保护津贴。

(9)海员获得遣返的权利。

(10)提及集体谈判协议,如适用。

(11)国家法律所要求的其他细节。

3. 规则 2.3 – 工作或休息时间

目的:确保海员享有规范的工作时间或休息时间。

就本标准而言:"工作时间"系指要求海员为船舶工作的时间;"休息时间"系指工作时间以外的时间,这一词不包括短暂的休息。

工作或休息时间应作如下限制:

(1)最长工作时间:

①在任何 24 小时时段内不得超过 14 小时,和;

②在任何 7 天时间内不得超过 72 小时。

(2)最短休息时间:

①在任何 24 小时时段内不得少于 10 小时,和;

②在任何 7 天时间内不得少于 77 小时。

休息时间最多可分为两段,其中一段至少要有 6 小时,且相连的两段休息时间的间隔不得超过 14 小时。

4. 标准 A2.4 休假的权利

(1)各成员国应通过法律和条例,确定在悬挂其旗帜的船舶上工作的海员的最低年休假标准,并充分考虑到海员对这种休假的特殊需要。

(2)带薪年假取决于对考虑海员特殊需要的适当计算方法作出规定的任何集体协议或法律或条例,带薪年休假的权利应以每服务一个月最低 2.5 日历天为基础加以计算,计算服务期长度的方法应由各国主管当局或通过适当的机制来确定,合理的缺勤不应被视作年假。

(3)除非属于主管当局规定的情况,否则禁止达成放弃享受本标准规定的最低带薪年休假的任何协议。

5. 规则 2.5 遣返

该部分内容的目的是确保海员能够回家。

导则 B2.5.1"应享权利"规定,海员在下列情况下享有遣返权利:

(1)在国外时海员就业协议到期。

(2)因患病或受伤或其他健康问题需要其遣返且身体状况适于旅行时。

(3)在船舶失事时。

(4)在由于破产、变卖船舶、改变船舶登记或任何其他类似原因船东不能继续履行其作为海员雇用者的法律或契约义务时。

(5)在船舶驶往国家法律或条例或海员就业协议所界定的战乱区域而海员不同意前往的情况下。

(6)根据仲裁裁定或集体协议而终止或中断雇用,或出于其他类似原因终止雇用。

成员国应要求船东负责通过适当和迅速的方式对遣返做出安排,通常的旅行方式应为乘坐飞机,成员国应规定海员可被遣返的目的地。目的地应包括可视为海员与之存在着实质性联系的国家,包括:

(1)海员同意接受雇用的地点。

(2)集体协议规定的地点。

(3)海员的居住国。

(4)可能在聘用时双方同意的其他地点。

在遣返方面将由船东承担的费用应至少包括以下项目:

(1)到达选定的遣返目的地的旅费。

(2)从海员离船时起至抵达遣返目的地时止的食宿费。

(3)如果本国法律、条例或集体协议有规定,从海员离船时起至抵达遣返目的地时止的工资和津贴。

(4)将海员个人行李 30 公斤运至遣返目的地的运输费。

（5）必要时,提供医疗使海员身体状况适合前往遣返目的地的旅行。

6. 导则 B2.6.1 失业赔偿的计算

对因船舶灭失或沉没而造成的失业所给予的赔偿,在海员实属失业期间,应相等于就业协议中可支付工资的比率,但向任何一个海员支付的赔偿总额可仅限于两个月的工资。

成员国应确保海员享有索取此种赔偿的法律救济,与其索取其服务期间的拖欠工资所享受的法律救济相同。

7. 导则 B3.1.12 防止噪声和振动

（1）居住和娱乐及膳食服务设施的位置应尽可能远离主机、舵机室、甲板绞盘、通风设备、取暖设备和空调设备以及其他有噪声的机器和装置。

（2）发出声音处所内的舱壁、天花板和甲板应使用隔音材料和其他适当的吸音材料制造和装修,并应为机器处所安装隔音的自动关闭门。

（3）在可行时,应在机舱和其他机器处所为机舱人员设立隔声的中心控制室。工作场所,例如机修间,应尽实际可能隔离普通机舱的噪声,并应采取措施减少机器运转时的噪声。

（4）工作和生活处所的噪声水平限制,应符合 ILO 关于暴露水平的国际导则,包括标题为《2001 年工作场所环境因素》的 ILO 实用守则,以及在适用时,国际海事组织建议的具体保护,以及任何关于船上可接受噪声水平的修正和补充文件;适用文件的英文或船上工作语言的副本应随船携带并使海员能够使用。

（5）居住舱室或娱乐或膳食服务设施不应暴露于过度振动中。

8. 规则 4.2 船东的责任

目的:确保在因就业而产生的疾病、受伤或死亡导致的经济后果方面对海员予以保护。

（1）各成员国应通过法律和条例,要求悬挂其旗帜的船舶的船东根据以下最低标准,对船上工作的所有海员的健康保护和医疗负责:

①对于在其船上工作的海员,船东应有责任对海员从开始履行职责之日起到其被视为妥善遣返之日期间所发生的或源自这些日期间的就业的疾病和受伤承担费用。

②船东应提供财务担保,保证对海员因工伤、疾病或危害而死亡或长期残疾的情况提供国家法律或海员就业协议或集体协议所确定的赔偿。

③船东应有责任支付医疗费用,包括治疗及提供必要的药品和治疗设备,以及在外的膳宿,直到该患病或受伤海员康复,或直到该疾病或机能丧失被宣布为永久性的。

④如果发生海员受雇期间在船上或岸上死亡的情况,船东应有责任支付丧葬费用。

（2）国家法律或条例可以把船东支付医疗和膳宿费用的责任限制在从受伤或患病之日起不少于 16 周的期限内。

（3）如果疾病或受伤造成工作能力丧失,船东应有责任:

①只要患病或受伤海员还留在船上或者在海员根据本公约得到遣返以前,向其支付全额工资。

②从海员被遣返或到达上岸之时起直到身体康复,或直到有权根据有关成员国的法律获得保险金（如果早于康复的话）,按照国内法律或条例或集体协议的规定向其支付全额或部分工资。

（4）国家法律或条例可将船东向一名离船海员支付全部或部分工资的责任限制在从患病或受伤之日起不少于 16 周的期限内。

（5）国家法律或条例可在以下情况下排除船东的责任：

①在船舶服务之外发生的其他受伤。

②受伤或患病是因患病、受伤或死亡海员的故意不当行为所致。

③在接受雇用时故意隐瞒的疾病或病症。

（6）只要此种责任由公共当局承担，国家法律或条例可免除船东支付船上医疗费用及膳宿和丧葬费用的责任。

（7）船东或其代表应采取措施保护患病、受伤或死亡海员留在船上的财物并将其归还给海员或其最近亲属。

9. 导则 B4.3.1 关于职业事故、伤害和疾病的规定

主管当局应确保关于职业安全和健康管理的国家指南要特别涉及以下事项：

（1）一般和基本规定。

（2）船舶结构特征，包括出入通道和与石棉有关的风险。

（3）机器。

（4）海员可能会接触到的任何高温或低温表面的影响。

（5）工作场所和船上起居舱室中的噪声影响。

（6）工作场所和船上起居舱室中的振动影响。

（7）工作场所和船上起居舱室内除（5）和（6）项中所述以外的环境因素的影响，包括吸烟的影响。

（8）甲板上面和下面的特别安全措施。

（9）装卸设备。

（10）防火和灭火。

（11）锚、锚链和绳索。

（12）危险货物和压载。

（13）海员个人保护设备。

（14）在封闭处所工作。

（15）疲劳对身心的影响。

（16）毒品和酒精依赖的影响。

（17）防止和预防艾滋病毒/艾滋病。

（18）应急和事故反应。

关于上述项目的风险评估和减少危险的措施应考虑到：身体方面的职业健康影响，包括人工装卸货物、噪声和振动；化学和生物方面的职业健康影响；心理方面的职业健康影响；疲劳的身心健康影响以及职业事故。必要的措施应充分考虑到预防性原则，根据这一原则，最重要的是从源头降低风险，使工作适合于个人，特别是关于工作场所的设计，应优先考虑用无危险或危险性小的设计来取代危险的设计，然后再考虑海员的个人保护设备。

此外，主管当局应确保特别考虑到以下方面对健康和安全的影响：

（1）应急和事故反应。

（2）毒品和酒精依赖的影响。

（3）防止和预防艾滋病毒/艾滋病。

10. 导则 B4.3.2 噪声问题

（1）主管当局应与主管的国际机构和有关船东和海员组织的代表一起，以尽实际可能改进保护海员免受置身于噪声中的不利影响为目标,不断审议船上的噪声问题。

（2）本导则（1）中所述的审议应考虑到置身于过度的噪声中对海员的听觉、健康和舒适产生的不利影响,以及为减少船上噪声、保护海员需规定或建议的措施。需要考虑的措施应包括:

①向海员讲解长时间置身于高分贝噪声中可能对听觉和健康造成的危害,以及噪声防护装置和器材的妥善使用。

②凡必要时向海员提供经认可的听觉保护设备。

③进行风险分析并减少所有居住舱室及娱乐和膳食服务设施以及机舱和其他机器处所的噪声水平。

11. 导则 B4.3.3 振动问题

（1）主管当局应与主管的国际机构和有关船东和海员组织的代表一起,并适当考虑到相关的国际标准,以尽实际可能改进保护海员免受振动的不利影响为目标,不断审议船上的振动问题。

（2）本导则（1）所述的审议应包括置身于过度的振动中对海员健康和舒适的影响,以及为减少船上振动保护海员需规定或建议的措施。需要考虑的措施应包括:

①向海员讲解长时间置身于振动中对其健康的危害。

②如必要,向海员提供认可的个人保护设备。

③进行风险分析并根据标题为《2001 年工作场所的环境因素》的 ILO 实用守则及其任何后续修订本采取措施,减少所有居住舱室及娱乐和膳食服务设施内的振动,并考虑到置身于这些场所内的振动和置身于生活场所内的振动之间的区别。

12. 导则 B4.3.5 报告和统计数据收集

（1）一切职业事故以及职业伤害和疾病均应报告,从而能够对其开展调查以及保持、分析和公布完整的统计数据,并应考虑到保护有关海员的个人数据,报告不应局限于伤亡事故或涉及到船舶的事故。

（2）本导则所述的统计数据应包括职业事故及职业伤害和疾病的次数、性质、原因和影响,如果可行应明确指出事故发生在船上的什么岗位、事故的类型以及在海上还是在港口。

（3）各成员国应充分考虑到国际劳工组织可能业已确立的任何记录海员事故的国际制度或模式。

13. 导则 B4.3.6 调查

（1）主管当局应对所有造成人命损失或严重个人伤害的职业事故及职业伤害和疾病,以及国家法律或条例可能规定的其他事件的原因和当时的情况进行调查。

（2）应考虑将以下内容列入调查项目:

①工作环境,如作业场地、机器布置、出入通道、照明和工作方法。

②不同年龄组发生职业事故及职业伤害和疾病的事件。

③船上环境产生的特殊的生理或心理问题。

④船上的体力消耗,特别是工作量增加引起的体力消耗所产生的问题。

⑤技术进步带来的问题和后果及其对船员组成的影响。

⑥任何人为失误产生的问题。

【任务小结】

　　通过学习,学生能较好掌握海事劳工公约涉及最低年龄,失业赔偿,海员安置,船员体检,海员协议条款,海员遣返,船员适任证书要求,带薪休假,船东对病、伤海员的责任,疾病保险,工资、工时和配员,食品和膳食,海员社会保障,船员起居舱室设备,事故预防,连续就业,商船最低标准,海员福利,健康保护和医疗,劳动监察,海员招募和安置等有关海员工作、生活、医疗、社会保障等各方面的要求。

【知识链接】

　　国际劳工组织(ILO)于 1919 年 4 月 11 日成立,1946 年成为联合国系统的第一个专门的机构,现在有 183 个成员国(统计至 2009 年 8 月),总部设在瑞士日内瓦,有 1900 多人在总部工作,在世界 40 多个地方设立分局。

　　ILO 是联合国系统中的专门机构,通过召集其成员国的政府、雇主和工人制定劳工标准、政策和策划实施程序,促进体面劳动在世界范围内实现。ILO 的三方性是该组织的特点,体现在该组织所有会议都有政府代表、雇主代表、工人代表参加,三方代表都有独立平等的发言权、表决权,不受国家的约束。在制定《2006 年海事劳工公约》过程中,由 ILO 各成员国代表组成的政府方、由国际船东协会(ISF)代表组成的雇主方、由国际运输工人联盟(ITF)代表组成的工人方,参加了制定《公约》的工作及各项会议。

　　国际劳工组织(ILO)自 2001 年以来,经过近五年的努力,整合并修订了自 20 世纪 20 年代以来的现有 ILO 60 多个公约及建议书,形成了一本综合海事劳工公约,并于 2006 年 2 月 23 日在日内瓦举行的第 94 届大会暨第十海事大会上以 314 票赞成、0 票反对、4 票弃权的绝对多数通过了该综合"国际海事劳工公约"。该公约将在达到至少 30 个国家批准且这些国家的商船总吨位占世界商船总吨位的 33% 之日起 12 个月后生效。

　　海事劳工公约在构架上分为三个层次,即正文条款(Articles)、规则(Regulations)和技术守则(Code),其中守则分为 A 部分的强制性标准(Standards)和 B 部分的建议性导则(Guidelines)。规则和守则在内容上分为五个标题(Titles),标题一为"海员上船工作的最低要求",包括了最低年龄、体检证书、培训和资格、招募与安置等方面的内容;标题二为"就业条件",包括海员就业协议、工资、工作或休息时间、休假的权利、遣返、船舶灭失或沉没时对海员的赔偿、配员水平、职业和技能发展和海员就业机会等;标题三为"船上居住、娱乐设施、食品和膳食",包括居住舱室和娱乐设施、食品和膳食等;标题四为"健康保护、医疗、福利及社会保障",包括船上和岸上医疗,船东的责任,保护健康和安全保护及防止事故,获得使用岸上福利设施和社会保障等;标题五为"符合与执行",包括了检查与发证、港口国控制、船上及岸上投诉程序及船员提供国的应尽的义务等。

　　该公约适用于任何吨位的通常从事商业活动的所有海船,但专门在内河或在遮蔽的水域或与其紧邻水域或在港口规定适用水域航行的船舶、军船或军辅船、从事捕鱼或类似捕捞的船舶、用传统方法制造的船舶(例如独桅三角帆船和舢板)除外;200 总吨以下国内航行船舶可免除守则中的有关要求。按公约规定,公约生效后,舱室标准对现有船舶将不进行追溯。

　　公约要求 500 总吨及以上国际航行船舶应持有"海事劳工证书"和"符合声明",并规定公约生效后,缔约国可对非缔约国的到港船舶进行港口国监督(PSC)检查。

　　国际海事界普遍认为,海事劳工公约的通过,在世界劳工史和海运史上具有划时代的意义,必将对海事界产生深远的影响,并将构成今后全球质量航运(Quality Shipping)的重要内容。这项被称为全球 120 万海员的"权利法案",将与国际海事组织(IMO)的国际海上人命安全公约、国际防止船舶造成污染公约、海员培训、发证和值班标准国际公约一起,构成世界海事法规体系的四大支柱。公约一旦生效也将会对我国船公司的船员管理运作、船员的福利待遇、船员职业安全与健康、船员招募与安置、船舶设计与建造等诸方面带来一系列较大影响。虽然按公约规定的程序,公约生效尚需一定的时间,但造船界和航运界等有关单位应予高度重视,尽早研究公约的有关要求,以人为本,不断改善船员在船上工作和生活的条件,为公约生效后的实施提前做好准备。

【拓展提高】

1. 对海员职业安全和健康保护要特别注意哪些事项?

《公约》要求 ILO 成员国,针对海员职业安全和健康保护而制定的国家层面的指南,应涉及以下事项:

(1)船舶结构特征,包括出入通道和与石棉有关的风险。

(2)机器。

(3)海员可能接触到的任何极端低温或高温表面的影响。

(4)工作场所和船上居住舱室中的噪声影响。

(5)工作场所和船上居住舱室中的振动影响。

(6)工作场所和船上居住舱室内(除噪声和振动以外的)环境因素(包括吸烟)的影响。

(7)甲板上面和下面的特别安全措施。

(8)装卸设备。

(9)防火和灭火。

(10)锚、锚链和缆索。

(11)危险货物和压载。

(12)海员个人防护设备。

(13)在封闭处所工作。

(14)疲劳对身心的影响。

(15)毒瘾和酒精成瘾的影响。

(16)防止和预防艾滋病毒/艾滋病。

(17)应急和事故响应。

2. 健康保护、安全及事故预防等方面涉及哪些要求?

《公约》要求根据国家的法律和条例,船东实施健康保护、安全及事故预防的有关要求:

(1)制定和完善促进安全和健康的政策和计划,包括风险评估及培训和指导海员,该政策和计划应在船上得到有效的实施。

(2)采取合理的预防措施,防止船上的职业事故及伤害和疾病,包括减少海员置身于有害环境的危害、预防船上设备和机械可能引起的对海员的伤害和疾病,可采用设计控制、程序控制和使用个人保护用品等措施。

(3)组织实施安全检查、报告和纠正不安全的状况,以及调查和报告船上安全事故的要求等。

《公约》指出了实施安全和预防事故的要求。一般来讲船舶安全和事故预防是一项系统工程,涉及国家的规定、制造业、造船业和航运业等方方面面:

（4）船用产品设计和制造应考虑减少危害，比如减小噪声、振动、有害气体的排放以及减少由于接触可能产生的危害等。

（5）在船舶设计和建造阶段应综合考虑，减小或减少机器设备的安装使用、船舶所载运货物可能带来的危害，如采取减振降噪措施、设置栏杆、防滑、防火、防高温烫伤或低温冻伤措施、安全通道、防止有毒有害气体伤害的措施等。

（6）通过船舶的管理措施加强对于船上安全操作和事故预防的控制，如对于船上所载运的货物、海员所承担的不同工作和所处的位置等可能产生危险的识别及防护措施；通过对海员的安全培训，尤其是对新海员上船安全事项的培训；对18岁以下海员安全和健康保护的特别规定；在危险区域张贴安全告示或标识；安全措施的落实与检查等。

（7）通过使用个人防护设备减少危险或伤害，例如进机舱要求戴安全帽、耳塞、手套、穿工作服和工作鞋，进入特殊处所需要戴防护眼镜、穿防护服、备有个人呼吸器等。

3. 船舶安全委员会是设立在岸上还是设立在船上？

《公约》标准A4.3/2（d）规定，在有5名或以上海员的船舶上，要成立有海员代表参加的船舶安全委员会，促进船上安全操作及事故预防措施的落实。在船东公司层面开展职业病、事故统计、职业安全和健康保护及事故预防政策和计划的研究与制定，要有船舶安全委员会中海员代表参加。

4. 船东和船长实施《公约》有关健康保护、安全及事故预防的要求，可采取哪些措施？

船东：执行船旗国实施《公约》要求的法律法规条款或其他有关规定，完善相应的管理规定并实施：

（1）制定和完善符合国家关于职业安全、健康保护和事故预防要求的政策和计划。

（2）完善船舶安全操作、事故预防的管理规定。

（3）建立船舶安全委员会实施制度。

（4）完善职业病、事故的分析、调查和报告的制度。

（5）完善船舶应急相应计划。

（6）船上职业安全和健康管理的风险评估报告。

（7）把有关符合健康保护、安全及事故预防规定的实施措施，归纳至海事劳工符合声明第Ⅱ部分。

（8）保持海事劳工符合声明、职业安全和健康保护政策和计划、事故预防的规定、事故报告制度、船舶应急响应计划等。

船长：有责任实施船东规定的制度，在船上保留适当的资料和记录，作为符合健康保护、安全及事故预防要求的证据：

（1）海事劳工符合声明。

（2）职业安全和健康保护、事故预防的政策和计划。

（3）海员职业安全和健康、事故预防的指导手册或须知，其中包括如何正确使用和保养个人防护设备。

（4）对18岁以下海员安全和健康保护的特别措施。

（5）船舶安全委员会会议和活动记录。

（6）船舶应急响应计划。

（7）应急和撤离训练纪录。

（8）个人防护设备使用培训和维护记录。

（9）船上职业安全和健康管理的风险评估报告。

（10）船上职业事故的报告程序。

（11）在海员易到达处张贴有关安全作业的告示，危险区域张贴明显的警告提示等。

5.《公约》对海员获得岸上福利设施有哪些要求？

《公约》要求 ILO 各成员国在设置岸上福利设施的情况下应确保：

（1）这些福利设施应能向所有海员开放，包括适合于海员的旅馆或招待所、俱乐部和体育设施。

（2）为船舶上的海员提供充分的福利、文化、娱乐和信息等设施与服务。

（3）为海员从港口地点进入市区提供交通便利等。

6. 海员社会保障包括哪些项目？

《公约》标准 A4.5/1 指出，对海员提供全面社会保障需要考虑的项目有：

医保、疾病津贴、失业津贴、老年津贴、工伤津贴、家庭津贴、生育津贴、病残津贴和船舶灭失补偿津贴等 9 个项目，以及《公约》规则 4.1、规则 4.2 及《公约》要求的其他有关项目。

《公约》规定 ILO 各成员国在批准《公约》时，其对海员提供的社会保障的保护应至少应包括上述所列 9 个项目中的 3 个，对于居住在本国海员提供社会保障的保护必须不低于在其境内居住的岸上工人所享受的保护。

7. 海员签订的就业合同条款中包括社会保障项目吗？

是的，海员同船东订立海员就业协议时便已知晓所能获得社会保障的项目。《公约》规定在海员就业协议中，必须有船东提供给海员的健康津贴和社会保障保护津贴条款（标准 A2.1/4（h））。海员有通过缴费或不缴费的机制获得社会保障的权利，无论其居住地在哪里。

8. 船东和船长实施《公约》有关社会保障的要求，可采取哪些措施？

船东：执行船旗国实施《公约》要求的法律法规条款或其他有关规定，完善相应的管理规定并实施：

（1）完善向社会保障系统缴付保险费的规定并实施。

（2）同海员签署的海员就业合同中，明确所提供的社会保障保护项目。

（3）保持有关的规定、海员就业协议、集体谈判协议（如适用）、向社会保障系统缴费的单据等。

船长：有责任实施船东规定的制度，在船上保留适当的资料和记录，作为符合社会保障要求的证据：

（1）海员就业协议。

（2）集体谈判协议（如适用）。

（3）向社会保障系统缴付或扣款的凭证信息等。

【课后自测】
1. 简述 2006 国际海事劳工公约的内容组成。
2. 根据 MLC2006 标题二规定，简述海员就业协议应该包括的细节。
3. 简述海员带薪年假"假期权利"的计算方法。
4. 简述船东的责任。
5. 简述职业事故、伤害和疾病的规定。

任务3 劳动合同法解读

教学目标

◎ 能力目标:(1)能正确解读《中华人民共和国劳动合同法》;(2)能根据《中华人民共和国劳动合同法》保护自身权益。

◎ 知识目标:掌握《中华人民共和国劳动合同法》的相关规定。

◎ 情感目标:(1)具备企业主人翁精神;(2)具备良好的职业道德。

【任务介绍】

一名船员从1995年开始一直在某航运公司工作,单位没有帮其交任何的社会保险,只断续签定了5年的船员聘用合同,分别是1995年8月1日到1998年7月31日,1998年8月1日到1999年12月31日,2007年1月1日到2007年12月31日,2008年开始没有再签劳动合同,目前该船员还在该单位上班。请分析现在该船员是否可以提出和该单位解除合同,如何操作?

【任务解析】

案例涉及劳动合同的订立、劳动合同的解除和终止条件。

【相关知识】

1. 劳动合同的订立

(1)用人单位自用工之日起即与劳动者建立劳动关系。

(2)用人单位招用劳动者时,应当如实告知劳动者工作内容、工作条件、工作地点、职业危害、安全生产状况、劳动报酬,以及劳动者要求了解的其他情况;用人单位有权了解劳动者与劳动合同直接相关的基本情况,劳动者应当如实说明。

(3)用人单位招用劳动者,不得扣押劳动者的居民身份证和其他证件,不得要求劳动者提供担保或者以其他名义向劳动者收取财物。

(4)建立劳动关系,应当订立书面劳动合同。

(5)劳动合同分为固定期限劳动合同、无固定期限劳动合同和以完成一定工作任务为期限的劳动合同。

①固定期限劳动合同,是指用人单位与劳动者约定合同终止时间的劳动合同。

②无固定期限劳动合同,是指用人单位与劳动者约定无确定终止时间的劳动合同。

③以完成一定工作任务为期限的劳动合同,是指用人单位与劳动者约定以某项工作的完成为合同期限的劳动合同。

(6)劳动合同由用人单位与劳动者协商一致,并经用人单位与劳动者在劳动合同文本上签字或者盖章生效。

(7)劳动合同文本由用人单位和劳动者各执一份。

2. 劳动合同条款

(1)用人单位的名称、住所和法定代表人或者主要负责人。

(2)劳动者的姓名、住址和居民身份证或者其他有效身份证件号码。

(3)劳动合同期限。

(4)工作内容和工作地点。

(5)工作时间和休息休假。

(6)劳动报酬。

(7)社会保险。

(8)劳动保护、劳动条件和职业危害防护。

(9)法律、法规规定应当纳入劳动合同的其他事项。

劳动合同除前款规定的必备条款外,用人单位与劳动者可以约定试用期、培训、保守秘密、补充保险和福利待遇等其他事项。

3. 劳动合同的解除

(1)用人单位与劳动者协商一致,可以解除劳动合同。

(2)劳动者提前三十日以书面形式通知用人单位,可以解除劳动合同。劳动者在试用期内提前三日通知用人单位,可以解除劳动合同。

(3)用人单位有下列情形之一的,劳动者可以解除劳动合同:

①未按照劳动合同约定提供劳动保护或者劳动条件的。

②未及时足额支付劳动报酬的。

③未依法为劳动者缴纳社会保险费的。

④用人单位的规章制度违反法律、法规的规定,损害劳动者权益的。

⑤因本法第二十六条第一款规定的情形致使劳动合同无效的。

⑥法律、行政法规规定劳动者可以解除劳动合同的其他情形。

(4)用人单位以暴力、威胁或者非法限制人身自由的手段强迫劳动者劳动的,或者用人单位违章指挥、强令冒险作业危及劳动者人身安全的,劳动者可以立即解除劳动合同,不需事先告知用人单位。

(5)劳动者有下列情形之一的,用人单位可以解除劳动合同:

①在试用期间被证明不符合录用条件的。

②严重违反用人单位的规章制度的。

③严重失职,营私舞弊,给用人单位造成重大损害的。

④劳动者同时与其他用人单位建立劳动关系,对完成本单位的工作任务造成严重影响,或者经用人单位提出,拒不改正的。

⑤劳动合同无效的。

⑥被依法追究刑事责任的。

(6)有下列情形之一的,用人单位提前三十日以书面形式通知劳动者本人或者额外支付劳动者一个月工资后,可以解除劳动合同:

①劳动者患病或者非因工负伤,在规定的医疗期满后不能从事原工作,也不能从事由用人单位另行安排的工作的。

②劳动者不能胜任工作,经过培训或者调整工作岗位,仍不能胜任工作的。

③劳动合同订立时所依据的客观情况发生重大变化,致使劳动合同无法履行,经用人单位与劳动者协商,未能就变更劳动合同内容达成协议的。

4. 劳动合同终止

(1)劳动合同期满的。

(2)劳动者开始依法享受基本养老保险待遇的。

(3)劳动者死亡,或者被人民法院宣告死亡或者宣告失踪的。

(4)用人单位被依法宣告破产的。

(5)用人单位被吊销营业执照、责令关闭、撤销或者用人单位决定提前解散的。

(6)法律、行政法规规定的其他情形。

【任务实施】

根据《中华人民共和国劳动法》第三十八条第一款第(三)项规定单位没有依法为劳动者缴纳社会保险费的,劳动者可以跟单位解除合同。

劳动者在提出解除劳动合同的同时,还应该要求单位补交自1995年5月以来的社会保险,并根据第四十六条规定,要求用人单位向劳动者支付经济补偿。

【任务小结】

通过本任务训练,可以使学生较好地掌握《中华人民共和国劳动合同法》的相关规定,提高劳动纠纷处理能力,依法维护个人权益。

【知识链接】

1. 劳动合同订立的原则

遵循合法、公平、平等自愿、协商一致、诚实信用的原则。

2. 试用期

(1)劳动合同期限三个月以上不满一年的,试用期不得超过一个月。

(2)劳动合同期限一年以上不满三年的,试用期不得超过两个月。

(3)三年以上固定期限和无固定期限的劳动合同,试用期不得超过六个月。

(4)同一用人单位与同一劳动者只能约定一次试用期。

(5)试用期包含在劳动合同期限内。

3. 劳务派遣

(1)劳务派遣单位应当依照公司法的有关规定设立,注册资本不得少于五十万元。

(2)劳务派遣单位是本法所称用人单位,应当履行用人单位对劳动者的义务。

(3)劳务派遣单位应当与被派遣劳动者订立二年以上的固定期限劳动合同,按月支付劳动报酬;被派遣劳动者在无工作期间,劳务派遣单位应当按照所在地人民政府规定的最低工资标准,向其按月支付报酬。

(4)劳务派遣单位派遣劳动者应当与接受以劳务派遣形式用工的单位(以下称用工单位)订立劳务派遣协议。劳务派遣协议应当约定派遣岗位和人员数量、派遣期限、劳动报酬和社会保险费的数额与支付方式以及违反协议的责任。

(5)用工单位应当根据工作岗位的实际需要与劳务派遣单位确定派遣期限,不得将连续用工期限分割订立数个短期劳务派遣协议。

1.无效劳动合同

(1)以欺诈、胁迫的手段或者乘人之危,使对方在违背真实意思的情况下订立或者变更劳动合同的。

(2)用人单位免除自己的法定责任、排除劳动者权利的。

(3)违反法律、行政法规强制性规定的。

2.不得解除劳动合同的保护条款

(1)从事接触职业病危害作业的劳动者未进行离岗前职业健康检查,或者疑似职业病病人在诊断或者医学观察期间的。

(2)在本单位患职业病或者因工负伤并被确认丧失或者部分丧失劳动能力的。

(3)患病或者非因工负伤,在规定的医疗期内的。

(4)女职工在孕期、产期、哺乳期的。

(5)在本单位连续工作满十五年,且距法定退休年龄不足五年的。

(6)法律、行政法规规定的其他情形。

3.用工单位的义务

(1)执行国家劳动标准,提供相应的劳动条件和劳动保护。

(2)告知被派遣劳动者的工作要求和劳动报酬。

(3)支付加班费、绩效奖金,提供与工作岗位相关的福利待遇。

(4)对在岗被派遣劳动者进行工作岗位所必需的培训。

(5)连续用工的,实行正常的工资调整机制。

【课后自测】

1.简述劳动合同订立的注意事项。

2.简述劳动合同订立的条款。

3.简述用人单位解除劳动者劳动合同的三种形式。

4.简述劳动合同终止的几种情况。

任务4 船员条例解读

教学目标

◎ **能力目标**:(1)能正确解读《中华人民共和国船员条例》;(2)能较好履行条例并运用法律维护船员权益。

◎ **知识目标**:掌握《中华人民共和国船员条例》基本内容。

◎ **情感目标**:(1)具备良好的责任意识;(2)具备团队合作精神。

【任务介绍】

讨论《中华人民共和国船员条例》的实施对保障船员合法权益的影响。

【任务解析】

(1)了解《中华人民共和国船员条例》的制定原因和重要意义；

(2)掌握《中华人民共和国船员条例》相关条款内容。

【相关知识】

1. 船员

船员是指依照本条例的规定经船员注册取得船员服务簿的人员,包括船长、高级船员、普通船员。

2. 高级船员

高级船员是指依照本条例的规定取得相应任职资格的大副、二副、三副、轮机长、大管轮、二管轮、三管轮、通信人员以及其他在船舶上任职的高级技术或者管理人员。

3. 船员注册条件

(1)年满 18 周岁(在船实习、见习人员年满 16 周岁)但不超过 60 周岁。

(2)符合船员健康要求。

(3)经过船员基本安全培训,并经海事管理机构考试合格。

申请注册国际航行船舶船员的,还应当通过船员专业外语考试。

4. 船员服务簿

(1)船员服务簿是船员的职业身份证件,应当载明船员的姓名、住所、联系人、联系方式以及其他有关事项。

(2)船员服务簿记载的事项发生变更的,船员应当向海事管理机构办理变更手续。

5. 海事管理机构应当注销船员注册的情形

(1)死亡或者被宣告失踪的。

(2)丧失民事行为能力的。

(3)被依法吊销船员服务簿的。

(4)本人申请注销注册的。

6. 船员适任证书申请条件

(1)已经取得船员服务簿。

(2)符合船员任职岗位健康要求。

(3)经过相应的船员适任培训、特殊培训。

(4)具备相应的船员任职资历,并且任职表现和安全记录良好。

7. 海员证

以海员身份出入国境和在国外船舶上从事工作的中国籍船员,应当向国家海事管理机构指定的海事管理机构申请中华人民共和国海员证。

申请中华人民共和国海员证,应当符合下列条件:

(1)是中华人民共和国公民。

(2)持有国际航行船舶船员适任证书或者有确定的船员出境任务。

(3)无法律、行政法规规定禁止出境的情形。

中华人民共和国海员证是中国籍船员在境外执行任务时表明其中华人民共和国公民身份

的证件。中华人民共和国海员证遗失、被盗或者损毁的,应当向海事管理机构申请补发。船员在境外的,应当向中华人民共和国驻外使馆、领馆申请补发。

中华人民共和国海员证的有效期不超过 5 年。

8. 船员职业保障

(1)船员用人单位和船员应当按照国家有关规定参加工伤保险、医疗保险、养老保险、失业保险以及其他社会保险,并依法按时足额缴纳各项保险费用。

船员用人单位应当为在驶往或者驶经战区、疫区或者运输有毒、有害物质的船舶上工作的船员,办理专门的人身、健康保险,并提供相应的防护措施。

(2)船舶上船员生活和工作的场所,应当符合国家船舶检验规范中有关船员生活环境、作业安全和防护的要求。

船员用人单位应当为船员提供必要的生活用品、防护用品、医疗用品,建立船员健康档案,并为船员定期进行健康检查,防治职业疾病。

船员在船工作期间患病或者受伤的,船员用人单位应当及时给予救治;船员失踪或者死亡的,船员用人单位应当及时做好相应的善后工作。

(3)船员用人单位应当依照有关劳动合同的法律、法规和中华人民共和国缔结或者加入的有关船员劳动与社会保障国际条约的规定,与船员订立劳动合同。

船员用人单位不得招用未取得本条例规定证件的人员上船工作。

(4)船员工会组织应当加强对船员合法权益的保护,指导、帮助船员与船员用人单位订立劳动合同。

(5)船员用人单位应当根据船员职业的风险性、艰苦性、流动性等因素,向船员支付合理的工资,并按时足额发放给船员。任何单位和个人不得克扣船员的工资。

船员用人单位应当向在劳动合同有效期内的待派船员,支付不低于船员用人单位所在地人民政府公布的最低工资。

(6)船员在船工作时间应当符合国务院交通主管部门规定的标准,不得疲劳值班。

船员除享有国家法定节假日的假期外,还享有在船舶上每工作 2 个月不少于 5 日的年休假。

船员用人单位应当在船员年休假期间,向其支付不低于该船员在船工作期间平均工资的报酬。

9. 船员在船工作期间,有下列情形之一的,可以要求遣返:

(1)船员的劳动合同终止或者依法解除的。

(2)船员不具备履行船上岗位职责能力的。

(3)船舶灭失的。

(4)未经船员同意,船舶驶往战区、疫区的。

(5)由于破产、变卖船舶、改变船舶登记或者其他原因,船员用人单位、船舶所有人不能继续履行对船员的法定或者约定义务的。

10. 船员遣返地点选择

(1)船员接受招用的地点或者上船任职的地点。

(2)船员的居住地、户籍所在地或者船籍登记国。

(3)船员与船员用人单位或者船舶所有人约定的地点。

《中华人民共和国船员条例》对保障船员合法权益作了7个方面的具体规定：

条例针对现实存在的我国船员合法权益保护不够的问题,借鉴国际劳工组织和国际海事组织关于船员保护有关公约的规定,从以下7个方面对船员合法权益的保护作了规定：

(1)明确了船员用人单位和船员应当按照国家有关规定参加工伤保险、医疗保险、养老保险、失业保险以及其他社会保险,并依法按时足额缴纳各项保险费用。

(2)明确了船员生活和工作的场所应当符合国家船舶检验规范中有关船员生活环境、作业安全和防护的要求。

(3)明确了船员服务机构向船员用人单位提供船舶配员服务时,应当督促船员用人单位与船员依法订立劳动合同。

(4)明确了船员用人单位应当根据船员职业的风险性、艰苦性、流动性等因素,向船员支付合理的工资,并按时足额发放给船员,任何单位和个人不得克扣船员的工资。

(5)明确了船员用人单位应当向在劳动合同有效期内的待派船员,支付不低于船员用人单位所在地人民政府公布的最低工资。

(6)明确了船员除享有国家法定的节假日外,还享有在船舶上每工作2个月不少于5日的年休假,船员用人单位应当向在年休假期的船员,支付不低于船员在船服务期间平均工资的报酬。

(7)明确了船员要求遣返和选择遣返地点的权利。

【任务小结】

通过学习,学生能较好地掌握我国船员注册制度;船员任职资格制度;船员培训许可制度;船员上船应当完成相应的专业培训、特殊培训和适任培训等知识,并能应用船员条例保障船员合法权益。

【知识链接】

1.船员条例出台的主要原因

船员作为我国水路运输的最终实现者和水上交通安全的最终保障者,可以说,在保障水上交通安全、防治船舶污染环境、保障水路运输,促进对外贸易和国民经济发展等方面船员发挥着重要作用。

船员是水上交通安全和防治船舶污染环境的最终执行者,对水上人命和财产的安全以及防治船舶污染环境负有很大的责任。据国际海事界统计,水上交通事故中人为因素占了大约80%。这一统计结果促使了国内外海事界把控制人为因素提高到前所未有的高度。大家可能还对2006年2月3日埃及红海沉船事故记忆犹新,"萨拉姆98"号客轮2006年2月3日从沙特阿拉伯的杜巴港载着大约1400人穿越红海前往埃及的萨法杰港,中途船舱内起火,船员在救火过程中造成大量海水涌入船内造成船体失去平衡,客轮在短短几分钟内即沉入数百米深的红海海底,只有不到400人生还。"萨拉姆98"号客轮沉没尽管有多方面的原因,但船员灭火操作不当,沉没之际船员疏导不利、擅自逃生,这些都是"萨拉姆98"号客轮沉没的重要原因。因此,保障水上交通安全和防治船舶污染环境,船员是关键。

随着国民经济的持续发展和内外贸经济的大幅增长,水路运输的供给总量不足,从而拉动了水路运输的需求,也给水路运输的发展带来了难得的机遇,水路运输的基础性地位更加巩固。进入"十一五"后增长更快,2006年水路运输完成客运量、旅客周转量、货运量、货物周转量分别为 2.1 亿人次、74.9 亿人公里、24.4 亿吨和 53908 亿吨公里;全国港口完成吞吐量 56 亿吨,完成集装箱吞吐量 9300 万标准箱;上海港货物吞吐量达到 5.37 亿吨,连续 3 年保持世界第一。我国目前已经有 12 个亿吨大港。我国港口货物吞吐量和集装箱吞吐量连续 4 年稳居世界第一。船员是水路运输的最终实现者,没有船员的努力和贡献,水路运输不可能顺利实现。

我国海疆辽阔,岸线漫长,与世界大多数国家尤其是发达国家远隔重洋,这就注定了我国外贸运输要长期以海上运输为主。"没有海员的贡献,世界上一半的人会受冻,另一半人会挨饿",这是国际海事组织对海员的评价,足以说明海员在促进全球经济一体化和世界贸易发展中所起的举足轻重的作用。近年来,我国对外贸易稳步增长,2005 年达 14221.2 亿美元,2006 年达到 17607 亿美元,继续稳居全球贸易第三位,其中 93% 以上的对外贸易货物是通过海上运输完成。我国国民经济和对外贸易的快速发展离不开水上运输提供的保障,更是离不开船员的努力和贡献。

石油是很多国家安全体系中的重要组成部分。第二次世界大战后,世界经济曾因石油危机发展过三次大的动荡,为争夺石油资源,国家与民族之间不断发生冲突,甚至不惜使用武力。随着经济的快速发展,我国对石油的需求越来越大,石油日益成为关系到国家安全的重要战略资源。我国自 1993 年成为石油净进口国以来,石油需求量持续增长,2006 年进口原油已近 1.5 亿吨,据国际能源机构预测,我国 2015 年、2020 年原油消费总量分别为 4.0 亿吨、4.5 亿吨,原油缺口分别为 2.0 亿吨和 2.7 亿吨。从运输通道来看,90% 以上的原油进口依赖海上运输,2006 年,我国沿海石油运输量达 4.3 亿吨。因此,船员作为水上运输的关键一环,对保障石油等重要战略物资的运输安全,保障国家安全,发挥着十分重要的作用。

2. 船员条例出台的重要意义

(1)体现了中国海事管理与国际先进海事管理理念的接轨。《船员条例》的出台,不仅在形式上填补了我国海事法律体系的一块空白,更在实质上实现了中国海事管理与现代国际海事管理理念的接轨。船员可以带薪休假,享有受遣返的权利,在医疗、保险等方面享有特殊的待遇,在居住、伙食、休息等方面应得到充分保障等,这些都是《2006 年海事劳工公约》规定的重要内容。《2006 年海事劳工公约》是 2006 年在国际劳工组织 94 届大会上通过的新的公约,被称为船员的权利法案。据专家估计,公约将在 3~5 年内生效。公约刚通过,我国就通过国内立法履行公约的核心内容,彰显出目前我国海事管理的履约能力已经走在世界的前列。

(2)体现了国家对船员工作、航运事业发展的高度重视。我国正进行着以科学发展观为统领,构建社会主义和谐社会的政治、经济、社会和文化建设,这四位一体的建设中,"以人为本"是其中的一项核心内容。"以人为本",就是"要体现人性,要考虑人情,要尊重人的劳动,不能超越人的发展阶段,不能忽视人的需要"。对于航运业来说,"以人为本"的一个重要方面就是要体现以船员为本,因为船员是水上交通中最活跃、最复杂、最重要的因素。《船员条例》将保障水上交通安全作为立法宗旨,同时专门规定了"船员的职业保障"一章,充分体现了我国政府以人为本、关注民生的执政理念。

(3)从行业层面看,规范的船员工作,将为保障水上交通安全和防治船舶污染以及促进航运业的健康发展创造积极的条件。

《船员条例》的出台,填补了海事法律的一块空白,结束了船员管理无系统法规可依的历史,完善了船员保护和管理制度;有利于提高船员的劳动保护和社会保障待遇;有利于维护船员的合法权益和身心健康;有利于提高船员的适任能力和综合素质;有利于规范船员流动和管理市场;有利于我国船员走向国际。必将为保障水上交通安全和防治船舶污染环境,以及促进航运事业又好又快发展,创造良好的条件。

(4)从船员自身层面看,规范的管理、公平的环境、充分的保障将使船员职业成为其实现自身价值的理想行业。

船员职业就业环境的好坏是决定船员能否人尽其才的一个重要因素,而创造一个公平的就业环境是政府监管部门义不容辞的责任。《船员条例》规定了船员服务机构的资质要求,明确了船员服务机构的职责,最大限度地规范了船员服务和就业市场,尽可能地为船员提供了一个公平的就业环境。此外,《船员条例》充分考虑了船员职业的特点,以大量的篇幅详细地载明了船员的职业保障要求,明确了法规赋予船员的权益,落实了船员职业保障的责任主体,解决了船员在船工作的后顾之忧。

严格的培训制度、公平的就业环境、充分的职业保障、先进的管理理念,权利与义务对等的管理制度,《船员条例》的实施,不仅能让现有的船员认真履行船员的责任和义务,安心本职工作,而且也能够吸引更多有才华的年轻人投身船员职业,从而推进船员事业的可持续发展,为航运和国民经济的持续、稳定、协调发展提供足够的人才支撑。

《中华人民共和国船员条例》共 8 章 73 条,分总则、船员注册和任职资格、船员职责、船员职业保障、船员培训和船员服务、监督检查、法律责任、附则。条例明确,制定这一条例旨在加强船员管理,提高船员素质,维护船员的合法权益,保障水上交通安全,保护水域环境。条例自2007 年 9 月 1 日起施行。

【拓展提高】

1. 培训机构从事船员培训条件

(1)有符合船员培训要求的场地、设施和设备。

(2)有与船员培训相适应的教学人员、管理人员。

(3)有健全的船员培训管理制度、安全防护制度。

(4)有符合国务院交通主管部门规定的船员培训质量控制体系。

2. 船员服务业务的机构条件

(1)在中华人民共和国境内依法设立的法人。

(2)有 2 名以上具有高级船员任职资历的管理人员。

(3)有符合国务院交通主管部门规定的船员服务管理制度。

(4)具有与所从事业务相适应的服务能力。

3. 船员有下列情形之一的,由海事管理机构处 1000 元以上 1 万元以下罚款;情节严重的,并给予暂扣船员服务簿、船员适任证书 6 个月以上 2 年以下直至吊销船员服务簿、船员适任证书的处罚:

(1)未遵守值班规定擅自离开工作岗位的。

(2)未按照水上交通安全和防治船舶污染操作规则操纵、控制和管理船舶的。

(3)发现或者发生险情、事故、保安事件或者影响航行安全的情况未及时报告的。

(4)未如实填写或者记载有关船舶法定文书的。

(5)隐匿、篡改或者销毁有关船舶法定证书、文书的。

(6)不依法履行救助义务或者肇事逃逸的。

(7)利用船舶私载旅客、货物或者携带违禁物品的。

4.船长有下列情形之一的,由海事管理机构处 2000 元以上 2 万元以下罚款;情节严重的,并给予暂扣船员适任证书 6 个月以上 2 年以下直至吊销船员适任证书的处罚:

(1)未保证船舶和船员携带符合法定要求的证书、文书以及有关航行资料的。

(2)未保证船舶和船员在开航时处于适航、适任状态,或者未按照规定保障船舶的最低安全配员,或者未保证船舶的正常值班的。

(3)未在船员服务簿内如实记载船员的服务资历和任职表现的。

(4)船舶进港、出港、靠泊、离泊,通过交通密集区、危险航区等区域,或者遇有恶劣天气和海况,或者发生水上交通事故、船舶污染事故、船舶保安事件以及其他紧急情况时,未在驾驶台值班的。

(5)在弃船或者撤离船舶时未最后离船的。

【课后自测】

1.简述船员注册条件。

2.简述船员条例中有关船员职业的保障情形。

3.简述船员条例的意义。

任务 5　船员适任考试、评估和发证规则解读

教学目标

◎ **能力目标:**(1)能正确解读海船船员考试、评估和发证规则;(2)能根据船员考试、评估和发证规则正确申报船员考试,履行规则有关规定。

◎ **知识目标:**熟悉掌握海船船员考试、评估、发证规则的有关规定。

◎ **情感目标:**(1)具备严谨的工作态度;(2)具备良好的职业道德;(3)具备团队合作精神。

【任务介绍】

开展一次甲类一等三管轮适任考试申请与审核。

【任务解析】

(1)掌握申请适任证书的报考条件及各适任证书船舶航区、等级、职务和职能并符合海事管理机构签注的船舶或主推进动力装置种类限制的服务等级和航区;

(2)掌握申请适任证书的考试,评估和发证的过程和要求;

(3)掌握对船员适任证书监管和持证人法律责任和义务。

【相关知识】

1.《中华人民共和国海船船员适任考试、评估和发证规则》

为了提高海船船员技术素质,规范取得《中华人民共和国海船船员适任证书》而进行的考试、评估以及适任证书、适任证书特免证明以及外国适任证书承认签证的签发与管理,交通部

于1997年11月5日发布《中华人民共和国海船船员适任考试、评估和发证规则》(97发证规则),并于1998年8月1日施行;2004年6月30号修订颁布了《中华人民共和国海船船员适任考试、评估和发证规则》(04发证规则),并于2004年8月1日起实施,97发证规则同时废止。

2010年6月21日至25日,国际海事组织(IMO)在马尼拉召开STCW公约缔约国外交大会,会议审议并通过了STCW公约马尼拉修正案及19项大会决议,该修正案于2012年1月1日生效,过渡期限为5年。为有效履行STCW公约马尼拉修正案,我国已经对"04规则"进行修订,形成了"11规则",该规则已于2012年3月1日生效。

2. 适任证书包含的基本内容

(1)持证人姓名、性别、出生日期、国籍、持证人签名及照片。

(2)证书等级、编号。

(3)有关国际公约的适用条款。

(4)持证人适任的航区、职务、职能。(航区分为无限航区和沿海航区)

(5)持证人适任的船舶种类、主推进动力装置、特殊设备操作等项目。

(6)发证日期和有效期截止日期。

(7)签发机关名称和签发官员署名。

(8)规定需要载明的其他内容。

3. 船员职务

根据服务部门分为:

(1)船长。

(2)甲板部船员。

(3)轮机部船员:轮机长、大管轮、二管轮、三管轮、电子电气员、高级值班机工、值班机工、电子技工,其中大管轮、二管轮、三管轮统称为轮机员。

(4)无线电操作人员。

4. 船员职能

根据分工分:

(1)航行。

(2)货物操作和积载。

(3)船舶作业和人员管理。

(4)轮机工程。

(5)电气、电子和控制工程。

(6)维护和修理。

(7)无线电通信。

根据技术要求分:

(1)管理级。

(2)操作级。

(3)支持级。

5. 取得适任证书,应当具备的条件

(1)持有有效的船员服务簿。

（2）符合国家海事管理机构规定的海船船员任职岗位健康标准。

（3）完成本规则附件规定的适任培训。

（4）具备本规则附件规定的海上任职资历，并且任职表现和安全记录良好。

（5）通过相应的适任考试。

6. 适任证书吊销

因违反海事行政管理规定被吊销适任证书者，自证书被吊销之日起 2 年后，通过低一职务的适任考试，并提交相应材料，向原签发适任证书的海事管理机构申请低一职务的适任证书。

海事管理机构对通过适任考试，且安全记录良好的，应当签发其相应的适任证书。

7. 适任考试

（1）海船船员的适任考试包括理论考试和评估

①理论考试以理论知识为主要考试内容，重点对海船船员专业知识的掌握和理解程度进行测试。

②评估通过对相应船舶、模拟器或者其他设备的操作，国际通用语言听力测验与口试等方式，重点对海船船员专业知识综合运用、操作及应急等能力进行技能测评。

（2）适任考试有科目或者项目不及格的，可以在初次适任考试准考证签发之日起 3 年内申请 5 次补考，逾期不能通过全部适任考试的，所有适任考试成绩失效。

（3）海事管理机构应当在考试结束后 30 日内公布成绩，适任考试成绩自全部理论考试和评估成绩均合格之日起 5 年内有效。

8. 特免证明

中国籍船舶在境外遇有不可抗力或者其他导致持证船员不能履行职务的特殊情况，无法满足船舶最低安全配员要求，需要由本船下一级船员临时担任上一级职务时，应当向海事管理机构申请签发特免证明。

申请轮机长、轮机员特免证明的，应当符合下列条件：

（1）申请船长、轮机长特免证明的，应当持有大副或者大管轮适任证书并在自申请之日起前 5 年内，具有不少于 12 个月的不低于其适任证书所记载船舶、航区、职务的任职资历，任职表现和安全记录良好，且船长、轮机长不能履行职务的情况是因不可抗力原因造成。

（2）申请大副、大管轮特免证明的，应当持有二副、二管轮适任证书，并在自申请之日起前 5 年内，具有不少于 12 个月的不低于其适任证书所记载船舶、航区、职务的任职资历，且任职表现和安全记录良好。

（3）申请二副、二管轮特免证明的，应当持有三副、三管轮适任证书，并在自申请之日起前 5 年内，具有不少于 12 个月的不低于其适任证书所记载船舶、航区、职务的任职资历，且任职表现和安全记录良好。

（4）申请三副、三管轮特免证明的，应当持有高级值班水手、值班水手或者高级值班机工、值班机工适任证书，并在自申请之日起前 5 年内，具有不少于 12 个月的不低于其适任证书所记载船舶、航区、职务的任职资历，任职表现和安全记录良好。

轮机长特免证明的有效期不超过 3 个月，轮机员特免证明有效期不超过 6 个月，一艘船舶上同时持特免证明的船长和高级船员总共不得超过 3 名。当事船舶抵达中国第一个港口后，特免证明自动失效。失效的特免证明应当及时缴回原签发的海事管理机构。

9. 承认签证

持有经修正的《1978 年海员培训、发证和值班标准国际公约》(以下简称 STCW 公约)缔约国签发的外国适任证书的船员在中国籍船舶上任职的,应当取得由国家海事管理机构签发的外国适任证书的承认签证。

(1)申请承认签证的,应当向国家海事管理机构提交下列材料:

①所属缔约国签发的适任证书原件。

②表明申请人符合 STCW 公约和所属缔约国有关船员管理规定的证明文件。

③申请人的海船船员身份证件。

(2)国家海事管理机构应当按照 STCW 公约和本规则规定的标准、条件等内容,对申请承认签证船员所属缔约国的有关船员管理制度从下列方面进行评价:

①有关船员适任培训、考试及发证制度是否符合 STCW 公约要求。

②是否按照 STCW 公约要求建立了有效的船员质量标准控制体系。

③船员适任条件等相关要求是否低于本规则规定的相关标准。

10. 航运公司及相关机构的责任

(1)航运公司及相关机构应当保证被指派任职的船员满足下列要求:

①持有适当、有效的适任证书,熟悉自身岗位职责。

②熟悉船舶的布置、装置、设备、工作程序、特性和局限性等相关情况。

③具有良好工作语言运用及沟通能力,确保在紧急情况下和执行安全、防污染和保安职能时,能够有效履行职责。

(2)航运公司及相关机构应当建立并完善船员培训制度,按照以下要求加强对本公司、机构船员的培训:

①按照国家海事管理机构的规定制定并执行有关培训、见习等方面的培训计划,并在培训、见习记录簿内如实填写或者记载。

②采取有效措施,确保应当由本公司、机构负责的其他各类船员培训有效实施。

(3)航运公司及相关机构应当备有完整、最新的船员管理法规和相关国际公约。航运公司及相关机构应当建立船员档案,对船员录用、培训、资历、健康状况以及有关船员考试、证书持有情况等信息进行连续有效的记录和管理,并确保可以供随时查询。

11. 监督管理

(1)有下列情形之一的,海事管理机构可以组织对船员适任能力进行考核:

①船舶发生碰撞、搁浅或者触礁的。

②在航行、锚泊或者靠泊时,从船上非法排放物质的。

③违反航行规则的。

④以其他危及海上人命、财产安全和海洋环境的方式操作船舶的。

对于①中所述情形对船员进行适任能力考核的,应当根据本规则规定的船员适任要求通过抽考、现场考核等方式进行,对于考核结果表明船员不再符合适任条件的,海事管理机构应当注销其适任证书或者承认签证。

(2)按照(1)被注销适任证书的船员,可以按照海事管理机构的要求参加低等级、职务或者航区的评估,海事管理机构签发与其考核结果相适应的适任证书。

12. 法律责任

（1）隐瞒有关情况或者提供虚假材料申请适任证书、特免证明、承认签证。海事管理机构不予受理，并给予警告；申请人在 1 年内不得再次申请与前次申请等级、职务资格、航区相同的适任证书、特免证明、承认签证。

（2）欺骗、贿赂等不正当手段取得适任证书、特免证明、承认签证。由签发证书的海事管理机构或者其上级海事管理机构吊销有关证书，并处 2000 元以上 2 万元以下的罚款。

（3）伪造、变造或者买卖适任证书、特免证明、承认签证。由海事管理机构收缴有关证书，处 2 万元以上 10 万元以下罚款，有违法所得的，还应当没收违法所得。

（4）船员未如实填写或记载培训、见习记录簿。由海事管理机构处 1000 元以上 1 万元以下罚款；情节严重的，并给予暂扣船员服务簿、船员适任证书 6 个月以上 2 年以下直至吊销船员服务簿、船员适任证书的处罚。

（5）船长未在船员服务簿内如实记载船员的服务资历和任职表现。由海事管理机构处 2000 元以上 2 万元以下罚款；情节严重的，并给予暂扣适任证书 6 个月以上 2 年以下直至吊销适任证书的处罚。

（6）违反本规则或者其他水上交通安全法规的规定，被海事管理机构吊销适任证书的，自被吊销之日起 2 年内，不得申请适任证书。

【任务实施】

1. 申请海船船员适任证书的，应当提交下列材料：

（1）海船船员适任证书申请表。

（2）船员服务簿。

（3）海船船员健康证书。

（4）身份证件。

（5）符合海事管理机构要求的照片。

（6）岗位适任培训证明或者航海教育毕业证书。

（7）船上见习记录簿。

（8）现持有的适任证书。

（9）专业技能适任培训合格证。

（10）适任考试的合格证明。

适任证书有效期不超过 5 年，有效期截止日期不超过持证人 65 周岁生日。

2. 适任证书等级分为

1）轮机长和轮机员适任证书等级分为：

（1）无限航区适任证书分为两个等级：

①一等适任证书：适用于主推进动力装置 3000 千瓦及以上的船舶。

②二等适任证书：适用于主推进动力装置 750 千瓦及以上至 3000 千瓦的船舶。

（2）沿海航区适任证书分为三个等级：

①一等适任证书：适用于主推进动力装置 3000 千瓦及以上的船舶。

②二等适任证书：适用于主推进动力装置 750 千瓦及以上至 3000 千瓦的船舶。

③三等适任证书：适用于未满 500 总吨或者主推进动力装置未满 750 千瓦的船舶。

2）高级值班水手、高级值班机工适任证书适用于 500 总吨及以上或者主推进动力装置 750 千瓦及以上的船舶。

3）值班水手、值班机工适任证书等级分为：

（1）无限航区适任证书适用于 500 总吨及以上或者主推进动力装置 750 千瓦及以上的船舶。

（2）沿海航区适任证书分为两个等级：

①一等适任证书：适用于 500 总吨及以上或者主推进动力装置 750 千瓦及以上的船舶。

②二等适任证书：适用于未满 500 总吨或者主推进动力装置未满 750 千瓦的船舶。

4）电子电气员和电子技工适任证书适用于主推进动力装置 750 千瓦及以上的船舶。

在拖船上任职的船长和甲板部船员所持适任证书等级与该拖船的主推进动力装置功率的等级相对应。

3. 适任证书再有效

（1）持有高级船员适任证书者在证书有效期内，满足下列条件之一，并经过与其职务相适应的知识更新培训，可以在适任证书有效期届满前 12 个月内向有相应管理权限的海事管理机构申请适任证书再有效：

①从申请之日起向前计算 5 年内具有与其适任证书所记载范围相应的不少于 12 个月的海上服务资历，且任职表现和安全记录良好。

②从申请之日起向前计算 6 个月内具有与其适任证书所记载范围相应的累计不少于 3 个月的海上服务资历，且任职表现和安全记录良好。

（2）未满足本规则第十五条规定的船长和高级船员，申请适任证书再有效的，应当符合下列规定：

①未满足（1）中规定，或者适任证书过期 5 年以内的，应当参加模拟器培训和知识更新培训，并通过相应的抽查项目的评估。

②适任证书过期 5 年及以上 10 年以下的，应当参加模拟器培训和知识更新培训，并通过相应的抽查科目的理论考试和项目的评估。

③适任证书过期 10 年及以上的，应当参加模拟器培训和知识更新培训，通过相应的抽查科目的理论考试和项目的评估，并在适任证书记载的相应航区、等级范围内按照《船上见习记录簿》规定完成不少于 3 个月的船上见习。

【任务小结】

通过任务训练，学生能较全面了解海船船员考试、评估和发证规则关于船员考试申报条件、提交材料等要求，掌握适任证书的类别、等级、职务和适用范围，正确履行船员适任考试、评估和发证的相关规定。

【知识链接】

名称解释

（1）海船，是指航行于海上以及江海直达的各类船舶，但不包括军事船舶、渔业船舶、体育运动船舶和非营业性游艇。

（2）无限航区，是指海上任何通航水域，包括世界各国的开放港口和国际通航运河及河流。

（3）沿海航区，是指我国沿海的港口、内水和领海以及国家管辖的一切其他通航海域。

（4）非运输船，是指工程船舶、拖船等不从事货物（或者旅客）运输的机动船舶。

（5）安全记录良好，是指自申请之日起向前计算 5 年内未发生负有主要责任的大事故及以上等级事故。

（6）实践教学，是指航海类院校或者培训机构组织实施的实验教学、工厂实习教学和船上实习。

（7）航运公司，是指船舶所有人、经营人、管理人或者光船承租人。

（8）相关机构，是指海船船员服务机构和海员外派机构。

【拓展提高】

"11 规则"中涉及的适任证书培训、海上任职资历和适任考试要求如表 4-2 所示。

申请海船船员适任证书的培训、海上任职资历和适任考试要求　　表 4-2

申请职务	培训		海上任职资历		适任考试	特别规定
	基本安全和专业技能适任培训	岗位适任培训	海上服务资历	船上见习		
值班机工	完成基本安全培训、精通救生艇筏和救助艇培训、保安意识培训和负有指定保安职责船员的培训	完成值班机工岗位适任培训		具有相应等级的船舶的不少于 6 个月的海上服务资历，其中至少应有 3 个月是在船上合格的高级船员或合格的支持级船员的直接监督之下履行了值班职责	通过相应的值班机工适任考试	未满 750 千瓦的船舶（特殊类型船舶除外）免除精通救生艇筏和救助艇培训
高级值班机工	完成基本安全培训、精通救生艇筏和救助艇培训、保安意识培训和负有指定保安职责船员的培训	完成高级值班机工岗位适任培训	担任值班机工满 18 个月		通过相应的高级值班机工适任考试	
三管轮	完成基本安全培训、精通救生艇筏和救助艇培训、高级消防培训、精通急救培训、保安意识培训和负有指定保安职责船员的培训	完成相应的三管轮岗位适任培训	担任值班机工或高级值班机工合计不少于 18 个月	在相应航区、等级或低一航区航区或低一等级的船舶上，在合格的高级船员的指导下履行了不少于 6 个月的机舱值班职责	通过三管轮适任考试	未满 750 千瓦的船舶（特殊类型船舶除外）免除精通救生艇筏和救助艇培训、高级消防培训、精通急救培训
二管轮	完成基本安全培训、精通救生艇筏和救助艇培训、高级消防培训、精通急救培训、保安意识培训和负有指定保安职责船员的培训	免除	担任三管轮 18 个月	免除	免除	未满 750 千瓦的船舶（特殊类型船舶除外）免除精通救生艇筏和救助艇培训、高级消防培训、精通急救培训

申请职务	培训		海上任职资历		适任考试	特别规定
	基本安全和专业技能适任培训	岗位适任培训	海上服务资历	船上见习		
大管轮	完成基本安全培训、精通救生艇筏和救助艇培训、高级消防培训、精通急救培训、保安意识培训和负有指定保安职责船员的培训	完成相应的大管轮岗位适任培训	担任二管轮12个月	在相应航区相应等级或低一等级的船舶上完成不少于3个月的船上见习	通过大管轮适任考试	未满750千瓦的船舶（特殊类型船舶除外）免除精通救生艇筏和救助艇培训、高级消防培训、精通急救培训
轮机长	完成基本安全培训、精通救生艇筏和救助艇培训、高级消防培训、精通急救培训、保安意识培训和负有指定保安职责船员的培训	完成相应的轮机长岗位适任培训	担任大管轮18个月	在相应航区、等级的船舶上完成不少于3个月的船上见习	通过轮机长适任考试	未满750千瓦的船舶（特殊类型船舶除外）免除精通救生艇筏和救助艇培训、高级消防培训、精通急救培训
电子技工	完成基本安全培训、精通救生艇筏和救助艇培训、保安意识培训和负有指定保安职责船员的培训	完成相应的电子技工岗位适任培训		具有不少于6个月的海上服务资历，其中至少应有3个月是在船上合格的高级船员或者合格的支持级船员的直接监督之下履行了职责	通过电子技工适任考试	
电子电气员	完成基本安全培训、精通救生艇筏和救助艇培训、高级消防培训、精通急救培训、保安意识培训和负有指定保安职责船员的培训	完成相应的电子电气员岗位适任培训	担任电子技工满18个月	在相应等级的船舶上完成不少于6个月的船上见习	通过电子电气员适任考试	

1. 海上服务资历

海船船员须在参加岗位适任培训前取得：

(1)申请无限航区适任证书职务晋升所要求的海上服务资历至少有6个月是在无限航区的船舶上任职，其余时间可以在沿海航区的船舶上任职。

(2)高级船员船上见习需在适任考试所有科目和项目全部通过后进行，并在船上见习记录簿中记载。

(3)申请适任证书的航区扩大或者功率提高的，可以免予船上见习。

申请航区扩大者，应当持有有效的沿海航区相同船舶等级和职务的适任证书，并实际担任其职务不少于12个月，并完成相应的岗位适任培训。

申请功率提高者，应当持有有效的与所申请的功率较低一级但航区和职务相同的适任证书，并实际担任其职务满12个月，并完成相应的岗位适任培训。

2. 接受航海类教育和岗位适任培训的学员,可以按照以下情形参加适任考试:

(1) 接受不少于 2 年的全日制航海类中职/中专及以上教育的学生或者接受不少于 2 年三管轮、电子电气员岗位适任培训的学员,完成全部理论和实践教学内容后,可以相应地申请沿海航区三管轮、电子电气员的适任考试;或者具有不少于 12 个月的海上服务资历后,可以相应地申请无限航区三管轮、电子电气员适任考试。

(2) 接受全日制航海类高职/高专及以上教育的学生,或者完成全日制非航海类大专及以上教育并接受不少于 18 个月三管轮、电子电气员岗位适任培训的学员,完成全部理论和实践教学内容后,可以相应地申请无限航区三管轮、电子电气员的适任考试。

(3) 经国家海事管理机构认可,教育培训质量良好的航海院校的全日制航海类本科教育学生,完成全部理论和实践教学内容后,可以相应地申请无限航区二管轮的适任考试。

(4) 正在接受航海类教育的学生和三管轮、电子电气员岗位适任培训的学员,可以在毕业或者结业前 6 个月内相应地申请参加值班机工、电子技工适任考试,免于参加相应的值班机工、电子技工岗位适任培训。

接受航海类教育或者岗位适任培训的学员通过三管轮、二管轮适任考试后,应当在相应航区相应等级或者低一航区或者低一等级的船舶上完成不少于 12 个月的船上见习,其中至少应当有 6 个月是在高级船员的指导下履行了机舱值班职责;接受电子电气员航海类教育和适任培训的学员通过适任考试后,应当在相应等级的船舶上完成不少于 12 个月的船上见习。

【课后自测】

1. 简述船员适任证书的基本内容。
2. 简述航运公司的基本职责。
3. 简述三管轮船上见习要求。
4. 简述参加三管轮适任证书考试应提交的申报材料。

任务6 海船船员值班规则解析

教学目标

◎ 能力目标:(1)能正确解读《中华人民共和国海船船员值班规则》;(2)能履行轮机值班职责和驾驶、轮机联系值班制度;(3)能应用《中华人民共和国海船船员值班规则》分析事故。

◎ 知识目标:(1)掌握各种不同环境条件下的轮机值班职责;(2)掌握轮机值班职责和驾驶、轮机联系值班制度。

◎ 情感目标:(1)具备严谨的工作态度;(2)具备良好的职业道德;(3)具备团队合作精神。

【任务介绍】

2004 年 12 月 31 日 01:20 时,"东鸿 8"轮装载 212 个集装箱离开上海关港码头,目的港蛇口,中途兼靠温州七里港码头装卸部分标准箱。

2005年1月2日11:20时,该轮在黄大岙锚地换轻油备车进港(当时备右锚,船长虞××在驾驶台指挥,三副王××值班,水手胡××操舵,轮机长杨××在机舱值班,主机操纵采用驾控方式),航速9~10节。13:20时许,抵达七里港水域时(距离3-1灯浮1海里左右),船长下令停车淌航(主机转速220转/分钟左右),把定航向280°。13:25时,抵达七里港码头1号泊位对开水域250米处,航速5节左右,船长令右舵20、下右锚1节入水,然后令微速退,准备掉头顶流靠码头2号泊位。此时发现驾驶台操纵面板上倒车指示灯不亮,主机转速表显示为零,主机自动熄火。于是船长叫三副电话通知机舱,要求尽快抢修,重新起动主机,同时下令右锚2节入水。13:28时左右,主机重新启动(当主机自动熄火后,轮机长立即从集控室跑到机旁,由于其不熟悉该轮主机的操作程序,导致无法起动主机。待正在舵机房巡查的大管轮得知情况后跑到机旁,将主机操纵方式置于机控状态,重新起动主机,然后又转为驾控状态,转速220转/分钟)。船长再次指令倒车,但倒车指示灯又不亮,主机转速表再次归零,主机再次熄火。此时该轮距离码头50米左右,船长令下左锚。13:30时许,当左锚2节入水时,该轮艏触碰七里港码头2号泊位,碰角70~80度,造成直接经济损失约280万元。

然后大管轮叫轮机长电话通知驾驶台要求转换成机控操作,并调高主机怠速至235转/分钟,重新起动主机并正常运行,该轮离开码头后重新安全靠泊码头2号泊位。

请根据《中华人民共和国海船船员值班规则》分析以上事故,明确相关船员责任。

【任务解析】

1. 船舶情况

该轮主机操纵方式采用气电遥控装置:由广柴生产的G8320型船用主机及杭齿生产的GWC52.59型气控换向齿轮箱组成的主推进系统,可在驾驶室遥控主机调速和齿轮箱换向,也可关闭遥控系统气源,按照应急车钟指令直接由机舱手操主机调速和齿轮箱机旁换向阀。

该船于2004年3月23日经浙江省船舶检验局宁波船检处附加检验合格,《海上货船适航证书》编号200431350218,有效期至2005年2月12日。

2. 船舶配员及主要当事人情况

本航次该轮持证船员13人,配员符合该轮的《船舶最低安全配员证书》要求。

虞××,男,1952年1月12日出生,籍贯浙江,持舟山海事局2002年9月12日签发的丙类3000总吨及以上船舶的船长证书,在该船任船长职务2个月,事发时在驾驶台指挥操纵。

王××,男,1976年12月17日出生,籍贯河南,持广东海事局2003年11月13日签发的甲类3000总吨及以上船舶的三副证书,在该船任三副职务半个月,事发时在驾驶台值班。

杨××,男,1959年3月11日出生,籍贯浙江,持宁波海事局2002年1月15日签发的丙类主推进动力装置750至3000千瓦船舶的轮机长证书,在该船任轮机长职务6个月,事发时在机舱值班。

【相关知识】

1. 中华人民共和国海船船员值班规则

为加强海船船员值班管理,防止船员疲劳操作,保障海上人命与财产安全,保护海洋环境,根据《中华人民共和国海上交通安全法》和《中华人民共和国海洋环境保护法》等有关法律、法规的规定,以及国际海事组织1995年修正的《1978年海员培训、发证和值班标准国际公约》和国际电信联盟《无线电规则》的要求,1997年10月20日,交通部颁布第11号令,《中华人民共和国海船船员值班规则》自1998年1月1日起施行。

2. 轮机值班应遵守的原则

(1)值班轮机员。负责轮机值班的轮机员是轮机长的代表,在任何时候,主要负责对影响船舶安全的机械设备进行安全有效的操作和保养,并根据需要,负责值班责任范围内的一切机械设备的检查、操作和测试,确保在任何时候均能保证安全值班。

(2)值班安排。在任何时候,轮机值班的组成应确保影响船舶安全操作的所有机器的安全运转,不论是自动还是手动操作,都应适合当时的环境和条件。

在决定轮机值班人员组成时,可包括合适的普通船员在内,并对下列因素应特别予以考虑:

①船舶类型、机器类型和状况。

②对影响船舶安全运行的机器置于充分的监管之下。

③由于情况的变化,如天气、冰区、污染水域、浅水水域、各种紧急情况、船损控制或消除污染而采用的特殊操作方式。

④值班人员的资格和经验。

⑤人命、船舶、货物和港口的安全及环境保护。

⑥遵守有关国际公约、国家法规和当地规章。

⑦保持船舶正常运行。

(3)值班交接。值班轮机员如有理由认为接班轮机员显然不能有效地执行值班任务时,不应向接班轮机员交班,并立即向轮机长报告;接班轮机员应确信本班人员完全有能力能够有效地完成各自的任务。

轮机值班人员在接班之前,应对下列情况了解清楚:

①轮机长关于船舶系统和机器运转的常规命令和特别指示。

②所有机器及系统运行的工作状况、参与涉及人员以及潜在的危险。

③污水舱、压载舱、污油舱、备用舱、淡水柜、粪便柜等使用状况和液面高度以及对其中贮存物的使用或处理的特殊要求。

④在燃油备用舱、沉淀柜、日用油柜和其他燃油贮存设备中的燃油液位高度和使用状况。

⑤有关卫生系统处理的特殊要求。

⑥各种主、辅机系统(包括配电系统)的操作方式和运行状况。

⑦监控设备和手动操作设备的状况。

⑧蒸汽锅炉运行以及有关的设备状况和操作方式。

⑨由于恶劣天气、冰冻、被污染的水域或浅水引起的潜在不利条件。

⑩由于设备故障或危及船舶安全的情况而采取的特殊操作方式和应急措施。

接班轮机员应检查轮机日志,并核对与自己观察的情况一致时,方可接班。

3. 轮机值班职责

(1)值班轮机员应保证维持既定的正常值班安排。机舱值班的普通船员应协助值班轮机员使主、辅机安全和有效地运行。

(2)尽管轮机长在机舱,值班轮机员应继续对机舱工作全权负责,直到轮机长明确通知他轮机长已承担责任并经双方确认后为止。

（3）轮机值班的所有成员都必须熟悉被指派的值班职责，此外，每个成员对其服务的船舶还应掌握：

①恰当地使用内部通信系统的知识。

②机舱逃生途径的知识。

③机舱报警系统的知识，特别是关于辨别各种警报与二氧化碳警报的能力。

④有关机舱灭火设备的数量、位置、性能和使用的知识。

⑤船损堵漏工具的使用知识。

（4）在轮机值班开始时，应当对当时所有的机器工作情况、工况参数加以验证、分析，并保持在正常范围值。

（5）在值班期间值班轮机员应定期巡回检查机舱和舵机室，以便及时发现机器的故障和损坏情况，并执行其他一切需要的任务。

（6）任何运转失常的、预计将发生故障或需要特殊处理的机器，连同已经采取的措施应作详细记录。如果需要，应为进一步的措施拟出计划。

（7）对于有人值守的机舱，值班轮机员应随时能立即操纵推进设备，以适应变向和变速的需要。

（8）对于定期无人值守机舱的值班轮机员，在机舱呼叫照料时，应立即到达机舱。

（9）驾驶台的所有命令应迅速执行，对主推进装置的变向和变速应做出记录。当人工操作时，值班轮机员应保证主推进装置的操纵台前不间断地有人值守，并处于准备和操作状态。

（10）对所有机器的保养和维护所需要的物料和备件的供应应给予足够的注意，包括机械、电气、电子、液压和空气系统及其控制装置和与此相关的安全设备，所有舱室生活系统设备以及物料和备品的使用记录。

（11）轮机长应保证将值班时拟进行的预防性保养、控制损害或修理工作等情况通知负责值班的高级船员。对于属于值班责任内的拟处理的所有机器，负责轮机值班的高级船员应负责其隔离、旁通和调整，并将已进行的全部工作记录下来。

（12）当机舱处于备车状态时，值班轮机员应保证一切在操纵时可能用到的机器设备随时处于可用状态，并使电力有充足的储备，以满足舵机和其他需要。

（13）值班轮机员在值班期间不应再被分派或承担任何会妨碍其监管主推进系统及其辅助设备的其他任务，而应保证机器及设备处于经常的监管之下，直到正式交班为止。

（14）值班轮机员应告示其他值班人员有关对机器的潜在危险情况，以及危及人命和船舶安全的情况。

（15）值班轮机员应确保机舱在监管之下，一旦值班人员丧失值班能力，应安排替代人员。不能使机舱处于无人监管而无法手动操作和调节的失控状态。

（16）值班轮机员应采取必要的措施，以对付由于设备损坏、失火、进水、破裂、碰撞、搁浅和其他原因所引起的损害的影响。

（17）在下班前，值班轮机员应将值班中有关主、辅机发生的事情完整记录下来，并提醒接班人员注意。

（18）在进行一切预防性保养、损害控制或维修工作时，值班轮机员应与负责维修工作的轮机员合作，这些工作应包括但不局限于如下内容：

①对要进行工作的机器加以隔离和旁通。

②在维修期间，将其余的设备调节至充分和安全地发挥功能的状态。

③为了有利于接班人员的工作,在轮机日志或其他适当的文本上详细记录维修保养过的设备、参加人员和他们所采取的安全措施。

④必要时将已修理过的机器和设备进行测试、调整,投入使用。

(19)值班轮机员应确保在机舱从事维修工作的普通船员,在一旦自动设备失灵时,可协同对机器进行手动操作。

(20)值班轮机员应记住,为使船舶和船员的安全免遭任何威胁,在船舶推进系统发生故障引起速度变化或停止运转、舵机瞬间失灵或失效、机舱发生火灾、电站发生故障或类似这种威胁安全的其他情况时,应立即通知驾驶台。这种通知如有可能,应在采取行动之前完成,以便驾驶室有最充分的时间采取一切可能的措施来避免可能发生的海难。

(21)在遇到下列情况时,值班轮机员应立即通知轮机长:

①当机器发生故障或损坏,可能危及船舶的安全运行时。

②发生失常现象,经判断会引起推进机械、辅机、监视系统、调节系统的损坏或破坏时。

③发生紧急情况或对于采取什么措施和决定无把握时。

(22)除需要将上条所述情况报告轮机长以外,为了机器和船员的安全需要,值班轮机员可以立即毫不犹豫地采取措施。

(23)值班轮机员应将保证安全值班的一切适当指示和信息告知值班人员,日常的机器保养工作应纳入值班日常工作制度之内。详细的维修工作,包括全船的电气、机械、液压、气动或适用的电子设备的修理,应在轮机长和值班轮机员的监视下进行。这些修理应做记录。

4. 不同环境下的轮机值班

(1)值班轮机员应确保提供雾中声号用的持久的空气或蒸汽压力,并随时执行驾驶台的任何变速、变向的命令。此外,还应保证备妥用于操纵的一切辅助机械。

(2)值班轮机员当接到船舶进入拥挤水域中航行的通知时,应确保所有涉及船舶操纵的机器能即刻置于手动操作模式。值班轮机员还应保证有足够的备用动力,以供舵和其他操作要求所用。应急操舵和其他辅助设备应准备好可立即使用。

【任务实施】

1. 事故原因分析及船员责任

(1)船长操作不当导致主机熄火,船舶失控是事故发生的重要原因;该轮停车淌航时余速过快,尾轴仍在高速运转,驾驶台在主机怠速运转的情况下直接操纵倒车,负荷过大,导致主机自动熄火,船舶失控而触碰码头,违反了《中华人民共和国海船船员值班规则》第三十四条规定。

(2)轮机长不熟悉主机的操作程序,错失抢险时间是事故发生的另一重要原因。当主机第一次自动熄火后,在机舱值班的轮机长对该轮主机的气电遥控装置设备不了解,没有掌握操作技能,以致无法及时起动主机,待正在舵机房巡查的大管轮赶回重新起动主机,已错失宝贵的3分钟,此时船舶距离码头只有50米许,触碰已不可避免,违反了《中华人民共和国海船船员值班规则》第四十九条规定。

(3)船长没有运用良好的船艺,对当时的环境及意外情况作出充分地估计是事故发生的原因之一;在靠泊码头过程中,该轮船长没有对当时的风、流作出充分地估计,又未控制好船舶余速、姿态以及与码头的靠泊角度,并且只备好右锚,匆忙掉头靠码头,导致该轮在主机熄火、船舶失控后,以较快的速度和较大的冲力触碰码头,违反了《中华人民共和国海船船员值班规则》第二十九条规定。

(4)船长在紧急情况时采取措施不力也是事故发生的又一原因;在掉头靠码头的过程中,当主机熄火,船舶失控时,该轮船长只采取了下右锚 2 节入水的措施,未要求继续松链并及时抛下左锚,以降低船舶冲力,减少事故损失。

【任务小结】

通过任务训练,学生能较全面了解《中华人民共和国海船船员值班规则》有关内容,掌握不同环境下轮机员的值班原则和职责,并能根据值班规则进行海事事故分析和责任判定。

【知识链接】

1.港内值班原则

(1)正常情况下在港内系泊或锚泊的所有船上,为了安全,船长必须安排适当而有效的值班。对于具有特种形式的推进系统或辅助设备,以及对装载有危害的、危险的、有毒的、易燃的物品或其他特殊货物的船舶,还应按有关规定的特殊要求值班。

(2)船长应根据系泊情况、船舶类型和值班特点,配备足够的且具有熟练操作能力能够保持相关设备安全有效运转的值班船员。为了有效地值班,还应安排好必要的设备。

(3)船舶在港内停泊期间的值班安排应始终:

①确保人命、船舶、货物、港口和环境的安全,确保所有与货物作业有关的机械的安全操作。

②遵守国际的、船旗国的及港口国的规定。

③保持船上秩序和日常工作。

(4)停泊值班人员的组成,应包括一名值班驾驶员和至少一名水手。

(5)各船的轮机长应与船长商量,保证轮机值班的安排适合于保持在港轮机的安全值班。在决定轮机值班人员的组成时,应予考虑下列各点:

①必须保持有一名轮机员负责值班。

②推进功率为 750 千瓦及以上的船舶,必须安排至少一名机工协助值班轮机员值班。

③轮机员在负责值班期间,不应被分派或承担任何会妨碍其监管船上机械系统的其他任务。

(6)值班驾驶员或值班轮机员如有任何理由,认为接班的高级船员不能有效地履行其职责,则不应交班,并应报告船长或轮机长;接班高级船员应确保本班人员完全有能力并有效地履行他们的职责。

(7)在交接班时若正在进行重要操作,除非船长或轮机长另有指令,该操作应由交班的高级船员完成。

2.港内轮机值班职责

(1)当船舶在开敞的港外锚地或其他任何实际上是"在海上"的情况下,值班轮机员应保证:

①保持有效的值班。

②定时检查所有正在运转和处于准备状态的机器。

③按驾驶台命令使主、辅机保持准备状态。

④遵守适用的防污染规则,采取措施,防止污染海洋环境。

⑤所有损害控制和消防系统处于备用状态。

（2）在港内值班轮机员应特别注意：

①遵守其在值班范围内的一切命令，防范有关危险情况的特殊操作程序和规定。

②仪表和控制系统，对运行中的所有机械设备及系统的监测。

③为防止违反水上安全监督机关有关防污染规定所必须采取的技术、方法和处理程序。

④污水沟的情况。

（3）值班轮机员应：

①出现紧急情况而需要时，拉响警报并采取一切可能的措施避免船舶及其货物和船上人员遭受损害。

②了解驾驶员对装卸货物时所需设备的要求，以及对压载和船舶稳性控制系统的附加要求。

③经常巡查、分析可能发生的设备故障或损坏情况，并立即采取补救措施以确保船舶装卸货、港口及其周围环境的安全。

④保证在其职责范围内采取必要的预防措施，以避免船上各种电气、电子、液压、气动以及机械系统发生事故或损坏。

⑤将影响船上机械运转、调节或修理的所有重要事项，完整地记录下来。

【拓展提高】

1. 驾驶、轮机联系制度

（1）开航前。

①船长应提前24小时将预计开航时间通知轮机长，如停港不足24小时，应在抵港后立即将预计离港时间通知轮机长；轮机长应向船长报告主要机电设备情况、燃油和炉水存量；如开航时间变更，须及时更正。

②开航前1小时，值班驾驶员应会同值班轮机员核对船钟、车钟、试舵等，并分别将情况记入航海日志、轮机日志及车钟记录簿内。

③主机试车前，值班轮机员应征得值班驾驶员同意。待主机备妥后，机舱应通知驾驶台。

（2）航行中。

①每班下班前，值班轮机员应将主机平均转数和海水温度告知值班驾驶员，值班驾驶员应回告本班平均航速和风向风力，双方分别记入航海日志和轮机日志；每天中午，驾驶台和机舱校对时钟并互换正午报告。

②船舶进出港口，通过狭水道、浅滩、危险水域或抛锚等需备车航行时，驾驶台应提前通知机舱准备；如遇雾或暴雨等突发情况，值班轮机员接到通知后应尽快备妥主机。判断将有风暴来临时，船长应及时通知轮机长做好各种准备。

③如因等引航员、候潮、等泊等原因须短时间抛锚时，值班驾驶员应将情况及时通知值班轮机员。

④因机械故障不能执行航行命令时，轮机长应组织抢修并通知驾驶台速报船长，并将故障发生和排除时间及情况记入航海日志和轮机日志；停车应先征得船长同意，但若情况危急，不立即停车就会威胁主机或人身安全时，轮机长可立即停车并通知驾驶台。

⑤轮机部如调换发电机、并车或暂时停电，应事先通知驾驶台。

⑥在应变情况下，值班轮机员应立即执行驾驶台发出的信号，及时提供所要求的水、气、

汽、电等。

⑦船长和轮机长共同商定的主机各种车速,除非另有指示,值班驾驶员和值班轮机员都应严格执行。

⑧船舶在到港前,应对主机进行停、倒车试验,当无人值守的机舱因情况需要改为有人值守时,驾驶台应及时通知轮机员。

⑨抵港前,轮机长应将本船存油情况告知船长。

（3）停泊中。

①抵港后,船长应告知轮机长本船的预计动态,以便安排工作,动态如有变化应及时联系;机舱若需检修影响动车的设备,轮机长应事先将工作内容和所需时间报告船长,取得同意后方可进行。

②值班驾驶员应将装卸货情况随时通知值班轮机员,以保证安全供电。在装卸重大件或特种危险品或使用重吊之前,大副应通知轮机长派人检查起货机,必要时还应派人值守。

③如因装卸作业造成船舶过度倾斜,影响机舱正常工作时,轮机长应通知大副或值班驾驶员采取有效措施予以纠正。

④对船舶压载的调整,以及可能涉及海洋污染的任何操作,驾驶和轮机部门应建立起有效的联系制度,包括书面通知和相应的记录。

⑤每次添装燃油前,轮机长应将本船的存油情况和计划添装的油舱以及各舱添装数量告知大副,以便计算稳性、水尺和调整吃水差。

【课后自测】

1. 简述轮机值班应遵守的原则。
2. 简述轮机员的航行值班职责。
3. 简述不同航行状态下驾驶、轮机联系的注意事项。

任务7　轮机部船员职责解析

教学目标

◎ 能力目标:能较好地根据轮机部船员岗位职责开展工作。

◎ 知识目标:(1)掌握船员职责分工、责任明确的工作原则;(2)掌握轮机部船员尤其是三管轮的岗位职责。

◎ 情感目标:(1)具备良好的责任意识;(2)具备团队合作精神。

【任务介绍】

根据三管轮岗位职责,在轮机实训中心分组巡回检查一次三管轮主管的机电设备。

【任务解析】

任务实施需要学生熟练掌握三管轮分管的机电设备,并结合其他专业课关于这些设备维护保养和管理知识,开展检查活动。

【相关知识】

1. 三管轮职责

在轮机长和大管轮的领导下,熟悉和执行公司安全和质量方针,履行轮机值班职责,主管锅炉、甲板机械等设备,确保主管设备适航。

(1)值班。

①值班期间是轮机长的代表,应熟悉并遵守轮机值班,驾机联系制度以及航行安全、技术操作方面的规章。

②按照体系文件的要求履行航行和停泊值班职责。

③值班时,督促并指导值班机工的工作。

(2)主管设备。

①副锅炉、废气锅炉及附属系统及其电气控制系统。

②锚机、绞缆机动力系统及其电气控制系统。

③应急消防泵、消防水系统及其电气控制系统。

④救生艇发动机、吊艇机动力传动部件及其电气控制系统。

⑤油水分离器、焚烧炉、生活污水处理装置及其电气控制系统。

⑥污油舱柜、污水舱系统、附属设备及其电气设备和控制系统。

⑦起货机、装卸设备和开关舱等甲板机械、液压动力系统及其电气控制系统。

⑧雾笛、汽笛及其电气控制系统。

⑨压载水系统和舱底水系统及其电气控制系统。

⑩空调暖气装置、生活通风设备及其电气设备和控制系统。

(3)机舱管理。

①按维修保养计划指令对主管设备进行检查、试验、保养和维修,并将结果上报给轮机长。

②熟悉和执行主管设备的操作规程,并制定和完善相应的使用规定和注意事项,经轮机长批转后公布执行。

③负责锅炉水的化验,处理等操作管理。

④负责主管设备的备件管理。

⑤记载并保管《三管轮检修记录簿》。负责所属报表的填报、存档。

⑥负责保管主管设备的技术文件、技术资料、图纸和专用工具、专用仪器等。

(4)污油、污水、垃圾管理。

①负责污油、污水的收集、分离等操作管理。

②负责机舱垃圾的收集、分类、贮存等操作管理。

③按照轮机长的指示对污油、污水和垃圾进行处理,并将处理结果报轮机长,将垃圾焚烧情况报大副。

(5)船舶修理。

①拟定修理项目报送大管轮审核汇总。

②负责主管设备的修理项目和由大管轮安排的其他修理项目的自修、监修和验收。

(6)船舶应急。

在应急情况下,执行应急程序所规定的职责。

2. 二管轮职责

二管轮在轮机长和大管轮的领导下,熟悉和执行公司安全和环境保护方针,履行轮机值班职责,主管发电原机动等设备,确保主管设备适航。

(1)值班。

①值班期间是轮机长的代表,应熟悉并遵守轮机值班,驾机联系制度以及航行安全,技术操作方面的规章。

②按照体系文件的要求履行航行和停泊值班职责。

③值班时,督促并指导值班机工的工作。

(2)主管设备。

①发电原动机及其附属设备和系统。

②发电机组、电站、电网及其控制系统。

③应急发电机原动机及舱柜速闭系统,应急空压机及气瓶。

④应急发电机、应急电源及其控制系统。

⑤空压机及主副气瓶及控制系统。

⑥燃油舱柜、处理系统、附属设备及控制系统。

⑦制淡系统及控制系统。

⑧机舱及生活区的照明电路和电气设施。

⑨《船舶检修、养护责任分工》明细表规定的其他设备和轮机长指定的设备。

(3)机舱管理。

①负责对主管的设备按维修保养计划指令进行检查、试验、保养和维修,并将结果上报轮机长。

②熟悉和执行主管设备的操作规程,并制定和完善相应的使用规定和注意事项,经轮机长批准后公布执行。

③负责主管设备的备件管理。

④记载并保管《二管轮检修记录簿》。负责主管报表的报表、存档。

⑤负责保管主管设备的技术文件、技术资料、图纸和专用工具、专用仪器等。

⑥在海上航行时每天填写并与二副交换正午报告。

⑦负责编写"船舶溢油应变部署表"并上报。

(4)燃油管理。

①协助轮机长制定燃油加装计划。

②负责加装燃油的各项操作。

③负责燃油的驳运、净化分离等操作管理。

④负责燃油消耗的核算。航次结束后填写"燃油料消耗报告"并上报给轮机长。

【任务实施】

学生根据分组巡回检查三管轮主管机电设备,并有效结合船舶防污染、船舶安全检查等任务内容,强化岗位责任。

【任务小结】

通过本任务训练,可以使学生很好地掌握三管轮的岗位职责,并根据职责开展工作。

船员共同职责

（1）全体船员必须热爱祖国，热爱社会主义，拥护中国共产党，爱岗敬业，服从安排，坚守岗位，积极进取，开拓创新。

（2）全体船员应爱护船舶、机器、仪器、设备等国家财产，节约油、水、电，减少物料消耗，降低生产成本，提高经济效益。

（3）全体船员应自觉遵守安全操作规程；严格遵守国家政策法令；贯彻执行学校、公司的各项规章制度。

（4）全体船员必须严格遵守组织劳动纪律，关心集体，团结友爱，互相帮助，密切合作，把各部门的工作做好。

（5）全体船员应积极参加船上各项工作，讲究卫生，减少疾病，提高健康水平。

【拓展提高】

1. 轮机长

轮机长在船长和政委的领导下，熟悉和执行公司的安全和环境保护方针，对全船机械、动力、电气设备（无线电通信导航和由甲板部使用的电子仪器外）的操作和维护负总责，确保全船机电设备的适航。

（1）责任与权利。

①认真学习和熟悉相关的国际公约和船旗国、港口国及地区的有关法律、法规和要求。

②熟悉和执行公司的安全和环境保护方针。

③作为全船机电动力设备的技术总负责人，全面负责轮机部的安全生产业务及防污染工作，制定措施并监督落实，保证所有设备处于适航状态。

④做好轮机部船员的思想政治工作，搞好部门内部门间的团结与协作。

⑤负责监督执行轮机值班制度，确保机舱在任何时候保持安全值班，并保证值班人员的休息时间符合公约，防止疲劳操作。

⑥提供操作性指导，使值班轮机员有效履行其职责，保证海上安全，防止人员伤亡，避免对环境特别是海洋环境造成危害以及对财产造成损失。

⑦确认轮机部在整个航次任务内备有足够的燃润油、备件和物料。

⑧有权指定具体人员负责"船舶检修、养护责任分工"规定以外机电设备的管理。

⑨如发现在执行船长某项命令将导致机电动力设备损坏时，应将可能引起的后果告知船长，然后按船长的决定执行，并详细记入《轮机日志》。对本部门无法解决的问题，有责任报告船长，通过船长取得岸基支持。

（2）轮机管理。

①负责编制和调整全船机电设备及系统的维修保养计划并督促执行，对执行结果汇总记录，存档和上报。

②负责完善全船机电设备及系统的操作规程并监督执行。

③负责制定轮机部的降本增效措施，报船长审批后执行。

④监督轮机部的备件、物料的保管、使用、清点和造册等管理，及时做好记录，并将库存情况定期上报机务主管。负责审核备件和物料的申领。

⑤督促轮机员（电机员）对应急、防污染设备进行定期检查、试验和保养，保证这些设备始

终处于正常状态,将检查结果记录在《应急设备检修保养实验记录簿》上并签名确认。

⑥对主机、副机、锅炉、应急、防污染设备进行定期检查、实验和保养、检修时,在现场指导监督。

⑦任何时间机舱值班人员唤请时,尽快到现场进行指导。

⑧在船舶进出港口、靠离移泊、通过狭窄水道等特殊情况下,或船长提出特殊要求时,在机舱指导和监督值班人员的操作。

⑨定期组织轮机部的安全自查,如发现缺陷和不合格项应及时报告,并组织制定和落实预防或纠正措施。

⑩按照船长开航命令,组织轮机部人员做好防火、防爆、防偷盗、防走私、防毒品、防偷渡等安全责任保卫工作。

(3)人员管理和船上培训。

①根据船舶培训计划,轮机部人员及全船相关人员的业务学习和安全教育培训,应使本部门成员及全船相关人员在安全、应急、防污染、职业技术等方面的知识和技能得到更新和提高。计划的实施应记录存档。

②负责对轮机部人员的管理,督促轮机部人员认真履行职责,遵守规章和安全操作规程及有关安全和防污染方面的国际公约。

③监督轮机员交接班,并在其"交接班报告"上签字后存档。

④指导见习轮机长、见习大管轮按计划完成船上见习培训;对其业务能力和综合管理能力在见习报告上签署考评意见后,递交公司主管部门。

⑤了解新上岗轮机员的技术业务水平,对其进行设备熟悉、操作方法、规章制度等方面的训练和指导,使其能迅速地独立值班和正确操纵设备;督促轮机部新上岗人员熟悉岗位职责和安全管理体系文件,审核《新上岗人员体系熟悉确认表》后报船长。

⑥负责轮机部人员的业绩考核。对轮机部人员的技术业务水平和工作表现进行评估,并提出奖惩、任免建议。

⑦制定轮机部人员的休假计划,报送船长、政委审核、批准。

⑧负责组织轮机部的安全活动,并保存记录。

(4)防污染管理。

①审核二管轮编制的"船舶溢油应变部署表",报送船长签署并按船长命令进行演练。

②监督检查船舶防污染器材的品种、数量、配备和存放。

③监督移油操作时的器材配备、人员安排、围油槽和甲板落水孔的堵塞等防污染措施的落实。

④监督轮机部人员对污油、污水、垃圾进行收集、分离的操作。按船长命令,指示主管人员对污油、污水、垃圾进行处理。

⑤按规定记录、签署和保管《油类记录簿》并送船长签阅。

⑥督促轮机部人员保持主机、副机和锅炉处于良好工况,控制废气排放,防止大气污染。

(5)台账管理。

①负责有关设备证书,规章制度、函件、传真、修船计划及修理单等档案资料的审签、造册、保管等管理工作。

②负责机电设备有关证书、资料簿、技术图纸和说明书、检验报告、试验报告、检修和测量记录及各种机务报表等技术图书资料的审签、登记、保管等管理工作。任期内至少清点一次。

③负责保管燃润料加油收据、备件和物料单据发票、污油水排岸收据和证明、修理完工单等单证。

④负责填写《轮机检修记录簿》,负责主管机务报表的填表和存档。

⑤审阅并签署轮机部的《检修记录簿》。

⑥审阅、签署并保管《轮机日志》。

(6)报告事项。

①按规定向公司主管部门送报:

a)各种机务报表和维修保养计划执行情况报告。

b)机舱备件、物料的申领、入库、消耗和库存报表。

c)机电动力设备事故报告。

d)有关船级状态的报告。

e)有关设备安全和性能的特殊情况报告。

②开航前,填写并签署《轮机长出航准备报告》报船长。

③特殊操作前,向船长提出申请报告。

(7)燃润料管理。

①根据航次计划确定燃润料需求量,并提出申请计划报船长签署后,报船公司(或租船人)。

②与大副、主管轮机员拟定燃润料加装及使用计划。

③组织加油前的培训并记录。

④监督燃润料加装的操作过程。

⑤每天正午向船长报告燃润料的消耗与储存量。

⑥审核并签署"航次油料消耗报告"。

⑦监督轮机主管人员对燃润料的驳运、净化、分离和使用等操作。

(8)检验。

①负责船级社授权项目的代理检验,留存记录和有关证据。

②负责有关检验项目的申请。

(9)船舶修理。

①审核汇总轮机部修理项目,编制船舶修理单送船上审批并上报公司。

②督促轮机部人员做好修理前的准备工作,落实图纸、备件、物料、专用工具和人员分工;负责制定并监督落实修船期间轮机部的防火、防冻、防爆、防台、放进水、防污染、防盗、防工伤等安全防范措施。

③组织实施轮机部自修、监修和验收项目。

④现场监督重要机电设备和应急设备的拆装和验收。

⑤会同船长、大副检查螺旋桨、尾轴、通海阀、舵装置等水线以下的设施。

⑥经常向机务主管、船长汇报厂修、自修进度、力争节省修费、修期。

⑦负责审核签署完工单,保管各种修理单证。

⑧修船结束后,向主管部门汇报修船质量。

⑨提醒各主管人员收回厂方借用的专用工具和技术资料、图纸,避免丢失。

⑩船舶设备、结构发生重大变化时应及时报告船长,记入《船史簿》。

(10)接船。

①根据接船计划,安排轮机部人员做好接船前的各项准备工作。

②督促轮机部人员熟悉机电设备性能、技术指标和各种设备操作规程。

③组织轮机部人员清点各种属具、备件、工具、物料以及图纸和说明书等技术资料。

④组织轮机部人员做好试车、试航和各项设备的验收工作。

⑤备妥开航必需的燃润料、备件和物料。

(11)交船。

①负责机电设备技术状况和操作方法的移交管理。

②监督主管人员清点和核算燃润料、备件和物料,负责所列清单的移交。

③清点整理技术资料并办理移交。

(12)保修和索赔事项。涉及保修和索赔的,按规定提出报告,并附证明材料,经船长签署后递交主管部门。

(13)船舶应急。

①在应急情况下,执行应急程序所规定的职责。

②接到弃船命令后,指挥机舱人员尽一切可能对有关设备采取相应的安全措施,携带《轮机日志》、监控系统数据记录和《车钟记录簿》,最后离开机舱。

2. 大管轮

大管轮在轮机长的领导下,熟悉和执行公司的安全和环境保护方针,履行轮机值班职责,主管船舶推进装置及其附属设备,协助轮机长进行轮机技术管理和轮机部日常工作,确保主管设备适航。当轮机长不能执行职务时临时代理轮机长职务。

(1)值班。

①在值班期间是轮机长的代表,应熟悉并遵守轮机值班、驾机联系制度以及航行安全、技术操作方面的规章。

②按照体系文件的要求履行航行和停泊值班职责。

③值班时,督促并指导值班机工的工作。

(2)主管设备。

①船舶推进装置、附属设备及其电气设备和控制系统。

②舵机装置,侧推装置及其电气设备和控制系统。

③主机遥控系统、集中监控警报系统。

④机舱应急逃生设备、机舱应急阀。

⑤机舱通风系统、水密设备。

⑥机舱消防设备、安全设备、装置和防护设施。

⑦主机曲柄箱油雾探测器、火警系统、烟雾警报系统及其他报警装置。

⑧润滑油舱柜、处理系统、附属设备及控制系统。

⑨机舱维修设备及其电气设备和控制系统。

⑩冷藏箱机械部件、制冷系统及其电气设备和控制系统。

(3)机舱管理。

①负责对主管设备按维修保养计划指令进行检查、实验、保养和维修,并将结果上报轮机长。

②熟悉和执行主管设备的操作规程,并制定和完善相关的使用规定和注意事项,经轮机长批准后公布执行。

③编制轮机部航行和停泊值班表报轮机长审核经船长确认后监督执行。

④负责维护机舱的工作秩序,保持机舱清洁。

⑤每日审阅和记载《轮机日志》。

⑥负责机舱的防火、防爆、防冻、防进水和防污染工作。

⑦负责主管设备备件的管理。

⑧负责轮机物料(电气物料)、专用工具、劳防用品的管理(配备机工长的船舶由机工长负责)。

⑨负责防污染专用器材的管理。

⑩负责机舱所用化学品、桶装机油的清点、保管等管理工作。

(4)润滑油管理。

①协助轮机长制定润滑油加装计划。

②负责加装润滑油的各项操作。

③负责润滑油的驳运、净化分离等操作管理。

④负责润滑油的取样、送检、核算。

(5)船舶修理。

①拟定修理计划、修理项目报送轮机长。

②负责机舱及作业场所的安全和防范工作。

③负责所属设备和系统的坞修、监修和验收工作。

④协助轮机长组织进行本部门的监修、自修、测量记录和验收工作。

(6)船舶应急。

在应急情况下,执行应急程序所规定的职责。

3. 机工职责

负责保护、检查、擦拭、维修机械设备:

(1)协助轮机员对主机、辅机及相关设备的日常维修和保养。

(2)协助轮机员对舵机、锚机的日常维修和保养。

(3)懂得机舱、甲板各种压载水泵和消防水泵的使用维修。

(4)了解各种液压原理和机械制动原理。

(5)了解轮机概论和电器概论。

(6)了解焊接技术和要领。

【课后自测】

1. 简述三管轮岗位职责。

2. 简述二管轮岗位职责。

3. 了解轮机长和大管轮的岗位职责。

项目 5　船舶防污染管理

通过本项目训练,学生能够达到履行船舶防污染公约和法规的能力需求,即在《MARPOL 73/78 公约》及修正案、美国《1990 年油污法》、《中华人民共和国海洋环境保护法》、《中华人民共和国防治船舶污染海洋环境管理条例》方面达到相应的能力目标;同时,为了满足国家海事局船员适任证书考试需求,学生还应该达到相应任务的知识目标需求;在教学组织中,结合海事污染案例,学生分组开展船舶防污染讨论和小结,从而达到情感目标的教学要求。

任务 1　MARPOL 73/78 公约解读

教学目标

◎ 能力目标:(1)能履行《MARPOL 73/78 公约》及修正案;(2)能采取措施杜绝或减少船舶对海洋的污染。

◎ 知识目标:(1)掌握船舶污染海洋的途径和特点;(2)掌握《MARPOL 73/78 公约》及修正案的主要内容。

◎ 情感目标:(1)具备良好的环保意识;(2)具备良好的职业道德;(3)具备团队合作精神。

【任务介绍】

案例 1:1989 年,美国埃克森石油公司的"埃克森·瓦尔迪兹(EXXON VALDEZ)"号油船在阿拉斯加威廉王子海湾搁浅,溢出原油 38160 立方米以上,溢油面积近 8000 平方公里,污染了 1609 公里长的海岸线,如图 5-1a)所示。据估计,"埃克森·瓦尔迪兹"号漏油事件造成大约 28 万只海鸟、2800 只海獭、300 只斑海豹、250 只白头海雕以及 22 只虎鲸死亡。

图 5-1　船舶污染海洋实例
a)埃克森·瓦尔迪兹;b)埃里卡;c)威望

案例 2:1999 年,马耳他油轮"埃里卡(ERIKA)"在法国 Penmarch 南约 30 海里处船体中部断裂,全船沉没到 120 米深的海水中,所载油类大量泄漏到海中,尽管法国当局采取紧急措施控制污染,但由于天气和货油特性的原因未能取得良好效果,仅仅回收了约10%的泄漏油,最终导致法国长达数百公里的海岸线遭受严重污染,生态环境被破坏,如图5-1b)所示。

案例3:2002年11月13日,巴哈马籍的"威望"号油轮从拉托维亚首都里加装载77000燃料油驶往新加坡,航经西班牙海域时,遭遇强风暴袭击,油轮失去控制,与不明物体发生碰撞,船体损坏导致燃料油泄漏,在海面上很快形成一条约2.5海里宽、20海里长的油带。油轮沉没时,约有17000吨燃料油泄漏,溢油污染了西班牙加利西亚地区长达400公里的海岸线,岸滩上堆积了厚厚一层油污,近岸的河流、小溪和沼泽地带也受到严重污染,如图5-1c)所示。

通过上述三个典型案例不难发现,船舶发生事故,特别是油船,对海洋生态环境的影响是非常严重的。思考下列问题:

(1)船舶事故是船舶污染海洋的主要来源吗?

(2)船舶对海洋污染的途径及特点有哪些?

(3)为了减轻或防止船舶污染海洋,船舶应配备哪些防污染设备?其主要用途是什么?

【任务解析】

随着现代工业飞速发展,在海上航行的船舶数量也越来越多,特别是10万吨级以上的大型油船及散装化学品船大量建造投入营运,不仅仅油类,其他一些有毒有害物质、船舶生活污水、船舶垃圾等对海洋的污染也日趋严重。而且各沿海国为保持经济持续发展,对海洋环境质量的要求也越来越高,对船舶排放各种污染物质(图5-2)的规定更加严格。

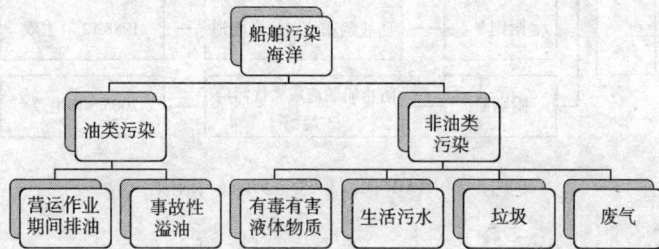

图5-2 船舶污染海洋种类

针对船舶污染物的种类、特点,国际海事组织IMO于1973年在伦敦召开的国际海洋污染会议上制定了第一个不限于油污染的具有普遍意义的《1973年国际防止船舶造成污染公约》(International Convention for the Prevention of Marine Pollution from Ships,1973,简称MARPOL73公约)。MARPOL73公约包括了船舶造成海洋污染的所有方面,是一个综合防止海洋污染的国际公约。由于技术、经济等方面的原因,许多的国家对于参加MARPOL73公约有很多困难,特别是发展中国家和拥有商船吨位较多的国家不急于参加,因此MARPOL73公约迟迟不能生效。而1973年以后国际上又不断发生一系列严重的海洋油污染事故,促使各国要进一步采取行动防止船舶造成海洋污染。IMO于1978年2月召开了油船安全与防止污染会议,通过了MARPOL73公约的1978年议定书,对1973年防污公约附则Ⅰ作了许多修正,而且允许各缔约国把附则Ⅱ推迟到"78议定书"生效三年后再生效。由于1978年议定书吸收了1973年公约的内容,而且将"公约"和"议定书"的各项规定作为一个整体文件理解和解释,即凡加入1978年议定书的国家就自然地参加了1973年防污染公约,因此通常将经1978年议定书修正的1973年国际防止船舶造成污染公约称为《73/78防污公约》,即MARPOL73/78。

我国于1983年7月1日加入MARPOL 73/78,成为该公约的缔约国。MARPOL 73/78于1983年10月2日生效,到1997年7月1日已有100个国家加入,其船舶总吨位占世界商船总吨位的93.47%。1997年9月15日至26日在IMO总部伦敦召开的MARPOL 73/78缔约国大会,批准MARPOL 73/78新增一个附则,即"附则Ⅵ防止船舶造成大气污染规则"。因此现在的MARPOL 73/78有六个附则(图5-3,图5-4)。

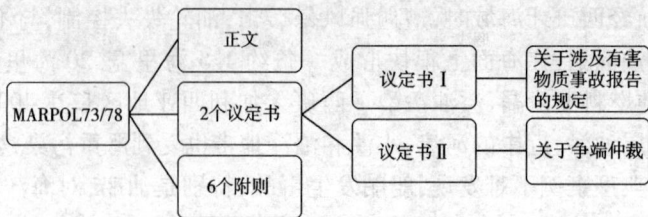

图5-3 MARPOL 73/78 内容组成

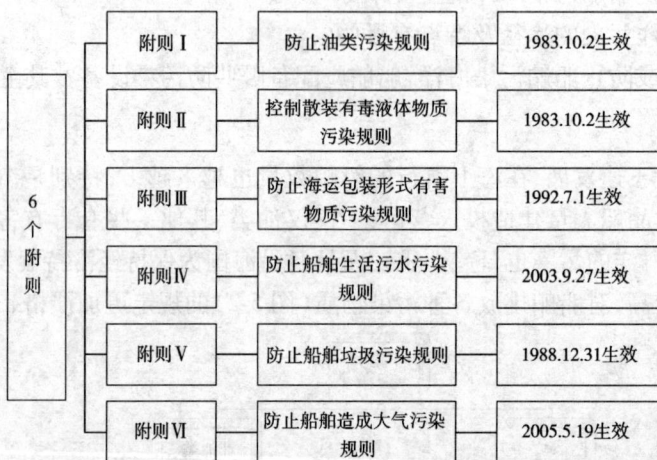

图5-4 MARPOL 73/78 公约的6个附则

【相关知识】

一、船舶对海洋污染的途径

1. 石油及其制品的污染

船舶给海洋带来的石油污染,可分为营运作业时排油和事故性溢油。

(1)船舶营运作业期间排油(图5-5)主要指油舱压载水、洗舱水以及机舱中设备运转时排出并漏入舱底的油料而形成的含油污水。

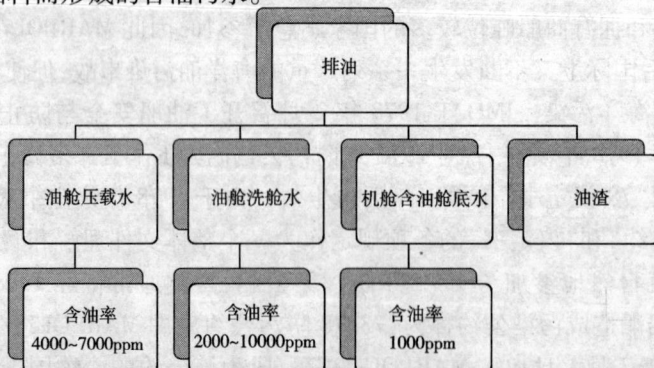

图5-5 营运作业期排油

166

（2）船舶事故性溢油(图5-6)是指航行中因触礁、碰撞、搁浅、失火等意外事故,使货油舱、燃油舱(柜)破损,对海域造成重大污染事故。这种危害十分严重,它具有溢油量大、污染持久、清除困难等特点(参考案例)。

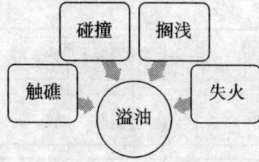

图5-6　事故性溢油

2. 有毒液体物质污染

有毒液体对海洋污染事故很多是化学品船舶造成的(图5-7),其基本因素是从货舱向舱外排放洗涤水。排入水中的有毒物质其物理化学性质的差别很大,所以对海洋环境的影响和表现形式也各不相同,或沉入海中或漂浮海面;有的容易与海水中物质起化学反应,有的在水中迅速消散。其危害也不大相同。

3. 包装有害物质污染(图5-8)

船上包装运输有害物质,会发生包装破损、泄漏、溢流及洒落等现象。其主要污染方式为船上用以清除包装货物中洒落或漏(溢)出的有害物质的洗涤水或水溶液;货物漏到舱内清除出的垃圾;货物的应急排放等。此外,包装运输有害物的容器、槽罐等均属污染物质。

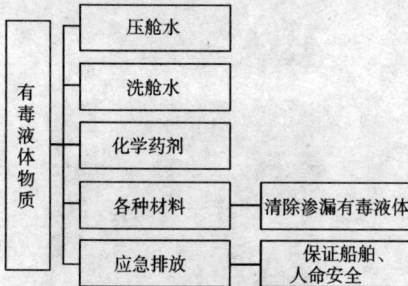

图5-7　有毒液体物质

图5-8　海运包装破损

4. 生活污水污染

船舶生活污水来源如图5-9所示,生活污水的处理主要针对"黑水"而言,因为这些污水含有大量的污染物(图5-10)。

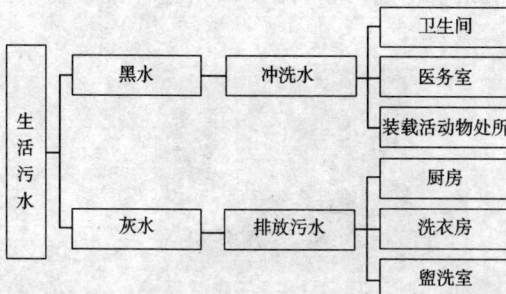

图5-9　生活污水来源

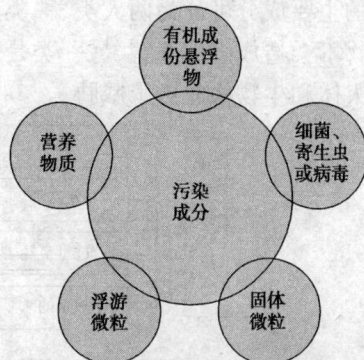

图5-10　"黑水"主要污染成分

5. 垃圾污染

根据垃圾的来源,船舶垃圾主要来源于货物、捆扎和包装货物的物品、船舶及设备维修保养产生的废弃物、日常生活中的垃圾和各种废物等(图5-11)。

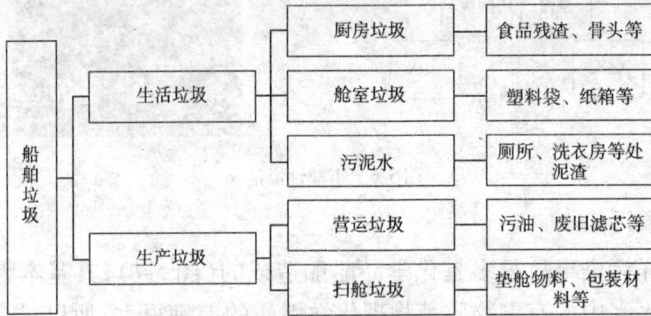

```
船舶垃圾 ┬ 生活垃圾 ┬ 厨房垃圾 ── 食品残渣、骨头等
        │         ├ 舱室垃圾 ── 塑料袋、纸箱等
        │         └ 污泥水   ── 厕所、洗衣房等处泥渣
        └ 生产垃圾 ┬ 营运垃圾 ── 污油、废旧滤芯等
                  └ 扫舱垃圾 ── 垫舱物料、包装材料等
```

图 5-11 船舶垃圾来源

船舶垃圾对海洋环境及海洋生物有着极大的影响(图5-12)。

图 5-12 船舶垃圾对海洋的污染

6. 船舶动力装置的有害排气

船舶动力装置排气主要是由船舶柴油机(主机、发电副机)和锅炉燃烧后排出的废气,这些废气的主要成分可分为两大类,一类是燃料完全燃烧后的产物(图5-13),这种排放物对人体和生物不会造成直接危害,另一类是燃料不完全燃烧产物(图5-14),这种排放物不同程度地会对人体和生物构成毒害威胁。

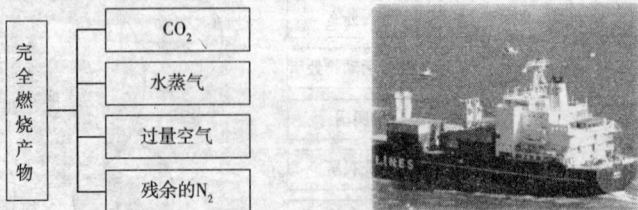

```
完全燃烧产物 ┬ CO₂
            ├ 水蒸气
            ├ 过量空气
            └ 残余的 N₂
```

图 5-13 完全燃烧产物

目前,实际上只对柴油机船舶动力装置限制氮氧化物和硫氧化物的排放量。为保护大气臭氧层,国际上已禁止使用氟氯烃(氟利昂 R12)作为制冷剂和使用 1211 灭火剂。

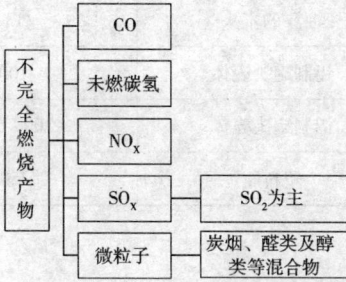

图 5-14　不完全燃烧产物

7. 其他有害污染

除上述各种有害污染物质外,船舶噪声、防腐涂料(图 5-15)、疫区压载水(含病毒、病菌压载水)(图 5-16)等均会造成海洋污染。

图 5-15　船体涂料

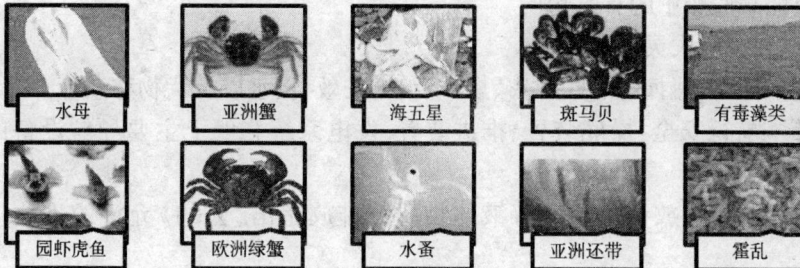

图 5-16　压载水中污染物

二、船舶对海洋污染的特点

1. 污染物种类繁多而且成分复杂

石油及制品、生活污水、有毒化学品、船上垃圾、有害排气、带有有害生物和病原体的压载水为船舶的主要污染物。国际公约中指定的对海洋直接造成污染的物质可达近千种类。

2. 污染持续时间长,危害大

海洋是污染物的最后归宿,进入大海后很难排出。一些有机物质可持续几十年甚至上百年之久(表 5-1)。

3. 污染范围广

地球上各海域相连,海水不停地运动着,一些不易分解的污染物可随之扩散到很大的范围,一个国家及地区海域造成污染,将会影响到邻近国家及地区乃至全球的海域污染。

污染物名称	分解消耗时间	污染物名称	分解消耗时间
纸质汽车票	2～4 周	油漆的木头	13 年
棉布	1～5 月	锡制罐头壳体	100 年
麻绳	3～14 月	铝制罐头壳体	200～500 年
羊毛布	1 年	塑料瓶	450 年

注:希腊海洋环境保护协会

【任务实施】

1. 议定书 I　关于涉及有害物质事故报告的规定

本议定书是按照 MARPOL73 第 8 条的规定制定的,共五条,其主要内容(图 5-17)有:

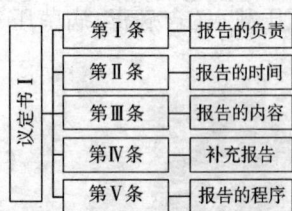

图 5-17　议定书 I 的内容组成

（1）报告的责任。当船舶发生有害物质事故时,船长或负责管理该船的其他人员(船东、租船人、经营人或代理人),有责任毫不迟延地按本议定书的规定,对事故作出详细报告。

（2）报告的时间。当事故涉及下述情况时应进行报告:

①排放超过允许排放标准或无论何种原因有可能排放油类或有毒液体物质,包括为保证船舶的安全或救助海上人命而进行的排放。

②排放或可能排放包装形式的有害物质,包括装在货运集装箱、可移动式罐柜、公路和铁路槽罐车以及船载驳船中的有害物质。

③船舶发生损坏、失灵及故障:

a)影响船舶安全:碰撞、搁浅、火灾、爆炸、结构失效、浸水以及货物移动等。

b)导致影响航行安全:操舵装置、推进装置、发电系统和船上主要导航设备的失灵或故障等。

④船舶营运期间排放油类或有毒液体物质的排放超出《公约》允许的排放量或瞬间排放率。

（3）报告的内容。在任何情况下,报告应包括:

①涉及船舶的特征。

②事故发生的时间、类型和地理位置。

③涉及有害物质的数量和类别。

④救助和救捞措施。

（4）补充报告。根据本议定书规定有责任发送报告的任何人,如有可能:

①应在必要时对最初的报告提出补充并提有关事态进一步发展的情况。

②应尽可能满足受影响国家索取有关补充资料的要求。

（5）报告的程序。

①通过当时可利用的最快的电信通信渠道并尽可能最优先地将报告发送给最近的沿海国。

②公约缔约国应按照 IMO 制度的指南,颁发或敦促颁发有关在报告有害物质事故时应遵循的程序规则或指令。

2. 议定书 II　仲裁

该议定书共有 10 条。

第 III 条规定仲裁庭由三名仲裁员组成,由有争议各方指定仲裁员 1 名,并由这两名仲裁员协议指定第三名仲裁员担任首席仲裁员。

3. 附则 I　防止油类污染规则

附则 I 是必选附则,与 MARPOL73/78 同时生效,即 1983 年 10 月 2 日生效。附则 I 共有七章 39 条(图 5-18)。

(1)总则。

①定义:

油类——包括原油、燃料油、油泥、油渣和炼制品在内的任何形式的石油。

原油——指任何天然存在于地层中的液态烃混合物。

油性混合物——含有任何油类的混合物。

燃油——指船舶所载有并用做其推进和辅助机器的燃料的任何油类。

图 5-18　附则 I 内容组成

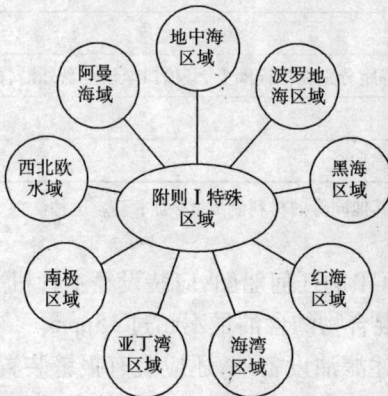

油船——指建造或改造为主要在其装货处所装运散装油类的船舶,并包括全部或部分装运散装货油的兼用船、任何 NLS 液货船和任何气体运输船。

原油油船——指从事原油运输业务的油船。

成品油油船——指从事除原油以外的油类运输业务的油船。

兼用船——指设计为装运散装货油或装运散装固体货物的船舶。

最近陆地——按照国际法划定领海的基线。

特殊区域——在该海域中,由于海洋学和生态学的情况以及其交通的特殊性质等方面公认的技术原因,需要采取特殊的强制办法以防止油类物质污染海洋。

本附则的特殊区域有如图 5-19 所示区域,其中西北欧水域主要包括北海及其入口,爱尔兰海及其入口,凯尔特海,英吉利海峡及其入口以及紧靠爱尔兰西部的大西洋东北海域。

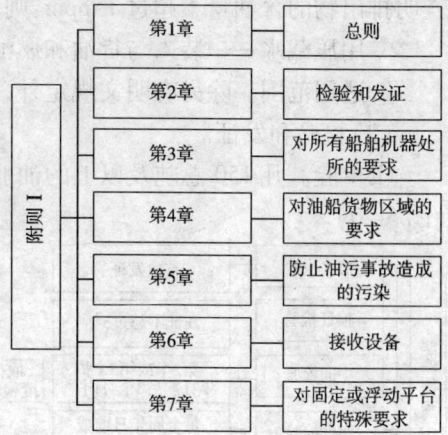

图 5-19　特殊区域及地理位置

油量瞬间排放率——任一瞬间每小时排油的升数除以同一瞬间船速节数之值。

污油水舱——指专用于收集舱柜排出物、洗舱水和其他油性混合物的舱柜。

清洁压载水——装入已清洗的货油舱内的压载水,在船舶静止状态下排入平静而清洁的水中,不会在水面或邻近的岸线上产生明显痕迹,或形成油泥或乳化物沉积于水面以下或邻近的岸线上;如果压载水通过主管机关认可的排油监控系统排出的,而根据这一系统 的测定查明排出物的含油量不超过 15ppm,则尽管有明显的痕迹,仍应确定该压载水是清洁的。

专用压载水——装入与货油和燃油系统完全隔绝并固定用于装载压载水的舱内的水。

②适用范围。除另有明文规定外,附则 I 的规定应适用于所有船舶。

(2)检验和发证。

①检验。凡 150 总吨及以上的油船和 400 总吨及以上的其他船舶应进行下列规定的检验(图 5-20)。

②证书的签发或签署。对驶往公约其他缔约国所辖的港口或近海装卸站的 150GT 及以上的油船和 400GT 及以上的其他船舶,在按本附则的规定进行初次检验或换证检验后,均应签发《国际防止油污证书》(International Oil Pollution Prevention Certificate,IOPP 证书),证书有效期不超过 5 年。该证书应由主管机关或经其正式授权的任何组织或个人签发或签署。在任何情况下,主管机关对证书负全部责任。

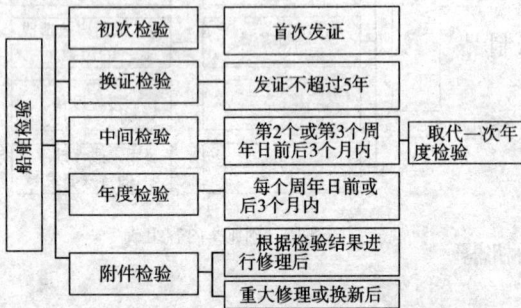

图 5-20　附则 I 的船舶检验

(3)对所有船舶机器处所的要求。

①残油(油泥)舱。凡 400GT 及以上的船舶,应设置一个或几个足够容量的舱柜,接收残油(油泥),如由于净化燃油、各种润滑油和机器处所中的漏油所产生的残油。

②标准排放接头。为了使接收设备的管路能与船上机舱舱底和油泥舱残余物的排放管路相连结,在这两条管路上均应装有符合表 5-2 的标准排放接头。

油类标准排放接头尺寸　　　　　　　　　　表 5-2

项　　目	尺　　寸
外径	215mm
内径	按照管路的外径
螺栓圈直径	183mm
法兰槽口	直径为 22mm 的孔 6 个,等距分别在螺栓圈上,开槽口至法兰盘外沿,槽口宽 22mm
法兰厚度	20mm
螺栓和螺帽:数量、直径	6 个,每个直径 20mm,长度适当

注:法兰应设计为能接受最大内径为 125mm 的管路,以钢或其他同等的材料制成,表面平整。这种法兰,连同一个油密材料的垫圈,应能承受 60kPa 的工作压力。

③滤油设备。凡 400GT 及以上但小于 10000GT 的任何船舶,应装设经主管机关认可的滤油设备,而且应保证通过该设备排放入海的含油混合物的含油量不超过 15ppm。

凡 10000GT 及以上的任何船舶,除应装设上述滤油设备外,还应装有报警装置,在不能保持上述标准时发出报警;该系统还应装有在排出物含油量超过 15ppm 时能自动停止油性混合物排放的装置。

小于 400GT 的船舶,主管机关应保证尽可能设有将油类或含油类混合物留存在船上的设备。

（4）排油的控制。油船货油舱处所的含油污水排放规定（货油舱污压载水、洗舱水、泵舱舱底水）经 1992 年修正案修改，并于 1993 年 7 月 6 日生效的排放规定是：

①船舶不在特殊区域之内。

②船舶距最近陆地 50n mile 以上。

③船舶正在途中航行。

④油量瞬间排放率不超过 30L/n mile。

⑤排放海中的总油量不得超过上航次载油量的 1/30000。

⑥排油监控系统及污油水舱的装置正在运行。

非油船和油船机器处所的舱底含油污水排放经 1992 年 MARPOL 73/78 修正案（Res. MEPC.51(32)）修改，现行的规定见表 5-3。

排 油 控 制 对 比　　　　　　　　　　　　表 5-3

特殊区域外的排放	特殊区域内的排放
船舶正在航行途中； 油性混合物经本附则要求的滤油设备予以处理； 未经稀释的排出物含油量不超过 15ppm； 油性混合物不是来自于油船的货泵舱的舱底，也未混有货油残余物	船舶正在航行途中； 油性混合物经本附则要求的滤油设备予以处理； 未经稀释的排出物含油量不超过 15ppm； 油性混合物不是来自于油船的货泵舱的舱底，也未混有货油残余物； 在南极区域，禁止任何船舶将任何油类或油性混合物排放入海

（5）附则 I 的统一解释——关于状况评估计划（CAS）的要求。首次 CAS 检验应于首次中间或换证检验同时进行，即 2005 年 4 月 5 日以后或船龄满 15 年以后，以较迟者为准。

4. 附则 II　控制散装有毒液体物质污染规则（图 5-21）

附则 II 于 1987 年 4 月 26 日生效，我国 1983 年 7 月 1 日加入，同附则 I 一样，至 1997 年 7 月 1 日已有 100 个国家加入，其船舶总吨位占世界商船总吨位的 93.4%。

（1）总则。

①定义：

液体物质——指在温度为 37.8℃时，绝对蒸汽压力不超过 0.28MPa 的物质。

化学品液货船——建造或改建为主要用于装运散装有毒液体物质的船舶，并包括全部或部分散装有毒液体物质货物的船。

有毒液体物质——指《国际散装化学品规则》的污染类别栏中所指明的或根据本规则临时评定列为 X、Y 或 Z 类的任何物质。

PPM——指 ml/m^3。

特殊区域——涉及其海洋学和生态学的情况以及其运输的特殊性质等公认的技术原因，要求采取特殊强制办法，防止有毒液体物质污染的海域。本附则的特殊区域如图 5-22 所示。

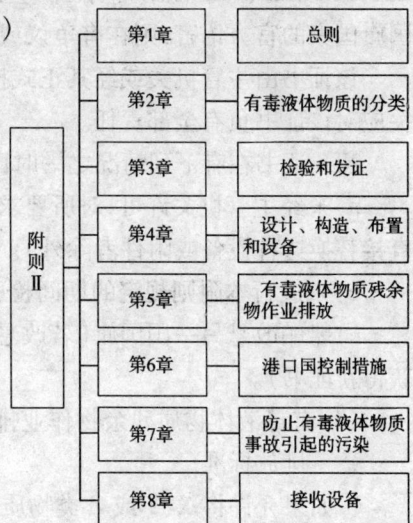

图 5-21　附则 II 内容组成

图 5-22　附则 II 特殊区域

②适用范围。除另有明文规定外,本附则的规定应适用于所有核准散装运输有毒液体物质的船舶。

(2)有毒液体物质的分类。就本规则而言,有毒液体物质应分成 4 类,如表 5-4 所示。

有毒液体物质种类

表 5-4

类　　别	对海洋资源或人类健康产生的危害程度	对海上休憩环境或其他合法利用造成的损害程度	措 施 要 求
X 类	重大危害	严重损害	严禁排放
Y 类	危害	损害	限制排放
Z 类	较小危害	较小损害	较严格的限制排放
OS 类	无危害	无损害	不受约束

(3)检验和发证。

①检验。散装运输有毒液体物质的船舶应进行的检验如图 5-23 所示。

初次检验　换证检验　中间检验　年度检验　附加检验

图 5-23　附则 II 的船舶检验

②证书的签发或签署。对驶往本公约其他缔约国管辖的港口或装卸站的拟散装运输有毒液体物质的船舶,在进行初次检验或换证检验后,应签发的《国际防止散装运输有毒液体物质污染证书》(International Pollution Prevention Certificate for the Carriage Of Noxious Liquid Substance in Bulk,NLS 证书)。证书应至少为英文、法文或西班牙文写成,如同时使用船舶所悬挂国旗国家的官方语言,则在有争议或分歧时,应以该国官方文字记录为准。

该证书由主管机关或经其正式授权的任何个人或组织签发或签署,在任何情况下,主管机关应对该证书负有全部责任。

NLS 证书在有下列情况之一时即行失效:

a)未经主管机关许可,对所要求的结构、设备、系统、附件、布置或材料作了重大变更(但直接替换这种设备或附件者除外)。

b)未进行本附则规定的期间检验或年度检验。

c)船舶改悬另一国国旗(若改悬另一缔约国国旗,原证书可在 3 个月内继续使用到该船获得新证书)。

(4)有毒液体物质残余物作业排放。

◎ 排放标准

①如果允许将 X、Y 或 Z 类物质或临时评定为此类物质的残余物或含有此类物质的压载水、洗舱水或其他混合物排放入海,应符合下列排放标准:

a)船舶在海上航行,自航船航速至少为 7 节,非自航船航速至少为 4 节。

b)在水线以下通过水下排放口进行排放,不超过水下排放口的最高设计速率。

c)排放时距最近陆地不少于 12 海里,水深不少于 25 米。

②在 2007 年 1 月 1 日以前建造的船舶,对于将 Z 类物质或临时评定为此类物质的残余物或含有此类物质的压载水、洗舱水或其他混合物在水线以下排放入海并无强制规定。

③对 Z 类物质,主管机关可对仅在本国主权或所辖水域内航行的悬挂其国旗的船舶免除"排放时距最近陆地不少于 12 海里的要求"。

◎　X 类物质残余物的排放

①已卸完 X 类物质货物的货舱,在船舶离开卸货港口之前,应予以预洗。清洗的残余物其浓度重量处于或低于 0.1% 之前应被排入接收设备。

②预洗后灌入舱内的任何水均可被排放入海。

◎　Y 和 Z 类物质残余物的排放

如船舶位于距最近陆地不小于 12 海里,且水深不小于 25 米的水域中,若灌入已清洗液货舱的,含前次所载物质的量小于 1ppm 的压载水,可排放入海,而无需考虑其排放率、船速及排放口位置。

(5)防止有毒液体物质事故引起的污染。

船上有毒液体物质海洋污染应急计划。每艘 150GT 及以上核准装载散装有毒液体物质的船舶,应备有主管机关批准的《船上有毒液体物质海洋污染应急计划》,该应急计划应以船长和高级船员的工作语言书写,该计划至少应该包括的内容如图 5-24 所示。

该应急计划可以与附则 I 中《船上油污应急计划》结合使用,此时该计划的标题为"船上海洋污染应急计划"。

5. 附则Ⅲ　防止海运包装有害物质污染规则

该附则是任选附则,于 1992 年 7 月 1 日生效,至 1997 年 7 月 1 日已有 81 个国家加入,其船舶总吨位占世界商船总吨位的 78.21%,而我国已加入该附则。

该规则总共 8 条,具体内容如图 5-25 所示。

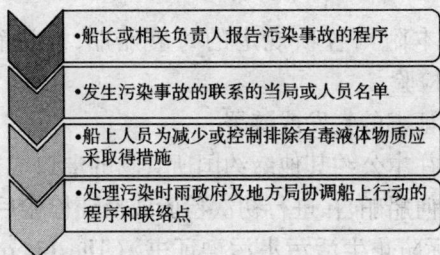

图 5-24　船上有毒液体物质海洋污染应急
　　　　　计划包括的主要内容

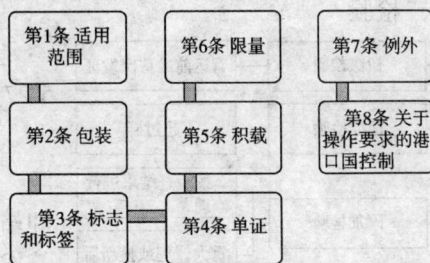

图 5-25　附则 Ⅲ 具体内容

(1)本附则的规定适用于所有包装有害物质的船舶。

(2)盛装有害物质的包装件,应永久地标以正确的技术名称(不应仅使用商品名称),并应加上永久的标志或标签牌,以指明该物质为海洋污染物。

6. 附则Ⅳ　防止船舶生活污水污染规则

附则Ⅳ也是任选附则,2003 年 9 月 27 日生效,我国已加入,主要内容如图 5-26 所示。

(1)总则。

◎　定义

①所谓"新船"系指:

a)在本附则生效之日或以后订立建造合同的船舶,或无

图 5-26　附则 Ⅳ 主要内容

建造合同但在本附则生效之日或以后安放龙骨或处于相应建造阶段的船舶。

b)在本附则生效之日后经过3年或3年以上交船的船舶。

②"生活污水"系指：

a)任何型式的厕所和小便池的排出物和其他废弃物。

b)医务室(药房、病房等)的面盆、洗澡盆和这些处所排水孔的排出物。

c)装有活畜禽货处所的排出物。

d)混有上述排出物的其他废水。

③集污舱系指用于收集和储存生活污水的舱柜。

④国际航线系指从某一适用本公约的国家至该国以外某一港口的航线,反之亦然。

◎ 适用范围

①400GT及以上的新船。

②小于400GT且核准载运15人以上的新船。

③本附则生效之日5年以后的400GT及以上的现有船舶。

④本附则生效之日5年以后的小于400GT且核准载运15人以上的现有船舶。

◎ 例外

下述情况不适用本附则：

①从船上排放生活污水,系为保障船舶及船上人员安全或救护海上人命所必需。

②排放生活污水系由船舶或其设备遭到损坏,且发生损坏前后,为防止排放或使排放减至最低限度,已采取一切合理的预防措施。

(2)检验和发证。

◎ 检验

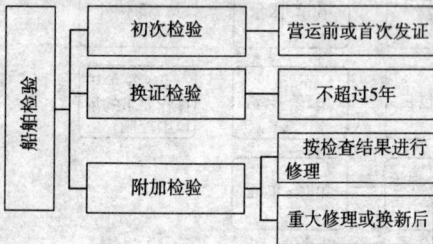

符合本附则各项规定的每艘船舶,应进行如图5-27所示检验。

图5-27 附则Ⅳ规定的船舶检验

◎ 证书的签发或签署

对驶往本公约其他缔约国所管辖的港口或近海装卸站的任何船舶,在进行初次检验或换证检验后,均应签发《国际防止生活污水污染证书》(The International Sewage Pollution Prevention Certificate,ISPP证书)。证书有效期自签发之日起最长不能超过5年。

《国际防止生活污水污染证书》的书写应至少采用英文、法文或西班牙文,如同时使用发证国的官方语言,则在有争议或分歧时,应以该国官方文字记录为准。

(3)设备和排放控制。

◎ 生活污水系统

①生活污水处理装置,应经主管机关认可。

②经主管机关认可的生活污水粉碎和消毒系统,用于船舶在离最近陆地不到3n mile的临时储存生活污水。

③集污舱,该舱容量应参照船舶营运情况、船上人数和其他相关因素,能存放全部生活污水,并使主管机关满意。

◎ 标准排放接头

为了使接收设备的管路能与船上的排放管路相连结,两条管路均应装有符合表5-5的标准排放接头。

排放接头法兰的标准尺寸　　　　　　　　　　表 5-5

规　　格	尺　　寸
外径	210mm
内径	按照管子的外径
螺栓圈直径	170mm
法兰槽口	直径 18mm 的孔 4 个,等距离分布在上述直径的螺栓圈上,开槽口至法兰外沿。槽口宽 18mm
法兰厚度	160mm
螺栓和螺帽:数量、直径	4 个,每个直径 16mm,长度适当

注:法兰应设计为能接受最大内径不大于 100mm 的管子,以钢或其他等效材料制成,表面平整,连同一根适当垫圈,应能承受 600kPa 的工作压力。

◎　生活污水排放

应禁止将生活污水排放入海,但下列情况除外:

a)船舶在距最近陆地 3n mile 以外,排放经粉碎和消毒的生活污水,或在距最近陆地 12n mile 以外排放未经粉碎和消毒的生活污水。

b)任何情况下,不得将集污舱中储存的生活污水顷刻排光,而应在航行途中,当船舶以不小于 4kn 的船速航行时,以中等速率排放。

c)主管机关批准的生活污水处理装置正在运转,排出物在其周围的水中不应产生可见的漂浮固体,也不应使水变色。

7.附则 V　防止船舶垃圾污染规则有关规定

附则 V 也是任选附则,于 1988 年 12 月 31 日生效,我国 1988 年 11 月 21 日加入,1989 年 2 月 21 日对我国生效,至 1997 年 7 月 1 日已有 83 个国家加入。其船舶总吨位占世界商船总吨位的 82.02%。

附则 V 主要内容如图 5-28 所示。

(1)定义。

①垃圾系指产生于船舶正常营运期间并需要持续或定期处理的各种食品、日常用品和工作用品的废弃物(不包括鱼及其各部分,也不包括 MARPOL 73/78 其他附则中所规定的或列举的物质)。

②特殊区域系指由于其海洋学和生态学的情况以及运输的特殊性质等方面公认的技术原因,要求采取特殊强制办法以防止垃圾污染海洋的区域。本附则特殊区域如图 5-29 所示。

(2)适用范围。本附则的规定,应适用于所有船舶。

(3)在特殊区域外处理垃圾。

①一切塑料制品(包括但不限于合成缆绳、合成渔网、塑料垃圾袋以及可能包含有毒或重金属残余的塑料制品的焚烧炉灰烬)均不能排放入海。

②对于下述垃圾,应尽可能远离最近陆地处理入海,但在任何情况下均禁止在距最近陆地不足:

a)25n mile,将漂浮的垫舱物料、衬料和包装材料处理入海。

b）12n mile，将食品废弃物和一切其他垃圾，包括纸制品、碎布、玻璃、金属、瓶子、陶器及类似的废弃物处理入海。

图5-28 附则V内容组成

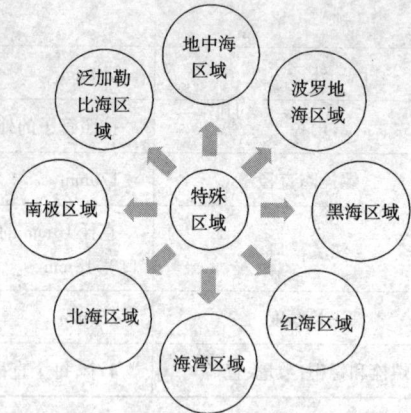

- 第1条定义
- 第2条适用范围
- 第3条在特殊区域外处理垃圾
- 第4条对处理垃圾的特殊要求
- 第5条在特殊区域内处理垃圾
- 第6条例外
- 第7条接收设备
- 第8条关于操作要求的港口国控制
- 第9条告示、垃圾管理计划和垃圾记录保存

图5-29 附则V特殊区域

③食品废弃物和一切其他垃圾，在通过了粉碎机和磨碎机后（通过筛眼不大于25mm的粗筛），可允许尽可能远离最近陆地处理入海，但在任何情况下禁止在距最近陆地不到3nmile处理入海。

（4）在特殊区域内处理垃圾。

①禁止将下述垃圾处理入海：

a）一切塑料制品，包括但不限于合成缆绳、合成渔网、塑料垃圾袋以及可能包含有毒或重金属残余的塑料制品的焚烧炉灰烬。

b）一切其他垃圾，包括纸制品、碎布、玻璃、金属、瓶子、陶器、垫舱物料、衬料和包装衬料。

②废弃食物处理入海应尽可能远离陆地，但在任何情况下，应远离最近陆地不少于12n mile。

③在泛加勒比海区域将已通过粉碎机或磨碎机的废弃食物处理入海，应尽可能远离陆地，但在任何情况下，离最近陆地不应少于3nmile，且能通过筛眼不大于25 mm的粗筛网。

（5）例外。

①船上处理垃圾，系未保障成本及船上人员安全或救护海上人命所必需者。

②垃圾泄漏系由于船舶或其设备遭到损坏的缘故，但须在发生损坏前后，为防止泄漏或使泄漏减至最低限度，已采取了一切合理的预防措施。

③合成渔网意外落失，但须为防止这种落失，已采取了一切合理的预防措施。

（6）告示、垃圾管理计划和垃圾记录保存。

◎ 告示

①总长度为12m或以上的船舶均应张贴告示以使船员和乘客知晓有关垃圾处理的规定。

②告示应以船上人员的工作语言书写，对航行于其他缔约国政府管辖权范围内的港口或近海装卸站的船舶，告示还应以英文、法文或西班牙文书写。

◎ 垃圾管理计划

①配备要求：400GT及以上的船舶，和核准载运15人或以上的船舶。

②计划内容：

a）收集、存储、加工和处理垃圾以及船上设备使用等提供书面程序。

b）指定负责执行该计划人员。

③书写语言：船员工作语言。

◎　垃圾记录簿

①配备要求：

400GT 及以上的船舶和核准载运 15 人或以上人员、航行于其他缔约国政府管辖权范围内的港口或近海装卸站的船舶，以及从事海底矿产勘探和开发的固定和移动平台。

②垃圾记录簿的记录：

a）每次排放作业或完成的焚烧作业，由主管高级船员在排放或焚烧当日签署后，船长应在垃圾记录簿完成记录的每一页上署名。

b）每项记载应至少用英文、法文或西班牙文书写，如果这些记载不是使用该国船旗国的官方语言书写，在发生争执或不同意见时，以船旗国官方语言记载为准。

c）每次焚烧或排放记录应包括日期、时间、船位、垃圾种类和被焚烧或排放的垃圾的估算量。

d）如发生（5）所指的排放、泄漏或意外落失，应记录落失的情况和落失的原因。

向港口垃圾接收设施排放垃圾时，船长须从接收设施管理人员处得到一份写明垃圾估计转移量的收据或证明，并同垃圾记录簿一起在船上保存 2 年。

8. 附则Ⅵ　防止船舶造成空气污染规则（图 5-30）

1997 年缔约国大会批准了修订 MARPOL 73/78 防污公约的 1997 年议定书，该议定书为防污公约新增了该附则。本附则在 2005 年 5 月 19 日生效。

（1）总则。

◎　定义

①排放系指从船舶向大气或海洋释放受本附则控制的任何物质。

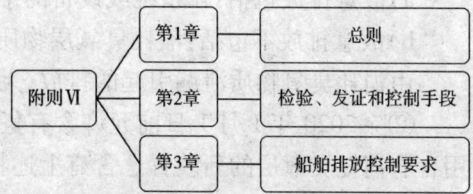

图 5-30　附则Ⅵ主要内容

②NOx 技术规则系指由缔约国大会决议通过的船用柴油机氮氧化物排放控制技术规则。

③消耗臭氧物质系指在应用或解释本规则时有效的 1987 年消耗臭氧层物质蒙特利尔议定书中定义的并在该议定书附件中所列的受控制物质。

④残油系指来自燃油或润滑油分离器的油泥，主机或副机的废弃润滑油，或舱底水分离器、油过滤装置或滴油盘的废油。

⑤船上焚烧系指把船舶正常作业时产生的废物或其他物质在船上进行焚烧。

⑥SOx 排放控制区系指要求对船舶 SOx 排放采取特殊强制措施以防止、减少和控制 SOx 造成大气污染以及随之对陆地和海洋区域造成不利影响的区域；硫氧化物排放控制区域包括波罗的海区域和北海海域。

◎　适用范围

本附则的规定适用所有船舶。

（2）检验、发证和控制手段。

◎　检验

①凡 400GT 及以上的成本以及所有固定和移动钻井平台和其他平台，应进行的检验如图 5-31 所示。

②本附则规定的对船舶进行的检验，应由主管机关的官员进行，或者由主管机关委托的验

船师或认可的组织办理;在所有情况下,主管机关均应保证检验的完整性和有效性,确保为履行这一职责作出必要的安排。

图5-31 附则 VI 规定船舶检验

◎ 证书的签发或签署

按照本规则进行了初次或换证检验后,应为船舶签发《国际防止空气污染证书》(IAPP),证书有效期不超过5年,应至少为英文、法文或西班牙文书写,如同时使用发证国的官方语言,则在有争议或分歧时,应以该国官方文字记录为准。

①证书配备要求:

a)驶往其他缔约国管辖范围的港口或近海装卸站的所有400GT及以上的船舶。

b)驶往缔约国主权或管辖海域的平台和钻井平台。

②证书签发或签署。该证书应由主管机关或经其正式授权的任何个人或组织签发或签署,任何情况下,主管机关对证书负有全部责任。

(3)船舶排放控制要求。

◎ 消耗臭氧物质

①应禁止消耗臭氧层物质的任何故意排放。

a)故意排放包括:在系统或设备的维护、检修、修理或处置过程中发生的排放。

b)故意排放不包括:消耗臭氧层物质回收或再循环时的微量释放。

由消耗臭氧物质泄漏引起的排放,无论此泄漏是否属于故意,可由各缔约国进行管理。

②除2020年1月1日前允许含有氢化氯氟烃(HCFCs)的新装置以外,所有船上应禁止使用含有消耗臭氧层的新装置。含有上述物质的设备从船上卸下时,应送到适当的接收设备中。

◎ 氮氧化物(NOx)

①适用范围:

a)每一台安装在2000年1月1日或以后建造的船舶上,输出功率超过130kW的柴油机。

b)每一台安装在2000年1月1日或以后经过重大改装的、输出功率超过130kW的柴油机。

不适用于应急柴油机、安装在救生艇上或只在应急情况下使用的任何设备或装置上的发动机;也不适用于只航行于其船旗国主权或管辖范围的水域内的船上的发动机,但这种发动机应受到由该主管机关制定的NOx控制替代方法的控制。

②排放控制。根据本附则规定,应禁止每台适用于本条的柴油机的使用,除非该柴油机 NOx 排放量符合表5-6的要求。

柴油机 NOx 排放量限值　　　　　　　　　　　　　　　　　　　表5-6

柴油机额定转速 n (r/min)	NOx 排放量(按 NO_2 排放总重量计算) ($g/kW \cdot h$)
$n < 130$	17
$130 \leqslant n < 2000$	$45 \times n^{(-0.2)}$
$n \geqslant 2000$	9.8

尽管有表5-6的规定,但允许在下列情况下在船上使用柴油机:

a)在发动机上使用由主管机关根据 NOx 的技术规则规定认可的废气滤清系统,将船上的 NOx 排放量至少降低至表 5-6 中所规定的极限值。

b)采用由主管机关考虑 IMO 制定的有关指南而认可的任何其他等效方法,将船上的 NOx 排放量至少降低至表 5-6 中所规定的极限值。

◎ 硫氧化物(SOx)

一般要求船上使用的任何燃油的硫含量不应超过 4.5% m/m。

①SOx 排放控制区内的要求:

a)船上使用燃油的硫含量不超过 1.5% m/m。

b)采用经主管机关认可的废气滤清系统将船舶包括主、副推进机械的硫氧化物排放总量减少至 6(g/kW·h)或更少(按 SO_2 排放的总重量计算);但此设备产生的废液不应排入封闭码头、港口和河口,除非该船能以书面形式详尽说明这些废液对上述区域的生态系统不会造成不利的影响。

②使用不符合规定燃油的船舶(含硫量 >1.5% m/m),在其进入 SOx 排放控制区域之前应有足够的时间使燃油供应系统经过全面地冲洗,以去除所有硫含量超过 1.5% m/m 的燃料。在燃料转换作业完成时应将每一燃油舱中的低硫燃油(硫含量≤1.5% m/m)的容积以及日期、时间及船舶位置记录在主管机关规定的航海日志中。

◎ 挥发性有机化合物(VOCS)

①如果要在缔约国管辖港口或装卸站对液货船产生的 VOCS 排放加以控制。

②管辖 VOCS 排放控制的港口或装卸站的缔约国应向 MPEC 提交一份通知书,该通知书包括内容如图 5-32 所示,该通知书应至少在生效日期之前 6 个月提交。

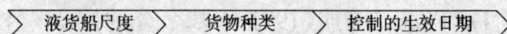

液货船尺度 > 货物种类 > 控制的生效日期 >

图 5-32 通知书内容

③缔约国政府应保证在其指定港口和装卸站配备根据 MSC 制定的安全标准认可的 VECS,并确保该系统的安全操作和防止造成船舶的不当延误。

◎ 船上焚烧

①船上焚烧只允许在船上焚烧炉中进行。

②2000 年 1 月 1 日或以后安装在船上的每一焚烧炉均应符合本附则的相关技术要求。

③应禁止下列物质在船上焚烧。

a)本公约附则 I、II、III 中的货物残余物及被其污染的包装材料。

b)多氯联苯(PCBS)。

c)附则 V 定义的含有超过微量的重金属垃圾。

d)含有卤素化合物的精炼石油产品。

④在船舶正常操作过程中产生的污泥和油渣的船上焚烧,也可以在主、副发电机或锅炉内进行,但不能在码头、港口和河口内进行。

⑤禁止在船上焚烧聚氯乙烯(PVCS),但在已颁发 IMO 型式认可证书的船上焚烧炉内焚烧除外。

【任务小结】

通过任务训练,学生能够了解船舶污染海洋的各种形式和特点,掌握 MARPOL 73/78 公约的内容组成,能正确履行该公约各项附则的要求,严格执行船舶日常操作,减轻对海洋环境造成污染。

【知识链接】

一、石油污染的国际干预和民事责任公约

1969 年 11 月 10 日至 11 月 29 日,IMO 在布鲁塞尔召开的海上污染国家法律会议上,通过了《1969 年国家干预公海油污事故公约》(简称《CSI 1969》或《1969 年干预公约》)和《1969 年国际油污损害民事责任公约》(简称《CLC 69》或《1969 年责任公约》)(表 5-7)。

《CSI1969》与《CLC69》对比   表 5-7

公约名称	生效日期	我国加入日期	主要内容
《CSI 1969》	1975.5.6	1990.2.23	规定了沿海国家可以在公海发生油污事故时采取必要的措施
《CLC 69》	1975.6.19	1980.1.30	强调了失事船主对受污染国家应负的责任

1973 年 11 月 5 日,IMO 在伦敦会议上通过了《1973 年干预公海非油类物质污染议定书》(《CSI Protocol 1973》)并于 1983 年 3 月 30 日生效,该议定书规定沿海国有权在公海采取防护措施,是对《CSI 1969》的补充;1991 年 7 月,IMO 通过了《CSI Protocol 1973》附件的修正案,并于 1992 年 4 月 24 日生效,该公约和议定书已对我国生效。

1992 年 11 月 27 日,IMO 通过了《1969 年责任公约的 1992 年议定书》,该议定书于 1996 年 5 月 30 日生效,并于 2000 年 1 月 5 日起对我国生效。

1971 年 11 月,IMO 召开了设立国际油污损害赔偿基金会议,通过了《1971 年设立国家油污损害赔偿基金公约》(简称《Fund 71》或《1971 年基金公约》),该公约于 1978 年 10 月 16 日生效,1995 年 6 月 30 日对我国生效;《Fund 71》是对《CLC 69》的补充,该公约认为由于运输散装油类的逸出或排放而产生的油污损害事件的经济后果,不应全部由海运企业承担,而需部分地由货油业承担,为此,制定一项赔偿和补偿制定,以保证能对油污事件的受害者补偿其全部损失,又能使船舶所有人解除《CLC 69》所加予的额外经济负担。该公约历次以议定书的形式予以修正,其中《FUND Protocol 1992》和《FUND Protocol 2000》已分别于 1996 年 5 月 30 日和 2001 年 6 月 27 日生效。

二、防止倾倒废物和其他物质造成海洋污染公约

《1972 年防止倾倒废物及其他物质造成海洋污染的公约》(简称《LDC1972》或《1972 年伦敦倾废公约》)于 1975 年 8 月 30 日生效,我国于 1985 年 11 月 14 日加入该公约,并于 1985 年 12 月 15 日对我国生效。

《LDC1972》由正文和 3 个附件构成,公约正文共有 22 条。公约规定,各缔约国应禁止倾倒任何形式和状态的任何废物或其他物质,除非另有以下规定:

(1)倾倒附件一所列的废物或其他物质应予禁止。

(2)倾倒附件二所列的废物或其他物质需要事先获得特别许可证。

(3)倾倒一切其他废物或物质需要事先获得一般许可证。

公约还规定,各缔约国应采取措施以保证海洋环境免受下列物质污染:

(1)包括油料在内的碳氢化合物及其废物。

(2)并非为倾倒目的而由船舶运送的其他有害或危险物质。

(3)在船舶、航空器、平台及其他海上人工构筑物操作过程中产生的废物。

(4)包括源于船舶的各种来源的放射性污染物质。

(5)化学和生物战争制剂。

(6)由海底矿物资源的勘探、开发及相关的海上加工而直接产生的或与此有关的废物或其他物质。

三、油污防备、反应和合作公约

1.《1990年国际油污防备、响应和合作公约》

1990年11月,IMO在伦敦召开的外交大会上通过了《1990年国际油污防备、响应和合作公约》(简称《OPRC90》或《1990年油污防备公约》),该公约要求建立一个国家、区域和全球性的有效的防备和响应系统,如对船舶、近海装置和海港分别规定应配备"油污应急计划"以及油污事故的报告程序等,该公约于1995年5月13日生效,我国于1998年3月30日加入并于1998年6月30日对我国生效。

2. 区域性协议

1969年和1971年,北海沿岸国家两次签署了防止和消除石油污染北海水域的合作协议,1974年波罗的海沿岸国家外交会议通过了《保护波罗的海区域海洋环境公约》,1976年于巴塞罗那召开了地中海区域沿岸国家关于保护地中海的全权代表会议,并通过了三个区域性协议,即《防止地中海污染公约》、《防止船舶和飞机倾倒废弃物污染地中海的议定书》和《在紧急情况下,消除地中海区域石油和其他有害物质污染的协作议定书》。

【拓展提高】

2004年国际船舶压载水和沉积物控制与管理公约

背景:

《1982年联合国海洋法公约》第196(1)条规定,"各国应采取一切必要措施,以防止、减少和控制由于在其管辖或控制下使用技术而造成的海洋环境污染,或由于故意或偶然在海洋环境某一特定部分引进外来的或新的物种致使海洋环境可能发生重大和有害的变化"。

《1992年生物多样性公约》(CBD)的目标和通过船舶压载水传播和引入的有害水生物和病原体对生物多样性的保护和可持续利用所造成的威胁,以及CBD1998年当事国大会(COP4)关于海洋和海岸生态系统的保护和可持续利用的第Ⅵ/5号决定,以及CBD2002年当事大会(COP6)关于威胁生态系统、栖息地或物种的外来物种的第Ⅵ/23号决定,包括应对入侵物种的指导原则。

船舶压载水和沉积物的无控制排放已经导致有害水生物和病原体的转移,对环境、人体健康、财产和资源造成损伤或损害;有些国家业已采取旨在防止、尽量减少和最终消除通过进入其港口船舶而引入有害水生物和病原体的风险的单方行动,并希望继续制定更安全和更有效的压载水管理选择方案,以持续防止、尽量减少并最终消除有害水生物和病原体的转移。

IMO决心通过船舶压载水和沉积物控制与管理来防止、尽量减少和最终消除因有害水生物和病原体的转移对环境、人体健康、财产和资源引起的风险,并避免此种控制造成的有害副作用和鼓励相关知识和技术的发展。

一、内容组成(图5-33)

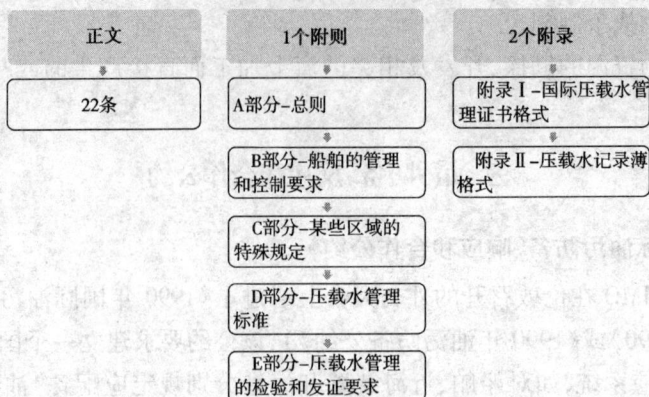

图 5-33　BMW2004 内容组成

二、正 文 简 介

1. 定义

(1)"主管机关"系指船舶在其管辖下进行营运的国家政府。就有权悬挂某一国家国旗的船舶而言,主管机关系指该国政府。

(2)"压载水"系指为控制船舶纵倾、横倾、吃水、稳性或应力而在船上加装的水及其悬浮物。

(3)"压载水管理"系指单独或合并的机械、物理、化学和生物处理方法,以清除、无害处置、避免摄入或排放压载水和沉积物中的有害水生物和病原体。

(4)"证书"系指《国际压载水管理证书》。

2. 适用范围

本公约适用于:

(1)有权悬挂某一当事国国旗的船舶。

(2)无权悬挂某一当事国国旗但在一当事国的管辖下营运的船舶。

三、附则——第 B 部分

1. 压载水管理计划

以船舶的工作语言写成,如果使用的语言不是英文、法文或西班牙文,则应包括其中之一的译文。

2. 压载水记录簿

(1)该记录簿可以是一种电子记录系统,或可以被合并到其他记录簿或系统中。

(2)该记录簿在完成最后一项记录后保留在船上至少两年,此后应在至少三年的期限内由公司控制。

(3)每一压载水作业均应及时在压载水记录簿中作出完整记录;每一记录均应由负责有关作业的高级船员签字,每一页填写完毕均应由船长签字;压载水记录簿中的记录事项应以该船的工作语言填写,如果该语言不是英文、法文或西班牙文,则该记录事项应载有其中一种语言的译文。当填写的记录事项也使用了船舶有权悬挂其国旗的国家的国家官方语言时,在发生争端或有不一致时,应以此种语言填写的记录事项为准。

3. 压载水更换

(1)距最近陆地至少200海里、水深至少为200米的地方进行压载水更换;如不能按照该要求进行压载水更换时,应在尽可能远离最近陆地的地方,并在所有情况下距最近陆地至少50海里、水深至少为200米的地方进行此种压载水更换。

(2)如船长合理地确定:由于恶劣天气、船舶设计或应力、设备失灵或任何其他异常状况,压载水更换会威胁船舶的安全或稳性、其船员或乘客,则应视情不要求进行压载水更换。

四、附则——第D部分

1. 压载水更换标准

(1)船舶进行压载水更换,其压载水容积更换率应至少为95%。

(2)对于使用泵入—排出方法交换压载水的船舶,泵入—排出三倍于每一压载水舱容积应视为达到上述标准;泵入—排出少于压载舱容积三倍,如船舶能证明达到了至少95%容积的更换,则也可被接受。

2. 压载水性能标准

(1)船舶压载水管理的排放标准(表5-8):

压载水排放标准　表5-8

微生物大小	微生物数量	微生物大小	微生物数量
≥50μm	<10 个/m³	10μm~50μm	<10 个/ml

(2)作为一种人体健康标准,指示微生物应包括(表5-9):

微生物含量指标　表5-9

微生物种类	数　量 (菌落形成单位/100毫升,cfu/100ml)
有毒霍乱弧菌 (O1和O139)	<1 个 cfu/100ml,或 <1 个 cfu/g(湿重)
大肠杆菌	<250 个 cfu/100ml
肠道球菌	<100 个 cfu/100ml

五、附则——第E部分

1. 检验

本公约适用的400GT及以上的船舶,不包括浮动平台、浮式储存装置(FSU)和浮式生产、储存和卸油装置(FPSO),应接受的检验如图5-34所示。

图5-34　船舶检验

2. 证书的颁发或签注

证书应由主管机关或由其正式授权的任何人员或组织颁发或签注,但在任何情况下,主管机关均对证书承担完全责任。证书以颁证国官方语言写成,如果使用的语言不是英文、法文或西班牙文,则应该有其中一种译文。证书有效期不超过5年。

【课后自测】

1. 简述船舶对海洋污染的途径。

2. 根据 MARPOL 73/78 公约规定,船舶应配备哪些防污设备?其主要作用是什么?

3. 简述 MARPOL 73/78 公约有关船舶防止油污染的相关规定。

4. 简述 MARPOL 73/78 公约有关船舶防止垃圾污染的相关规定。

5. 简述 MARPOL 73/78 公约有关船舶防止大气污染的相关规定。

任务 2　1990 年油污法解读

教学目标

◎ 能力目标:能正确履行美国 1990 年油污法。

◎ 知识目标:掌握美国 1990 年油污法的主要内容。

◎ 情感目标:(1)具备良好的环保意识;(2)具备良好的职业道德;(3)具备团队合作精神。

【任务介绍】

1989 年 3 月 24 日,美国埃克森石油公司的"Exxon Valdez"(埃克森·瓦尔迪兹号)超级油轮满载原油从阿拉斯加起航,船长很熟悉阿拉斯加水域,油轮为躲避冰山驶离了航道,当绕过冰山应该驶回航道的时候,三副没能及时转弯,起航后仅 3 小时,在阿拉斯加威廉王子海湾搁浅,11 个油舱破裂了 8 个,随后总共溢出原油 41000～119000 立方米(总载油量 210000 立方米),溢油面积近 28000 平方公里,污染海岸线长度约 2100 公里,埃克森石油公司除了负担 20 亿美元的油污清除费用之外,还被提出 7 亿美元的高额索赔。

事故的原因是多方面的:

(1)埃克森石油公司未能对船长及船员履行监督职责。

(2)船长酗酒、玩忽职守,擅离岗位。

(3)三副未能履行值班职责,未及时转舵(可能由于疲劳操作)。

(4)船舶避碰系统未开启,事后调查表明设备损坏,埃克森石油公司以维修和使用费用昂贵为借口未进行修复。

【任务解析】

世界各国除参加国际防污染公约外,一般都根据本国实际情况,制定本国的国家防污染法规。特别是美国,制定了一整套本国的防止海洋污染法规,如《联邦水域污染控制法》、《公海干预法》、《外部大陆架地带法》、《深水港口法》、《防止船舶污染法》、《溢油责任信托基金》和

《1990 年油污法》。

美国《1990 年油污法》(Oil Pollution Act 1990,简称《90 油污法》或 OPA 90),是在"埃克松·瓦尔迪兹"号油船事故后,在造成巨大经济损失的形势下制定的。

《90 油污法》虽然不是国际公法,但由于对油污损害规定了船东、经营人和光船租船人的严格责任和义务,以及对油船的其他各类船舶设计和安全设备提出了严格要求,凡在美国海域从事航运的船舶都必须在其管理和经营方面遵守其制定的规则,因此引起国际航运界的极大关注。

【相关知识】

美国是世界上最大的石油输入国和消费国,每年进口石油超过 4 亿吨,因此美国也是最容易受到油污污染损害的国家之一。

1967 年 3 月发生的"Torrey Canyon"号油污事件对美国震动很大,美国国会决定在讨论批准国际公约的同时,率先制定美国国内立法,在 1970 年出台了《水质改良法》,1972 年更名为《联邦水污染控制法》,1980 年制定了《综合环境反应、赔偿和责任法》(又称为 CERCLA)。1989 年 3 月的"Exxon Valdez"事件后,1990 年出台了《美国油污法》,该法不仅适用于海上运输过程中发生的油污,而且还适用于石油生产过程中发生的溢油事故,既包括船舶运输中发生油污时的责任和赔偿问题,也包括防范措施,其中最主要的部分是第一章,即油污责任及赔偿。

OPA90 对两个主要概念进行了定义:

"油类"系指任何种类或任何形态的油类,包括但不限于石油、燃油、油泥、油渣以及除疏浚物之外的与废物相混合的油类。

"船舶"系指除公共船舶以外的各类水上运输工具以及用作或可以用作水上运输工具的人造设备。

《90 油污法》共九章 78 节,涉及已颁布的美国四项法律,即《联邦水域污染控制法》(简称为 FWPCA,又被称为《净水法案》)、《公海干预法》、《深水港口法》(Deepwater Port Act,又称 DPA)和《外部大陆架地带法》(Outer Continental Shelf Lands Act Amendments of 1978,OCSLA)。显然,OPA90 旨在建立系统而又全面的油污法律。但是,OPA1990 只是规定了美国油污责任的最低标准,而各州可以根据自身情况确立更加严格的标准。

【任务实施】

《90 油污法》从油污责任与赔偿,油污事件的预防与清除等方面,就防止船舶和海洋石油勘探开发等造成的污染,做出了一系列严格规定。OPA90 的主要内容如图 5-35 所示。

一、油污赔偿

《90 油污法》根据油污事故原因、责任方和事故性质,将油污赔偿分成四种类别(图5-36)。

1. 赔偿限额(责任限制)

责任方(船舶拥有者、经营者或光船租赁该船的任何人)的赔偿责任以及负责方就每一油污事件造成的或在其名下的任何清污费用的总额不超出表5-10 规定的范围。

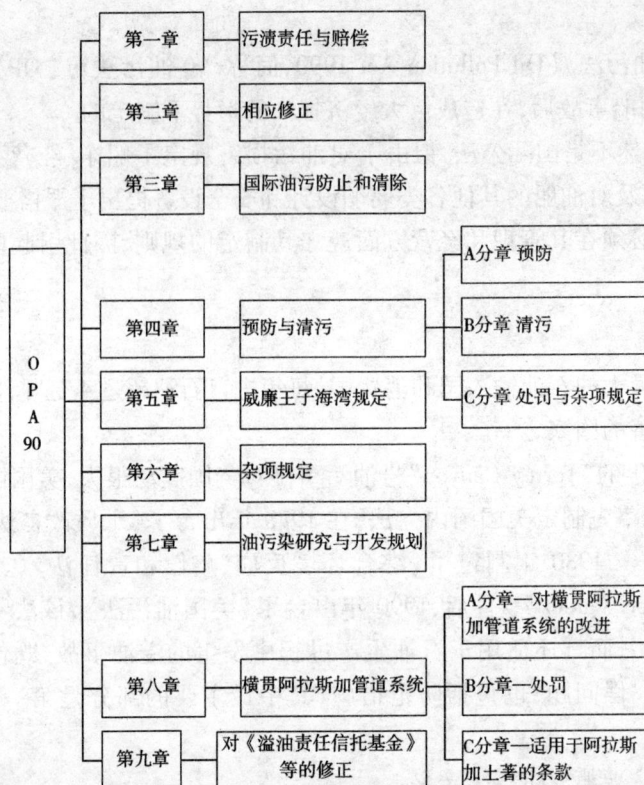

图 5-35　OPA90 内容组成

赔偿限额明细表　　　　　　　　　　　　　　　　　　表 5-10

船舶种类	船舶总吨位	单价 （美元/总吨）	总额 （万美元）	备注
液货船	≥3000	1200	1000	取大者
液货船	<3000	1200	200	取大者
其他		600	50	取大者

2. 无限赔偿

如果油污染事故是由于负责方或其代理人、雇员或按照与负责方的合同关系人员的下列行为,则将承担无限赔偿,即不享受表 5-10 所规定的权力。

(1)有重大过失或故意不当行为。

(2)违反适用的联邦安全、构造或操作规则和命令,其中包括没有按规定报告该事故或没有向有关方面提供关于清污活动和一切合理的合作与协议。

(3)从外部大陆架设施运载货油时,油污染事故所产生的一切清污费用全部船东或经营人承担,不享受责任限制。

3. 免责

由图 5-37 原因造成的油污事故,可免除赔偿损害和清污费用;但负责方的雇员或代理人或其行为或不为涉及与负责方的任何合同关系的第三方不在此例。

188

在要求免责时,必须进行抗辩,即负责方以占优势的证据证明自己:

(1)考虑到油类的特性并根据一切有关的事实和情况,已对油类给予适当的注意。

(2)已采取措施防止可以预见到的第三方的行为或不为及后果。

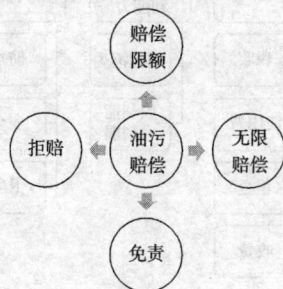

图 5-36　油污赔偿类别　　　　　　图 5-37　免责情形

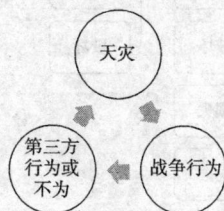

尽管上述理由可以抗辩,但由于下列原因仍要求承担赔偿责任:

(1)负责方知道或有理由知道事故,而没有或拒绝按照法律要求报告该事故。

(2)没有或拒绝向负责官员提供关于清污活动和一切合理合作与协作,没有执行有关法律颁布的命令。

4. 拒赔

油污事故由索赔人的严重过失或故意不当行为所造成,则负责方不对索赔人负责赔偿。

二、清污费和损害赔偿

1. 清污费用

(1)根据联邦、州或印第安部落的有关法律规定所付出的一切清污费用。

(2)任何人为其采取的符合国家应急计划的行动所付出的任何清污费用。

2. 损害赔偿

《90 油污法》就船舶对海洋环境油污损害(图 5-38),做出了具体的赔偿规定(图 5-39)。

图 5-38　船舶对海洋生态及环境的油污染损害

三、油污信托基金

为减少事故后油污的扩散和减轻受害者的损失,OPA90 将以前的各种法定基金进行了整合,从每桶石油征收 5 美分,建立一项数额为 10 亿美元的联邦油污信托基金。

OPA1990 以前,根据 FWPCA 建立的基金主要来自纳税人,而 OPA1990 立法时,立法者主张国家税收不应负担此项费用,而应由从事石油贸易者承担。建立基金的目的是应对那些无法从责任方取得充分补偿的部分。

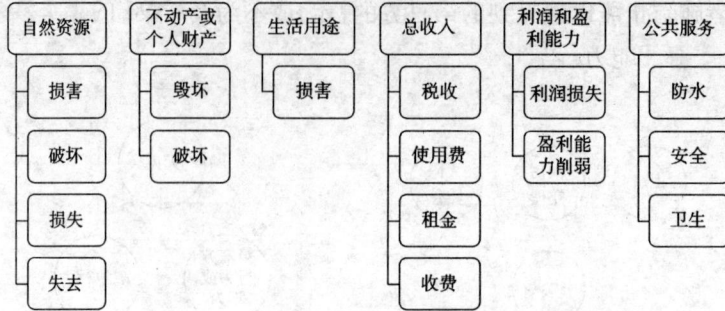

图 5-39　油污损害赔偿

四、财务责任能力证书

为使油污事故受害者得到应有赔偿,按《90 油污法》规定建立财务责任制,颁发统一的财务能力证书。

五、对船员的要求

1. 对船员酗酒和吸毒进行严厉处罚,严重者追究刑事责任。

2. 凡到美国的船舶尤其是油船,其船上的船员要接受美国主管机关的考核(图 5-40)。

图 5-40　考核内容

油船还要求"原油洗舱"培训与证书、航行计划及英语能力,必须具备为防止和消除油污行动的应急反应能力。其他国家船员发证标准至少相当美国法律或美国所接受的国际标准规定的能力,否则禁止其进港。

六、对液货船航行安全标准的规定

(1)配备完善的足够的航行设备和系统。

(2)制订符合规定的航行计划和驾驶台常规命令。

(3)用船旗国官方语言和英文对照的船东管理船舶的规章制度。

(4)实施船位报告制度。

(5)威廉王子湾、华盛顿的罗萨里欧海峡和普夫特海峡等水域,强制雇用拖船护航。

七、对油船构造和货油系统的要求

(1)油船必须建造成双层壳体,现有油船从 1995 年起应改装成双层船壳船,至 2010 年所有 5000GT 及以上的油船必须具有双层船壳,否则不能在美国海域航行。

(2)货油舱必须设置液位和舱内压力监测装置、超高液位报警装置。

(3)设备舱内油气回收装置(VECS),保证油气不放入大气。

【任务小结】

受 OPA90 的影响,在 1990 年的国际防止油污染海洋的国际会议上,IMO 郑重研究了美国提出的双壳船和中甲板船的设计概念,并在 1993 年的 MARPOL 公约的修正案中确定了双壳船的要求,并对现有的单壳船、双层底船或双舷侧船的最后使用年限做了限定。

通过任务训练,学生能掌握 OPA90 的相关规定,能履行 OPA90 的相关规定,特别是油污事故反应与赔偿应对的能力。

【知识链接】

(1)美国的油污损害赔偿机制仅仅依据其国内法而建立,在 OPA1990 中,设立了 10 亿美元的"油污基金",由"国家油污基金中心"负责管理,对基金的来源、使用等都作了严格的规定,使油污赔偿机制有章可循,有法可依。

(2)OPA1990 把船东的油污赔偿责任在原来的基础上提高了 8 倍,并规定了船东的无限责任条款,其目的就是通过追究油污事故的无限责任和对事故责任人的高额罚款,以促使船员、船舶所有人或经营者对来往美国水域的船舶进行更为严格的管理,最大限度地提高船员的责任心,保障船舶安全,减少油污事故的发生。

(3)美国的油污损害赔偿机制在结构上与公约制度相似,但二者在赔偿范围、责任的严格程度等方面差异较大。OPA1990 规定的责任制度比公约要苛刻严格,责任方承担的责任近乎绝对责任,责任限额也比公约高得多,责任人享受限额的权利几乎是象征性的,承担无限责任的风险极大。总起来说,OPA1990 使美国油污受害人能够得到更为充分及时的赔偿。

【课后自测】

1. 简述 OPA90 的赔偿制度。

2. 简述 OPA90 对船员的要求。

3. 简述 OPA90 对液货船航行标准的要求。

任务 3　海洋环境保护法解读

教学目标

◎ 能力目标:(1)能履行《中华人民共和国海洋环境保护法》;(2)能运用法规中相关规定。

◎ 知识目标:掌握《中华人民共和国海洋环境保护法》中有关船舶防污染方面的主要内容。

◎ 情感目标:(1)具备良好的环保意识;(2)具备良好的职业道德;(3)具备团队合作精神。

【任务介绍】

案例 1:1984 年 9 月 28 日,巴西籍"加翠"号油轮在黄岛油码头装原油 12 万吨,在青岛港中沙礁海域触礁搁浅,右舷第三舱漏油 757 吨,使青岛港海域 60 余公里的沿海海岸线受到污染,1500 多亩水产养殖区和 15 亩水产养殖架受到危害,直接经济损失 800 多万元。

案例 2:1995 年 5 月 1 日凌晨,广西防城港务局所属"防港供 2"油轮(总吨 324,净吨 132)

装载柴油 290 吨与正在出港的"遂溪 22133"渔船发生碰撞,造成"防港供 2"轮油舱穿洞,所载柴油在不到半个小时的时间里外溢 143.5 吨,由于事故发生时正值涨潮,风向东南,风力 3 级,致使溢油随风浪大量涌入港区,并很快扩散,造成该海域严重污染。据防城港市联合调查组事后查实,该事故造成海上污染面积为 $20km^2$,其中养殖面积 14905 亩,直接经济损失 3761.8 万元,这是防城港市有史以来最大的油污染事故。

类似船舶油污事故给我国沿海经济的发展带来巨大危害,从这些船舶污染海洋事故中吸取经验教训,避免类似事故再次发生是本教学任务的目的。履行《中华人民共和国海洋环境保护法》有关防治船舶污染海洋环境的相关规定,免受违法处罚,是学生应该具备的能力。

【任务解析】

案例 1 "加翠"号污染事故后,该船所投保的国际性意外风险保险公司(英国伦敦联合王国船舶保赔协会)立刻处理了该起油污染事故损失核定与赔偿事宜均,该公司的理赔代表到达后,仅几天功夫便预拨首付赔偿款 150 万元用于抢险,使这起当时名列国际前 30 位的重大石油污染海洋事件避免了事态扩大。事故影响弥消后,所有的污染损失款赔偿全额及时到位。

这起重大石油污染海洋事件的赔偿表明,只有在意外风险基金和保险基金的扶植下,发生意外事故的企业才有可能应对突变、维系生机。

案例 2 中,碰撞事故发生后,在船体进水、柴油外溢情况下,船长和船上船员并未意识到油污染的严重性,没有及时向主管机关报告,也没有采取必要的措施减少污染,而是调来拖轮和驳船将已经发生右倾的事故船拖回码头,途中柴油不断外溢,造成溢油进一步扩散。事后,经主管机关调查发现,该轮没有编制《船上油污应急计划》,也没有配备必要的清污设备、器材。

案例 2 反应出了船员防污意识严重缺乏,船方在溢油应变部署方面的训练也存在着不足,而且违反了《中华人民共和国海洋环境保护法》的有关规定。

【相关知识】

现行《中华人民共和国海洋环境保护法》(简称《海环法》)是 1982 年 8 月 23 日第五届全国人民代表大会常务委员会第二十四次会议通过,经第九届全国人民代表大会常务委员会第十三次会议于 1999 年 12 月 25 日修订,并于 2000 年 4 月 1 日起施行,共 10 章 98 条(图5-41)。

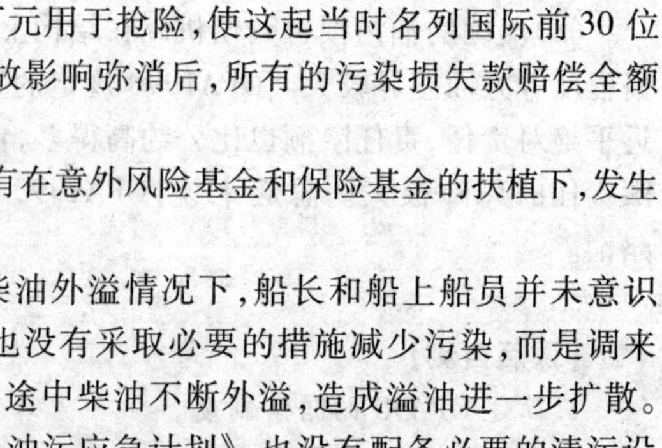

- 第一章 总则
- 第二章 海洋环境监督管理
- 第三章 海洋生态保护
- 第四章 防治陆源污染物对海洋环境的污染损害
- 第五章 防治海岸工程建设项目对海洋环境的污染损害
- 第六章 防治海洋工程建设项目对海洋环境的污染损害
- 第七章 防治倾倒废弃物对海洋环境的污染损害
- 第八章 防治船舶及有关作业活动对海洋环境的污染损害
- 第九章 法律责任
- 第十章 附则

图 5-41 《海环法》基本内容

一、总　则

《海环法》第一章由 5 条内容组成。

1. 本法制定目标

为了保护和改善海洋环境,保护海洋资源,防治污染损害,维护生态平衡,保障人体健康,促进经济和社会的可持续发展。

2. 本法适用范围、对象

(1)中华人民共和国内水、领海、毗连区、专属经济区、大陆架以及中华人民共和国管辖的其他海域。

(2)在中华人民共和国管辖海域内从事航行、勘探、开发、生产、旅游、科学研究及其他活动,或者在沿海陆域内从事影响海洋环境活动的任何单位和个人,都必须遵守本法。

(3)在中华人民共和国管辖海域以外,造成中华人民共和国管辖海域污染的,也适用本法。

3. 主管机关

(1)国务院环境保护行政主管部门。对全国环境保护工作统一监督管理,对全国海洋环境保护工作实施指导、协调和监督,并负责全国防治陆源污染物和海岸工程建设项目对海洋污染损害的环境保护工作。

(2)国家海事行政主管部门。负责所辖港区水域内非军事船舶和港区水域外非渔业、非军事船舶污染海洋环境的监督管理,并负责污染事故的调查处理;对在中华人民共和国管辖海域航行、停泊和作业的外国籍船舶造成的污染事故登轮检查处理。船舶污染事故给渔业造成损害的,应当吸收渔业行政主管部门参与调查处理。

二、海洋环境监督管理

第 2 章由 14 条组成。

重大海上污染事故应急计划:

(1)国家根据防止海洋环境污染的需要,制定国家重大海上污染事故应急计划。

(2)国家海洋行政主管部门负责制定全国海洋石油勘探开发重大海上溢油应急计划,报国务院环境保护行政主管部门备案。

(3)国家海事行政主管部门负责制定全国船舶重大海上溢油污染事故应急计划,报国务院环境保护行政主管部门备案。

三、海洋生态保护

第 3 章有 9 条组成。

国务院和沿海地方各级人民政府应当采取有效措施,保护红树林、珊瑚礁、滨海湿地、海岛、海湾、入海河口、重要渔业水域等具有典型性、代表性的海洋生态系统,珍稀、濒危海洋生物的天然集中分布区,具有重要经济价值的海洋生物生存区域及有重大科学文化价值的海洋自然历史遗迹和自然景观。

对具有重要经济、社会价值的已遭到破坏的海洋生态,应当进行整治和恢复。

四、防治陆源污染物对海洋环境的污染损害

第 4 章由 13 条组成。

(1)向海域排放陆源污染物,必须严格执行国家或者地方规定的标准和有关规定;

(2)禁止向海域排放油类、酸液、碱液、剧毒废液和高、中水平放射性废水;严格限制向海域排放低水平放射性废水;确需排放的,必须严格执行国家辐射防护规定。

严格控制向海域排放含有不易降解的有机物和重金属的废水。

五、防治海岸工程建设项目对海洋环境的污染损害

第5章由5条组成。

六、防治海洋工程建设项目对海洋环境的污染损害

第6章由8条组成。

（1）海洋石油钻井船、钻井平台和采油平台的含油污水和油性混合物，必须经过处理并达标后排放；残油、废油必须予以回收，不得排放入海。经回收处理后排放的，其含油量不得超过国家规定的标准。

钻井所使用的油基泥浆和其他有毒复合泥浆不得排放入海。水基泥浆和无毒复合泥浆及钻屑的排放，必须符合国家有关规定。

（2）海洋石油钻井船、钻井平台和采油平台及其有关海上设施，不得向海域处置含油的工业垃圾。处置其他工业垃圾，不得造成海洋环境污染。

七、防治倾倒废弃物对海洋环境的污染损害

第7章由7条组成。

（1）任何单位未经国家海洋行政主管部门批准，不得向中华人民共和国管辖海域倾倒任何废弃物；需要倾倒废弃物的单位，必须向国家海洋行政主管部门提出书面申请，经国家海洋行政主管部门审查批准，发给许可证后，方可倾倒。

禁止中华人民共和国境外的废弃物在中华人民共和国管辖海域倾倒。

（2）国家海洋行政主管部门根据废弃物的毒性、有毒物质含量和对海洋环境影响程度，制定海洋倾倒废弃物评价程序和标准；向海洋倾倒废弃物，应当按照废弃物的类别和数量实行分级管理。

（3）获准倾倒废弃物的单位，应当详细记录倾倒的情况，并在倾倒后向批准部门作出书面报告。倾倒废弃物的船舶必须向驶出港的海事行政主管部门作出书面报告。

八、防治船舶及有关作业活动对海洋环境的污染损害

第8章由11条组成。

（1）在中华人民共和国管辖海域，任何船舶及相关作业不得违反本法规定向海洋排放污染物、废弃物和压载水、船舶垃圾及其他有害物质。

从事船舶污染物、废弃物、船舶垃圾接收、船舶清舱、洗舱作业活动的，必须具备相应的接收处理能力。

（2）船舶必须按照有关规定持有防止海洋环境污染的证书与文书，在进行涉及污染物排放及操作时，应当如实记录。

（3）船舶必须配置相应的防污设备和器材。

载运具有污染危害性货物的船舶，其结构与设备应当能够防止或者减轻所载货物对海洋环境的污染。

（4）船舶应当遵守海上交通安全法律、法规的规定，防止因碰撞、触礁、搁浅、火灾或者爆炸等引起的海难事故，造成海洋环境的污染。

（5）国家完善并实施船舶油污损害民事赔偿责任制度；按照船舶油污损害赔偿责任由船

东和货主共同承担风险的原则,建立船舶油污保险、油污损害赔偿基金制度。

(6)载运具有污染危害性货物进出港口的船舶,其承运人、货物所有人或者代理人,必须事先向海事行政主管部门申报。经批准后,方可进出港口、过境停留或者装卸作业。

(7)港口、码头、装卸站和船舶修造厂必须按照有关规定备有足够的用于处理船舶污染物、废弃物的接收设施,并使该设施处于良好状态。

装卸油类的港口、码头、装卸站和船舶必须编制溢油污染应急计划,并配备相应的溢油污染应急设备和器材。

(8)进行下列活动,应当事先按照有关规定报经有关部门批准或者核准:

①船舶在港区水域内使用焚烧炉。

②船舶在港区水域内进行洗舱、清舱、驱气、排放压载水、残油、含油污水接收、舷外拷铲及油漆等作业。

③船舶、码头、设施使用化学消油剂。

④船舶冲洗沾有污染物、有毒有害物质的甲板。

⑤船舶进行散装液体污染危害性货物的过驳作业。

⑥从事船舶水上拆解、打捞、修造和其他水上、水下船舶施工作业。

(9)船舶发生海难事故,造成或者可能造成海洋环境重大污染损害的,国家海事行政主管部门有权强制采取避免或者减少污染损害的措施。

对在公海上因发生海难事故,造成中华人民共和国管辖海域重大污染损害后果或者具有污染威胁的船舶、海上设施,国家海事行政主管部门有权采取与实际的或者可能发生的损害相称的必要措施。

(10)所有船舶均有监视海上污染的义务,在发现海上污染事故或者违反本法规定的行为时,必须立即向就近的依照本法规定行使海洋环境监督管理权的部门报告。

九、法律责任

第9章由21条组成。

(1)违反本法有关规定,有下列行为之一的,由依照本法规定行使海洋环境监督管理权的部门责令限期改正,并处以罚款:

①向海域排放本法禁止排放的污染物或者其他物质的。

②不按照本法规定向海洋排放污染物,或者超过标准排放污染物的。

③未取得海洋倾倒许可证,向海洋倾倒废弃物的。

④因发生事故或者其他突发性事件,造成海洋环境污染事故,不立即采取处理措施的。

有前款第①③项行为之一的,处三万元以上二十万元以下的罚款。

有前款第②④项行为之一的,处二万元以上十万元以下的罚款。

(2)违反本法有关规定,有下列行为之一的,由依照本法规定行使海洋环境监督管理权的部门予以警告,或者处以罚款:

①不按照规定申报,甚至拒报污染物排放有关事项,或者在申报时弄虚作假的。

②发生事故或者其他突发性事件不按照规定报告的。

③不按照规定记录倾倒情况,或者不按照规定提交倾倒报告的。

④拒报或者谎报船舶载运污染危害性货物申报事项的。

有前款第①③项行为之一的,处二万元以下的罚款。

有前款第②④项行为之一的,处五万元以下的罚款。

(3)违反本法规定,造成珊瑚礁、红树林等海洋生态系统及海洋水产资源、海洋保护区破坏的,由依照本法规定行使海洋环境监督管理权的部门责令限期改正和采取补救措施,并处一万元以上十万元以下的罚款;有违法所得的,没收其违法所得。

(4)违反本法规定,不按照许可证的规定倾倒,或者向已经封闭的倾倒区倾倒废弃物的,由海洋行政主管部门予以警告,并处三万元以上二十万元以下的罚款;对情节严重的,可以暂扣或者吊销许可证。

(5)违反本法规定,有下列行为之一的,由依照本法规定行使海洋环境监督管理权的部门予以警告,或者处以罚款:

①港口、码头、装卸站及船舶未配备防污设施、器材的。

②船舶未持有防污证书、防污文书,或者不按照规定记载排污记录的。

③从事水上和港区水域拆船、旧船改装、打捞和其他水上、水下施工作业,造成海洋环境污染损害的。

④船舶载运的货物不具备防污适运条件的。

有前款第①④项行为之一的,处二万元以上十万元以下的罚款。

有前款第②项行为的,处二万元以下的罚款。

有前款第③项行为的,处五万元以上二十万元以下的罚款。

(6)违反本法规定,船舶、石油平台和装卸油类的港口、码头、装卸站不编制溢油应急计划的,由依照本法规定行使海洋环境监督管理权的部门予以警告,或者责令限期改正。

(7)造成海洋环境污染损害的责任者,应当排除危害,并赔偿损失;完全由于第三者的故意或者过失,造成海洋环境污染损害的,由第三者排除危害,并承担赔偿责任。

对破坏海洋生态、海洋水产资源、海洋保护区,给国家造成重大损失的,由依照本法规定行使海洋环境监督管理权的部门代表国家对责任者提出损害赔偿要求。

(8)完全属于下列情形之一,经过及时采取合理措施,仍然不能避免对海洋环境造成污染损害的,造成污染损害的有关责任者免予承担责任:

①战争。

②不可抗拒的自然灾害。

③负责灯塔或者其他助航设备的主管部门,在执行职责时的疏忽,或者其他过失行为。

十、附　　则

《海环法》中部分定义:

(1)海洋环境污染损害,是指直接或者间接地把物质或者能量引入海洋环境,产生损害海洋生物资源、危害人体健康、妨害渔业和海上其他合法活动、损害海水使用素质和减损环境质量等有害影响。

(2)油类,是指任何类型的油及其炼制品。

(3)油性混合物,是指任何含有油分的混合物。

(4)排放,是指把污染物排入海洋的行为,包括泵出、溢出、泄出、喷出和倒出。

(5)倾倒,是指通过船舶、航空器、平台或者其他载运工具,向海洋处置废弃物和其他有害物质的行为,包括弃置船舶、航空器、平台及其辅助设施和其他浮动工具的行为。

(6)海上焚烧,是指以热摧毁为目的,在海上焚烧设施上,故意焚烧废弃物或者其他物质的行为,但船舶、平台或者其他人工构造物正常操作中,所附带发生的行为除外。

【任务实施】

1. 适用范围和适用行为

《海环法》的适用范围如图 5-42 所示,在上述范围内进行如图 5-43 所示活动时,应该遵守本法。

2. 主管部门职责

《海环法》主管部门主要分成国务院环境保护行政主管部门、国家海洋行政主管部门和国家海事行政主管部门,其职责分别如图 5-44、图 5-45 和图 5-46 所示。

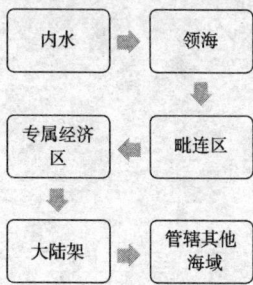

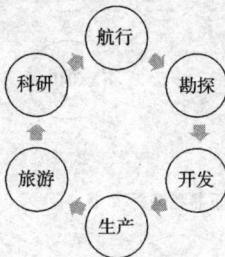

图 5-42　适用范围　　　图 5-43　适用行为　　　图 5-44　国务院环保部门职责

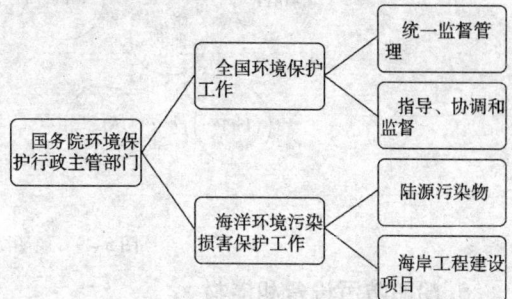

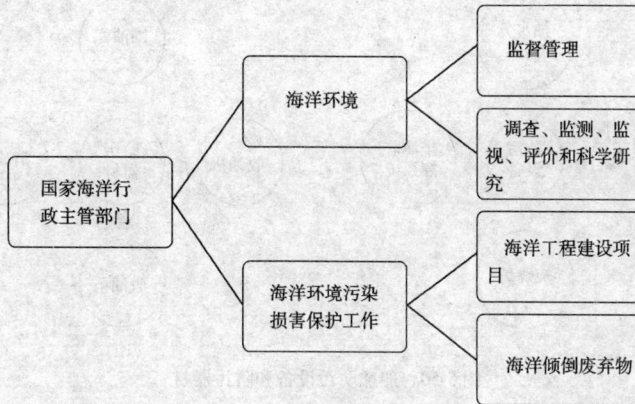

图 5-45　国家海洋主管部门

3. 海洋倾废

利用船舶向海洋倾废,应该遵循的流程如图 5-47 所示,及倾废后注意事项如图 5-48 所示。

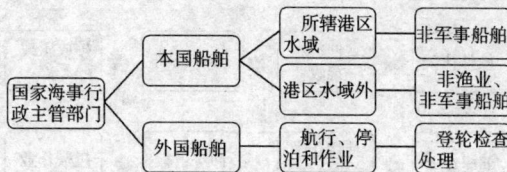

图 5-46　国家海事主管部门

4. 船舶防污证书和防污文书

《海环法》规定的船舶防污证书和防污文书如图 5-49 所示。

图 5-47　海洋倾废流程

图 5-48　海洋倾废注意事项

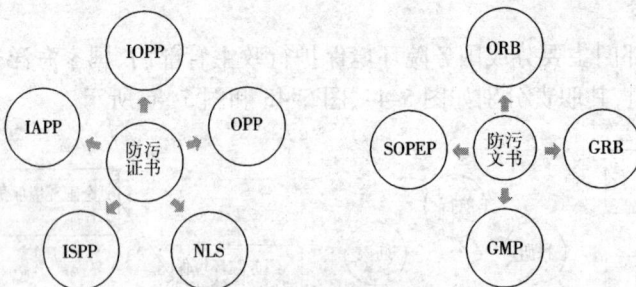

图 5-49　船舶防污证书和防污文书

5. 船舶防污设备和器材

《海环法》规定船舶应该配备常见的船舶防污设备和防污器材如图 5-50 所示。

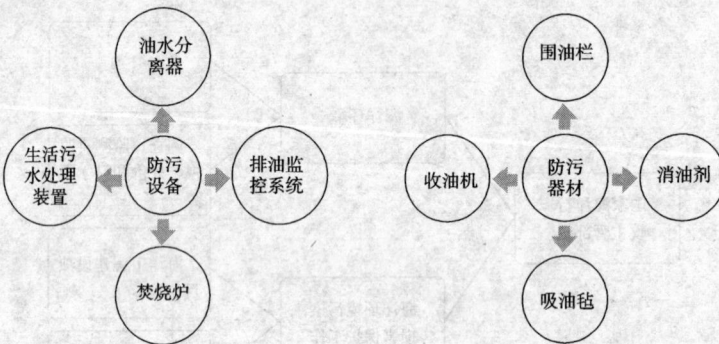

图 5-50　船舶防污设备和防污器材

6. 船舶在港区水域进行图 5-51 所示活动之一时,应先按照有关规定报经有关部门批准或者核准。

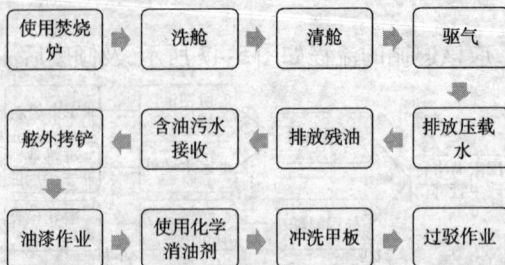

图 5-51　船舶作业活动

7. 有图 5-52、图 5-53 和图 5-54 所列行为之一者,由行使海洋环境监督管理权的部门责令限期改正,并处以罚款。

198

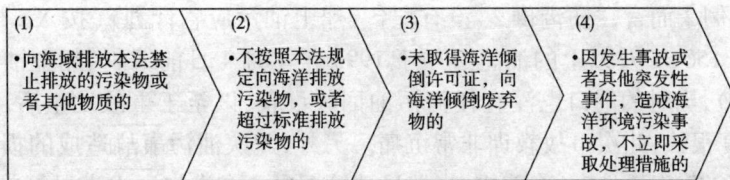

(1)	(2)	(3)	(4)
•向海域排放本法禁止排放的污染物或者其他物质的	•不按照本法规定向海洋排放污染物,或者超过标准排放污染物的	•未取得海洋倾倒许可证,向海洋倾倒废弃物的	•因发生事故或者其他突发性事件,造成海洋环境污染事故,不立即采取处理措施的

图 5-52 违法倾废

有图 5-52 中第(1)(3)项行为之一的,处三万元以上二十万元以下的罚款。

有图 5-52 中第(2)(4)项行为之一的,处二万元以上十万元以下的罚款。

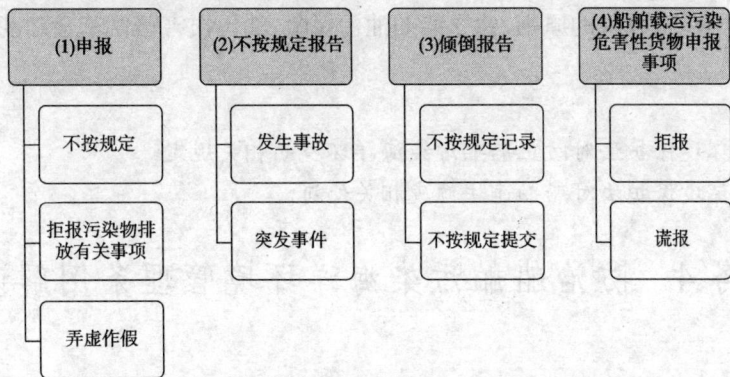

图 5-53 倾废规定

有图 5-53 中第(1)(3)项行为之一的,处二万元以下的罚款。

有图 5-53 中第(2)(4)项行为之一的,处五万元以下的罚款。

有图 5-54 中第(1)(4)项行为之一的,处二万元以上十万元以下的罚款。

有图 5-54 中第(2)项行为的,处二万元以下的罚款。

有图 5-54 中第(3)项行为的,处五万元以上二十万元以下的罚款。

8. 完全属于图 5-55 情形之一,及时采取合理措施,仍然不能避免对海洋环境造成污染损害的,有关责任者免予承担责任。

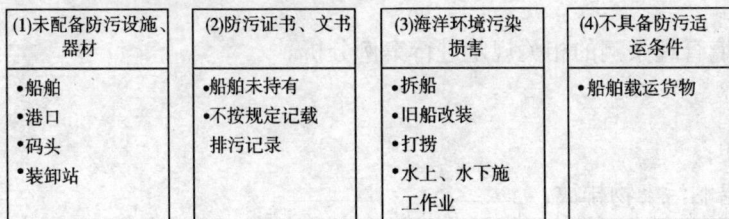

图 5-54 防污规定

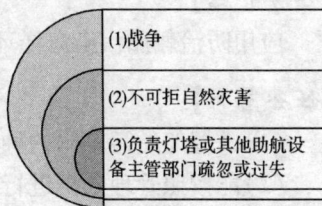

图 5-55 免责情形

【任务小结】

通过任务训练,学生能了解《海环法》的基本组成和船舶违法行为及相应处罚。另外,学生能利用《海环法》对相应的船舶污染海洋环境事故进行分析,保护船舶的相应利益。

【拓展提高】

《海环法》第八章第 69 条第 2 款规定:装卸油类的港口、码头、装卸站和船舶必须编制溢油污染应急计划,并配备相应的溢油污染应急设备和器材(参见图 5-49)。

就本任务案例2而言，"防港供2"没有配备《船上油污应急计划》（按XX规定，1993年4月4日前建造的150GT及以上的油轮必须于1995年4月4日前编制《船上油污应急计划》，并按其要求运作），当时的港口也没有任何污油回收设备，以至于事故发生后，溢油随涨潮涌入港内，扩散速度很快，此次事故教训非常沉痛。另外，此次油污事故造成的损害赔偿也拖延了很长时间，至1995年7月底，养殖户、当地渔政管理中心和港口区水产局等单位索赔金额已达4531万元。1996年2月，当地政府责成"防港供2"轮所有人支付200万元赔偿。与案例1相比较，赔偿速度慢、赔偿金额低，清污所需巨额费用船东难以承担。因此，《海环法》第8章第XX条规定：国家完善并实施船舶油污损害民事赔偿责任制度；按照船舶油污损害赔偿责任由船东和货主共同承担风险的原则，建立船舶油污保险、油污损害赔偿基金制度。

【课后自测】
1. 简述海洋环境保护法对防止船舶污染海洋环境的相关规定。
2. 简述海洋环境保护法对船舶违法倾废相关处罚。

任务4 防治船舶污染海洋环境管理条例解读

教学目标

◎ 能力目标：(1)能正确履行防治船舶污染海洋环境管理条例；(2)能运用该条例进行案例分析。

◎ 知识目标：掌握防治船舶污染海洋环境管理条例的主要内容。

◎ 情感目标：(1)具备严谨的工作作风；(2)具备良好的服从意识；(3)具备团队合作精神。

【任务介绍】

应用防治船舶污染海洋环境管理条例的相关规定进行案例分析。

【任务解析】

(1)掌握船舶污染物的种类；

(2)能按照管理条例进行船舶污染物排放；

(3)能对船舶有关作业活动进行污染防治；

(4)能对船舶污染事故进行应急处置；

(5)掌握船舶污染事故的法律责任。

【相关知识】

《防治船舶污染海洋环境管理条例》(图5-56)于2009年9月2日国务院第79次常务会议通过，自2010年3月1日起施行。

该条例制定的依据是《中华人民共和国海洋环境保护法》，主要目的是防治船舶及相关作业活动污染海洋环境，实施原则是预防为主、防治结合，海事管理机构具体负责防治船舶(图5-57)及其有关作业活动污染海洋环境的监督管理。

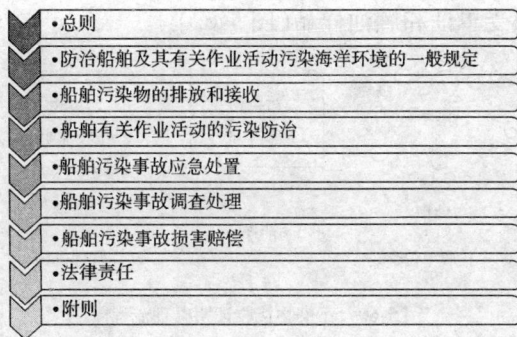

图 5-56　防治船舶污染海洋环境管理条例

图 5-57　条例适用对象

　　船舶在我国海域排放船舶污染物（图 5-58）时，应符合我国有关法律、法规和我国缔结或参加的国际公约及相关标准的要求，不符合排放要求的污染物应排入港口接收设施或由船舶污染物接收单位接收，船舶不得向依法划定的或需特别保护的区域（图 5-59）排放污染物。

图 5-58　船舶污染物

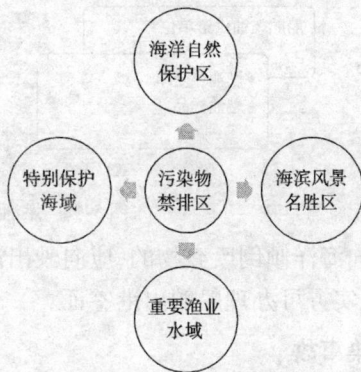

图 5-59　污染物禁排区

　　船舶应当将使用完毕的船舶垃圾记录簿留船保存 2 年，将使用完毕的含油污水、含有毒有害物质污水记录簿在船舶上保留 3 年。

【任务实施】

1. 船舶污染物接收证明

　　船舶向污染物接收单位排放污染物，接收单位应向船舶出具污染物接收单证，并由船长签字确认，然后凭此单证向海事管理机构办理污染物接收证明，并保存在相应的记录簿中（图 5-60）。

2. 船舶污染性作业活动

　　在对船舶进行具有海洋环境污染性的作业活动时（图 5-61），应遵守相关操作规程，并采取必要的安全和防治污染措施。船舶加装燃油后，燃油供给单位应当如实填写燃油供受单证，并向船舶提供船舶燃油供受单证和燃油样品(图5-62)。

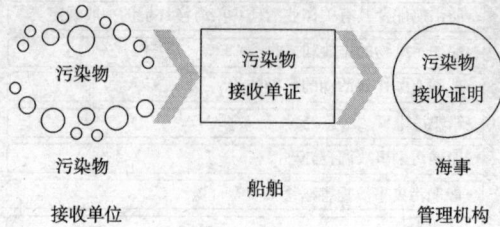

图 5-60　污染物接收证明办理流程

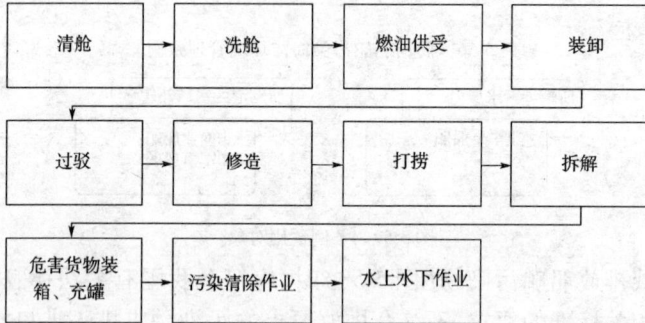

图 5-61　船舶污染性作业活动

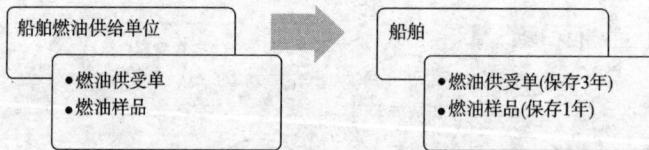

图 5-62　燃油供受后相关事项

使用船舶向海洋倾倒废弃物的,应向驶出港所在地的海事管理机构提交海洋主管部门的批准文件,经核实方可办理船舶出港签证。

3. 船舶污染事故

船舶污染事故,是指船舶及其有关作业活动发生油类、油性混合物和其他有毒有害物质泄漏造成的海洋环境污染事故。

船舶污染事故等级划分(图5-63)主要依据船舶溢油量或者是造成直接经济损失的大小。

图 5-63　船舶污染事故等级

4. 船舶污染事故后行动

船舶在我国管辖海域发生污染事故,或者在我国管辖海域外发生污染事故造成或者可能造成我管辖海域污染的,船舶应该采取相应行动,如图 5-64 所示。

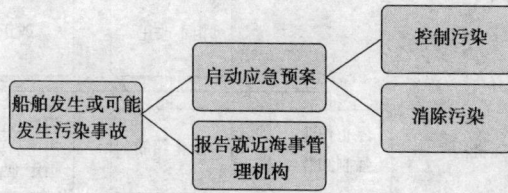

图 5-64 船舶油污事故行动

船舶在向就近海事管理机构进行污染事故报告时,包括的内容如图 5-65 所示。

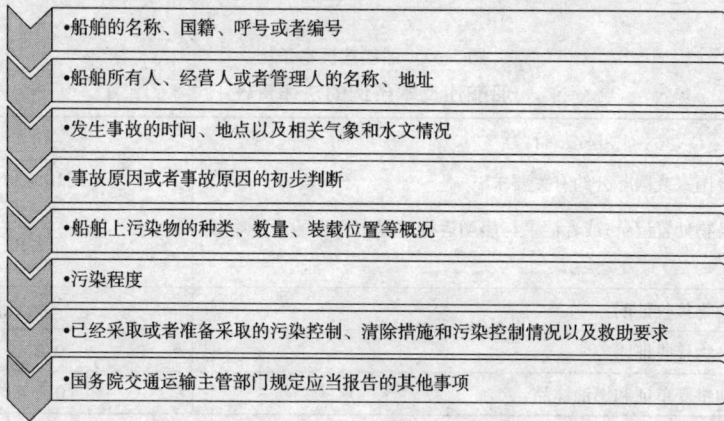

- 船舶的名称、国籍、呼号或者编号
- 船舶所有人、经营人或者管理人的名称、地址
- 发生事故的时间、地点以及相关气象和水文情况
- 事故原因或者事故原因的初步判断
- 船舶上污染物的种类、数量、装载位置等概况
- 污染程度
- 已经采取或者准备采取的污染控制、清除措施和污染控制情况以及救助要求
- 国务院交通运输主管部门规定应当报告的其他事项

图 5-65 船舶污染事故报告内容

船舶发生事故有沉没危险,船员离船前,应当尽可能关闭所有货舱(柜)、油舱(柜)管系的阀门,堵塞货舱(柜)、油舱(柜)通气孔。

5. 船舶污染事故责任

造成海洋环境污染损害的责任者,应当排除危害并赔偿损失;完全由于第三者的故意或者过失造成海洋环境污染损害的,由第三者排除危害并承担赔偿责任。完全属于如图 5-66 所示情形之一,经过及时采取合理措施,仍然不能避免对海洋环境造成污染损害的,免予承担责任。

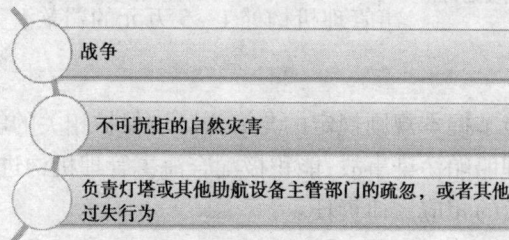

- 战争
- 不可抗拒的自然灾害
- 负责灯塔或其他助航设备主管部门的疏忽,或者其他过失行为

图 5-66 免责情形

对船舶污染事故损害赔偿的争议,当事人可以请求海事管理机构调解,也可以向仲裁机构申请仲裁或者向人民法院提起民事诉讼。

违反本条例规定,船舶应该按照海事管理机构的意见进行整改,否则将会受到处罚(图 5-67);船舶不同的违法行为,受到的处罚也是不同的(表 5-11)。

203

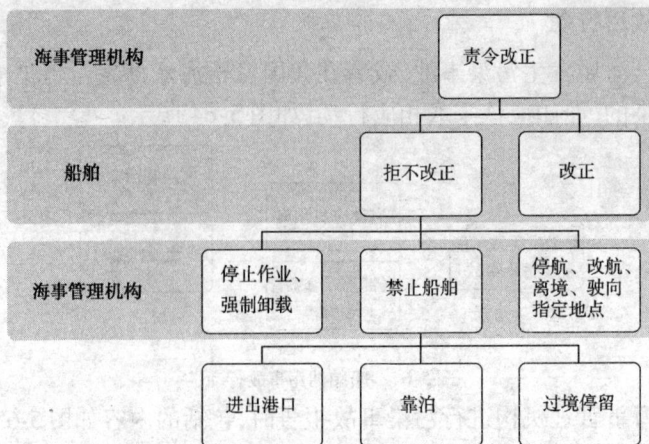

图 5-67 船舶违反本条例

船舶违反本条例的法律责任   表 5-11

违法行为	罚款
船舶的结构不符合国家或国际公约有关要求	10 ~ 30 万元
未按规定留存污染物处置记录,或者记录与船舶运行过程中产生的污染物数量不符	2 ~ 10 万元
未按规定办理污染物接收证明	2 万元以下
未按规定保存污染物接收证明	0.2 ~ 1 万元
未按规定保存燃油供受单证和燃油样品	0.2 ~ 1 万元

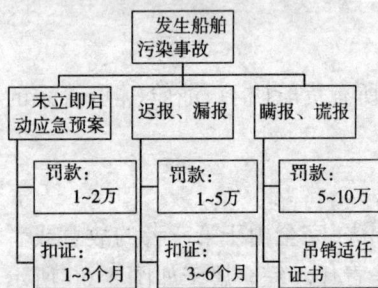

图 5-68 船舶污染事故责任船员处罚

船舶发生污染事故后,责任船员应该立即启动应急预案,并向海事管理机构进行汇报,否则将会受到海事管理机构的处罚(图 5-68)。

船舶发生污染事故后,未经海事管理机构批准使用消油剂的,由海事管理机构对船舶或者使用单位处 1 ~ 5 万元的罚款;当事人和其他有关人员,未如实向组织事故调查处理的机关或者海事管理机构反映情况和提供资料,伪造、隐匿、毁灭证据或者以其他方式妨碍调查取证的,由海事管理机构处 1 ~ 5 万元的罚款。

【任务小结】

通过任务训练,学生能掌握本规则规定的与海洋环境保护相关的船舶作业活动,能防治船舶污染物排放,能应急处理船舶污染事故,能积极配合海事管理机构进行船舶污染事故调查处理,掌握违反本规则应担负的相应法律责任。

【知识链接】

《中华人民共和国海洋倾废管理条例》1985 年 3 月 6 日由国务院颁布,于 1985 年 4 月 1 日实施。该条例主要内容有:

1. 适用范围

本条例适用于:

204

（1）向中华人民共和国的内海、领海、大陆架和其他管辖海域倾倒废弃物和其他物质。

（2）为倾倒的目的，在中华人民共和国陆地或港口装载废弃物和其他物质。

（3）为倾倒的目的，经中华人民共和国的内海、领海及其他管辖海域运送废弃物和其他物质。

（4）在中华人民共和国管辖海域焚烧处置废弃物和其他物质。

2. 倾倒废弃物的分类

废弃物根据其毒性、有害物质含量和对海洋环境的影响等因素，分为三类：

（1）禁止倾倒的废弃物。本条例附件一所列物质，这种废弃物在紧急情况，经国家海洋局批准，获得"紧急许可证"，可到指定的区域按规定的方法倾倒。

（2）需要获得特别许可证才能倾倒的废弃物。本条例附件二所列物质，这种废弃物倾倒，需事先获得"特别许可证"。

（3）低毒或无毒的废弃物。未列入《公约》的附件一和附件二的物质，倾倒这种废弃物，需事先获得"普通许可证"。

3. 废弃物倾倒的管理

凡需向海洋倾倒本条例所规定的废弃物质，均应事先向国家海洋局或其派出机构提出申请，获得批准的相应级别的"许可证书"才可按规定进行倾倒。未经批准的单位和船舶不得擅自向海洋倾倒废弃物。获准向海洋倾倒废弃物的单位在废弃物装载时，应通知主管部门予以核实。主管部门发现实际装载与许可证所载明的内容不符，应责令停止装运，情节严重的，应中止或吊销许可证。凡需要使用船舶倾倒废弃物的，要向起运港（或港务监督）提交国家海洋局或其派出机构的批准许可证，经核实后，方可办理船舶进出港签证。如发现船舶实际装载的与所批准的许可证的内容不符，则不予办理签证，并及时通知批准许可证的机构。船舶在执行倾倒任务时，船方要在航海日志上如实记录倾倒情况。

禁止倾倒的物质：

（1）含有机卤素化合物、汞及汞化合物、镉及镉化合物的废弃物。

（2）强放射性废弃物及其他强放射性物质。

（3）原油及其废弃物、石油炼制品、残油以及这类物质的混合物。

（4）渔网、绳索、塑料制品及其他能在海面漂浮或在水中悬浮，严重妨碍航行、捕鱼及其他海洋动物或危害海洋生物的人工合成物质。

（5）含有本附件（1）、（2）项所列物质的阴沟污泥和疏浚物。

4. 附件一禁止倾倒的物质

（1）含有机卤素化合物、汞及汞化合物、镉及镉化合物的废弃物，但微含量的或能在海水中迅速转化为无害物质的除外。

（2）强放射性废弃物及其他强放射性物质。

（3）原油及其废弃物、石油炼制品、残油，以及含这类物质的混合物。

（4）渔网、绳索、塑料制品及其他能在海面漂浮或在水中悬浮，严重妨碍航行、捕鱼及其他活动或危害海洋生物的人工合成物质。

（5）含有本附件第一、二项所列物质的阴沟污泥和疏浚物。

5. 附件二 需要获得特别许可证才能倾倒的物质

（1）含有下列大量物质的废弃物：

①砷及其化合物。②铅及其化合物。③铜及其化合物。④锌及其化合物。⑤有机硅化合物。⑥氰化物。⑦氟化物。⑧铍、铬、镍、钒及其化合物。⑨未列入附件一的杀虫剂及其副产品。

但无害的或能在海水中迅速转化为无害物质的除外。

（2）含弱放射性物质的废弃物。

（3）容易沉入海底，可能严重阻碍捕鱼和航行的容器、废金属及其他笨重的废弃物。

（4）含有本附件第一、二项所列物质的阴沟污泥和疏浚物。

【拓展提高】

2010年11月16日交通运输部以交通运输部令2010年第7号发布《中华人民共和国船舶及其有关作业活动污染海洋环境防治管理规定》（简称《规定》），该规定共七章六十二条，于2011年2月1日起执行。该《规定》概括起来主要体现以下七个方面的内容：

1. 明确海事机构管理职能和船舶有关作业活动范围

国家海事管理机构负责监督管理全国船舶及其有关作业活动污染海洋环境的防治工作，各级海事管理机构根据职责权限，具体负责监督管理本辖区船舶及其有关作业活动（图5-6）污染海洋环境的防治工作。

2. 明确船舶污染防治管理的一般要求

包括船舶应当持有规定的证书和文书，船员和从事有关作业活动的人员应当具有相应的安全和防治污染的专业知识和技能，港口、码头和装卸站及从事有关作业活动的单位应当具备相应的污染防治能力，船舶从事相关活动应当取得海事管理机构批准，并确立了高污染风险作业活动的可行性研究制度。

3. 建立完善的船舶污染物接收作业管理制度

船舶经营人应当在污染物接收作业前明确指定所委托的船舶污染物接收单位，船舶污染物接收单位进行污染物接收作业应当经海事管理机构批准，作业中应遵守有关标准和规程，采取有效的防污染措施，作业完毕后应向船舶出具污染物接收单证，并将接收的污染物交由具有国家规定资质的污染物处理单位进行处理，避免船舶污染物造成"二次污染"，从而实现对船舶污染物接收作业的闭环管理。

4. 明确船舶载运污染危害性货物管理要求

《规定》细化了污染危害性货物适运申报、船舶适载申报和散装液体污染危害性货物过驳作业申报要求，明确了货物污染危害性质评估单位的认定标准，确立了散装有毒液体物质装卸、过驳作业的围油栏布设要求，规定了船舶载运污染危害性货物进出港口和特定区域应采取的安全和防治污染保障措施。

5. 明确船舶油料供受作业的管理要求

《规定》细化了从事船舶油料供受作业单位的备案要求，对作业双方应当采取的安全和防治污染措施、燃油质量控制、燃料供受单证和燃油样品的提供与保存都作了详细的规定。

6. 明确船舶拆解、打捞、修造等水上水下施工作业的污染防治管理要求

本《规定》对船舶修造和水上拆解作业的地点、作业前的污染物处置和油舱测爆工作、船舶油舱存油的过驳作业、船坞内船舶修造作业前的污染防治措施、作业结束后污染物的清除处理都提出了详细要求。

7. 明确监督管理和法律责任

《规定》第六章明确了海事管理机构对不违反本《规定》行为的船舶和有关作业单位可以采取责令改正、责令停止作业、强制卸载等强制措施,细化和充实了《防污条例》对船舶和有关作业单位的处罚条款。

【课后自测】

1. 简述《防治船舶污染海洋环境管理条例》的基本内容组成。
2. 如何获取船舶污染物接收证明?
3. 简述船舶污染事故等级。

任务5 船舶防污设备管理

教学目标

◎ 能力目标:(1)能操作防污设备;(2)能维护和保养防污设备。

◎ 知识目标:掌握防污设备的操作程序。

◎ 情感目标:(1)具备严谨的工作态度;(2)具备良好的职业道德;(3)具备团队合作精神。

【任务介绍】

能操作油水分离器,能操作焚烧炉,能操作生活污水处理装置;能应对有关防污设备方面的安全检查。

【任务解析】

掌握防污设备的结构、工作原理,掌握防污设备的布置要求,掌握防污设备的操作步骤,能对防污设备进行拆装作业、故障诊断与排除。

【相关知识】

船舶防污染技术内容范围很广,针对船舶污染物质有以下方面内容:

首先,加强船舶的技术管理、提高船员的设备管理技术,加强对船员的防污意识教育,以减少污染损害事故发生的次数;其次,采用先进的科学技术,在船上安装有关设备,或采取一些可行措施,减少海洋污染物的产生;第三,制定相应的法规,迫使和促进船舶采取措施,以防止海洋污染事故发生和保证船舶安全。

目前船上广泛采用的防污染设施主要有:船舶油污水处理装置、废油处理装置、生活污水处理装置、船舶垃圾处理装置。对油船还设置有原油洗舱系统 COW 和惰性气体系统 IGS、油舱压载水处理技术等。

《MARPOL 73/78 公约》中规定 400 总吨及以上船舶,应装有经主管机关批准的油水分离设备,以使通过该设备的油水混合物经分离入海的水中含油量不超过 15ppm;此系统应装有报

207

警装置,当不能保证这一水平时发出警报;凡一万总吨及以上的船舶还应装有经主管机关批准的排油监控系统,每当废液排放时,监控系统同时开始工作并提供排水中含油量的连续记录。一旦排水中含油量超过标准,便自动停止排放。根据规定,船舶均装有含油污水处理系统,图5-69 表示了一种联合污水污油处理系统。

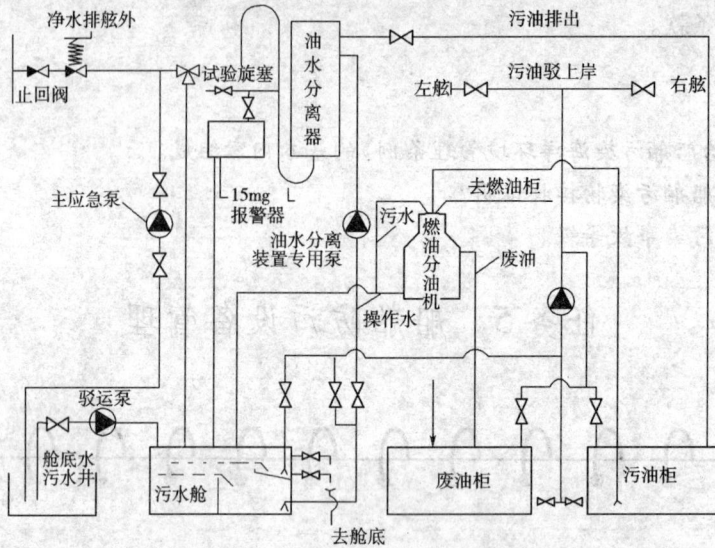

图 5-69 含油污水、污油处理系统

该系统将舱底水收集至污水舱,然后用油水分离装置专用泵将污水经油水分离器处理后排出舷外,所分离出的污油收集至污油柜。而污油柜和废油柜中的油可经通岸接头排出,也可经焚烧炉焚烧。此外,该系统可利用船上的燃油分油机将污油中的水分和杂质去除后,送往日用燃油柜中与燃油掺混,供锅炉燃烧用。该系统还装有含油浓度报警装置。舱底污水应急排出装置在机舱大量进水时,可为保持船舶安全用来应急排出积水。

【任务实施】

一、油水分离器

对船用油水分离器的要求:必须保证经分离后的排放水中的含油量达到国际标准;分离出的污油可自动排出分离器;结构简单,体积小,重量轻,易于拆洗和检修;在船舶倾斜22.5°时能保持正常工作。

油水分离方法有很多,有物理分离法、化学分离法、电浮分离法等。目前船用油水分离器主要采用物理分离法。物理分离法是利用油水的密度差或过滤吸附的办法使油水分离。

1. 重力分离

重力分离方法是在重力场作用下,利用油和水的密度差使油水分离。这种方法的优点是结构简单,操作方便。缺点是仅可分离较大颗粒自由状态的油滴。此分离器以特勃勒油水分离器为典型代表。该分离器为利用多层平行斜板进行机械分离的重力式油水分离器,如图5-70所示。

特勃勒油水分离器在一直立圆筒中分成上、下两部分,上部为粗分离室,下部为组合分离室。污水泵排出的含油污水由分离器入口切向流入粗分离室,在筒内形成旋转流动,在离心力

208

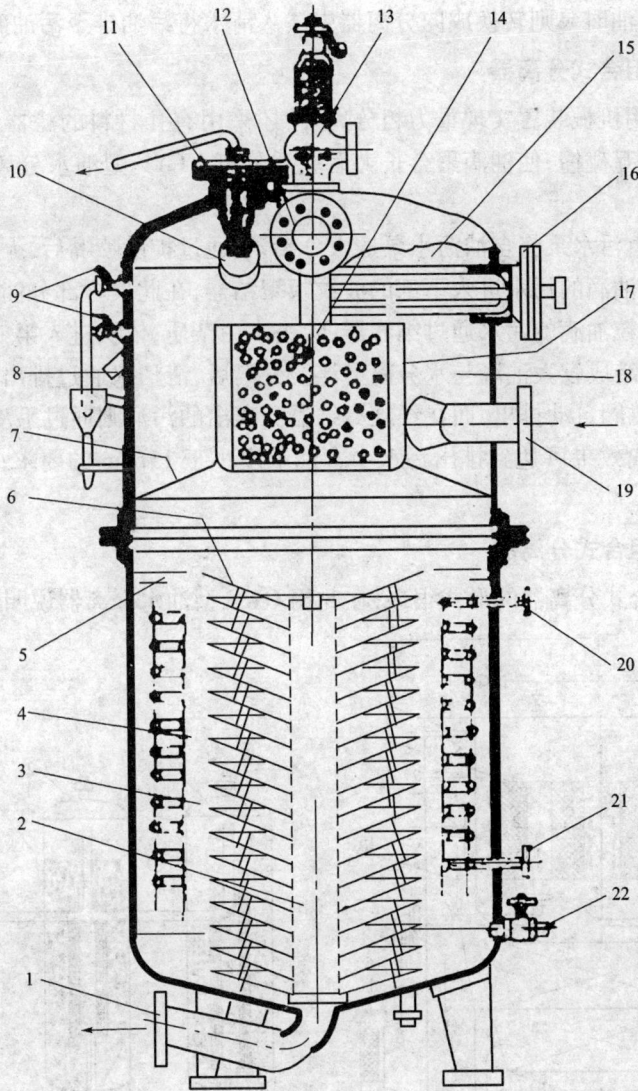

图 5-70　特勃勒油水分离器

1-清洁水排出管;2-集水管;3-捕集板;4-下部细分离室;5-螺钉支承;6-拉撑板;7-集油罩;8-自动泄油电极的插口;9-试验考克;10-控制浮球;11-空气泄放阀;12-排油管;13-安全阀;14-多孔阻滞板;15-积油空间;16-蒸汽加热器;17-油上升管;18-上部粗分离室;19-油污水进口;20、21-蒸汽加热管法兰;22-排空阀

作用下较轻油液向分离室中部汇集,使较粗大的油滴上浮到顶部集油室。其余含细小油滴的含油污水流入由锥形板组成的细分离室。当含油污水流经各锥形板狭窄通道时,细小油滴相互碰撞上浮聚集在锥形板下表面上,并聚合成大的油滴。当浮力大于本身重力和锥板表面粘滞阻力时,油滴沿锥形板下表面向外流动,最终脱离锥形板外边缘上浮,经隔板上的油上升管流入顶部集油室。当集油室内油液达到一定量时,排油电磁阀打开,污油从排油口排出;分离后的水从分离器下部排水口排出舷外。

　　该分离器由于油污水泵向其供污水,当含油污水经污水泵搅拌后容易乳化,所以这种分离器的分离效果较差,达不到 15ppm 含油浓度的排放要求。

　　ZYF 型真空式油水分离器,泵设置在分离器排水出口,该泵将分离器内部形成真空,含油污水被吸入到分离器中进行分离,克服了含油污水经泵搅拌容易乳化的缺点。排出污水经泵升压后排出舷外,排油时泵则转换成向分离器中注入清水将污油排至污油舱。

2. 重力—集结组合式分离器

该种形式除采用机械装置实现重力粗分离外,还采用有孔材料的滤器。当含油污水通过时,细小的油滴可相互碰撞,使油滴聚合长大后上浮分离。CYF 型油水分离器则属此种形式,如图 5-71 所示。

该分离器也是由污水泵将含油污水泵送入分离器,通过扩散喷嘴后,大颗粒油滴即上浮在左集油室顶部;含小油滴的污水进入下部的波纹板聚结器,在此聚合部分油滴成较大颗粒上浮至右集油室;含更小粒油滴的污水通过细滤器,除去水中杂质,依次进入第一级、第二级纤维聚结器,使细小油滴聚结成较大油滴与水分离上浮。分离后,清洁水通过排出口排出,左、右集油室中的污油通过电磁阀自动排出,而在纤维聚结器分离出的污油则通过手动阀排出。

该种分离器分离效果可达到排出污水中含油浓度小于 15ppm 的要求;在船舶倾斜 22.5° 时可正常工作。

3. 过滤—集结组合式分离器

过滤—集结组合式分离器的形式很多,在此用 OWS 型油水分离器说明。如图 5-72 所示。

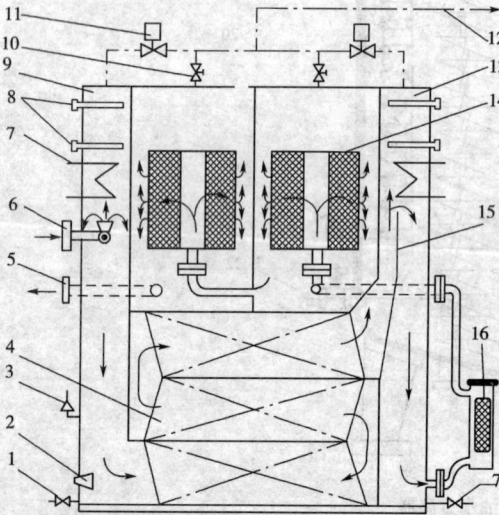

图 5-71　CYF-B 型油水分离器图

1-泄放阀;2-蒸汽冲洗喷嘴;3-安全阀;4-板式聚结器;5-清洁水排出口;6-油污水进口;7-加热器;8-油位检测器;9-集油室(左);10-手动排油阀;11-自动排油阀;12-法油排出管;13-集油室(右);14-纤维聚结器;15-隔板;16-细滤器;17-泄放阀

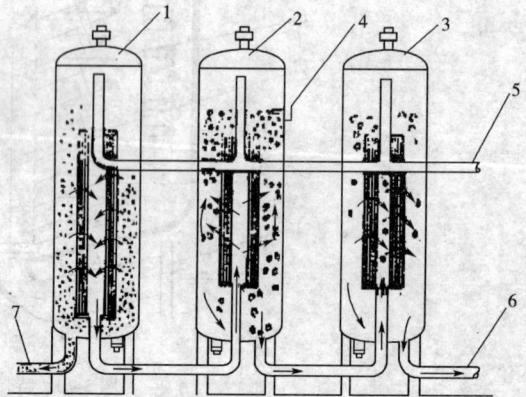

图 5-72　OWS 型油水分离器

1-第一级分离筒;2-第二级分离筒;3-第三级分离筒;4-油位电极;5-油排出管;6-清水排出管;7-油污水进口

该型油水分离器本体分为三圆筒形结构,油水分离装置的配套泵输送舱底油污水到第一级分离筒内,先进行初步的粗略分离。再经第一级分离筒内的人造纤维预过滤元件的外侧流入内侧,除去污水中的固体物质。然后油污水经连接管路相继进入第二级、第三级分离筒内的人造纤维聚结元件的内腔,通过聚结材料流向外侧。污水中的微小油滴经两级聚结元件聚结成大油滴上浮,与水分离。从污水中分离出的污油聚集在各级分离筒上部的集油室中,通过油管自动排至污油收集柜中。清水由第三级分离筒下部排出管排出。

该分离器分离效果可达到经处理后水中含油浓度小于 15ppm 的要求,并在船舶倾斜

22.5°时可正常工作,每小时处理污水量从 1.14t 到 13.6t。由于分离器中装有人造纤维聚结元件,容易堵塞,所以进入的污水中大颗粒杂质应通过过滤除去。

二、船用焚烧炉

在船上焚烧炉主要用来处理渣油和废油,同时也可以处理污水处理装置中产生的污泥以及其他固体垃圾。常用的焚烧炉根据燃烧器形式分为旋转喷嘴式、压力喷雾式和重力滴下式三种。

1. 焚烧炉的结构组成

在钢制外壳内衬耐火砖形式燃烧炉膛,在炉膛设主燃烧器以喷入污(废)油,辅燃烧器以保证点火的助燃;设置固体废料投入口;在排烟口装抽风机,以保证炉膛内负压;此外,还设有观察孔、控制箱等。

2. 船用焚烧炉的要求

(1)装置须是通用性的,能够燃烧油类液体垃圾,也能够燃烧固体垃圾。

(2)排气含灰量要低,通常含灰量不超过 $4g/m^3$。

(3)排气温度必须在 $250 \sim 350℃$ 之间。

(4)不能有气味外泄。

(5)必须能够在不停炉状态下安全地清除灰渣和不能燃烧物体。

(6)有充分的安全防护设施,以保证操作者的安全。

(7)焚烧炉尽可能自动化,要求当排烟温度过高、火焰故障、雾化压力过低、风机故障、燃烧器供给泵故障等情况时要给出报警,并停炉。

图 5-73 表示出我国生产的 OG 型焚烧炉的结构原理。该炉为圆柱形燃烧室,燃烧污油、污泥和固体垃圾,可根据污油燃烧值高低调整燃烧档次,自动运行。有完整的保护和报警和系统。

3. 焚烧炉操作注意事项

(1)燃烧固体垃圾应在点炉前打开送料口送入炉膛。

(2)点火前应先扫气 30s 以上,以驱除腔内油气,防止爆炸。

(3)焚燃污油时要先放掉油柜中的污水,并加温至 $80 \sim 100℃$。

(4)先点燃辅燃烧器喷入的柴油,待炉膛达到一定温度(约 600℃)后,再补入污油燃烧,停止喷入柴油。正常情况下,污油中混合有 30% ~ 50% 水时仍可连续燃烧。当不能连续燃烧时,则需一定量的柴油进行引燃(一般作为引燃用柴油的供给量与污油比例为 1/5 ~ 1/10)。停炉前应燃烧柴油,以冲洗污油管路。

(5)焚燃后的炉灰属无毒垃圾,可在距最近陆地 12n mile 以外排入海中。

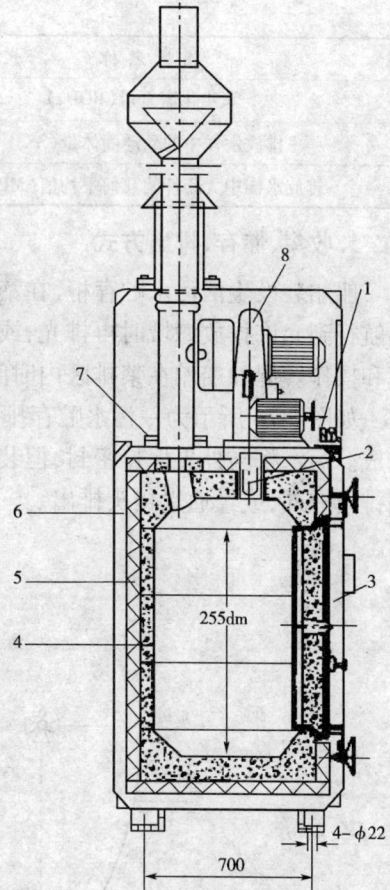

图 5-73 OG 型焚烧炉的结构原理

1-进料门的限位止动开关;2-柴油和污泥燃烧器;3-进料门;4-组合式耐火砖;5-绝热材料;6-冷却空气夹层;7-排烟口;8-鼓风机

(6)每次处理污油和垃圾时,应做好相应记录。

4.焚烧炉的保养和检修

(1)在冷态下清除炉内垃圾。

(2)经常清洁燃烧器,保证油路畅通和点火有效。

(3)定期检查炉门,对铰链要清洁后注油防锈,必要时更换炉门的石棉密封填料。

(4)如发现炉内耐火砖损坏应及时修理。

(5)每日定期检查和试验自动控制和报警装置,保证其工作有效。

三、生活污水处理装置

船舶生活污水处理装置按污水排放方式可分为储存方式、处理排出方式和处理循环方式。按净化机理有生物学方法、物理化学方法、加热浓缩方法和比重差分离方法。目前在船上多采用收集储存后排放方式和生物处理排出入海方式。

根据《MARPOL 73/78 公约》附则Ⅳ生活污水排放标准对生活污水处理装置性能的要求,经污水处理装置处理后排放的污水应满足的要求如表 5-12 所示。

生活污水排放标准   表 5-12

指 标 名 称	指 标 参 数
5 天生化需氧量（BOD_5）	几何平均值不大于 50mg/L
排放水样中的悬浮固体量（SS）	几何平均值不超过 50mg/L
排放水样中大肠杆菌几何平均值（MPN）	不超过 250 个/mL

1.收集、储存、排出方式

船舶装设生活污水贮存柜,在禁止排放区域内,将生活污水全部暂时存入贮存柜中。当船舶航行到允许排放海域时再排光,或排至港口接收设备。该方法设备简单,造价低,也容易管理和操作。但如船舶在禁排区内时间过长,污水贮存量受到限制,处理将发生困难。

如图 5-74 所示为一污水贮存排出系统,该系统主要由污水柜、污水泵、粉碎机和污水管路组成。污水柜与外界保持密封,但装置有带防火罩的透气管,装有冲洗设备,排放时通过防浪阀排出舷外,或经通岸接头排出。

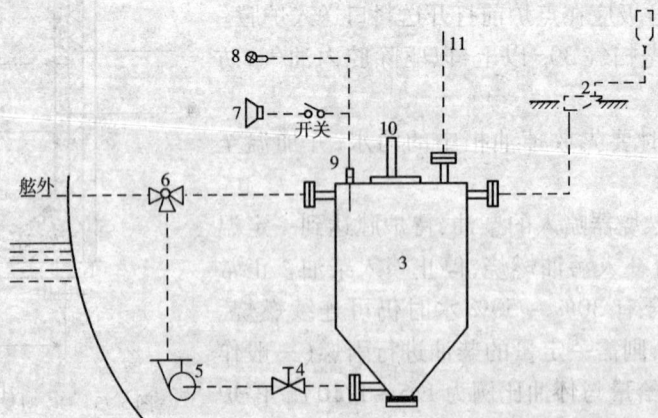

图 5-74　WSF-15 型污水处理装置

1-定量水箱;2-厕所;3-贮存集污箱;4-闸阀;5-粉碎泵;6-三道旋塞;7-报警器;8-红灯;9-传感器;10-加药器;11-逸气口

2. 生物处理排出装置

生物处理装置是利用好氧菌为主的活性污泥对污水中有机物质进行分解处理的装置,如图 5-75 所示。

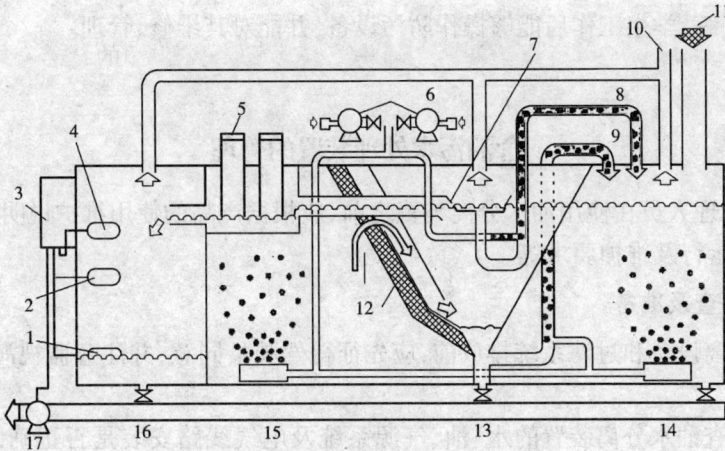

图 5-75　三叉牌污水处理装置示意图

1-低水位浮子开关;2-高水位浮子开关;3-控制箱;4-反常高水位浮子开关;5-氯化器;6-空气压缩机;7-漂清器;8-送回浮渣;9-送回污泥;10-通气管;11-污水进口;12-滤网;13-沉淀室;14、15-曝气室;16-杀菌室;17-排出泵

该设备分为三个部分:在曝气池中生活污水由顶部进口送入,压缩空气经安装在池内底部的几个扩散器供入污水中,搅拌污水使进入池内的污水与活性污泥充分混合完全接触,保证好氧菌生存所需氧气。经过曝气后污水中有机物通过好氧菌新陈代谢分解转化成 CO_2 和 H_2O,同时产生新的活性污泥水和污泥流入沉淀池,CO_2 通过排气系统排出。

在沉淀池中,混合液沉淀,水和污泥分离,净化后水溢流至消毒池;污泥一部分通过空气提升器回流到曝气室,另一部分定期排出,从而保持曝气池内活性污泥的浓度一定。

在消毒池中,水经过药物杀菌消毒然后排入海中。

3. 生物处理装置操作管理

(1)运行应连续进行,不能停止供风,否则,活性污泥中好氧菌群会因缺氧而死亡。每3个月检查曝气池活性污泥浓度,一般保持污水呈巧克力色。如表面出现浮渣,说明浓度过大,需要调整。

(2)要及时补充消毒剂,通常 3 个月补充一次,按每人每月 20g 量投放。

(3)装置运行时,应控制进入的水量不应超过装置的处理量(一般厕所冲洗量在 60 ~ 65L/d),而且,不应丢入如破布、棉纱等粗制纤维一类物品,以免造成阻塞。

4. 生活污水物理化学处理装置

物理化学处理法净化污水机理是利用具有絮凝作用的化学药剂在污水中产生的絮凝胶团吸附污水中的有机悬浮物质,并使其从污水中沉淀分离出来,同时污水中大肠杆菌群也被化学药剂杀死,使污水得到净化,因此,絮凝剂的性质直接影响污水净化质量。污水经固液分离器将固体、纸屑等分离出液体流入处理柜,投入化学药剂(次氯酸钙和氢氧化钙)使污水净化和消毒,流入沉淀柜再作冲洗水循环使用。固体污物经粉碎处理后排至污泥柜,然后可排至港口接收设备处理或在船上进行焚烧处理。

船上常用的有 WSH 型、WC-120 型,前者经处理后的污水能达到排放要求,属于排放型。

213

后者属于再循环型,处理后的水循环使用。固体残渣进入焚烧炉烧掉。由于它结构紧凑、性能稳定、净化效果好,因此得以广泛使用。

【任务小结】

通过任务训练,学生工作后能够操作防污设备,并能对其维修、管理。

【知识链接】

含油污水处理装置的管理

轮机操作管理人员在使用油水分离装置之前,应根据产品的使用维护说明书,了解分离装置的工作原理、运行及维护要求等。

1. 启动的检查及准备

(1)使用分离设备和过滤系统排放前,应先征得驾驶员同意,并注意监视海面是否有明显油迹。

(2)首先检查油水分离装置的水、油、气源系统及电气线路安装是否正确,配套泵的转向是否符合箭头指示方向。

(3)打开出水、排油、泵前引水管系及吸入清水(海水或淡水)管系上的阀,关闭舱底油污水吸入阀。

(4)接通电源,启动配套泵的电机,向油水分离装置内供水。

(5)将油水分离器顶部空气阀打开,在供水过程中使空气逸出。此时自动排油黄灯应亮,直至顶部空气阀中有水溢出,表明分离器内水已注满,排油指示黄灯应自动熄灭。

(6)关闭清水阀,打开舱底油污水吸入管系上的阀,由配套泵将舱底油污水输入分离装置进行分离处理,同时消除进出水系统上的任何泄漏。

2. 运行中的注意事项

(1)调整排出水管路上阀的开度,保持分离器内具有一定压力,以利于分离器内污油排出。

(2)观察压力表、真空表等指示值是否正常,探测配套泵轴承表面温度是否在允许的范围内。

(3)设有电加热器温度自动控制的分离装置,应注意分离器上的温度表(约60℃),以防过热产生故障。严禁分离器内无水时启动加热器。

(4)观察处理后的排出水质和油分浓度报警器的工作情况。

(5)无自动控制停泵设施的分离装置,应注意在舱底油污水吸空前及时停泵,避免配套泵无水运转而烧坏。

(6)当排放结束后,在停用分离器前应引入清水继续运行15min,以清洗分离器。

(7)停泵后关闭分离器进出口阀,避免筒内充满的清水流失,减少内壁氧化、腐蚀。

(8)每次使用油水分离器排放,均应记入到油类记录簿中。

3. 检验超负荷的方法

一是检查低位检验旋塞,当它有油流出时,说明集油过多,油水分离器超负荷,应立即排油,如果自动失灵则改为手动排油。

二是通过出水口水样的观察,如发现有可见的油迹,说明油水分离器超负荷,应停止其工作。

4. 维护

(1)应定期清洗吸入管系上的粗滤器(如油水分离装置设有配套泵的高真空保护系统真空表指示值上升,即表明粗滤器堵塞)。

(2)定期打开分离器底部的放泄阀,排除沉淀在分离器下部的泥沙杂质。

(3)及时清洗分离器内部分离元件,尤其是因故障使分离器内部油污染,反冲洗仍无效果时,应拆开清洗。切忌用清洗剂清洗分离器内壁及分离元件。

(4)出现故障时,应查明原因并及时更换失效的聚结元件(根据聚结元件前后压差或出水水质判断)。

5. 当油水分离器除油效果不佳时,管理上的改进方法

(1)改为间断工作,给舱底水在分离器中有足够的停留时间。

(2)采用将舱底水分层抽吸的方法。

(3)适当加温 40~60℃。

(4)改用输水平稳的污水泵以减轻油的乳化程度。

(5)清洗或更换滤器。

(6)减小分离量。

6. 停用油水分离器的操作步骤

(1)手动排油。

(2)手动清洗油分浓度监测装置。

(3)对装置进行冲洗(排液应回舱底,不可排出)。

(4)装置内注满清水后,停机关阀。

【拓展提高】
污油水舱及污水排岸系统

1. 污油舱

按规定 400 总吨及以上船舶应设置有足够容量的舱柜,用来接收不能以其他方式处理的残油或油渣。这种舱柜应便于清洗和将其内的残油排至接收设备。该舱一般用来存放净化燃、润油时产生的油渣,机器处所漏泄产生的残油和含油污水处理产生的污油等。根据不同的船舶,该舱柜的容量是不同的,船舶规范中对该舱柜的最小容量有具体规定。

残油(污油)舱最小容积按下式计算:

$$V = K_1 CD \ (m^3)$$

式中:$K_1 = 0.01$(燃用净化后燃油);

$K_1 = 0.005$(燃用无需净化燃油);

C——燃油日耗量(t);

D——两港口间最大航行时间(天)(指可接收残油的港口,如无资料按 30 天计)。

如船上装有残油焚烧装置,则:

$V = 1m^3$,用于 400 总吨以上 4000 总吨以下的船舶;

$V = 2m^3$,用于 4000 总吨及其以上船舶。

2. 残油排岸系统

该系统操作时应注意,当不使用该管路向接收设备排油时,甲板上排出截止阀一定要关严,标准排放接头要用盲板封闭,上紧紧固螺栓。由于排放接头暴露在室外,因此,日常要做好防锈保养,定期检查,以保证管路设施状态良好。

【课后自测】

1. 简述油水分离器的运行管理要点。
2. 简述油水分离器使用前应做好哪些准备工作?
3. 简述船用油水分离器油分浓度检测装置的种类和原理。
4. 简述船舶生活污水处理方法及处理过程。
5. 简述船用焚烧炉的运行操作步骤。
6. 简述船用焚烧炉的维护管理工作要点。

任务6 防止油污文书解析

教学目标

◎ 能力目标:(1)能履行《船上油污应急计划》;(2)能正确填写《油类记录簿》。

◎ 知识目标:(1)掌握《国际防止油污证书》(IOPP)检验和签发规则;(2)掌握《油类记录簿》的主要内容和填写原则;(3)掌握《船上油污应急计划》主要内容及轮机人员的岗位和实施要求。

◎ 情感目标:(1)具备严谨的工作态度;(2)具备良好的职业道德;(3)具备团队合作精神。

【任务介绍】

为了减少和避免船舶航行时对海洋环境造成污染,船舶在建造时其结构、设备、系统、附件、布置和材料必须满足相关要求,这里就涉及如何才能取得《国际防止油污证书》的问题。船员在油类作业时必须按照国际公约和相关国家的法律、法规进行,并要正确地记录到《油类记录簿》中。怎样处理船舶意外溢油,这就要求船舶要制定必要的措施,以控制或减少排放和减轻其影响,船舶应备有经主管机关认可的《船上油污应急计划》。

【任务解析】

(1)船舶《国际防止油污证书》的取得和保持有效必须进行哪些检验?
(2)《油类记录簿》记载哪些内容、格式怎样?
(3)《船上油污应急计划》主要有哪几部分组成?

【相关知识】

一、《国际防止油污证书》(IOPP)相关知识

1. 证书的检验

(1)初次检验,在船舶投入营运以前或在首次签发本附则所要求的证书以前进行。该检验应包括对船舶的结构、设备、系统、附件、布置和材料的完整检验。

（2）换新检验，按主管机关规定的间隔期限进行，但不得超过5年。

（3）中间检验，在证书的第二或第三个周年日前/后3个月之内进行，应取代1次年度检验。中间检验应在证书上签注。

（4）年度检验，在证书的每周年日前/后3个月之内进行，包括对船舶的结构、设备、系统、附件、布置和材料的全面检查，以确保其已得到保养，同时确保其继续满足船舶预定营运的要求。年度检验应在证书上签注。

（5）附加检验，在规定的调查导致进行修理后或在任何重大修理或换新后应进行全面或部分检验。确保船舶在各方面都符合本附则的要求。

2. 证书的签发

凡150总吨及以上的油船和400总吨及以上的其他船舶航行前往其他缔约国所辖的港口或近海装卸站时，应持有按本附则规定检验后主管机关签发的《国际防止油污证书》。证书有效期自签发之日起不得超过5年。该证书由主管机关或其正式授权的任何组织或个人签发，还可以由主管机关委托另一缔约国政府代发。主管机关对证书负全部责任。

3. 证书的失效

IOPP证书在有下列情况之一时即行失效：

（1）未经主管机关许可，对所要求的结构、设备、各种系统、附件、布置或材料作了重大的改变（但直接更换这种设备或附件除外）。

（2）未进行本附则规定的期间检验。

（3）船舶改悬另一国国旗（若改悬另一缔约国国旗，原证书可在3个月内继续使用到该船获得新证书）。

二、《油类记录簿》（Oil Record Book）的相关知识

1.《油类记录簿》的记录

油类记录簿有统一规定的格式，每当船舶进行下列任何一项作业时，均应详细记入油类记录簿：

（1）机舱的作业（所有船舶）：

①燃油舱的压载或清洗。

②燃油舱压载水或洗舱水的排放。

③残油（油泥）的收集和处理。

④机器处所积存的舱底水非自动方式排出舷外或其他处理。

⑤机器处所积存的舱底水自动方式排出舷外或其他处理。

⑥排油监控系统的状况。

⑦意外的或其他异常的排油。

⑧加装燃油或散装润滑油。

⑨补充的作业程序和一般说明。

（2）货油和压载作业（油船）：

①货油的装载。

②航行中货油的内部转驳。

③货油的卸载。

④货油舱和清洁压载舱的压载。

⑤货油舱的清洗。

⑥污压载水的排放。

⑦污油水舱的排放。

⑧污油水舱排放后,阀门的关闭。

⑨污油水舱排放后,关闭清洁压载舱与货油舱和扫舱管路隔离所需的阀门。

⑩残油的处理。

2.《油类记录簿》填写格式和注意事项

(1)应在 ORB 指定的页上描绘本船油水舱布置图,并填写各油水舱柜的容积。

(2)ORB 中每页的船名、登记号或呼号应记住填写,不得遗漏。

(3)填写 ORB,应采用记载细目表中规定的项号和序号,即除地点、方法用文字写明外,其余一律使用序号。

(4)要根据船上实际情况如实填写。

(5)ORB 应逐行、逐页使用,不得留有空白;所要求记载的细节,应按年、月、日顺序记录;操作时间一定要写起止时间。

(6)每次操作完后,直接操作负责人应签名。

(7)每页使用完后,船长应审阅、签名。

(8)持有 IOPP 的船舶,记录 ORB 可用英文、法文或船旗国文字,有争议时以船旗国文字为准;每本 ORB 用完,应留船保存三年。

3.《油类记录簿》的法律效力

(1)油类记录簿中,每项记录应由该项作业的操作负责人签字,每记完一页由船长签字。记完最后一页应留船保存 3 年。船舶事故造成任何油类和油性混合物的排放,不论是有意的还是意外的,均应记入油类记录簿,并说明排放情况和理由。

(2)油类记录簿应存放于船上可随时取来检查的地方。缔约国的主管当局,可检查在港船舶的油类记录簿,可将记录簿中的任何记录制成副本,并要求船长证明该副本是该项记录的正确副本。这样的副本得以在任何法律诉讼中作为该项记录所述事实的证据。对油类记录簿的检查和制作正确副本应尽快进行,以避免船舶造成不当迟延。

(3)油类记录簿,使用船旗国的官方文字记录,但持有 IOPP 证书的船舶,还应有英文或法文记录,当有争议或不一致时,以船旗国官方文字的记录为准。

三、《船上油污应急计划》相关知识

《MARPOL 73/78》附则 I 第 26 条规定,凡 150 总吨及其以上的油船和 400 总吨及其以上的非油船,均应有经各主管机关批准的《船上油污应急计划》(Shipboard Oil Pollution Emergency Plan,SOPEP),以下简称《计划》)。《计划》的编制必须依照 1992 年 3 月 6 日通过的 MEPC.54(32)号决议《船上油污应急计划编制指南》进行编写。它包括两部分:

1. 强制性规定部分

《MARPOL 73/78》附则 I 第 26 条规定,《计划》至少应有下述四部分组成:

(1)报告程序。船长或负责管理该船的其他人员,按照 IMO A.648(16)决议通过的《船舶报告制度》及《船舶报告要求总则》(包括危险货物、有害物质海洋污染物事故报告指南)的要求,以 IMO 制定的《船上油污应急计划编制指南》为基准。

(2)油污事故中需联系的当局或人员名单。船舶发生污染事故,需要进行通信联系的应包括:沿岸国联系人;港口联系人;与船舶有关的重要联系人。这些人的单位、姓名、地址、电话、电传、传真号码等,列入附录的表中,而且随着人员更换和电话号码等的变动,这些信息必须经常更新。

(3)为减少或控制油类排放的措施。控制排放的措施应明确地指导船长如何在各种情况下减轻损害。计划不仅要制定拟采取的措施,而且还要明确船上各类人员的责任,以避免在应急反应中出现混乱。

(4)国家和地方协作。在抗油污染行动中,船舶与国家及地方当局协同行动时取得联系的程序和要点:

发生溢油事故,船舶与沿岸国或其他有关部门快速、有效的协作,对减少污染事故的危害影响至关重要,因此实施控制措施之前,有必要与沿岸国取得联系,以得到核准。计划应提供与沿岸国或地方当局联系请求协作的方式、注意事项和有关应急反应队伍资料。

2. 非强制性部分

除《MARPOL 73/78》附则 I 第 26 条规定的上述强制部分外,计划应有由地方或船公司要求提供的指导,如图表和图纸、应急反应设备、公关事务、记录保存、计划检查及演练等。

(1)图表资料。除强制部分要求的图表外,其他一些有关船舶设计和构造的资料可附于计划后附录中或注明存放位置。

(2)应急设备。计划应列出船舶设置的应急反应设备清单,写明安全使用方法,使用、管理和维护人员职责,技术培训要求,化学消油剂使用批准程序。

(3)公关事务。为减轻忙于应急反应事务的船员的负担,计划应提供有关向新闻媒介发布信息的规定和注意事项。

(4)记录保存。由于任何事故最后都要涉及责任、赔偿和补偿问题,计划应规定保存记录的项目内容和时间。

(5)计划检查。定期检查,应至少每年检查一次,收集有关资料,修改附录中有关信息资料;事故检查,发生事故使用计划进行应急反应后,对计划的有效性进行评估,并作相应修改。

(6)计划演练。为保证计划能起到预期作用,应定期进行演练,油污应急反应演习可以同船上其他演习合并进行,演习和训练都要做好记录。

【**任务实施**】

一、《国际防止油污证书》(IOPP)检验和签发规则

船舶第一次取得《国际防止油污证书》,必须向主管机关申请初次检验。

1. 初次检验的目的

初次检验必须按防污公约的要求,对船舶及其防污设备实施彻底和全面的检查,并按需要进行试验。初次检验合格后,签发《国际防止油污证书》和"结构和设备记录"。

2. 初次检查的范围

(1)审查船舶防止油污结构和设备是否具有验船部门签发的认可证书及产品检验证书。

(2)对油水分离装置和过滤装置做内部检查。

(3)检查分离器泵、舱底水管系和残油管系等。

(4)对所有油、水蒸气排放阀检查,检查手动停止舷外排放装置。

(5)对15ppm舱底水报警器进行检查与试验。

(6)对排油监控装置进行检查。

(7)观察排放检测器和记录器的工作是否正常。

(8)检查燃油系统和压载系统的分隔情况。

(9)对油水分离和过滤系统的所有声光报警器做试验。

(10)如在燃油舱中装载压载水,应检查其压载水排入接收设备和装置。

(11)检查机舱残油舱及其排放装置。

(12)检查标准排放接头是否符合要求。

(13)检查船上是否备有过滤器和粗粒化原件,以及供记录器用消耗品的备件是否足够。

(14)核实机舱内是否在易见之处设有写明"禁止排放油污"的布告牌(航行美国水域必须配置)。

3. 证书格式

《国际防止油污证书》应使用附则附录Ⅱ中所载格式,以颁证国的官方语言写成。如果使用的语言不是英文、法文或西班牙文,则文本应包括其中一种语言的译文。

4. 证书的有效期限和有效性

(1)《国际防止油污证书》的有效期应由主管机关规定,但不得超过5年。

(2)对于换证检验:

①当换证检验系在现有证书的失效日期之前的3个月内完成时,新证书应从换证检验完成之日至从现有证书失效之日起算不超过5年的某一日期有效。

②当换证检验系在现有证书的失效日期之后完成时,新证书应从换证检验完成之日至从现有证书的失效日期起算不超过5年的某一日期有效。

③当换证检验系在超过现有证书的失效日期之前3个月完成时,新证书应从换证检验完成之日至从换证检验完成之日起算不超过5年的某一日期有效。

(3)如果证书按不足5年的期限颁发,则主管机关可将证书的有效期展至规定的最大期限,但应按5年期限颁发证书时适用的检验。

(4)如已完成换证检验但新证书却不能在现有证书失效之日前颁发或送到船上,则主管机关授权的人员或组织可在现有证书上签注。此种证书应在从失效之日起算不超过5个月的新期限内被接受为有效。

(5)如果证书失效时船舶不在其应进行检验的港口,则主管机关可延展该证书的有效期,但给予此种展期应仅是为了使船舶完成驶往其检验港的航行并且仅在这样做是正当和合理时。任何证书的展期不得超过3个月。得到此种展期的船舶,在到达其检验港后,无权因为此种展期而在没有新证书的情况下离开该港口。在换证检验完成后,新证书应以从现有证书在展期前的失效日期起算不超过5年的某一日期以前有效。

(6)颁发从事短途航行的船舶的证书未根据本条的上述规定给予展期的,主管机关可在从证书所示失效日期起算最多为1个月的宽限期内予以延展。在换证检验完成后,新证书应在从现有证书在展期前的失效日期起算不超过5年的某一日期以前有效。

（7）在主管机关确定的特殊情况下,新证书的起始日期不必是上述要求的现有证书的失效日期。在此种特殊情况下,新证书应在从换证检验完成日期起算不超过 5 年的某一日期以前有效。

二、《油类记录簿》

1.《油类记录簿》的相关规定

《MARPOL 73/78》附则 I 的第 20 条规定:"凡 150 总吨及以上的油船和 400 总吨及以上的非油船,应备有《油类记录簿》第一部分(机器处所的作业)"。

(1)《油类记录簿》由国际公约统一规范,为国际通用法定文书,所有《油类记录簿》必须与《MARPOL 73/78》及其修正案附则 I 第 IV 章附录 III 规定的格式一致。各海事主管机关核发的《油类记录簿》,其记录项目、代码等原则性要求都是一样的。虽然公约本身并未一定要求使用船旗国自己印制并盖章的《油类记录簿》,但是,巴拿马旗船舶必需使用由其印制并签章后的《油类记录簿》;中国旗船舶必需使用中国海事局监制且签章的《油类记录簿》;香港旗船舶的《油类记录簿》不需签章,也没有硬性规定要用香港印制的记录本。

(2)启用新本,首先在首页上填写船名、呼号、总吨位及使用起始日期,并有船籍港海事局的盖章(香港旗船舶不要求盖章)。每页记录前,首先将该页上部填写船名、呼号,并将不适合的内容删去。

(3)《油类记录簿》是船上的法定文书之一,必须严格、认真、正确、及时地记录。根据《73/78 防污公约》附则 I 第 20 条(4)的规定,对于持有《国际防止油污证书》的国际营运船舶,《油类记录簿》应使用船旗国的官方文字记录,还必须有英文、法文或西班牙文的记录。遇有争议或不相一致的情况时,以船旗国的官方文字记录为准。

(4)《油类记录簿》在填写完最后一页后,应在船保存 3 年。

(5)《MARPOL 73/78》缔约国政府主管当局,可以对停靠本国港口或近海装卸站的任何船舶检查《油类记录簿》,并可将该《油类记录簿》中的任何记录复制成副本(可要求主管当局在根据本项规定而制作副本时,应尽快进行,避免造成船舶不当延误),也可要求船长证明该副本是该项记录的真实副本。凡经船长证明为船上《油类记录簿》中某项记录的真实副本后,该副本(文件)将在任何法律诉讼中成为该项记录中所述事实的证据。

2.《油类记录簿》的管理和填写要求

建立防污工作的法治意识,提高防污工作的自觉性和主动性,熟悉相关公约法规及所属船旗国海事主管部门的要求,特别是充分理解《MARPOL 73/78 公约》附则 I 第 II 章第 9、10、11、12、20 等条款,才能真实、正确、规范使用《油类记录簿》。

(1)认真负责,如实填写《油类记录簿》的各个细目。《油类记录簿》必须是船舶在处理所有油类物质的真实记录簿。

(2)正确填写《油类记录簿》,不漏记、不错记。

①凡是涉及添加燃、滑油(添加桶装滑油不必记)、污油水排岸接收、舱底水排出(散货船仅指"机器处所"的舱底水)、舱底水驳进污水柜、污油(泥)柜污油(泥)的变化、污油(泥)柜之间的转驳等均应记录。记录中涉及的污水、油(油渣)柜必须是 IOPP 证书附录中标有的,且柜名要相同。

②填写笔画清晰,不得涂、抹。如有记错,应将错误字句划一横线删去,被删去字句仍应清

楚可见,更正字句写在错误字句的下面,并签字确认更正情况。如有漏写,程度不严重时,可在原文上面写上补充字句,并在其后签字,签字要标以括号。如果过后才发现有严重错误,就必须提供同期的证据来证明没有实质上的错误操作,确实是属于无意中的错写。

③《油类记录簿》应依时间顺序记录,不允许整行留空(没有填满整行,则不算遗留的空行),可允许转行继续填写。如发现有整行空行,应用横线或斜线删去。每记完一项作业,应由轮机长签署姓名和日期,每记完一页,应由船长审阅并签字。

④轮机长接班后应对《油类记录簿》进行认真查核。新任轮机长到任后,除了自己要正确无误的填记外,应对以前的记录情况进行认真的查核:记录方式、涉及的污水(油)的数量和去向等是否合理、正常。通常港口检查员只对现任轮机长记录中的错误追究责任,如对以前的记录情况进行过认真的查核,做到心中有数,一是避免自己出错,二是如港口检查员提出以前记录有误时,便于解释和应对。

(3)建立《油类记录簿》专用文件夹。

《油类记录簿》的填写与检查,都必然会联系到《国际防止油污证书》(以下简称 IOPP 证书)、有关图纸、实际舱柜布置和设备状况等一系列问题。因此,各船舶应建立《油类记录簿》专项管理档案。根据船舶的实际情况,收集整理如下资料,与《油类记录簿》一起,整理成一个专用文件夹。日常由轮机长管理、使用,抵港前,交船长审核、保存,以便于接受有关方面的检查。

①燃、滑油舱布置图,同时应标明舱柜的名称和容积数,并制作燃、滑油舱柜容积表。

②机舱污油水系统及舱柜的布置图,应标明舱柜的名称和容积数。

③《国际防止油污证书》(IOPP 证书)附录的复印件。

船长、轮机长都应熟悉本船的 IOPP 证书。有时检验、修船后换发的 IOPP 证书的附录中个别原标列的污水(油)柜会有变更。船长、轮机长务必要核对证书内容有何变更,尤其新上船的船长和轮机长更要注意。轮机长应复印留存现行有效的 IOPP 证书及其附录,以便随时查阅。

④每次排入接收设备的有效收据或证明。

三、《船上油污应急计划》

本计划适用于帮助船员处理意外的排油,其主要目的是采取必要的措施,以控制或减少排放或减轻其危害,该计划不仅适用于操作性溢油,还包括帮助船长应付船舶发生的事故性排放时所需的指导。

溢油应变部署表(Muster List for Shipboard Oil Spillage)

根据国家标准 GB/T 16559—2010,每艘 150GT 及以上油船和 400GT 及以上非油船应备有溢油应变部署表。在表中应注明:溢油报警信号;船员集合地点;每个船员负责的部位和应有职责等。在此以中国远洋运输公司制定的溢油应变部署表为例说明(表 5-13、表 5-14)。

四、《船上油污应急计划》简明流程图

从《船上油污应急计划》"简明流程图"中(图 5-76)很清楚地可以看出船上人员对油污作出应急反应的行动路线。其预想的各项措施都是为了帮助船员采取行动,以制止或最大限度地控制油类排放和减轻油污染影响。这些措施可分为两类:报告和行动。

油船溢油应变部署表（简表）　　　　　　　　　　　　　　表 5-13

Emergency list for Shipboard Oil Spillage（Bunker Oil）

溢油报警信号：·——·　　　　总指挥：船长　　　　集合地点：主甲板

Spillage alarm signal：·——·　　Commander：Master　　Assembly Place：main deck

职务	货油		船用油	
	应变岗位	职责	应变岗位	职责
船长	驾驶台	总指挥	驾驶台	总指挥
大副	溢油现场	现场指挥,协助船长做好溢油现场指挥工作	溢油现场	协助轮机长做好溢油现场指挥工作
轮机长	机舱/溢油现场	轮机部指挥/协助大副做好溢油现场指挥工作	机舱/溢油现场	轮机部指挥/现场指挥,协助船长做好溢油现场指挥工作
大管轮	机舱/溢油现场	管理机舱设备/防止溢油扩散,回收清除溢油	机舱/溢油现场	管理机舱设备/防止溢油扩散,回收清除溢油
二管轮	溢油现场	防止溢油扩散,回收清除溢油	机舱/溢油现场	采取应急措施,控制有关阀门、管线,做好现场记录,防止溢油扩散,回收清除溢油
三管轮	溢油现场/回收艇现场	协助放艇,随艇下,操作艇马达,防止溢油扩散,回收清除溢油	溢油现场/回收艇现场	协助放艇,随艇下,操作艇马达,防止溢油扩散,回收清除溢油

非油船溢油应变部署表（简表）　　　　　　　　　　　　表 5-14

Emergency list for Shipboard Oil Spillage（Non-oil tanker）

溢油报警信号：·——·　　　　总指挥：船长　　　　集合地点：主甲板

Spillage alarm signal：·——·　　Commander：Master　　Assembly Place：main deck

职务	应变岗位	职责
船长	驾驶台	总指挥
大副	溢油现场	协助轮机长做好溢油现场指挥工作
轮机长	机舱/溢油现场	轮机部指挥/现场指挥,协助船长做好溢油现场指挥工作
大管轮	机舱/溢油现场	管理机舱设备/防止溢油扩散,回收清除溢油
二管轮	机舱/溢油现场	采取应急措施,控制有关阀门、管系/做好现场记录,防止溢油扩散,回收清除溢油
三管轮	溢油现场/回收艇现场	回收清除污油

【任务小结】

　　通过任务训练,学生能掌握《国际防止油污证书》的检验和签发规则,能正确填写《油类记录簿》,能履行《船上油污应急计划》的主要规定。

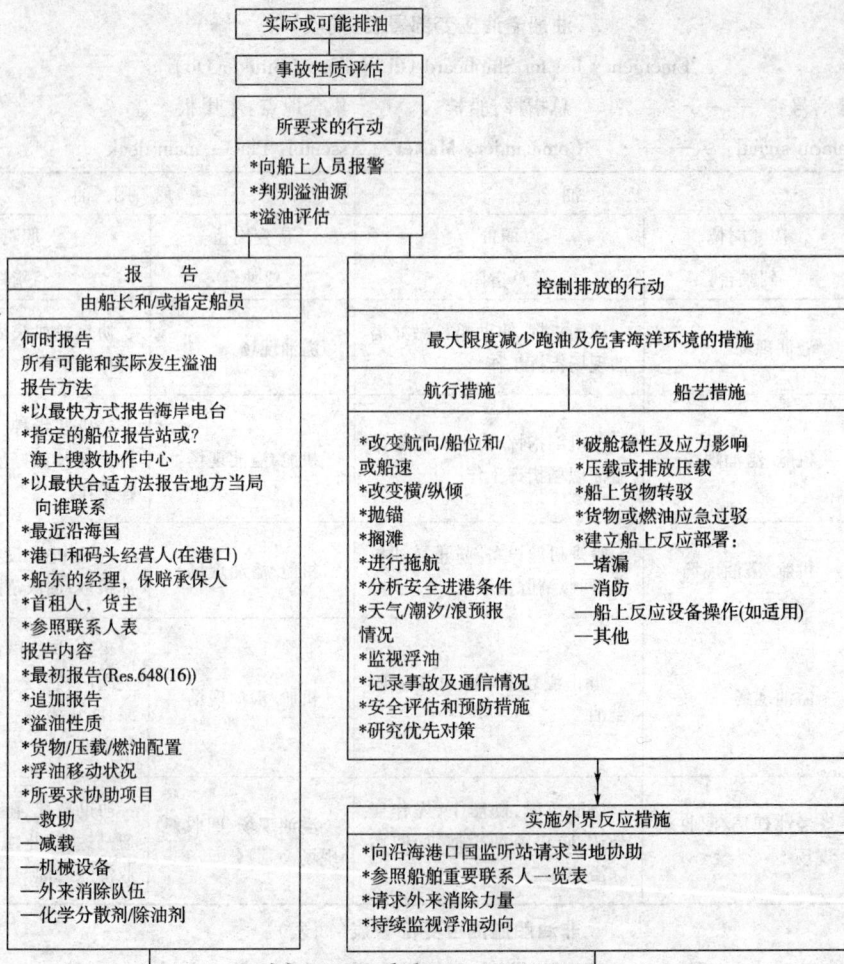

图 5-76 《船上油污应急计划》简明流程图

【知识链接】

一、《国际防止油污证书》格式

国际防止油污证书

（注：本证书应附有结构和设备记录）

根据经修正的《经 1978 年议定书修订的〈1973 年国际防止船舶造成污染公约〉》（以下简称"公约"）的规定，

经 ··· 政府授权，

（国家全称）

由 ··· 签发。

（根据公约规定被授权的主管人员或组织全称）

船舶资料＊＊

＊＊ 船舶资料也可在表格中横向排列。

船舶	....
船舶编号或呼号	....
船籍港	....
总吨位	....
船舶载重量(吨)[†]	....
IMO 编号[‡]	....
船舶类型[*]:	....

油船

属于本公约附则 I 第 2.2 条规定的设有货油舱的非油船

除上述船舶以外的任何其他船舶

兹证明：

1. 本船已按本公约附则 I 第 6 条的规定进行了检验；和

2. 检验表明,本船的结构、设备、系统、附件、装置和材料及其状况,在各方面均属合格,且本船符合本公约附则 I 的适用要求。

本证书有效期至 ………………………在此期间应按本公约附则 I 第 6 条进行各种检验。

本证书所根据的检验完成日期…………………………………………日/月/年

发证地点………………………………………………………………

（证书签发地）

………………………………   ………………………………

（发证日期）   （授权签发证书的官员签字）

（当局的钢印或公章）

二、《油类记录簿》格式

油类记录簿应记录的项目清单

（A）燃油舱的压载或清洗

1. 压载燃油舱的编号。

2. 从上次装油后是否已清洗,如未清洗,说明上次所装的油类。

3. 清洗过程：

   .1 清洗开始和结束的船舶位置和时间；

   .2 对具体油舱已采用的一种或其他种方法的清洗（用化学品冲洗、蒸洗、清洗；使用的化学品种类和数量,以 m^3 计）；

   .3 驳入清洗水的油舱的编号。

4. 压载：

   .1 压载开始和结束的船舶位置和时间；

   .2 如油舱未清洗时的压载量。

---

† 对油船而言。

‡ 参见本组织以 A.600(15) 号决议通过的《IMO 船舶识别编号方案》。

* 不适用者删去。

(B)　从(A)部分所述燃油舱排放污压载水或洗舱水

　5.　燃油舱的编号。

　6.　开始排放时的船舶位置。

　7.　完成排放时的船舶位置。

　8.　排放期间的船舶速度。

　9.　排放方法：

　　.1　通过15ppm设备；

　　.2　排往接收设备。

10.　排放量。

(C)　残油(油渣和其他残油)的收集和处理

11.　残油的收集

　　留存在船上的残油(油渣和其他残油)量,应每周记录一次:(当船舶航程大于一周时,残油量应每周记录一次。)

　　.1　－油舱的编号；

　　.2　－油舱的舱容(m^3)；

　　.3　－留存总量(m^3)。

12.　残油的处理方法

　　说明处理的残油数量,排空的油舱及留存的油量,以m^3计：

　　.1　排至接收设备(注明港口)；

　　.2　驳入另一(或其他)油舱(注明油舱及油舱总容量)；

　　.3　已焚烧(注明焚烧作业的总时间)；

　　.4　其他方法(予以说明)。

(D)　机器处所积存的舱底水非自动排放舷外或其他方法的处理

13.　排放或处理的数量,以m^3计^3。

14.　排放或处理的时间(开始和结束)。

15.　排放或处理的方法：

　　.1　通过15ppm设备(说明开始和结束时的船舶位置)；

　　.2　排至接收设备(注明港口)；

　　.3　输入污油水舱或储存柜(注明舱柜号；注明留存在舱柜内的总量,以m^3计)。

(E)　机器处所积存的舱底水自动排放舷外或其他方法的处理

16.　通过15ppm设备,将该系统定为自动向舷外排放的作业方式时的时间和船舶位置。

17.　将该系统定为自动将舱底水输入储存柜(注明柜号)的作业方式时的时间。

18.　将该系统定为手动作业方式时的时间。

(F)　排油监控系统的情况

19.　系统失效时间。

20.　系统已修复运转时间。

21.　故障原因。

(G)　意外或其他异常的排油

22.　发生的时间。

226

23. 发生时船舶所在地点或船位。

24. 油的大概数量和种类。

25. 排放或逸漏的情况、原因和一般说明。

（H）　燃油或散装润滑油的灌装

26. 灌装：

（1）　灌装的地点；

（2）　灌装的时间；

（3）　燃油的品种和数量并注明油舱编号（说明补充的数量和油舱的总容量）；

（4）　润滑油的品种和数量并注明油舱编号（说明补充的数量和油舱的总容量）。

（I）　附加的操作程序及一般说明

代码 C.11 的使用：残油（油泥）的收集

例 1

残油（油泥）舱每周存量（IOPPC 附录下所列舱室）

日期	代码	项目编号	操作记录/主管高级船员签字
day-month-year	C	11.1	【附录舱室 & 标记名称】
		11.2	xx m³
		11.3	xx m³
			签名：(主管高级船员，姓名 & 职务) day-month-year
day-month-year	C	11.1	【附录 3.1 舱室 & 标记名称】
		11.2	xx m³
		11.3	xx m³
			签名：(主管高级船员，姓名 & 职务) day-month-year

例 2

人工收集残油、废油、油泥等入残油（油泥）柜（IOPPC 附录下所列舱室）

日期	代码	项目编号	操作记录/主管高级船员签字
day-month-year	C	11.1	【附录舱室 & 标记名称】
		11.2	xx m³
		11.3	xx m³
		11.4	xx m³ 从【已知来源】收集量
			签名：(主管高级船员，姓名 & 职务) day-month-year

代码 C.12 的使用：残油（油泥）的处理或转驳

例 3

通过通岸接头进行残油（油泥）的处理

日期	代码	项目编号	操作记录/主管高级船员签字
day-month-year	C	12.1	xx m³ 油泥来自【附录舱室 & 标记名称】 xx m³ 残留
			在港期间转驳至"油泥收集器的特征或名称，例如驳船、油罐车或者岸基设施"（港口名）
			签名：(主管高级船员，姓名 & 职务) day-month-year

例4

自 IOPPC 附录 3.1 下的残油（油泥）舱排放污水（处理）到 IOPPC 附录下的污水舱（例如从焚烧炉油柜中通过漏斗向污水柜放残水）

日期	代码	项目编号	操作记录/主管高级船员签字
day-month-year	C	12.2	xx m³ 残水来自【附录舱室 & 标记名称】 xx m³ 留存
			到【所列舱室 & 标记名称】柜存 xx m³
			签名：（主管高级船员，姓名 & 职务）day-month-year

例5

从一个残油（油泥）舱驳向另一个残油（油泥）舱，两舱都是 IOPPC 附录下所列舱室

日期	代码	项目编号	操作记录/主管高级船员签字
day-month-year	C	12.2	xx m³ 油泥来自【附录舱室 & 标记名称】 xx m³ 留存
			到【所列舱室 & 标记名称】柜存 xx m³
			签名：（主管高级船员，姓名 & 职务）day-month-year

例6

残油（油泥）在焚烧炉中焚烧

日期	代码	项目编号	操作记录/主管高级船员签字
day-month-year	C	12.3	xx m³ 油泥来自【附录舱室 & 标记名称】 xx m³ 留存
			在焚烧炉中焚烧 xx 小时
			签名：（主管高级船员，姓名 & 职务）day-month-year

例7

残油（油泥）在锅炉中焚烧

日期	代码	项目编号	操作记录/主管高级船员签字
day-month-year	C	12.4	xx m³ 油泥来自【附录舱室 & 标记名称】 xx m³ 留存
			在锅炉中焚烧 xx 小时
			签名：（主管高级船员，姓名 & 职务）day-month-year

例8

自 IOPPC 附录 3.1 下所列残油（油泥）舱水分蒸发（处理）

日期	代码	项目编号	操作记录/主管高级船员签字
day-month-year	C	12.4	xx m³ 水分自【附录舱室 & 标记名称】中蒸发 xx m³ 留存
			签名：（主管高级船员，姓名 & 职务）day-month-year

【拓展提高】

格式 A

国际防止油污证书（IOPP 证书）附件
非油船船舶结构和设备记录

按照《经 1978 年议定书修订的〈1973 年国际防止船舶造成污染公约〉》（以下简称"公约"）附则 I 的规定。

注：

（1）本格式用于 IOPP 证书中列为第 3 种类型的船舶，即"上述各类船舶以外的船舶"。对油船及按公约附则 I 第 2.2 条规定的设有货油舱的非油船，应使用格式 B。

（2）本记录应永久附于 IOPP 证书之后，IOPP 证书应随时保存在船上。

（3）原记录应至少为英文、法文或西班牙文写成。如同时使用发证国的官方文字，则在遇有争议或不相一致的情况时，应以发证国官方文字记录为准。

（4）方格内填入（×）表示"是"及"适用"，填入（–）表示"否"和"不适用"。

（5）本记录所述规则系指公约附则 I 的规则，所述决议系指国际海事组织通过的决议。

1. **船舶资料**

1.1　船名＿＿＿＿＿＿＿＿＿＿＿＿＿＿＿＿＿＿＿＿＿＿＿

1.2　船舶编号或呼号＿＿＿＿＿＿＿＿＿＿＿＿＿＿＿＿＿

1.3　船籍港＿＿＿＿＿＿＿＿＿＿＿＿＿＿＿＿＿＿＿＿＿＿

1.4　总吨位＿＿＿＿＿＿＿＿＿＿＿＿＿＿＿＿＿＿＿＿＿＿

1.5　建造日期＿＿＿＿＿＿＿＿＿＿＿＿＿＿＿＿＿＿＿＿＿

1.5.1　签订建造合同日期＿＿＿＿＿＿＿＿＿＿＿＿＿＿＿

1.5.2　安放龙骨或船舶处于类似建造阶段的日期＿＿＿＿＿＿＿＿＿

1.5.3　交船日期＿＿＿＿＿＿＿＿＿＿＿＿＿＿＿＿＿＿＿

1.6　重大改建（如适用）＿＿＿＿＿＿＿＿＿＿＿＿＿＿＿＿

1.6.1　签订改建合同日期＿＿＿＿＿＿＿＿＿＿＿＿＿＿＿

1.6.2　改建开工日期＿＿＿＿＿＿＿＿＿＿＿＿＿＿＿＿＿

1.6.3　改建完工日期＿＿＿＿＿＿＿＿＿＿＿＿＿＿＿＿＿

1.7　由于交船的意外延迟，主管机关已接受该船作为第 1.28.1 条
　　　所指的"在 1979 年 12 月 31 日或以前交船的船舶"

2. **控制机器处所舱底水及燃油舱排油的设备**

　　　（第 16 和 14 条）

2.1　在燃油舱内装载压载水：

2.1.1　该船在正常条件下能在燃油舱内装载压载水

2.2　所装滤油设备的型式：

2.2.1　滤油设备（15ppm）（第 14.6 条）

2.2.2　具有报警和自动停止装置的滤油设备（15ppm）（第 14.7 条）

2.3　认可标准：

2.3.1　油水分离器/滤油设备：

229

.1　已按 A.393(X)号决议认可；

.2　以按 MEPC.60(33)号决议认可；

.3　已按 MEPC.107(49)号决议认可；

.4　已按 A.233(VII)号决议认可；

.5　已按国家标准认可,但国家标准
　　未基于 A.393(X)或 A.233(VII)号决议；

.6　未经认可。

2.3.2　处理设备已按 A.444(XI)号决议认可

2.3.3　油分计:

.1　已按 A.393(X)号决议认可；

.2　以按 MEPC.60(33)号决议认可；

.3　已按 MEPC .107(49)号决议认可。

2.4　该系统的最大排量为_____ m³/h

2.5　第14条的豁免:

2.5.1　按照第14.5条的规定,该船免除第14.1或14.2条的要求。

2.5.1.1　该船专门从事在特殊区域_____内航行

2.5.1.2　该船按《国际高速船安全规则》予以核准,
　　　　从事定期营运且周转期不超过 24 小时

2.5.2　该船设有如下储存柜用于留存船上所有含油舱底水:

| 液舱(编号) | 液舱位置 | | 容积 (m³) |
	肋骨号 (从)–(至)	横向位置	

总容积:_____ m³

3.　残油(油泥)的留存和处理措施(第12条)和舱底水储存柜*

3.1　该船设有如下残油(油泥)舱:

| 液舱(编号) | 液舱位置 | | 容积 (m³) |
	肋骨号 (从)–(至)	横向位置	

总容积:_____ m³

3.2　除残油(油泥)舱外,处理残油的措施:

3.2.1　残油焚烧炉,处理能力 _____ l/h

3.2.2　适用于燃烧残油的辅锅炉

3.2.3　燃油与残油混装的舱柜,容积_____ m³

3.2.4　其他可接受的措施:_____

3.3　该船设有如下储存柜用于留存船上的含油舱底水:

＊　本公约未要求舱底水储存柜,3.3 下的表自愿填写。

液舱(编号)	液舱位置		容积 (m³)
	肋骨号 （从）–（至）	横向位置	

总容积：＿＿＿＿＿＿＿＿＿ m³

4. 标准排放接头(第13条)

4.1 该船设有将机器处所的舱底水残余物 排至接收设备的管路,并装有一个符 合第13条规定的标准排放接头

5. 船上油污应急计划(第37条)

5.1 该船备有符合第37条规定的船上油污应急计划

5.2 该船备有符合第37.3条规定的船上海洋污染应急计划

6. 免除

6.1 根据第3.1条的规定,本公约附则Ⅰ第3章的一些要求 业经主管机关准许免除,免除项目列于 本记录中的：＿＿＿＿＿＿＿＿＿＿＿＿＿＿

7. 等效(第5条)

7.1 附则Ⅰ中某些要求的等效措施业经主管机关认可, 其认可项目列于本记录中的：＿＿＿＿＿＿＿＿＿＿

兹证明本记录准确无误。

发证地点＿＿＿＿＿＿＿＿＿＿＿＿＿＿＿＿＿＿＿＿＿＿＿＿＿＿

(证书签发地)

·························· ··························

(发证日期) (授权签发证书的官员签字)

(当局的钢印或公章)

【课后自测】

1. 为了取得《油污处理证明》,要做好哪些工作?

2. 150GT 及以上的油船,400GT 及以上的非油船机器处所哪些作业应记入《油类记录簿》?

3. 简述船上油污应急计划的主要内容。

项目 6　船舶营运安全管理

通过本项目训练,学生能够达到正确履行与船舶安全有关的法律、法规、规章和国际公约的能力需求,即在掌握 SOLAS74 公约、ISM 规则、ISPS 规则、海上交通安全法、船舶检验等方面达到相应的能力目标;同时,为了满足国家海事局适任证书考试需求,学生还应该达到相应任务的知识目标需求。学生分组完成教学任务,每个小组成员既要有明确分工,又要相互合作,这样也就达到了情感目标的教学要求。

任务 1　国际海上人命安全公约解读

教学目标
◎ 能力目标:(1)能履行 SOLAS 公约在船舶安全方面的相关规定;(2)能根据情况采取措施确保船舶、人命或货物财产安全,防止海洋污染。
◎ 知识目标:(1)了解 SOLAS 公约的产生历史背景及变革;(2)掌握 SOLAS 公约的主要内容。
◎ 情感目标:(1)具备严谨的工作态度;(2)具备良好的职业道德;(3)具备团队合作精神。

【任务介绍】

• **案例:**

1912 年 4 月 10 日,"泰坦尼克"号邮轮从英国南安普敦出发,计划目的地为美国纽约,开始了这艘"梦幻客轮"的处女航。4 月 14 日晚 11 点 40 分,瞭望员通过电话报告驾驶台,船首已非常接近一座冰山,大副立即下令满舵左转、停车、全速后退,虽然避免了船头与冰山相撞,但冰山庞大的水下部分划破了船体右舷前部 6 个水密舱,共长 300 英尺(船的登记长度为 852.5 英尺),船舱和机舱大量进水,船舶开始下沉,船体受力不断恶化。15 日 1 时,"泰坦尼克"号发出 SOS 呼救信号并施放了火箭信号;2 时 20 分,船体断裂、沉没(图 6-1);4 时,英国籍"卡帕西亚"号驶抵现场,从"泰坦尼克"号的救生艇上救起 499 名旅客,212 名船员。

图 6-1　"泰坦尼克"号邮轮沉没假想图

当时的商船法没有就救生艇容量应与船舶载人数量相适应做出规定,"泰坦尼克"号载有2201人,所载救生艇却只能容纳1178人,最终导致817名旅客、673名船员,共计1490人葬身大海。1913年,在伦敦召开了第一次关于海上人命安全的国际会议,讨论了救生设备、无线电通信、冰区附近航行的减速或转向等事项。

《1974年国际海上人命安全公约》(简称 SOLAS74)是基于"泰坦尼克"号海难事件出台的,内容主要涉及船舶构造、消防和救生设备、航行安全、无线电设备、谷物运输、危险货物运输、船舶检验和船舶证书等许多方面。

通过任务训练,学生应该可以具备履行 SOLAS74 规定的相关能力要求。

【任务解析】

根据船舶三管轮岗位职责需求,任务训练过程中,学生能在以下方面具备 SOLAS74 的能力要求:

(1)关于船舶防火、探火和灭火方面的能力要求。

(2)关于船舶救生设备和装置的能力要求。

(3)关于保持船舶航行安全的能力要求。

【相关知识】

SOLAS 公约不同时期的版本如图6-2所示。

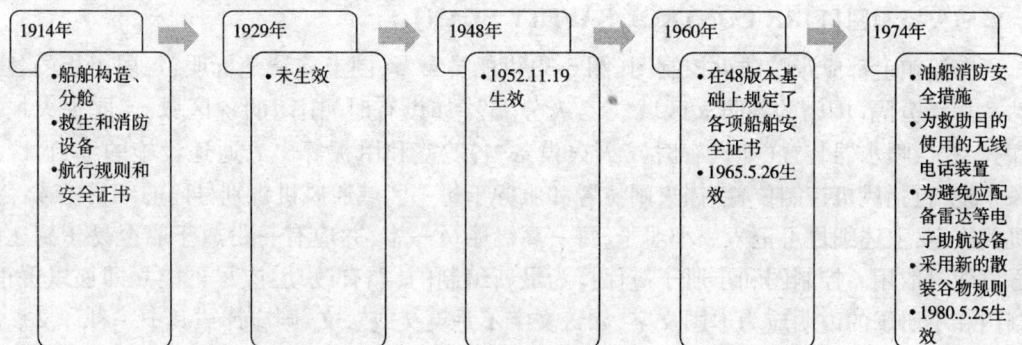

图6-2 SOLAS公约不同时期版本

"泰坦尼克"号客船碰撞冰山而沉没的事故举世震惊,在英国政府倡议下,1913年在伦敦召开了第一次国际海上人命安全会议,并于1914年1月20日制定了第一个国际海上人命安全公约,主要内容涉及船舶构造、分舱、救生和消防设备、无线电通信、航行规则和安全证书等方面,公约只适用于载有12名旅客以上的船舶,但一直没有生效。

1929年召开了第二次国际海上人命安全会议,并通过了《1929年国际海上人命安全公约》,较1914年版公约提出了更为详细、具体的要求,但未生效。

第三次国际海上人命安全会议于1948年召开,通过了《1948年国际海上人命安全公约》,公约于1952年11月19日生效。

政府间海事协商组织(简称海协,现为国际海事组织)于1960年5月17日至6月17日在伦敦召开了第四次国际海上人命安全会议,在1948年版公约的基础上制定了《1960年国际海上人命安全公约》,规定了各项船舶安全证书,并于1965年5月26日生效。

1974年10月20日至11月1日,海协在伦敦召开第五次国际海上人命安全会议,在《1960年国际海上人命安全公约》的基础上,制定了《1974年国际海上人命安全公约》,其主要内容涉及船舶检验、船舶证书、船舶构造、消防和救生设备、航行安全、无线电设备、谷物运输和危险货物运输等许多方面。其技术规则部分,与1960年版公约相比,主要增加了油船消防安全措施,为救助目的使用的无线电话装置,为避碰应配备雷达等电子助航设备,采用新的散装谷物规则等,该版公约于1980年5月25日生效。中国政府于1980年1月7日核准了这一公约。

1978年2月6日至17日,海协在伦敦召开了国际油船安全和防止污染会议,会议通过了《1974年国际海上人命安全公约1978年议定书》,在检验发证、操舵装置、雷达、惰性气体装置和证书格式等方面提出了补充要求。此议定书是一个独立文件,于1981年5月1日生效。截至1984年8月31日,已有49个国家参加此议定书。中国政府于1982年12月17日加入此议定书,议定书自1983年3月17日起对中国生效。

国际检验与发证协调体系会议1988年11月11日通过了《1974年国际海上人命安全公约1988年议定书》,于2002年2月3日生效,替代了1978年议定书;该议定书建立了一个检验与发证协调系统(HSSC),使各种检验能同时进行,且各公约的证书有效期,除客船安全证书为12个月外,其余全部统一协调为5年。

【任务实施】

一、公约对防火、探火和灭火的要求

1. 防火控制图(FIRE CONTROL SAFETY PLAN)

所有船舶上都应张贴防火控制图(图6-3)供船员参考,图上应清楚标明:每层甲板的各控制站,"甲级分隔"围闭的各防火区域,"乙级分隔"(如设有时)围闭的各区域,连同失火报警和探火系统、喷水器装置(如设有时)、灭火设备、各舱室和甲板等出入通道设施的细目,以及通风系统,包括风机控制位置、挡火闸位置和服务于每一区域通风机识别号码的细目。或经主管机关决定,上述细目可记入一小册子,每一高级船员一本,并应有一份放于船上易于到达的地方可随时取用。控制图和小册子应保持为最新编制的,如有改动,应尽可能立即加以更正。控制图和小册子的说明应为本国文字,如该文字不是英文或法文,则应译成其中一种译文。此外,船上灭火和抑制火灾用的所有设备和装置的保养和操作说明,应保存在一个封套内,并放在易于到达的地方,以便随时取用。

2. 消防泵(图6-4)

(1)所有消防泵应为独立驱动,卫生泵、压载泵、舱底泵或通用泵,也可兼作消防泵。

(2)每一消防泵对消火栓处维持的最低压力通常为2股不少于12米射程的水柱。

(3)所有其他类型的船舶,所需的每一消防泵的排量应不小于所需总排量的80%除以所需的消防泵数,且在任何情况下,每一消防泵应能按所需的条件向消防总管系统供水。

(4)如消防泵的压力可能超过消防水管、消火栓和消防水带的设计压力,则应在全部消防泵装设溢流阀,这些阀应恰当分布和调节,以防止消防总管系统内任何部分发生超压。

3. 消火栓(图6-5)

消火栓的数目和位置,应至少能将两股不是由同一消火栓发出的水柱射至船舶在航行时旅客或船员经常到达的任何部分,而其中一股应仅用1根消防水带。

4. 消防水带(图6-5)

消防水带应为主管机关认可的材料,并具备足够的长度射出一股水柱至可能需要使用的任一处所,其最大长度应取得主管机关的同意,每一根消防水带应配有一支水枪和必需的接头,消防水带的长度应至少为 10 米,但不超过下述长度:机器处所,15 米;其他处所和开敞甲板,20 米;最大型宽超过 30 米船舶的开敞甲板,25 米。

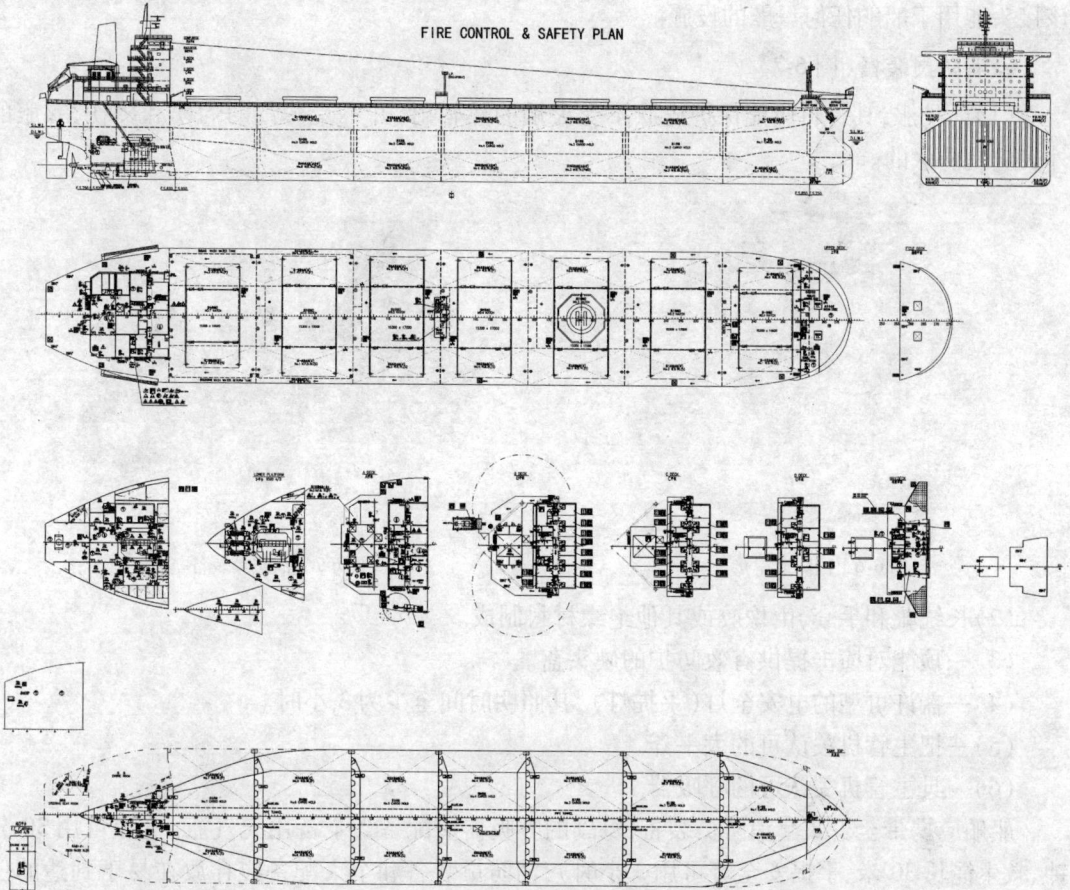

图 6-3 船舶防火控制图

图 6-4 消防泵

图 6-5 消防栓与消防水带

5. 国际通岸接头(图 6-6)

(1)国际通岸接头应用能承受 10.5 公斤/厘米(150 磅/英寸)工作压力的材料制成,其一端应为平面法兰,另一端应有永久附连于其上的、适合船上消火栓或消防水带的接头。

(2)国际通岸接头应与能承受 10.5 公斤/厘米(150 磅/英寸)工作压力的任何材料的垫片

1只,及长度为50毫米(2英寸)、直径为16毫米(5/8英寸)螺栓4只和垫圈8只,一同保存于船上。

(3)500总吨及以上的船舶应设有至少一个符合《消防安全系统规则》的国际通岸接头,该接头能用于船舶任何一舷的设施。

6. 消防员装备(图6-7)

(1)防护服,其材料应能保护皮肤不受火焰的热辐射,并不受蒸汽的灼伤和烫伤,衣服的外表应是防水的。

图6-6　国际通岸接头

图6-7　消防员装备

(2)长统靴和手套,由橡胶或其他绝缘材料制成。

(3)一顶能对撞击提供有效防护的硬头盔。

(4)一盏许可型的电安全灯(手提灯),其照明时间至少为3小时。

(5)一把主管机关认可的太平斧。

(6)一具主管机关认可的呼吸器。

船舶应携带至少2套消防员装备,每副的呼吸器应配备2个备用充气瓶(气瓶可用30分钟、救生绳长30米、手提安全灯可用3小时);消防员装备和个人配备应存放在易于到达的位置并随时可用,该位置应有永久性的清晰标志。如所配备的消防员装备或个人配备不止一套时,其存放位置应彼此远离。

二、公约对救生设备和装置的要求

1. 一般要求

(1)以适当的工艺和材料制成。

(2)在 -30 ℃至 +65℃的空气温度范围内存放而不致损坏。

(3)如其在使用时可能浸没在海水中,则在 -1℃至 +30℃的海水中,应能完全使用。

(4)如适用,应防腐烂,耐腐蚀,并不受海水、油类或真菌侵袭的过度影响。

(5)如暴露在日光下,应能抗老化。

(6)在一切有助于探测的部位应具有鲜明易见的颜色。

(7)在有助于探测的位置装贴逆向反光材料,并于 IMO 通过的《在救生设备上使用和装贴逆向反光材料的建议》相一致。

(8)如必须在风浪中使用,须能在该环境中令人满意地工作。

除此之外,主管机关应确定容易老化的救生设备的可使用寿命。这类救生设备应标明确定其寿命的方法或在这之前必须更换的日期。

2. 救生圈(图6-8)

(1)具有不大于800mm的外径及不小于400mm的内径。

(2)采用固有浮力材料制成,它的浮力应不依靠灯心草、软木刨片或软木粒、任何其他松散的粒状材料或依靠充气作浮力的空气室。

(3)能在淡水中支承不小于14.5kg的铁块达24h之久。

(4)具有不小于2.5kg的质量。

(5)在被火完全包围2s后,不致燃烧或继续熔化。

(6)其构造应能经受从存放位置至最轻载航行水线的高度或30m处(取其大者)降落下水,并不致损害救生圈的使用性能或其附件。

(7)如要操纵自发烟雾信号及自亮灯所配备的迅速施放装置,应具有足以操纵此项迅速施放装置的质量或4kg,取其大者。

(8)设有直径不小于9.5mm并且长度不小于救生圈外直径4倍的救生握索1根。

(9)救生圈还应设可浮救生索、自亮灯,并具有自发信号的能力。

3. 救生衣(图6-9)

(1)救生衣应在被火完全包围2s后,不致燃烧或继续熔化。

图6-8　救生圈

图6-9　救生衣

(2)每件救生衣的构造应满足:经示范后,在无帮助情况下,1个人能在1min内正确穿好救生衣;能反穿或明显地只能以一种方法穿着,并尽可能不致被错误地穿着;穿着舒适;让穿着者从至少4.5m高度跳入水中时不致受伤,并且没有脱离或损坏救生衣。

(3)在平静淡水中,救生衣具有足够的浮力与稳性。

(4)救生衣在浸入淡水中24h后,其浮力不应降低5%以上。

(5)救生衣应使穿着人员可作短距离游泳,并登上救生艇筏。

(6)每件救生衣应备有用细索系牢的哨笛。

(7)对于气胀式救生衣应具有不少于2个独立的充气室,浸水后能自动充气。还应具有至少维持8h光照的救生衣灯,如果是闪光灯还应有手动操作开关。

4. 救生筏(图6-10)

(1)救生筏的构造,应能经受在一切海况下暴露漂浮达30天。

(2)救生筏的构造应使其从18m高度处投入下水后,救生筏及其属具的使用能令人满意。

（3）在顶篷撑起和未撑起的情况下，漂浮的救生筏应能经受从筏底以上至少4.5m的高度重复多次跳登。

（4）当救生筏在载足全部乘员及属具并放下1只海锚后，救生筏应能在平静水中以3kn航速被拖带。

（5）救生筏应设有保护乘员免受暴露的顶篷，该顶篷在救生筏降落后和到水面时能自动撑起，并有收集雨水的设施。

（6）救生筏应设1根有效的首缆，其长度应不小于从存放处到最轻载航行水线距离的2倍或15m，取其大者。

（7）每只救生筏应配备符合要求的属具。

（8）救生筏还应设自由漂浮装置。

图6-10　救生筏

5. 救生艇（图6-11）

（1）所有救生艇均应适当建造，其形状及尺度比例应使其在海浪中具有充裕的稳性，并在载足全部乘员及属具后，具有足够的干舷。所有救生艇应有刚性艇体，而且当在平静水面处于正浮位置，并载足全部乘员及属具时，或在水线以下任何部位破孔，假设没有掉失浮力材料及其他损伤时，能保持正稳性。

（2）所有救生艇应有足够的强度，使其在载足全部乘员与属具后能安全降落水中，以及当船舶在平静水中以5kn航速前进时，能降落水中并被拖带。

（3）救生艇人数不能超过150人。

（4）救生艇的布置，应使其全部乘员能迅速登艇。

（5）救生艇应具有固有浮力材料，或应设有必须不受海水、油类或石油产品不利影响的固有浮力材料，当艇内浸水和破漏通海时，仍足以将满载所有属具的救生艇浮起。每艘救生艇额定乘员每人应配备相等于280N浮力的附加固有浮力材料，浮力材料不应设在艇体外面。

（6）当50%乘员定额的乘员以正常姿势坐在艇中心线一侧时，所有救生艇的干舷应至少为救生艇长度的正1.5%或100mm，取其大者。

（7）每艘救生艇应有压燃式发动机驱动，任何救生艇均不得使用燃料闪点为43℃或以下（闭杯试验）的发动机。发动机应设有手起动系统，或设有两个独立的可再次充电的电启动系统。发动机启动系统和辅助启动设施应在环境温度－15℃、启动操作程序开始后2min内启动发动机。当载足全部乘员和属具，并且所有发动机驱动的辅助装置均运转时，救生艇在平静水中前进，航速应至少为6kn，而当拖带三具载足全部乘员和属具的25人救生筏或其相等负载时，其航速应至少为2kn。应配备适用于船舶营运航区预期温度范围内足够的燃料，以供满载的救生艇以6kn的航速运转不少于24h。发动机还应能在救生艇离水冷态运转不少于5min。

（8）每艘救生艇应配备符合要求的属具。

（9）在救生艇上应以经久的明显字迹标明其尺度和乘员定额；救生艇所从属的船舶名称及船籍港应以粗体罗马字母标明于艇首两侧；识别救生艇所从属船舶和救生艇号码的标志，应能从上空看清。

（10）对于部分封闭救生艇、自动扶正的部分封闭救生艇、全封闭救生艇及救助艇还应符合特殊规定。

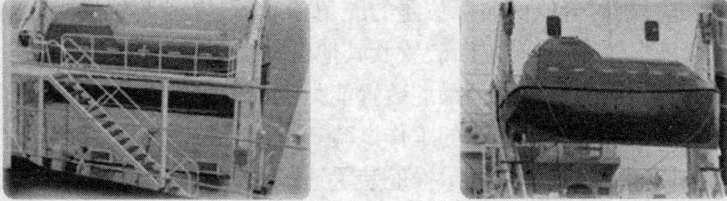

图6-11　救生艇

6. 救生艇筏的存放与回收

（1）救生艇筏的存放应装备齐全，不干扰其他救生艇筏的操作，避开易燃易爆处所，并处在持续使用准备状态，应能使2名艇员在少于5min内完成登乘和降落准备工作。

（2）客船的所有救生艇筏，应能在发出弃船信号后30min内，载足全部乘员和属具后，全部降落水面。

（3）货船的所有救生艇筏，应能在发出弃船信号后10min内，载足全部乘员和属具后，全部降落水面。

（4）救生筏存放中应将首缆系固于船舶。

（5）救生艇的降落与回收装置及其吊艇索，应于船舶最轻载航行纵倾10°及向任何一舷横倾20°时，使救生艇能到达海面。

三、公约对航行安全的要求

1. 人员配备

（1）从海上人命安全的观点出发，各缔约国政府须承担：对其本国的每艘船舶应经常保持或在必要时采取措施，以保证所有船舶配备足够数量和胜任的船员。

（2）每艘船舶应备有一份由主管机关颁发的适当的配员文件或等效物，作为符合规定的最少安全配员的凭证。

（3）每艘客船为了保证船员在安全事务上的有效的操作，应建立一种工作语言并将其记录在航海日志上。公司或船长（合适者）应确定恰当的工作语言。应要求每个船员能懂得这种语言，并在合适时使用这种语言下达指令和通知应答。如果工作语言不是船旗国的官方语言，则所有需张贴的图纸和图表应翻译成工作语言。

2. 操舵装置

（1）自动操航仪的使用。在运输繁忙的地区、在能见度受限制的情况下以及在所有其他航行危险的处境中，如使用自动操舵仪，应可能立即改为人工操舵。

从自动操舵转换为人工操舵，以及相反的从人工操舵换为自动操舵，应由一位负责的驾驶员操作或在其监督下进行操作。

在长期使用自动操航仪以后，以及在进入需要特别谨慎驾驶区域以前，均应试验人工操舵。

（2）操舵装置的运转。在需要特别注意的航行区域，船舶应设有 1 台以上能同时工作的操舵装置的动力设备进行工作。

（3）操舵装置的试验和操作。船舶开航前 12h 之内，应由船员对操舵装置进行核查和试验。试验程序应包括下述操作：主操舵装置；辅助操舵装置；操航装置遥控系统；驾驶室内的操舵位置；应急动力供应；相对于舵的实际位置的舵角指示器；操舵装置遥控系统动力故障报警器；操舵动力设备故障报警器；自动隔断装置及其他自动设备。

核查和试验应包括：按照所要求的操舵装置能力进行操满舵试验；操舵装置及其连结部件的外观检查；驾驶室及舵机室通信手段的工作试验。

在驾驶室及舵机室内，应有永久显示操舵装置遥控系统和舵机动力装置转换程序的简单说明，并附有方框图。所有与操舵装置的操作和维修有关的船舶驾驶员，应熟悉装在船上的操舵系统的操作以及从一个系统转换到另一系统的程序。

至少每 3 个月进行一次应急操舵演习，以练习应急操舵程序。操演包括在舵机室内的直接控制、与驾驶室的通信程序以及转换动力供应的操作。

核查和试验日期，以及应急操舵演习的日期和详细内容，应记入航海日志和轮机日志内。

【任务小结】

通过任务训练，学生能较全面地了解 SOLAS 公约的产生背景及演变，掌握 SOLAS 公约关于防火、探火和灭火、救生设备和装置、航行安全、危险货物运输等各方面的要求，掌握 SOLAS 公约及其修正案的保存和学习方法。

【知识链接】

现行 SOLAS74 公约主要包括：公约正文、1988 议定书和公约附则及单项规则。SOLAS 公约的附则是公约的主体，包括内容如图 6-12 所示。

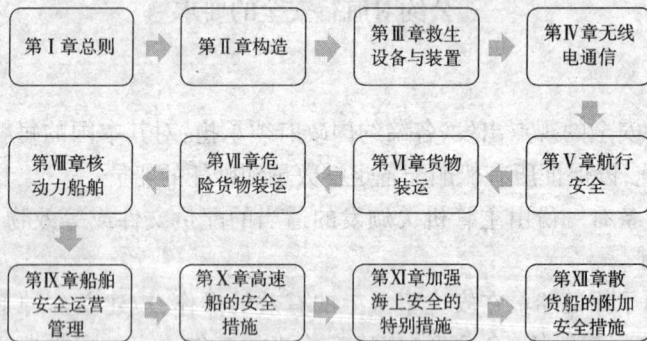

图 6-12　SOLAS74 附则的主要内容

对于船员而言，公约中最重要的章节当属消防、救生与航行安全，这也是各类检查的重点，应当逐条细心阅读，并对照船舶实际情况一一落实。

1. 救生演习

（1）每艘救生艇在弃船演习中，应每 3 个月至少进行一次降落下水，并由指定操作的船员进行水上演练。

（2）除兼作救生艇的救助艇外，其他救助艇均应在合理和可行的范围内，每个月搭载指定的船员降落下水并在水下操纵。在任何情况下，应至少每 3 个月按此要求进行 1 次。

(3)指定的船员降落下水并在水上操作。在任何情况下,应至少每 3 个月按此要求进行一次。

(4)在每次弃船演习时,应测试用于集合与弃船的应急照明系统。

2.脱险

(1)在最低开敞甲板以下,脱险通道应为梯道,次要的为围阱或梯道;在最低开敞甲板以上,脱险通道应为梯道或通往开敞甲板的门或两者结合;不允许设有长度超过 7m 的端部封闭的走廊。

(2)所有船舶应在起居处所内配备至少 2 套紧急逃生呼吸装置。

(3)A 类机器处所的脱险通道每一 A 类机器处所应设有 2 条脱险通道。2 部彼此尽可能远离的钢梯,通往该处所上部彼此类似远离的门,从门至开敞甲板设有通道。其中一部钢梯应位于一个受到保护的环围内,尺寸为 80cm×80cm,并应设有应急照明。

【拓展提高】

1. 对公约的修正的两种方法

(1)修正案交海上安全委员会(MSC)扩大会议考虑。海安会可能再交其下属的分支委员会讨论,经出席和投票的 2/3 缔约国政府接受,形成决议 MSCXX(YY)(XX 是总的海安会决议编号,YY 是海安会会次编号)。

(2)召开 SOLAS 缔约国政府大会经 2/3 大多数出席和投票后接受,形成决议。1974 年公约自 1980 年 5 月生效至今已经过 30 多次修正,大多为海安会决议。另外召开了五次 SOLAS 缔约国政府会议,共形成 44 个决议。

2.公约对危险品运输要求

(1)危险货物分类(图 6-13)。《国际海运危险货物规则》(IMDG)将包装危险货物分为 9 类:第 1 类爆炸品,第 2 类气体,第 3 类易燃液体,第 4 类易燃固体、易自燃物质、遇水放出易燃气体的物质,第 5 类氧化物质和有机过氧化物,第 6 类有毒和感染性物质,第 7 类放射性材料,第 8 类腐蚀性物质,第 9 类杂类危险物质和物品。

图 6-13　危险货物分类图

(2)危险货物的包装件。应有醒目、耐久性的标牌。

(3)装载要求。危险货物应按其性质安全并适当地予以装载、堆放和系固,对于互不相容的货物,应将其彼此分开。

具有严重危险性的爆炸品(除弹药外),应将其装于航行中保持严密封闭的库房内。

会产生危险蒸气的危险货物,应装载于良好通风处。

载运易燃液体或易燃气体的船上,对那些需要防止火灾或爆炸的处所应采取特殊的预防措施。

不得载运易于自热或自燃的物质,除非已采取了适当的预防措施以减少发生火灾的可能性。

在整个航程中,包括货运集装箱在内的货物单元,应按照主管机关认可的货物系固手册进行装载、堆放和系固。

【课后自测】

1. 简述 SOLAS74 公约的性质及内容构成。

2. 简述开航前如何对操舵装置进行试验和操作。

3. 简述船舶的救生设备和装置。

4. 简述船舶的消防设备。

任务2　ISM 规则与 SMS 解析

教学目标

◎ 能力目标:(1)能履行《国际安全管理规则》(ISM)对船公司和船舶的相关规定;(2)能履行船公司和船舶的安全管理体系(SMS);(3)能应对 SMS 的内部审核与外部审核。

◎ 知识目标:(1)了解 ISM 规则产生的背景及意义;(2)掌握 ISO9001-9004 与 ISM 规则的关系;(3)掌握 ISM 规则的特点及相关内容;(4)掌握 SMS 的构成和要点。

◎ 情感目标:(1)具备严谨的工作态度;(2)具备良好的职业道德;(3)具备团队合作精神。

【任务介绍】

随着科学技术的发展,很多新技术、新设备都在船上得到了运用,航海条件也得到了大大的改善。但随着航海条件的改善,全世界的船舶海难事故非但没有得到有效的控制,反而呈上升趋势。其中,人为因素占了很大的比例,据统计,所有的海上事故中,约80%是人为因素造成的,也就是说问题主要出在管理上(表6-1)。

ISO 推出的 ISO9001-9004 质量管理体系较好地综合了现代管理理论与方法。受其影响,IMO 提出制定国际安全和防污染管理规则以加强船岸联系,最终实现有效控制公司和船员的人为因素的途径。

通过任务训练,学生能履行 ISM 规则中对船岸人员的责任、权力和各种工作程序提出的要求,能实现:工作程序化、活动规范化、行为文件化。

影响 IMO 立法的六起重大海难   表 6-1

案　例	时　间	事　故　原　因
TITANIC	1914	报务员忙于收录旅客的通信电文,忽略了有关水域冰情的重要报告
TORRY CANYON	1967	舵机失灵
AMOCO CADIZ	1978	操纵装置失灵
HERALDOF FREE ENTREPRESE	1987	船首门未关,大量海水涌入船体
EXXON VALDEZ	1989	偏离航线而触礁
SCANDINAVIA STAR	1990	旅客甲板走廊失火,大火烧了 19 个小时才扑灭

【任务解析】

ISM 规则采用了国际通行的质量保证的过程控制原理,将船公司安全营运和船舶安全操作的各项活动归纳成一套适合本公司和船舶的安全管理体系,并根据过去的经验教训制定预防措施。通过内部定期审核和外部审核、监督,不断改进,不断完善,从而将一切与安全和防污有关的管理活动置于严格控制之下,实现船舶安全营运和防止海水污染、减少海上人命伤亡和财产损失的目标。

(1)正确理解 ISM 规则的条文内容。

(2)能有效履行船舶 SMS,能应对船舶各项针对 SMS 的检查,能应对针对 SMS 的内部审核与外部审核。

【相关知识】

1. 什么是 ISM 规则

ISM 规则全称为 International Management Code for the safe Operation of Ships and for Pollution Prevention(国际船舶安全营运和防止污染管理规则),是 IMO 在 1992 年 4 月 IMO 的海上工作委员会草拟的,在 1993 年 11 月 IMO 第 18 届大会通过的规则,并于 1994 年 5 月的 SOLAS 缔约国大会新增的第 IX 章"船舶安全营运管理"的决议,即把 ISM 规则纳入 SOLAS 公约,使 ISM 规则成为强制性实施的要求。

1998 年 7 月 1 日起,适用于客船(包括载客高速艇)、500 总吨及以上的油轮、化学品船、气体运转船、散货船和载货高速船。

2002 年 7 月 1 日起,适用于 500 总吨及以上的其他货船和移动式近海钻井装置。

2. ISM 规则产生的背景

(1)80 年代前后发生的几起震惊世界的重大海难(表 6-1),都是人为因素造成的,沉痛的教训使 IMO 认识到加强公司管理对船舶安全营运的重要性。过去 IMO 制定的公约、规则,主要是针对船舶、设备和船员的技术标准,而对已暴露出的公司管理问题却很少涉及,迫切需要 IMO 制定一个针对公司安全和防止污染活动的国际性管理标准。

(2)随着船舶开放登记国的增加,悬挂方便旗的船舶急速增多,因方便旗国管理能力缺乏,船检标准低,给航运安全带来严重的威胁,造成方便旗船的事故率高。

(3)传统的管理方式有许多弊端:一是对公司管理本身缺乏规范要求;二是安全管理与营运管理脱节,在实际中矛盾突出;三是存在管理职能交叉、关系不顺及船岸衔接不畅等管理体制问题;四是船岸人员的安全业务和管理素质跟不上;五是忽视信息反馈的动态管理,始终处于被动的事后管理的落后状态。高新技术的发展和应用,改变了生产模式和传统的管理方式,也必然要求与之相适应的安全管理水平。

3. ISM 规则的特点

(1)针对性强。ISM 规则作为国际性强制管理规则,所提供的是船舶安全营运和防止污染的管理标准。

(2)相关性强。ISM 规则从管理出发覆盖了航运公司安全和防污染所有的管理工作,ISM规则将航运公司的人员管理、机务管理和海务管理三大部分全部包括,对船舶安全和防止污染做出了系统规定,并且不仅只是涉及航运公司本身从事船舶安全和防污染的相关人员,而且涉及主管机关、港口国等机构各方面来实现 ISM 规则实施所要求达到的目标。

(3)系统完整性。ISM 规则把航运公司的船舶和防污染管理作为一个完整的系统看待,再按照系统管理办法明确规定。在组织结构上,不仅是在公司最高管理层至船舶形成安全和防污染系统环节,而且还建立了对系统运作实施的监控环节,形成一个封闭循环控制系统,来确保公司建立的 SMS 的有效运行。另外 ISM 规则要求公司实行程序化管理,对安全和防污染管理过程实施全面的系统控制,避免管理者管理行为的随意性。第三方面,ISM 规则要求航运公司要建立文件化的 SMS,文件化的管理本身就是这个系统管理的一部分。它不仅有公司所要制定的安全和环保方针,还要有管理程序、须知内容和记录,这样就构成层次分明、相互联系、逻辑性强的文化的安全管理体系。

(4)自我完善性。ISM 规则引入了 PDCA(Plan-Do-Check-Action)循环的原理,按照这个规则建立的 SMS,会使安全、防污染活动处于自我完善的过程,即计划、开展安全活动、检查存在的问题,然后予以改进,制定出更适合实际操作的计划。这样不断循环完善使 SMS 始终处于良性循环运转的状态下,因而 SMS 也会随之从较低的层次上升到较高的层次。

(5)广泛的适应性。ISM 规则适用于所有航运公司的船舶,也就是具有广泛的适用性,正因为它的广泛适用性,所以只能用概括性的术语表述原则和目标,因而使不习惯西方文化的东方人觉得抽象和不容易理解,但正是由于 ISM 规则高度的概括性和原则性,以及有明确的总目标,才使得该管理标准适用于各式各样具有不同特点的航运公司和船舶从而使得这些不同的公司建立的 SMS 更适合于本公司的安全管理活动,并在实现 ISM 规则总目标的 SMS 运行活动中,不断总结、不断完善、不断提高,具有无穷的生命力。

【任务实施】

ISM 规则的内容如表 6-2 所示。

ISM 规则主要内容　　　　　　　　　　　　表 6-2

	1 总则
	2 安全和环境保护方针
	3 公司的责任和权力
	4 指定人员
A 部分　实施	5 船长的责任和权力
	6 资源和人员
	7 船上操作方案的制定
	8 应急准备
	9 不符合规定情况、事故和险情的报告和分析

A 部分　实施	10 船舶和设备的维护
	11 文件
	12 公司审核、复查和评价
B 部分　审核发证	13 发证和定期审核
	14 核发临时证书
	15 审核
	16 证书格式

一、总　　则

1. 定义

（1）公司：系指船舶所有人，或已承担船舶所有人的船舶营运责任并在承担此责任时同意承担本规则规定的所有责任和义务的任何机构或个人，如管理人或光船承租人。

（2）主管机关：系指船旗国政府。

（3）安全管理体系（SMS）：系指能使公司人员有效实施公司的安全及环境保护方针所建立并文件化的体系。

（4）符合证明（DOC）：系指颁发给符合 ISM 规则要求的公司的证明文件。

（5）安全管理证书（SMC）：系指颁发给船舶，证明公司及其船舶管理营运符合已批准的安全管理体系（SMS）的证书。

2. 目标

（1）ISM 规则的总目标。保证海上安全，防止人员伤亡，避免对环境、特别是海洋环境造成危害以及对财产造成损失。

（2）公司的安全管理目标：

①提供船舶营运的安全做法和安全工作环境。

②针对已认定的所有风险，制定防范措施。

③不断提高岸上及船上人员的安全管理技能，包括安全及环境保护方面的应急部署。

（3）SMS 的目标：

①符合强制性的规范和规则。

②对国际海事组织、主管机关、船级社和海运行业组织所建议的适用的规则、指南和标准予以考虑。

3. SMS 的基本要求

每个公司应建立、实施并保持包括下列基本要求的安全管理体系：

（1）安全和环境保护方针。

（2）确保船舶的安全营运和环境保护符合国际和船旗国有关立法的须知和程序。

（3）船、岸人员的权限和相互间的联系渠道。

（4）事故和不符合规定情况的报告程序。

（5）对紧急情况的准备和反应程序。

（6）内部审核和管理复查程序。

二、安全和环境保护方针

(1)公司应当制定安全和环境保护方针,说明如何实现公司的安全管理目标。

(2)公司应当保证船、岸各级机构均能执行和保持此方针。

三、公司的责任和权力

(1)如果负责船舶营运的实体不是船舶所有人,则船舶所有人必须向主管机关报告该实体的全称和详细情况。

(2)对涉及和影响安全和防止污染工作的管理、执行以及审核的所有人员,公司应当以文件形式明确规定其责任、权力及其相互关系。

(3)为使指定人员能够履行其职责,公司有责任确保提供足够的资源和岸基支持。

四、指 定 人 员

为保证各船的安全营运,提供公司与船上之间的联系渠道,公司应当根据情况指定一名或数名能直接同最高管理层联系的岸上人员。指定人员的责任和权力应包括对各船的安全营运和防止污染方面进行监控,并确保按需要提供足够的资源和岸基支持。

五、船长的责任和权力

1. 公司应当以文件形式明确规定船长的下列责任:

(1)执行公司的安全和环境保护方针。

(2)激励船员遵守该方针。

(3)以简明方式发布相应的命令和指令。

(4)核查具体要求的遵守情况。

(5)复查安全管理体系并向岸上管理部门报告其存在的缺陷。

2. 船长权力声明

公司应当在安全管理体系中确立船长的绝对权力和责任,以便做出关于安全和防止污染事务的决定并在必要时要求公司给予协助。

六、资源和人员

公司应当保证落实相关人员的基本职责(表6-3)。

相关人员职责要求 表6-3

相 关 人 员	职 责 要 求
船长	适当的指挥资格; 完全熟悉公司的 SMS; 得到必要的支持,以便可靠地履行其职责
船员	持证;合格;健康
新聘和转岗人员	熟悉涉及安全和环境保护工作的职责

相 关 人 员	职 责 要 求
SMS 有关人员	充分理解有关法规、规定、规则和指南
人员培训	建立、保持程序;支持 SMS 的任何培训
船上人员	以一种工作语言或懂得的其他语言获得有关 SMS 的信息; 能够有效交流安全管理体系职责

七、船上操作方案的制定

对涉及船舶安全和防止污染的关键性船上操作(图6-14),公司应当建立制定有关方案和须知,包括必要的检查清单的程序。与之相关的各项工作,应当明确规定并分配给适任人员。

1. 关键操作

关键操作系指其任何过失都可能立即造成船毁(碰撞、船体损伤)、人员伤亡或污染事故的所有操作。

常见的关键操作情况如下:

(1)在视线不良、恶劣气象、限制水域或交通密集区域航行。

(2)近陆水域或交通密集区可能造成突然失去操纵能力的操作。

(3)危险货物或有毒有害物质的装卸和积载。

(4)海上加油和驳油。

(5)液货船(油船、化学品船、液化气船)的货物操作。

(6)关键性机械或设备操作。

图 6-14　关键性操作

2. 特殊操作

特殊操作系指仅在险情已经产生或事故已发生时,其过失才会明显看出的操作。因此,船上特殊操作的程序和须知应强调预防和检查,旨在事故发生前纠正不安全的做法。

常见的特殊操作情况如下:

(1)保证水密完整性。

(2)航行安全(海图和有关出版物更正)。

(3)影响航行安全设备(如舵机、发电机等)及其有关的备用设备可靠性的试验操作、维护保养操作。

(4)港内加油操作及驳油作业。

(5)货物积载(稳性保持、应力集中)和防止超载。

(6)集装箱、货物及其他物品系固。

(7)船舶保安和海盗行为。

八、应 急 准 备

(1)对船上可能出现的紧急情况,公司应当建立标识、描述和反应的程序。如图6-15所示。

(2)公司应当制定应急训练和演习的计划。

(3)SMS 应提供措施,确保公司有关机构能在任何时候对其船舶所面临的危险、事故和紧急情况做出反应。

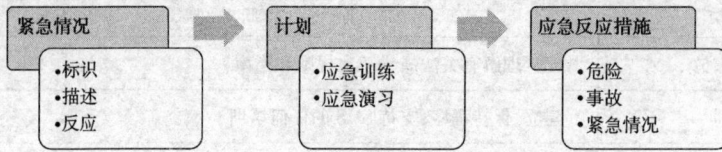

图6-15 应急准备流程图

SMS 文件体系应制定应急文件,其包括船岸应急程序和反应计划。

船上紧急情况可以分成4大类,如图6-16所示。

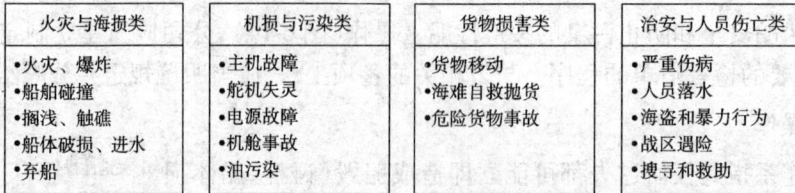

图6-16 船上紧急情况

应急部署程序至少包含如图6-17所示的应急事件。

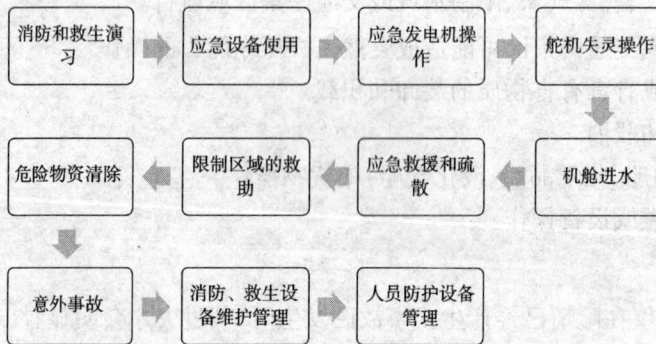

图6-17 应急事件

九、不符合规定情况、事故和险情的报告和分析

(1)SMS 应当包括确保向公司报告不符合规定情况、事故和险情并对其进行调查和分析的程序(图6-18),以便改进安全和防止污染工作。

(2)公司应当建立实施纠正措施的程序。

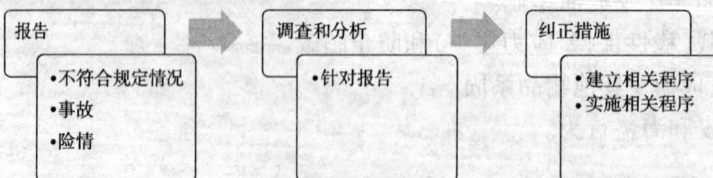

图6-18 不符合 SMS 情形的应对

其中:

①不符合规定的情况,系指不能满足某种具体要求的客观情况,如未执行相应的体系文件要求等。

②故事,系指造成人员伤亡、环境污染、船舶和货物损坏的事件,如工伤、溢油、碰撞、失

火等。

③险情,系指危及人身、损害船货事故的前兆。

十、船舶和设备的维护

(1)公司应当建立有关程序,以便保证船舶按照有关规定、规则以及公司可能制定的任何附加要求进行维护(图6-19)。

(2)为满足这些要求,公司应当保证:

①按照适当的间隔期进行检查。

②任何不符合规定情况得到报告,并附可能的原因。

③采取适当的纠正措施。

④保存这些活动的记录。

(3)公司应当在安全管理体系中建立有关程序,以便标识那些会因突发性运行故障而导致险情的设备和技术系统。安全管理体系应当提供旨在提高这些设备和系统可靠性的具体措施。这些措施应当包括对备用装置及设备或非连续使用的技术系统的定期测试。

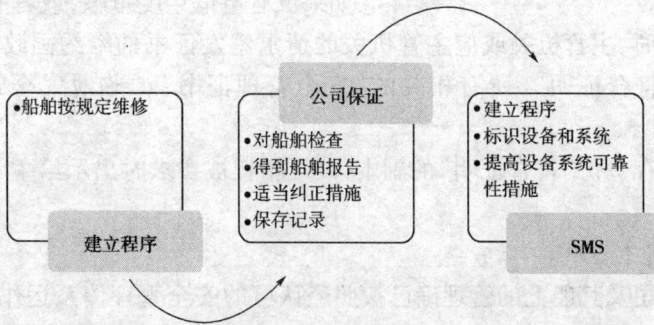

图6-19 公司就船舶和设备维护方面的职责

十一、文　件

(1)公司应当建立并保持有关程序,以便控制与安全管理体系有关的所有文件和资料。

(2)公司应当保证:

①各有关部门均能够获得有效的文件。

②文件的更改应由经授权的人审查批准。

③被废止的文件应及时清除。

(3)用于阐述和实施安全管理体系的文件可称为"安全管理手册"。文件应当以公司认为最有效的方式予以保存。每艘船舶均应配备与之相关的全部文件。

十二、公司审核、复查和评价

(1)公司应当开展内部审核,以核查安全和防止污染活动是否符合安全管理体系的要求。

(2)公司应当根据建立的有关程序定期评价安全管理体系的有效性,必要时还应当对安全管理体系进行复查。

(3)审核及可能采取的纠正措施应当按文件规定的程序进行。

(4)除非由于公司的规模和性质不可能做到,实施审核的人员应当不从属于被审核的部门。

(5)审核及复查的结果应当告知所有负有责任的人员,以提请他们注意。

(6)负有责任的管理人员应当对所发现的缺陷及时采取纠正措施。

十三、发证和定期审核(图 6-20)

(1)船舶应当由持有相关的"符合证明"或"临时符合证明"的公司营运。

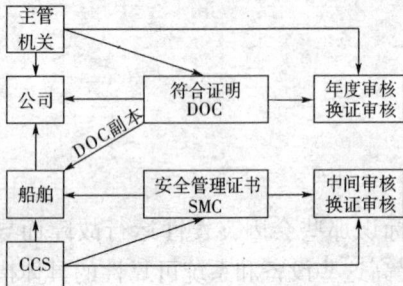

图 6-20 发证与审核

(2)符合证明 DOC。

①应由主管机关、主管机关认可的机构或应主管机关的请求,由另一缔约国政府签发给符合本规则要求的公司,有效期不超过 5 年;只对其载明的船舶种类有效。

②DOC 的有效性应当服从于由主管机关或主管机关认可的机构,或者应主管机关的请求,由另一缔约国政府在周年日前或后 3 个月内实施的年度审核。

③如果没有申请年度审核,或者有证据表明存在重大不符合规定情况时,主管机关或应主管机关的请求签发证书的缔约国政府应当收回"符合证明";如果收回"符合证明",所有相关的"安全管理证书"、"临时安全管理证书"也应当收回。

④船上应当保存一份"符合证明"的副本,以便船长被要求时出示给主管机关或主管机关认可的机构查验。

(3)安全管理证书 SMC。

①在审核该公司及其船上的管理确已按照经认可的安全管理体系运作后,主管机关或主管机关认可的机构,或者应主管机关请求的另一缔约国政府,应当向船舶签发有效期不超过 5 年的"安全管理证书"。

②如果只进行一次中间审核,且"安全管理证书"的有效期为 5 年,中间审核应当在证书的第二和第三个周年日之间进行。

③如果没有申请中间审核,或者有证据表明存在重大不符合规定情况时,主管机关或应主管机关请求签发该证书的缔约国政府应当收回"安全管理证书"。

(4)换证审核。

①在"符合证明"或"安全管理证书"有效期届满之前 3 个月内完成时,新签发的"符合证明"或"安全管理证书"应当自完成换证审核之日起有效,且有效期自原证书有效期届满之日起不超过 5 年。

②在"符合证明"或"安全管理证书"有效期届满之日 3 个月前完成时,新签发的"符合证明"或"安全管理证书"应当自完成换证审核之日起有效,且有效期自完成换证审核之日起不超过 5 年。

十四、核发临时证书

(1)下述情况下向公司签发"临时符合证明",但前提是该公司已做出在"临时符合证明"有效期内运行满足本规则全部规定的安全管理体系的计划:

①公司新成立。

②现有"符合证明"新增船舶种类。

该"临时符合证明"应由主管机关或主管机关认可的机构,或者应主管机关的请求由另一缔约国政府签发,有效期不超过12个月;船上应当保存一份"临时符合证明"的副本,以便船长被要求时出示给主管机关或主管机关认可的机构查验。

(2)下述情况下可向船舶签发"临时安全管理证书":

①新造船交付使用。

②公司新承担一艘船舶的营运责任。

③船舶换旗。

该"临时安全管理证书"应由主管机关或主管机关认可的机构,或者应主管机关的请求由另一缔约国政府签发,有效期不超过6个月;特殊情况下,主管机关或应主管机关请求的另一缔约国政府,可以对"临时安全管理证书"做自其届满之日起不超过6个月的展期。

(3)"临时安全管理证书"应在审核下述情况后签发给船舶:

①"符合证明"或"临时符合证明"覆盖了该船种。

②公司在该船实施的安全管理体系涵盖了本规则的关键要素,并在为签发"符合证明"的审核中已做评估或在为签发"临时符合证明"的审核中已表明。

③公司已做好3个月内审核该船的计划。

④船长和高级船员熟悉安全管理体系以及其实施的计划安排。

⑤已标明的重要指令在开航前已下达。

⑥已用工作语言或船上人员懂得的其他语言提供了有关安全管理体系信息。

十五、审　核

本规则要求的所有审核,应当按照主管机关充分考虑国际海事组织制定的指南后认可的程序进行。

十六、证 书 格 式

(1)"符合证明"、"安全管理证书"、"临时符合证明"和"临时安全管理证书"应当按照本规则附录所示格式制作,如果所用语言非英文或法文,证书文字应当包括其中一种译文。

(2)"符合证明"和"临时符合证明"中所载明的船舶种类可加以签注以反映安全管理体系所规定的对船舶营运的限制。

【任务小结】

通过任务训练,学生能较全面了解ISM规则产生的背景及其重大意义,理解ISM规则的性质和特点;掌握ISM规则的主要内容及发证、审核和监督的有关规定;掌握实施SMS。

【知识链接】

1. 建立SMS一般要经过哪些步骤?

建立安全管理体系大体上要经过下述11个步骤(图6-21):

2. SMS文件体系

SMS文件体系的构成如图6-22所示。

SMS文件体系的层次如图6-23所示。

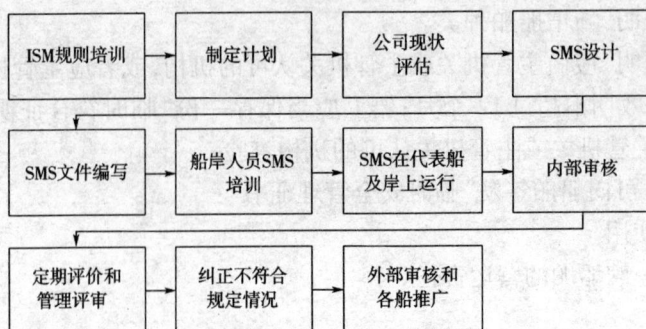

图 6-21　建立 SMS 的基本步骤

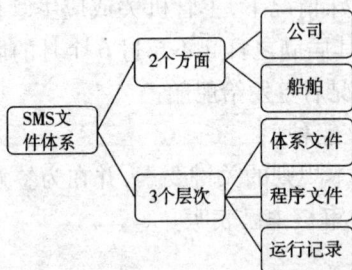

图 6-22　SMS 文件体系构成　　　　　图 6-23　SMS 文件体系层次

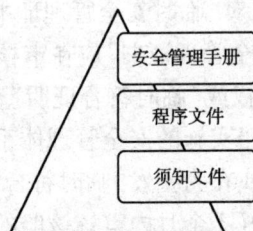

（1）安全管理手册。包括最高领导层的政策声明、方针目标及落实规则的各项具体要求等，其具体内容包括：目标与方针，组织结构，职责分工，安全与防污染的管理，人员与配备，资格与培训，文件管理，行政管理与计划，应急部署等项。

（2）程序文件。又称安全管理程序手册，是公司安全管理程序文件的汇总，程序文件的编写必须体现"5W1H 原则"，其内容格式依次为：标题（What），目的（What，Why），适用范围（Where，When，Who），定义，责任和权限（Who，What），程序（How），相关文件，附件和附录等。定义是对有关术语含义的界定，某一定义的含义在整个 SMS 中必须一致。相关文件包括本程序文件的展开文件，即相关的操作性文件，以及有关参考文件和外来文件等。

（3）须知文件。又称操作手册，是操作程序、操作须知、作业指南、记录检查表（Checklist）、记录簿、报告等操作文件的汇总，是具体说明如何进行每一项工作的文件。

3. 安全审理体系的审核

全管理体系必须经过审核方能保持其有效性。SMS 审核包括内审和外审。

SMS 的内部审核（Internal Audit）是公司验证体系对 ISM 规则的符合性和运行的有效性的活动。内部审核可分为初次审核、定期审核和特殊审核。初次审核是 SMS 建立并试运行后的首次审核。定期审核是按 SMS 的内部审核程序至少每年一次的审核。特殊审核是 SMS 作重大调整、船舶发生重大事故或公司存在重大隐患时安排的审核。内部审核、管理评审（Management Review，又译管理复查）、评价（Evaluation，又译评估）都属于公司自审核。

外审是指由主管机关或其授权组织实施的安全管理审核，旨在验证公司的 SMS 是否符合ISM 规则并予有效运行，以判断可否向公司颁发 DOC，向其船舶颁发 SMC 外审由公司向审核机关提出申请，审核员访问公司预审 SMS 文件，若没有明显缺陷或待缺陷纠正后，主任审核员会与公司联系并制定审核计划。正式审核以首次会议开始，随后是文件审核、现场审核、编写审核报告，召开末次会议通报审核结果。外审发现的一般性缺陷，由公司提出纠正措施并在商定的期限内纠正,公司应申请跟踪审核。审核机关对通过初次审核的公司签发 DOC,对该公司通过初次审核的船舶签发 SMC,签署通过年度审核的 DOC 和中间审核的 SMC 以认可其继续有效,对通过定期审核者换发新证书。SMS 初次审核须不少于连续 3 个月运行和记录。

4. 船舶审核有哪些种类?

船舶审核分为:初次审核、中间审核、换证审核和附加审核。

(1)初次审核是对于新建立安全管理体系的船舶进行初次审核,审核合格发给安全管理证书。

(2)中间审核安全管理证书有效期为 5 年,在证书签发后第二个周年日和第三个周年日之间进行中间审核,审核合格,在安全管理证书上签注。

(3)换证审核是在安全管理证书有效期满前 6 个月进行换证审核,审核内容、范围和方法同初次审核。

(4)附加审核是在初次审核、中间审核或换证审核时发现严重不符合规定的情况时,要进行附加审核。审核合格才能签发或签注安全管理证书。

【拓展提高】

1. ISM 规则实施的原理(图 6-24)

(1)体系管理原理。任何实体都是一个系统,它存在于在系统之中,也可以分解为更小的系统或要素。当其要素或系统在相互作用中具有某种目标性行为时,该系统就构成为一个控制系统。若要保持系统运行的有效性,就要使系统中的每个要素始终处于受控状态,才能使管理体制有效,这就是体系管理原理。任何一个船公司,只有依据其实际的环境条件,策划、建立和实施 SMS,实行体系管理时,才能实现安全方针,达到安全目标。

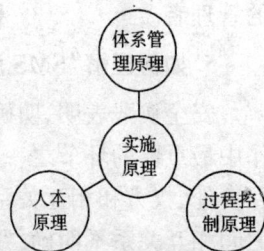

图 6-24　ISM 规则实施原理图

(2)过程监控原理。现代安全管理活动都是通过过程来展开的,安全目标的管理也要通过对组织内各种过程进行控制来实现。无论什么公司,开展什么安全管理活动,都可以把这项活动作为或分解为一个或若干个过程,其目的就在于把影响安全的各项活动过程处于人的监控之下,并排除全过程所有阶段中导定的原因。因此,任何一个公司都需要识别、组织和管理其过程网络和接口,才能创造、改进和提供稳定的安全质量。这就是过程监控原理。

(3)人本原理。现代安全管理以人为本,把人才作为安全管理的第一资源、安全管理体系的第一要素。十分重视企业安全文化建设,注重培养人的安全意识、价值观、信仰和高度责任感,强调只有不断提高人的质量,才能不断提高有关活动、过程、组织、体系及其任何组合实体的安全质量。认为一个公司在一流的管理者领导之下,且拥有一流的员工队伍,才会取得人的价值与社会价值的统一、安全价值与经济效益的统一,这就是人本原理。综上所述,体系管理原理、过程监控原理和人本原理是我们深入理解 ISM 规则的三项基本原理。实施 ISM 规则只有在这些反映客观规律的科学原理指导下,才能取得更大的成效。

2. 如何理解 SMS 的目标?

强制性规定和规则无论是国际规定和规则还是国内立法都是处于至高无上的特殊地位。在 ISM 规则制定以前,这些规范和规则在航运实践中还不能得到有效落实,而且这些规范和规则只是对船上硬件(设施设备)作硬性规定,忽视了人在安全工作中第一因素的重要作用;而实施 ISM 规则、建立 SMS 正是将人的重要因素与执行国内、外强制性的规范和规则联系在一起,从而使得国内、外强制性的规范和规则与国际海事组织、主管机关、船级社和海运行业组织所建议的适用的规则、指南和标准真正在 SMS 中得以有效实施。

3. 公司制定安全管理目标要求的标准是怎样的?

ISM 规则在 1.2.2 节提出了公司制定安全和防污染的管理标准,这个标准只是对航运公司制定这一目标提出的最低要求。因此公司制定自己安全防污染管理目标时必须满足并高于这一要求。由于这个要求是反映公司 SMS 能否正常运行的基本标准,这对于建立和审核安全管理体系有明确的指导作用。

4. 如何理解"船舶营运管理的责任人不是船东,船东应向主管机关报告"?

这与 ISM 规则 1.1.2 中"公司"定义含意相关。如果船舶的实际经营者不是船东,而是另外的管理者——"公司",那么"公司"就必须承担船东的营运责任,就必须承担船舶实施 ISM 规则所必须承担的责任和义务。船东向主管机关报告经营该船舶的"公司"详细情况,也就是落实了船舶营运责任和安全与防污染责任,使得主管机关能够追踪掌握"公司"是否已实施了 ISM 规则并符合要求,持有 DOC(符合证明),具备营运资质并能够承担起船舶安全操作责任的管理者。

5. 如何理解"SMS 所有人员必须在公司 SMS 文件中明确责任、权力和相互关系"?

安全实践表明,明确安全管理活动中各级人员的责任、权力和相互关系是安全和防污染工作中最重要的环节之一。从国内的情况看,一些安全污染事故发生较多的航运企业中,往往存在责任、权力和相互关系没有明确的界定,责任不具体,权限不清,责职和权力不成比例,人员之间相互关系不明确,致使船舶安全和防污染管理工作不能落实责任到人。见权力就争,遇问题就推,船舶安全事故和险情不断发生。ISM 规则要求航运公司 SMS 中所有人员都应有规定的职责、权限和相互关系,并且用 SMS 文件予以清晰阐述,能有效地增强 SMS 中所有人员执行公司安全和环境保护方针的责任感。由于责任和权限是相辅相成的统一体,在安全管理体系中每个岗位都有自己的职责,而完成职责所规定的工作,就会需要相应的权限和规定人员间的相互关系,这样 SMS 中每个人便都知道自己应该做什么,什么时候去做,有问题向什么人报告。

6. 如何理解"确保提供足够资源和岸基地的支持"要求?

首先要在 SMS 文件中明确保证公司向指定人员提供足够的资源和岸上支持,以使其能履行职责;其次,这种资源和岸基地支持范围涉及岸机构各有关部室,包括人力和物力资源、技术和管理标准以及信息资源等,这已不仅仅是我们传统上认为的机器设备的备品和物料;第三,在实施船舶安全管理和防污染活动中,指定人员有权要求岸机构各有关部室按其职责规定向船舶提供足够的支持,必要时向公司最高管理层要求提供资源支持。

7. 谁是指定人员? 其职责是什么?

国际安全管理规则要求公司任命指定人员以保持船岸联系。他的职责为:

(1)向总经理报告安全管理体系的不足。

(2)组织安全评审,并确保纠正措施有效实施。

(3)监督公司和船舶涉及安全和防止污染的一切活动。

(4)保证向船舶提供足够的资源和岸上支持。

8. 如何理解指定人员在安全管理体系中的作用？

在公司安全管理体系中,指定人员处于一种非常特殊的地位,他不同于传统的行政职务,而是公司 SMS 运行活动的总监控人。指定人员位置的确立标志着一种新管理方式的确立,安全管理活动实施与监控分离,在安全管理体系中仍存在传统的人力资源、海务、机务、航运管理部门,他们在 SMS 中实施业务管理职能,但管理部门能否有效地在 SMS 链环中起到应有的作用呢？这就需要一名总检验员,检查链环的每个环节是否符合要求,是否存在缺陷,以保证质量,所以在 SMS 中起着检查控制作用的就是指定人员。指定人员是公司安全管理体系运行的监控人,同时也是船舶与公司最高管理层之间联系桥梁,负责安全管理体系的完善和保持持续正常地运行,负责向最高管理层报告 SMS 运行情况,及时处理 SMS 运行的有关问题。由于指定人员在 SMS 中监控的特殊作用,一般情况不要负责其他职能部门工作,以防可能影响到其在 SMS 中安全和防污染监控职能。

9. 如何理解航运公司赋予船长的责任和权力？

船长是船舶的最高行政领导,对船上管理和营运负全面责任,而船舶流动的特殊性,决定了船长的特殊地位。由于船舶是一个独立的单元,安全管理体系在船舶运行,要船长组织实施安全管理、防污染活动,又需要监控。为了保证船长在船舶营运管理中有效地履行职责,必须维护船长的权威,所以不能另设一个监控员,这就需要船长即是船舶 SMS 活动实施责任人,又要担当船舶 SMS 活动的监控人。所以公司要注意对船长培训的质量,要满足 ISM 规则 6.1.2 的要求,保证船长完全熟悉公司安全管理体系。船长在船舶安全上承担重大责任,因此应具有绝对权力,以便船舶营运管理中做出安全和防止污染方面的决定,并且必要时可要求公司予以协助,这些都已由公司以书面声明形式在 SMS 文件中予以明确。ISM 规则之所以做出这样的规定,一方面要求船长必须履行船长的权力和责任,另一方面督促公司还权于船长,在经营生产与安全防污染发生矛盾的紧急情况下,为了船舶人员的安全和防止污染,使船长有最终的处置权。

10. 如何理解 ISM 规则对 SMS 人员熟悉职责,适任和培训要求？

在船舶安全和防污染活动中,虽然有较多的影响因素,但起决定作用的还是人的因素。ISM 规则的制订和实施很大程度上是从重视人的因素角度上加强安全管理控制,这一重要环节的控制也就要反映到公司对人员招聘、培训和管理程序中,因此选择称职人员担任适任的工作已成为实施 SMS 的一个关键因素。

11. 如何理解并做到使船员具备"合格、持证并健康"？

现在公司配备的船员大多采取"租赁"的方法,即公司不与船员发生直接关系。船舶所需要的船员,都向船员管理公司聘用而来。所以"合格、持证并健康"的条件在很大程度上是由船员管理公司负责的,船舶所有人或经营人只负责在挑选船员时尽到责任。一般可操作的也就是要求被聘用的船员各类证书齐全(适任证书、履约培训证书、健康证等)。应该承认,"持证"并不能保证"合格",但在船员上船之前,也只能这么操作。船公司在这方面要做的事,可能还是在于船员上船工作以后。要建立某种考核和评价机制,对船员的实际工作能力和实际身体状况进行考评,以确认船员的"合格、持证并健康"。

12. 如何理解船长的绝对权力声明(又称越权处置权限)？

(1)由于船舶在海上航行的特殊条件,船长对海上乘客、船员、船舶和海上环境的最高利益所做出的专业决定应具有及时及地的权威性。

（2）尤其是在非正常情况下，如船舶发生碰撞、机损、搁浅、火灾、爆炸、人身伤亡、污染、海盗等事故状态下，需要船长立即果断应急处置。

（3）海上安全和环境保护是船长在任何情况下所必须关注的头等大事，对船长的经济和其他方面的压力在任何时候都不应该影响其做出决定。

（4）船长水上海上安全和环境保护方面的决定不应受船东、租船人或其他有关人员指示的影响。

（5）在 SMS 建立过程中，既要突出规范岸上管理这个重点，也要把属于船长的权利还给船长。ISM 规则第 5 条要求公司严格执行 IMOA443(XI)决议《关于船长在海上安全与环境保护方面的决定》。因此，在安全管理手册内应明确声明船长的绝对权力，公司应予以保证并支持船长权力的有效履行。

13. 应如何理解"船上操作方案的制订"的目的要求？

ISM 规则"船上操作方案的制订"的目的是防止船舶安全和防污染操作过程中因不规范而导致超过标准界限。船舶上的操作很多，SMS 强调对主要操作过程的控制，重点控制那些对安全和防污染有直接影响并至关重要的关键性操作。由于 ISM 规则引用了"过程控制"和"预防为主"的思想来实现安全管理目的，而不是传统事后处置的消极方法，因此船上操作方案也是具有自我控制自我完善的 SMS 文件之一。

14. 如何理解 ISM 规则中的"船舶和设备的维护"？

船舶维护是一个比较久远的话题。确保船舶处于良好的技术状况是船舶安全的重要基础。ISM 规则从安全管理的"硬件"方面提出要求，要求公司对船舶状况维护进行有效地控制以保持其符合船级社的规范、强制性规则等要求。在 SMS 文件中，公司应对其所管理的各种类型船舶制定船舶及设备维护程序，并对船舶及各种设备制定适当的维护周期，作为船舶有关责任人就要对机器、设备和船体结构的完整性按规定的期限进行检查，以掌握船舶的技术状况。对于存在的船舶和设备的缺陷和故障，船舶应予以尽快报告，并在规定的时间予以纠正，如果缺陷故障不能由船舶人员处理解决（或者缺乏备件、材料），暂不影响船舶安全和环境保护则应将这些缺陷、故障列入清单，船、岸都留作记录备案，适时予以解决。而船舶及设备的检查、维护、损坏、缺陷和有关纠正措施都必须留有记录，应作为 SMS 有效运行的客观证据。

15. 为什么 SMS 需要"公司验证、评审及评估"？

公司 SMS 在运行过程中，需要不断地进行定期内审、管理评审、复查和纠正。采取这些措施的目的是为了防止公司 SMS 建立后没有按照规则要求和其他相关安全和保护环境的标准、规则等去检查、评价公司安全管理体系的符合性和有效性，以及能否达到安全和环境保护的目标、查出运行中存在的缺陷，采取相应的措施不断完善改进公司 SMS。这里要注意"内部安全管理体系审核"与管理评审的区别。内部审核是为了验证公司安全管理和防污染具体某一实施活动过程与公司 SMS 文件或者国际、国内强制性规定相应具体要求的相符合性，进而评价体系活动的有效性。而公司管理评审是由公司最高管理层主持，公司管理层及相关负责人员参加的对公司 SMS 进行的定期评价和管理性复查，以确保 SMS 本身与 ISM 规则相适合，其内容包括内部审核、外部审核的结果，船舶的管理评审、事故、险性、不符合规定情况分析、调查结果、新规定、新规范生效而引起的 SMS 文件的修改执行 SMS 结果等，注重的是安全管理体系本身。复查是视安全管理定期评价出来的结果而定，是在评价 SMS 活动需要采取纠正措施后实施的。

16. ISM 规则的实施应如何推进?

推行 ISM 规则一般采取下列步骤:

(1)宣布领导承诺按照 ISM 规则建立安全管理体系。

(2)激励全体人员支持专门推进小组。

(3)配备充分的资源。

(4)在整个过程中坚持对员工的培训,改变他们的管理思路。从传统管理转到符合 ISM 规则要求。

(5)查验现有管理体系与 ISM 规则要求的不同,并改进。

(6)组织员工在他们自己经验基础上编写体系文件。

(7)严格实施起草和批准的文件,意指怎么说就怎么做,怎么做就怎么记。

(8)在实施中持续改进。

(9)定期组织内审。

【课后自测】

1. 简述 ISM 规则的性质和用途。

2. 简述 ISM 规则的目标、公司的目标和 SMS 的目标。

3. SMS 的船舶应急程序通常包括哪些内容? 船上应急项目有哪些?

任务3 国际船舶保安规则解析

教学目标

◎ 能力目标:(1)能履行《中华人民共和国国际船舶保安规则》的要求;(2)能抵御船舶突发保安事件。

◎ 知识目标:(1)了解《中华人民共和国国际船舶保安规则》的产生、性质和特点;(2)熟悉船舶保安评估和船舶保安计划的内涵;(3)掌握船舶保安培训与演习的一般要求;(4)掌握船舶保安设备警报系统的配备和一般要求;(5)了解 ISPS 的发证、审核和监督的有关规定。

◎ 情感目标:(1)具备严谨的工作态度;(2)具备良好的职业道德;(3)具备团队合作精神。

【任务介绍】

通过本任务学习与训练,学生能参与船舶保安演习,能抵御船舶突发保安事件。

【任务解析】

(1)掌握船舶保安等级;

(2)掌握船舶保安计划的制定与内容;

(3)掌握船舶保安计划的实施。

【相关知识】

美国9.11恐怖事件发生后,恐怖分子利用船舶进行恐怖活动的威胁依然存在(图6-25、

图6-26），为此，国际海事组织于2002年12月通过了《1974年国际海上人命安全公约》（SO-LAS公约）海上保安修正案和《国际船舶和港口设施保安规则》（ISPS规则）。为了贯彻落实有关国际公约的要求，交通运输部发布了《船舶保安规则》（交海发〔2004〕315号），自2004年7月1日起实施。《船舶保安规则》实施后，各相关航运公司按照该规则的要求在2004年7月1日前完成了编制保安计划、指定公司保安员和船舶保安员、进行船舶保安评估，为所属国际航行船舶配备了规定的设备、文件和标识，及时取得了《国际船舶保安证书》。我国在国际船舶保安履约方面的表现，充分体现了中国作为A类理事国和一个负责任的海洋大国履约的能力和水平。

图6-25　美国9.11恐怖袭击　　　　　图6-26　海盗劫持船舶

　　自2004年7月1日《国际船舶和港口设施保安规则》施行以来，随着国际海上保安形势的变化，国际海事组织又通过了许多关于船舶保安的决议或者修正案，比如关于500总吨及以上的特种用途船的适用问题，船舶保安员的替代问题等。船舶反恐是国家反恐怖的一个重要领域，我国同样也面临着境内、境外恐怖组织利用船舶发动恐怖袭击的可能。因此，为了加强船舶和港口设施反恐的管理并与国际接轨，满足国际海事组织立法动态的需要，完善船舶保安制度，交通运输部于2007年3月通过了《中华人民共和国国际船舶保安规则》（简称《规则》）。

　　《规则》适用于下列从事国际航行的中国籍船舶和从事国际航运业务的中国公司以及进入中国管辖海域的外国籍船舶：

　　（1）客船。

　　（2）500总吨及以上的货船。

　　（3）500总吨及以上的特种用途船。

　　（4）移动式海上钻井装置。

　　《规则》不适用于军用船舶和仅用于政府公务用途的公务船。

　　《规则》自2007年7月1日起施行，但是500总吨及以上特种用途船自2008年7月1日起施行。交通运输部于2004年6月16日发布的《船舶保安规则》（交海发〔2004〕315号）同时废止。

【任务实施】

1.《规则》对适用船舶提出了哪些具体要求？

　　（1）从事国际航行的船舶必须持有《国际船舶保安证书》或者《临时国际船舶保安证书》。

　　（2）配备船舶自动识别系统（AIS）、《船舶连续概要记录》，安装船舶保安警报系统，标记船舶永久识别号。

　　（3）船舶应当按照经批准的船舶保安计划开展工作，如果船舶的保安等级与拟进入或者所在港口/国家的保安等级不一致时，应采取调整措施，并就此种情况通知拟进入或者所在国家的保安联络点。

（4）在中华人民共和国领海以内或者将进入中华人民共和国领海的船舶,发现可能影响所在区域海上保安的任何信息,应当立即向保安联络点报告。

（5）中国籍船舶如果参加国外有关主管当局组织的保安演习,应当事先通报船籍港海事管理机构;未事先通报的,海事管理机构不予承认。

2. 船舶保安等级如何划分和发布？

船舶保安等级从低到高分为三级,分别是保安等级 1、保安等级 2 和保安等级 3。

（1）保安等级 1,应当始终保持的最低防范性保安措施的等级。

（2）保安等级 2,由于保安事件危险性升高而应在一段时间内保持适当的附加保护性保安措施的等级。

（3）保安等级 3,当保安事件可能或者即将发生(尽管可能尚无法确定具体目标)时应在一段有限时间内保持进一步的特殊保护性保安措施的等级。

中华人民共和国海事局根据威胁信息的可信程度、得到佐证的程度、具体或者紧迫程度以及发生保安事件潜在的后果确定和调整船舶的保安等级。

船舶保安等级由交通运输部发布。交通运输部发布船舶保安等级时,可以视情发出适当的指令,并向可能受到影响的船舶提供保安信息。

3. 船长和船舶保安员应当履行义务？

（1）了解拟挂靠的港口设施履行 SOLAS 公约和 ISPS 规则的情况。

（2）与我国海事管理机构公布的保安联络点联系,以确定适合他的船舶保安等级,并掌握有关船舶保安等级的任何变化。

（3）与拟挂靠的港口设施的保安员联系,了解该港口设施的保安等级,并掌握有关港口设施保安等级的任何变化。

（4）如果保安联络点确定了该船需要提升保安等级并就此发出指令,船长和船舶保安员应当向保安联络点确认已收到关于保安等级改变的指令,并确认已开始实施《船舶保安计划》所列明的措施和程序,如果在实施中遇到任何困难,应当与港口设施保安员联系,并协调适当的行动。

（5）如果船舶按照本条第(4)项规定需要提高的保安等级或已处于的保安等级高于其拟挂靠或所在港口的保安等级,船长和船舶保安员应当立即将此情况通知港口所在地海事管理机构和港口设施保安员,并在必要时与港口设施保安员协调适当的行动。

4.《船舶保安计划》的主要内容

（1）船舶的保安组织机构以及各自职责。

（2）标明船舶保安员和公司保安员,包括公司保安员 24 小时的联系方式。

（3）船舶与公司、港口设施、其他船舶和具有保安职责的有关主管机关的关系。

（4）保安等级 1 状态下应当落实的保安措施,以及保安等级提高时应当落实的全部附加和特别保安措施。

（5）《船舶保安计划》的保密措施。

（6）《船舶保安计划》的定期审查和更新程序。

（7）与海事管理机构、港口设施保安员及其他部门联系、报告的程序,船舶内部联系和报告保安事件的程序。

（8）防止将企图用于攻击人员、船舶或者港口的武器、危险物质和装置擅自携带上船的措施。

（9）对限制区域的确定以及防止擅自进入限制区域的措施。

（10）防止擅自上船的措施。

（11）对保安威胁或者保安状况的破坏作出反应的程序，包括维持船舶或者船港界面的关键操作的规定。

（12）对缔约国政府在保安等级3时可能发出的指令作出反应的程序。

（13）在保安威胁或者保安状况受到破坏时的撤离程序。

（14）保安活动审核程序。

（15）与计划有关的培训、训练和演习程序。

（16）确保检查、测试、校准和保养船上装备的任何保安设备的程序。

（17）测试或者校准船上装备的任何保安设备的频度。

（18）指明船舶保安警报系统启动点的安装位置。

（19）船舶保安警报系统的使用，包括试验、启动、关闭、复位和减少误报警的程序、说明和指导。

（20）保安和监控设备或者系统的类型和维护要求。

（21）建立、保持和更新危险货物或者财产及其地点清单的程序。

（22）向有关缔约国政府联络点报告的程序。

（23）自身要求签署《保安声明》的条件以及如何处理港口设施提出《保安声明》要求的做法。

（24）位于非缔约国的港口、与不符合 SOLAS 公约第 XI-2 章和 ISPS 规则 A 部分的港口设施或者未取得《国际船舶保安证书》的船舶发生界面活动以及与固定、浮动平台或者就位的移动式海上钻井装置进行界面活动时将采取的程序和保安措施。

5. 保证《船舶保安计划》的有效实施

为了保证《船舶保安计划》的有效实施，公司应当每隔3个月进行一次船舶保安训练，测试下列威胁保安的因素：

（1）对船舶、货物、船舶基础设备或者系统以及船舶物料的损坏或者破坏。

（2）劫持或者扣留船舶或者船上人员。

（3）未经允许进入船舶的人员（包括藏于船上的偷渡人员）。

（4）走私武器或者设备（包括大规模杀伤性武器）。

（5）使用船舶载运企图制造保安事件的人员、设备。

（6）使用船舶本身作为损坏或者破坏的武器。

（7）在港或者锚泊时从海上发动的攻击。

（8）在海上时的攻击。

6. 船舶应当保存的活动记录

（1）培训、训练、演习。

（2）保安状况受到的威胁和保安事件。

（3）保安状况受到的破坏。

（4）保安等级的改变。

（5）与船舶保安状况直接有关的通信。

（6）保安活动的内部审核和评审。

（7）对船舶保安评估的定期评审。

（8）对船舶保安计划的定期评审。

（9）对船舶保安计划任何修正的实施。

（10）船舶保安设备的保养、校准和测试，包括对船舶保安警报系统的测试。

（11）在任何港口进行船港界面活动时其所处的保安等级。

（12）在任何港口进行船港界面活动时所采取的特别和附加的保安措施。

（13）任何船到船活动时维持的适当的保安程序。

（14）其他与船舶保安有关的实用信息（但不包括船舶保安计划的细节）。

7. 船舶保安员职责

（1）承担船舶的定期保安检查，确保船舶保持适当的保安措施。

（2）保持和监督《船舶保安计划》的实施。

（3）与船上其他人员和有关港口设施保安员协调货物和船舶备品装卸中的保安事项。

（4）对《船舶保安计划》提出修改建议。

（5）向公司保安员报告内部审核、定期审查、保安检查和其他审核期间所确定的缺陷和不符合项，并采取纠正措施。

（6）加强船上保安意识和警惕性。

（7）确保为船上人员提供充分的培训。

（8）报告所有保安事件。

（9）与公司保安员和有关港口设施保安员协调实施《船舶保安计划》。

（10）确保正确操作、测试、校准和保养保安设备。

8. 船舶保安训练威胁保安因素测试

为了保证《船舶保安计划》的有效实施，公司应当每隔 3 个月进行一次，主要包括：

（1）对船舶、货物、船舶基础设备或者系统以及船舶物料的损坏或者破坏。

（2）劫持或者扣留船舶或者船上人员。

（3）未经允许进入船舶的人员（包括藏于船上的偷渡人员）。

（4）走私武器或者设备（包括大规模杀伤性武器）。

（5）使用船舶载运企图制造保安事件的人员、设备。

（6）使用船舶本身作为损坏或者破坏的武器。

（7）在港或者锚泊时从海上发动的攻击。

（8）在海上时的攻击。

如果一次有 25% 以上船员发生变更，而这些人员在最近的适当间隔期中没有参加过该船的保安训练，则必须在发生变更后的一个星期内进行训练。

【任务小结】

通过任务训练，学生能掌握船舶保安等级的划分和发布；掌握船舶保安计划的制定与内容；掌握船舶保安计划的实施；并开展船舶保安威胁因素测试。

【知识链接】

1. 特种用途船

特总用途船是指根据船舶功能的需要而载有 12 名以上特殊人员（包括乘客）的机械自航

船舶,包括以下类型:

(1)从事科研、考察及测量的船舶。

(2)用于海上人员训练的船舶。

(3)不从事捕捞的渔船及鱼类加工船。

(4)不从事捕捞的其他海洋生物资源加工船。

(5)设计特点与作业方式与第1目至第4目相类似的其他船舶。

2. 船港界面活动

船港界面活动是指船舶与港口之间的人员来往、货物装卸或者接受港口服务时发生的交互活动。

3. 船到船活动

船到船活动是指从一船向另一船转移物品或者人员且与港口设施不相关的行为。

4. 保安事件

保安事件是指威胁船舶、港口设施或者船港界面活动、船到船活动安全的任何可疑行为或者情况。

5. 保安联络点

保安联络点是指由交通运输部公布并设立在各直属海事管理机构的联络点。船舶、公司可通过该联络点向海事管理机构就船舶保安事项请求建议或者援助,报告关于其他船舶、动向或者通信的任何保安问题。

6. 保安等级

保安等级是指可能导致保安事件或者发生保安事件的风险级别划分。

7. 保安声明

保安声明是指船舶与其所从事活动的港口设施或者其他船舶之间达成谅解的书面协议,规定各自的保安措施。

8.《船舶保安计划》SSP

船舶保安计划是指为确保在船上采取旨在保护船上人员、货物、货物运输单元、船舶物料或者船舶免受保安事件威胁的措施而制订的计划。

9. 船舶保安员 SSO

船舶保安员是指由公司指定的承担船舶保安责任的船上人员。该保安员对船长负责,其职责包括实施和维护《船舶保安计划》以及与公司保安员和港口设施保安员进行联络。

10. 公司保安员 CSO

公司保安员是指由公司所指定的,负责开展船舶保安评估、制订和报批《船舶保安计划》、实施和维持批准后的《船舶保安计划》,并与港口设施保安员和船舶保安员进行联络的人员。

11. 港口设施保安员 PFSO

港口设施保安员是指被指定负责落实《港口设施保安计划》的制订、实施、修订和维护工作,并与船舶保安员和公司保安员进行联络的人员。

12. 公司

公司是指承担安全与防污染管理责任和义务的航运企业,包括船舶所有人、经营人、管理人和光船承租人。

【拓展提高】

1.《规则》对适用公司提出了什么要求?

(1)负责对所属船舶进行船舶保安评估。

(2)负责编制《船舶保安计划》和已批准计划的后续修订。

(3)实施经过批准的《船舶保安计划》。

(4)采取适当的措施,避免擅自泄漏船舶保安评估或者《船舶保安计划》及其相关的保安敏感性、保密性资料。

(5)应当安排一名或者数名人员作为公司保安员,确定每人所负责的船舶,并确保其能够24小时与船舶、港口设施保安员和海事管理机构保持联系。

(6)向船籍港海事管理机构及时提供最新的公司保安员的名单以及24小时联络方式等资料。

(7)每艘船舶上均应指定一名适合履行船舶保安职责的人员作为船舶保安员。

(8)为船舶保安员、公司保安员、船长履行职责提供必要的条件。

(9)赋予船长在船舶保安方面的决定权,以及在必要时请求公司或者海事管理机构提供协助方面具有最高的权力和责任。

(10)根据确定的保安等级,采取相应的保安措施。

(11)组织、参加船舶保安培训、演练和演习。

(12)收集船舶保安信息,并向相关部门报告或者通报。

2. 主管机关的职责

交通运输部主管全国船舶保安工作。中华人民共和国海事局负责具体执行 SOLAS 公约和 ISPS 规则规定的缔约国政府船舶保安主管机关的职责。交通运输部在沿海设立的海事管理机构按照本规则具体履行下列职责:

(1)负责管理船舶保安员和公司保安员的培训,对通过规定的船舶保安培训并经考试合格者,签发相应的培训合格证。

(2)接收船舶海上保安信息,并在法定的职责内按照规定的程序采取相应的行动。

(3)向已经进入中国领海或者已经报告拟进入中国领海的船舶提供相应的保安信息,向相关部门通报保安信息,并按照法定职责采取相应的行动。

(4)实施船舶保安监督管理,检查《船舶连续概要记录》、《国际船舶保安证书》、《临时国际船舶保安证书》、保安报警装置、保安演习以及本规则规定的其他船舶保安事项,检查已经批准的船舶保安计划以及修订内容的有效性。

(5)对船舶保安员、公司保安员实施监督管理。

(6)中华人民共和国海事局规定的其他船舶保安职责。

3. 海事管理机构监督检查事项

(1)《国际船舶保安证书》或者《临时国际船舶保安证书》及证书签发机关的有效性:《国际船舶保安证书》的有效期最长不超过5年,《临时国际船舶保安证书》的有效期最长不超过6

个月。

（2）《船舶保安计划》在船上实施的有效性。

（3）《船舶连续概要记录》记载和保存的情况。

（4）船舶永久识别号的标识情况，以及保安报警装置、船舶自动识别系统（AIS）的配备情况。

（5）中华人民共和国海事局规定的其他检查事项。

【课后自测】

1. 简述 ISPS 规则产生的背景及内容组成。

2. 简述船舶保安体系文件结构。

3. 简述船舶保安评估的作用。如何进行船舶保安评估？

4. 简述辨认爆炸装置应该遵循的原则。

5. 简述船舶保安计划的主要内容。

任务4　海上交通安全法解读

教学目标

◎ 能力目标：能履行《中华人民共和国海上交通安全法》。

◎ 知识目标：（1）掌握《中华人民共和国海上交通安全法》的主要内容。（2）了解我国的"外轮管理规则"。

◎ 情感目标：（1）具备严谨的工作态度；（2）具备良好的职业道德；（3）具备团队合作精神。

【任务介绍】

2010 年 4 月 15 日，上海海事局执法人员在崇明崇启大桥施工水域对 AQ 公司所经营的 M18 轮进行现场检查，发现该轮本航次从上海开往崇明崇启大桥施工现场，根据该轮《船舶最低安全配员证书》，该轮本航次缺二等大副一名，且该轮锚泊期间轮机部人员全部离船，无人值班。

能运用《中华人民共和国海上交通安全法》（简称《海上交通安全法》）的相关规定，分析船舶存在的违法行为？

【任务解析】

当事人 AQ 公司所经营的 M18 轮存在配员不足的违法行为，违反了《海上交通安全法》第六条的规定，同时，该轮还存在未按规定值班的违法行为，违反了《海上交通安全法》第九条及《中华人民共和国船舶最低安全配员规则》第二十一条第（一）款的规定，AQ 公司及 M18 轮船长依法应承担相应的法律责任。

【相关知识】

《海上交通安全法》于 1984 年 1 月 1 日起实施，共 12 章 53 条（表6-4）。

第一章	总则	第七章	海难救助
第二章	船舶检验和等登记	第八章	打捞清除
第三章	船舶、设施上的人员	第九章	交通事故的调查处理
第四章	航行、停泊和作业	第十章	法律责任
第五章	安全保障	第十一章	特别规定
第六章	危险货物运输	第十二章	附则

本法主要规定了船舶、设施和人员在海上航行、停泊和作业必须具备的技术条件、应该享受的权益和各自承担的义务,授权中华人民共和国海事局对沿海水域的交通安全的指挥管理职责。

【任务实施】

1. 主管机关的主要职责

(1)中国籍船舶登记、发证。

(2)负责禁航区、航道(路)、交通管制区、锚地和安全作业区等水域的划定、公布和监督管理。

(3)核定船舶靠泊安全条件,核准与通航安全有关的岸线使用和水上水下施工、作业。

(4)负责海上搜寻救助组织、协调和指挥,调查、处理海上交通事故和海上交通违法案件。

(5)负责船舶及设施的安全检查和日常监督,办理船舶进出港签证和进出口岸查验手续。

(6)负责船舶载运危险货物的安全监督管理。

(7)负责航海保障,通航环境管理,发布航行警(通)告,管理沉船沉物打捞和碍航物清除,维护海上交通秩序。

2. 管理相关人的权利和义务

(1)船舶和船上有关航行安全的重要设备必须具有船舶检验部门签发的能证明其技术状况、性能符合技术标准和技术要求的法定文书,同时船舶必须进行注册登记,取得法定身份证明文件。

(2)船舶、设施应当按规定配备人员,船舶、设施上的人员应当经过专门训练或培训并达到一定工作技能标准要求,取得相应的资质证书,并遵守有关海上交通安全的规章制度和操作规程,保障船舶、设施航行、停泊和作业的安全。

(3)船舶、设施必须遵守中华人民共和国的有关航行、停泊、作业的法律、行政法规、规章、特别规定,以及有关国际公约的规定,办理相关手续,报告船舶动态,接受主管机关的监督检查,纠正违法行为,消除安全隐患,确保船舶、设施处于良好的技术状况。

(4)水上水下施工,岸线的使用,禁航区的设置,安全作业区、安全管制区以及锚地的划定和调整等活动必须遵守主管机关的规定;船舶、设施及其人员应当维护通航环境,保护海上安全设施,发现影响海上交通安全的异常情况应当及时向主管机关报告。

(5)船舶、设施储存、装卸、运输危险货物,必须具备安全可靠的设备和条件,遵守国家关于危险货物管理和运输的规定;船舶装运危险货物,必须向主管机关办理申报手续,经批准后,方可进出港口或装卸。

(6)船舶、设施和飞机在海上遇险应尽一切力量进行自救,并及时报警;过往船舶收到求救信号或发现遇险情况应当尽力前往救助。

（7）对影响安全航行、航道整治以及有潜在爆炸危险的沉没物、漂浮物，其所有人、经营人应当在主管机关限定的时间内打捞清除。并不得擅自打捞或拆除沿海水域内的沉船沉物。

（8）船舶、设施发生交通事故，应当向主管部机关递交事故报告书和有关资料，并接受调查处理；事故的当事人和有关人员，在接受主管机关调查时，必须如实提供现场情况和与事故有关的情节。

3. 对外国籍船舶的管理

外国籍非军用船舶，未经主管机关批准，不得进入中华人民共和国的内水和港口。但是，因人员病急、机件故障、遇难、避风等意外情况，未及获得批准，可以在进入的同时向主管机关紧急报告，除特殊情况外，必须事先申请主管机关批准。

我国目前的实际做法是：与我国无通航关系的国家的第一艘船舶申请进入我国的内水和港口，需经国务院交通主管部门批准，批准某一国家的船舶入境，即建立了与该国的实际通航关系。已建立通航关系的国家所属的船舶进入我国开放港口、水域，需在预计抵达 7 日前，通过代理人向预定抵达港的海事管理机构办理进口岸审批手续。经批准进入口岸的船舶还应当办理进出口岸查验手续。

外国籍军用船舶，未经我国政府批准，不得进入我国领海。外国派遣船舶或飞机进入中华人民共和国领海或领海上空搜寻救助遇难的船舶或人员，必须经主管机关批准。由于引航权是一国主权的组成部分，各国立法和规章中所规定的引航制度及指派引航员对船舶实施的引航，是实施引航权的体现，也是船舶安全航行保障的重要手段。引航分为强制引航和服务性引航，当前世界各国对外国籍船舶普遍实行的是强制引航制度。《海上安全交通法》规定：外国籍船舶进出我国港口或在港内航行、移泊以及靠离港外系泊点、装卸点站等，必须由主管机关指派引航员引航。

4. 我国船舶的管理

（1）大型设施和移动式平台的海上拖带，必须经船舶检验部门进行拖航检验，并报主管机关核准。

（2）主管机关发现船舶的实际状况同证书所载不相符合时，有权责成其申请重新检验或者通知其所有人、经营人采取有效的安全措施。

（3）主管机关认为船舶对港口安全具有威胁时，有权禁止其进港或令其离港。

（4）船舶、设施有下列情况之一的，主管机关有权禁止其离港，或令其停航、改航、停止作业：

①违反中华人民共和国有关的法律、行政法规或规章。

②处于不适航或不适拖状态。

③发生交通事故，手续未清。

④未向主管机关或有关部门交付应承担的费用，也未提供适当的担保。

⑤主管机关认为有其他妨害或者可能妨害海上交通安全的情况。

【任务小结】

通过任务训练，学生能掌握海上交通安全法的主要内容，通过海事案例分析，有助于正确履行海上交通安全法。

【知识链接】

1. 沿海水域

沿海水域是指中华人民共和国沿海的港口、内水和领海以及国家管辖的一切其他海域。

2. 船舶

船舶是指各类排水或非排水船、筏、水上飞机、潜水器和移动式平台。

3. 设施

设施是指水上水下各种固定或浮动建筑、装置和固定平台。

4. 作业

作业是指在沿海水域调查、勘探、开发、测量、建筑、疏浚、爆破、救助、打捞、拖带、捕捞、养殖、装卸、科学试验和其他水上水下施工。

【拓展提高】

现行《海上交通安全法》存在的主要问题：

（1）部分规定落后于时代发展需要，与目前实际情况不符。如现行的《海上交通安全法》规定港务监督机构是对交通安全实施统一监督管理的主管机关，而当前主管机构的名称已从"港务监督机构"过渡到了现在的"海事局"，执法主体已改变。

（2）没有体现有关国际公约要求，未能及时将国际公约国内化。按照《联合国海洋法公约》规定，海事主管机关负有管理外国籍船舶无害通过、行使紧追权和登临权等职责。特别是为了应对日益严重的海上恐怖主义和海盗活动，国际海事组织（IMO）通过的《国际安全管理规则》（ISM）规定，符合该规则要求的船公司将获得"符合证明"（DOC）和"安全管理证书"（SMC）。《国际船舶和港口设施保安规则》（ISPS）要求国际航行船舶须安装船载自动识别系统等装置，这些要求在现行的《海上交通安全法》中均没有规定。

（3）部分内容与国内其他有关法律规定不协调。如《中华人民共和国港口法》将港口水域岸线的使用及港口水域锚地、航道的划定等方面的管理纳入港口行政管理部门职权范围，与现行《海上交通安全法》规定存在一定程度冲突。

（4）调整对象和适用范围过于狭窄。一方面从法律调整对象来看，仅依靠海事机构是不够的，如对乡镇船舶的安全管理目前县级及以上各级政府是第一责任人。又如海上搜救助没有各级政府和有关部门的支持也不能达到最佳效果。

另一方面从法律适用范围来看，现行《海上交通安全法》监督管理仅局限于"沿海水域"。对航行于公海或其他国家管辖水域的中国籍船舶应如何管理，现行《海上交通安全法》却没有规定。

（5）部分条文过于简单，不全面，缺乏可操作性。现行《海上交通安全法》只是一个总体的原则性规定，缺乏可操作性，只能依据一些层次较低的部门和地方规章或规范性文件甚至上级通知来执行，在一定程度上降低了海事执法的权威。

【课后自测】

1. 简述海上交通安全法的内容构成。

2. 简述海上交通安全法对外国船舶的管理。

3. 简述海上交通安全法对我国船舶的管理。

任务 5 船 舶 检 验

【任务介绍】

通过任务训练,学生能识别世界上常见的船舶检验机构,能正确区分不同性质的船舶检验,能按照保持船级检验的技术要求对轮机设备维护保养,能正确识读船级符号和轮机附加标志。

【任务解析】

船舶检验任务的实施(图 6-27)要点主要包括船舶检验基本知识,船舶检验的类别及船级符号和附加标志的认知,以及船级检验有关轮机设备方面的技术要求。

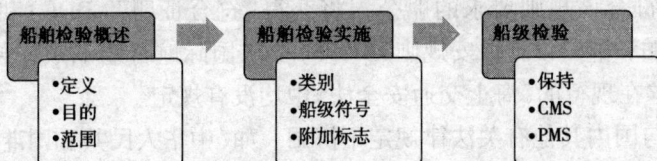

图 6-27 流程图

【相关知识】

一、船舶检验概述

1.定义

船舶检验是对船舶技术状态进行鉴定和监督的过程。船舶检验现场如图 6-28 所示。

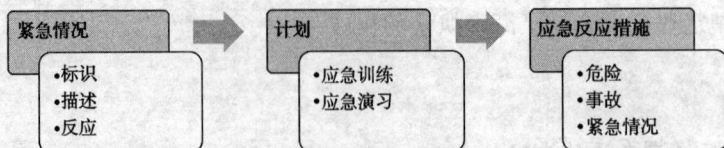

图 6-28 船舶检验现场

268

2. 目的

船舶检验的目的是使船舶及设备处于良好的技术状态,符合国际公约、国家规定和船舶检验机构的各项要求,以确保船舶安全航行和防止海洋污染。

3. 范围

船舶及船用材料、机构设备。

二、船舶检验实施

1. 船舶检验类别

船舶检验可以分成四种(表6-5)。

船舶检验类别 表6-5

类 别	性 质	检 验 机 构	检 验 依 据
法定检验	强制	海事局或其授权机构	国际公约、国家法令及法律
船级检验	非强制	船级社	船级社验船规范和技术标准
公证检验	非强制	船级社或海事局	应有关要求提供技术鉴定
临时检验	非强制	船级社或海事局	涉及到船级和法定检验范围

2. 验船机构

(1)我国验船机构。目前,我国的验船机构在性质上分为两种,一是国家的船舶安全监督和检验机构,另一是民间性质的船级社,其发展历程如图6-29所示。1988年,中国船级社被接纳为"国际船级社协会"(IACS)正式会员,标志着我国验船机构走向世界,并进入国际先进验船机构行列;1993年,中国船级社将简称"ZC"改为"CCS",船舶检验局保留简称"ZC"。1998年,中国船舶检验局与中国港务监督局合并,组建中国海事局。

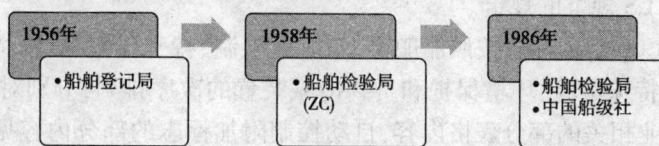

图6-29 验船机构发展历程

(2)外国验船机构。目前,世界上主要船级社有:英国劳氏船级社 LR、法国船级社 BV、意大利船级社 RINA、美国船级社 ABS、挪威船级社 DNV、德国劳氏船级社 GL、日本海事协会 NK、希腊船级社 HR、俄罗斯船舶登记局 RS、波兰船舶登记局 PRS、南斯拉夫船舶登记局 JR、保加利亚船舶登记局 BKR、中国船级社 CCS、捷克船舶登记局 CSLR、韩国船级社 KR、印度尼西亚船级社 BKI、罗马尼亚船舶登记局 RN、印度船级社 IRS、克罗地亚船舶登记局 CBS 等。

3. 船级符号及附加标志

(1)国外船级社的船级符号及附加标志。不同的船级社有其不同的船级符号,表6-6列出部分国外船级社的船级符号及附加标志。

部分国外船级社船级符号 表 6-6

船 级 社	船级符号			
	船体	机械设备	无人机舱	冷藏装置
美国船舶局 AB(S)	A1	AMS	ACCU	RMC
英国劳氏船级社 LR	100A	LMC	UMS	RMC
德国劳氏船级社 GL	100A4	MC	Aut-h/24	KAZ
法国船级社 BV	I	AUT	RMC	
日本海事协会 NK(K)	NS*	MNS	M0	RMC
挪威船级社 DNV	1A1	MV	E0	KMC

（2）中国船级社船级符号及附加标志。

①船级符号含义：

船体：

CSA——表示船舶的结构与设备由 CCS 审图和建造中检验，并符合 CCS 规范的规定。

CSA——表示船舶的结构与设备不由 CCS 审图和建造中检验，其后经 CCS 进行入级检验，认为其符合 CCS 规范的规定。

轮机：

CSM——表示船舶推进机械和重要用途的辅助机械由 CCS 进行产品检验，而且船舶轮机和电气设备由 CCS 审图和建造中检验，并符合 CCS 规范的规定。

CSM——表示船舶推进机械和重要用途的辅助机械不由 CCS 进行产品检验，但船舶轮机和电气设备由 CCS 审图和建造中检验，并符合 CCS 规范的规定。

CSM——表示船舶轮机和电气设备不是由 CCS 审图和建造中检验，其后经 CCS 进行入级检验，认为其符合 CCS 规范的规定。

②附加标志。CCS 附加标志按照船舶类型、航区限制、特殊任务、货物特性、特殊性能、自动控制、特殊设备、特殊检验、环境保护和货物冷藏装置的次序排列，分别对应表 A～J。下面主要介绍与轮机专业相关的部分表格内容，自动控制附加标志的部分内容见表 6-7，特殊设备附加标志的部分内容见表 6-8，特殊检验附加标志的部分内容见表 6-9，环境保护附加标志的部分内容见表 6-10。

部分自动控制附加标志 表 6-7

附加标志		说 明
AUT-0	机器处所周期无人值班	推进装置由驾驶室控制站遥控，机器处所包括机舱集控站（室）周期性无人值班
MCC	机器处所集中控制	船舶设置机舱集控站（室）和就地控制站，并在机电设备正常运行时，机舱集控站（室）连续有人值班
BRC	驾驶室遥控	主推进装置由驾驶室控制站遥控，机器处所连续有人值班的船舶

部分特殊设备附加标志   表 6-8

附加标志		说　明
IGS	惰性气体系统	船舶配备惰性气体系统装置
COW	原油洗舱系统	船舶设有原油洗舱系统,可加注该标志
CBT	清洁压载舱	船舶设有清洁压载舱,可加注该标志
SBT	专用压载舱	船舶设有专用压载舱,可加注该标志;如果专用压载舱位于保护位置,在"SBT"后加注"PL"标志

部分特殊检验附加标志   表 6-9

附加标志		说　明
ESP	加强检验程序	规定执行加强检验程序的油船、油/散、油/散/矿、化学品、散货船,在船型附加标志之后加注该标志
CHS	船体循环检验	采用船体循环检验系统将特别检验所要求的船体项目在 5 年内均匀分配在每年度进行检验,以替代特别检验的船舶,可授予该附加标志,该标志仅适用于除普通干货船、油船、兼用船、化学品船和散货船外的船舶
CMS	轮机循环检验	采用轮机循环检验将特别检验所要求的机械装置(包括电气设备)项目在 5 年内均匀分配在每年度进行检验,以替代特别检验的船舶,可授予该附加标志
SCM	螺旋桨轴状态监控	油润滑的螺旋桨轴具有认可的油封装置
ECM	柴油机滑油状态监控	采用柴油机滑油状态监控系统的船舶,可授予该标志;具有该标志的船舶,滑油分析包括其柴油机的气缸、活塞、活塞环、活塞杆、活塞销、十字头、十字头销、导板、曲轴及所有轴承、连杆、活塞杆填料函等零部件在用润滑油,分析结果作为其是否需要拆检
PMS	机械计划保养系统	采用 CCS 批准的机械计划保养系统,以替代轮机和电气设备的特别检验和循环检验(如采用)的船舶,可授予该标志

部分环境保护附加标志   表 6-10

附加标志		说　明
FTP	燃油舱保护	总舱容≥600m^3 燃油舱按规定予以布置的船舶,可授予该标志
NEC	NOx 排放控制	柴油机的 NOx 排放量如下排放标准: (1)应不超过 MARPOL 附则 VI 第 13 条规定的排放限值的 60%; (2)当 n<130 r/min 时,10.2g/kWh; (3)当 130 r/min≤n<2000r/min 时,27.0×n$^{(-0.2)}$ g/kWh; (4)当 n≥2000 r/min 时,5.9g/kWh
SEC	SOx 排放控制	船上所用的所有燃油的硫含量小于 1.0% m/m 的船舶,可授予该标志
RSC	冷藏系统控制	控制制冷剂的臭氧消耗趋势(ODP)应为 0,全球变暖趋势(GWP)应小于 2000 的船舶可授予该标志
AFS	防污底系统	船舶防污底系统不含作为生物杀灭剂的有机化合物的船舶,可授予该标志
BMWP	压载水管理计划	授予实施批准的船舶压载水管理计划的船舶

附 加 标 志		说　　明
COMF (NOISE) N	舒适性(噪声)	船长 65m 及以上的船舶,相关舱室内噪声控制在达到规定的量级以内, 可授予该标志,并后缀舒适性等级:N = 1 或 2 或 3,其中 1 表示最舒适
COMF (VIB) N	舒适性(振动)	船长 65m 及以上的船舶,相关舱室内振动控制在达到规定的量级以内, 可授予该标志,并后缀舒适性等级:N 为 1 或 2 或 3,其中 1 表示最舒适

三、船 级 检 验

已在 CCS 入级的船舶,应进行下列检验(图 6-30)。

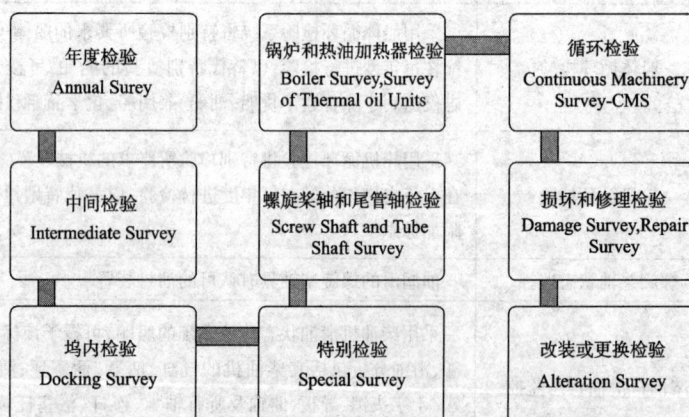

图 6-30　保持船级检验

1. 保持船级检验

(1)年度检验。年度检验应于完工、投入使用或特别检验日期的每周年前后 3 个月内进行,所有船舶应经受年度检验。

(2)中间检验。中间检验应于完工、投入使用或特别检验后的第 2 个或第 3 个年度检验时进行,替代 1 次年度检验,并于年度检验到期日的前后 3 个月内进行,所有的船舶应经受中间检验。

(3)坞内检验。所有船舶应经受坞内检验或上排检验,除另有规定外,坞内检验 5 年内应不少于 2 次,间隔期为 2.5 年,最长间隔不大于 3 年,但其中 1 次应在特别检验时进行。

从事国际航行的客船坞内检验每年应进行 1 次。

(4)特别检验。一般船体和轮机(包括电气设备)的特别检验应 5 年进行 1 次,以保持其船级证书的有效性,特别检验周期计算如图 6-31 所示。

(5)螺旋桨轴和尾轴管检验。

①装有认可的油封装置或认可的耐腐蚀材料制造的下列三种轴,检验间隔期为 5 年:

a)用键安装螺旋桨的轴和轴上装有连续铜套;

b)无键安装螺旋桨的轴;

c)在轴的后端为整体连接法兰的轴。

②不属于上述规定的其他螺旋桨轴,其检验间隔期为 2.5 年。

③用于主推进的可调螺距桨应按螺旋桨轴的检验间隔期进行检验。

④用于主推进的全方位螺旋桨的检验间隔期应不超过 5 年。

⑤动力定位和侧向推进器的轴的检验间隔期应不超过 5 年。

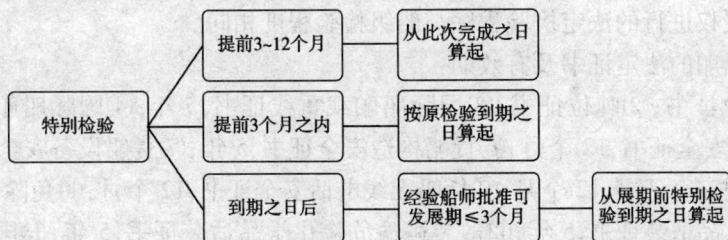

图 6-31　特别检验周期

(6)锅炉和热油加热器检验:

①每船装有 2 台及其以上的主锅炉,每 2.5 年检验 1 次。

②每船仅有 1 台主锅炉,炉龄在 10 年以下者,每 2.5 年检验 1 次,以后每年检验 1 次。

③重要用途的辅锅炉以及设计压力超过 0.35MPa 或受热面积超过 4.5m² 的非重要用途的辅锅炉、热油加热器,每 2.5 年检验 1 次。

如船东申请,锅炉检验还可给予不超过 6 个月的展期。

④所有锅炉和热油加热器的外部检验,包括安全装置检验,每年进行 1 次。

2. 循环检验

如由船东申请并经 CCS 同意,机械的特别检验可由循环检验替代,循环检验的周期应与特别检验间隔期相同;在循环检验的周期内,应尽量将特别检验项目按年度平均分配进行,且每一项目的检查周期,最长不超过循环检验的周期;实行循环检验的船舶,年度检验和中间检验应照常进行。

3. 损坏和修理检验

对涉及船级的各种损坏造成船体、设备和机械(包括电气设备)等部件不能满足本规范的要求,应及时通知 CCS 进行检验,其检验范围应是验船师认为能查明损坏程度和原因所必需的范围。

对涉及船级的船体、设备和机械(包括电气设备)作任何修理时,修理工作应在验船师监督下根据适用的《规范》进行。如修理地点无船级社验船师,则应及时与 CCS 联系。

4. 改装或更换检验

对涉及船级的船体、设备和机械(包括电气设备)的结构尺寸或装置进行任何改装或更换时,改装或更换的图纸和资料应提交船级社批准、改装或更换检验应按新船的检验程序处理。

如船舶改装造成的船舶具有新的船级特征或附加标志时,如乘客定额增加、船舶类型的改变和航区的扩大等,应发给新的船级证书。

四、法 定 检 验

中华人民共和国船舶检验局(以下简称本局)根据中华人民共和国政府授权,是主管和实施我国船舶法定检验和发证的机关。按照其制订的《海船法定检验技术规则》(以下简称《法规》)和政府的法令、条例,对悬挂中华人民共和国国旗的民用船舶进行规定的各项检查和检验,以及在检查和检验满意后签发或签署相应的法定证书。

中国船级社(CCS)一经船旗国政府的授权,将代表其政府根据授权的范围,按授权国或国际安全公约的规定,以取得本社船级和悬挂授权国国旗的非本社船级的船舶进行部分或全部的法定检验。授权进行的法定检验程序与船级检验程度相同。

国际航行船舶的法定证书及有效期:

①国际吨位证书;②吨位证书;③国际船舶载重线证书,5年;④国际船舶载重线免除证书,5年;⑤客船安全证书,12个月;⑥货船构造安全证书,5年;⑦货船设备安全证书,24个月;⑧货船无线电报安全证书,12个月;⑨货船无线电话安全证书,12个月;⑩免除证书;⑪国际散装运输危险化学品适装证书,5年;⑫散装运输危险化学品适装证书,5年;⑬国际散装运输液化气体适装证书,5年;⑭散装运输液化气体适装证书,5年;⑮特殊用途船舶安全证书,5年;⑯海上移动平台安全证书,5年;⑰动力支承船构造和设备证书,12个月;⑱动力支承船准航证书,12个月;⑲船舶航行安全证书,5年;⑳乘客定额证书,12个月;㉑IOPP,5年;㉒NLS,5年;㉓ISPP,5年;等。

五、公正检验

公正检验又称公正性鉴定,船舶检验局和船级社都可承担检验。它与法定检验和船级检验不同,没有规定的检验间隔期,也没有固定的检验项目,更没有法令、规则和规范的强制性要求,而是由申请人要求进行的一种检验。验船师是以第三者身份执检,以公证态度对申请检验的项目进行检验并作出鉴定,提供处理有关业务的依据。

公证检验牵涉范围如下:

(1)损坏检验。损坏检验又称海损检验。它包括由于船舶水上建筑与其相关联的损坏,以及由外界因素如搁浅、触底、碰撞、触礁、火灾等等引起的海损和机损。检验时应确定船舶的损坏范围、程度、性质和原因,以及对安全航行的影响程度,以作为海损索赔和裁决的依据之一。这种检验也包括保持船级的修理要求。

(2)起租/退租检验。起、退租检验是根据起、退租约进行的,比较起、退租时的船舶技术状况,在退租时还应对船上油、水存量进行确定。

(3)索赔检验。对购买的新船及机械设备等,由于其设计、材料、制造工艺不当造成的损坏,在质量保证期内所进行的检验,以作为船舶所有人索取赔偿的依据。

(4)船舶状况检验。船舶状况检验是鉴定船舶的技术状况、设备状况。一般给保险商、船舶经纪人、船舶抵押、船舶拍卖、船舶作价或货主等提供详细资料,以作出准确估计和判断。

(5)货损检验。货物损坏检验主要是根据货主、货物保险人、货物承运人、船东的申请而进行的。这种检验一般包括货物损坏的数量、程度以及引起货物损坏的原因。

(6)其他公正性检验。

六、临时检验

临时检验是根据用船部门或其代理人临时向验船部门提出申请,而涉及到船级检验和法定检验范围的一种检验。

船舶在下列情况下,应申请临时检验:

(1)更改船名、船籍港或船舶所有单位时。

（2）遭受影响船级和船舶安全的海损或机损事故时。

（3）改变航区或变更用途时。

（4）涉及船级和船舶安全的任何修理或改装时。

（5）船舶证书的有效期期满，要求展期时。

（6）上次检验中准予展期检验的项目，或限期检验的项目的期限届满时。

（7）船舶封存后起用时。

（8）其他临时性检验。

【任务实施】

一、轮机循环检验（CMS）的实施

1. 循环检验

将特别检验的所有项目分散在特检周期中，以循环的方式进行，以使轮机及其他装置的每一部分在一个特检周期内至少被检验一次，而且对任一项目的两次检验的间隔期不超过特别检验周期。

循环检验不能取代和改变保持船级的其他检验。

2. 适用范围

船东申请并经本社同意，轮机（包括电气设备）和货物冷藏装置的特别检验可由循环检验代替。

3. 申请和评审（初次申请）

船东或其代理人对其船舶实施循环检验的申请，可书面向 CCS 总部入级部或船籍港分社或执行检验的 CCS 单位提出，由执行检验的 CCS 单位按相关程序进行评审。

4. 检验

执行检验单位对船东检验申请进行评审，要求船方在验船师登轮时作好检验准备。

凡要求拆检的，应事先将有关部件拆卸、清洁并按序摆放。

循环检验项目可在循环检验卡规定日期的前 3 个月内完成，则下次检验日期按原到期日顺延 5 年。对于在到期日以后完成的项目，下次检验日期也按原到期日起顺延 5 年。

当验船师检验时，有设备增加或改装、改建或卡中列出的项目与船舶实际情况不符时，应报告总部，对循环检验卡作适当的修改。

5. 停止实施循环检验

在船东申请等情况下，循环检验可以停止实施，而进行特别检验。

若停止实施循环检验发生在周期到期时，应进行全范围的特别检验，其检验日期在周期到期日前 15 个月以内的循环检验项目如已完成，可不再进行检验。

若停止实施循环检验发生在周期当中，首先应确认停止实施循环检验时已到期的循环检验项目均已满意地完成，此外尚应完成本循环最后 15 个月以外且未完成的循环检验项目。特检到期日按原周期到期日，届时完成全部特别检验项目。

二、计划保养体系（PMS）的实施

根据《钢质海船入级与建造规范》的有关规定，船舶机械（包括电气设备），如船东申请并

经 CCS 批准，可用计划保养系统（以下简称 PMS）来替代 CCS 规定的轮机特别检验或循环检验。

实行 PMS 的船舶，不能改变和取消其规范所规定的保持船级的其他定期检验项目的检验如轮机年度检验，锅炉检验，尾轴和螺旋桨轴的检验；对在 PMS 中没有包括的项目，仍按现行《钢质海船入级与建造规范》的规定进行检验。

实施 PMS 的船舶，最好在轮机特检或轮机循环完成后开始执行 PMS。对于正在执行循环检验的船舶，如果能合理编排 PMS 检验，则可对原循环检验项目予以确认，PMS 检验项目应完全覆盖所有循环检验项目，并保证原循环检验项目完成日距下次维修保养日期不超过 5 年。

1. 船公司的 PMS 主管机构

公司应设立主管 PMS 的专门机构，此机构可由机务部兼任，也可是专门部门，但必须有专人负责，该机构负责制定 PMS 的各项文件，以及负责 PMS 的日常管理。

公司 PMS 主管机构应根据规范的有关要求和设备制造厂说明书的规定，列出 PMS 设备清单，制定详细的周期维修计划和工作卡汇总表。PMS 设备清单应覆盖规范对于轮机特检、年检要求；计划和工作卡明确规定每 5 年应拆验 1 次的项目（H 级）和每年应进行确认性检查的项目（f 级），并说明具体检查要求。保证任何应拆验的项目，间隔期不得超过 5 年；实行定时检验的项目，间隔期不超过设备说明书规定的最高检修期限。

船公司主管部门应提前 3 个月将月计划指令下发船上，如五月初应将 8 月到期的 PMS 项目指令下达到船上。对 H 级项目，应在收到指令后 3 个月内（即到期日前 3 个月）完成；对 f 级项目，应在收到指令后 6 个月内（即到期日前后 3 个月）完成。船上每月底将本月完成情况报公司主管部门，主管部门负责汇总和管理。

2. 授权轮机长

PMS 授权轮机长是船上负责 PMS 实施的主管人员。接到公司指令后，轮机长负责安排每一个项目的检修，检修应按照工作卡汇总表的要求进行，并保存必要的维修和测量记录。轮机长负责检查或确认，出具 PMS 检查报告。每月底轮机长应向公司上报 PMS 计划反馈表。

3. 年度审核

实行 PMS 的船舶应在每年年度/中间检验时进行一次确认性审核，主要检查的内容如图 6-32 所示。

PMS的正确实施 ➡ 机械设备的性能和维修保养记录 ➡ 机械设备的故障记录 ➡ 机械设备的维修记录

图 6-32　年度审核内容

4. 损坏和修理检验

对于船上仅靠更换备件无法解决的重要设备损坏或需要进厂修理时，应向就近 CCS 执行检验机构报告，或直接报总部。执行检验机构或总部将安排验船师登轮检验。

【任务小结】

通过任务训练，学生能够系统学习船舶检验机构、船舶检验种类及检验的主要内容，特别是船级检验，学生能识读船级附加标志，特别是轮机入级附加标准；学生能根据船级检验的技术要求对机舱机械设备进行管理。

《海上营运船舶检验规程》的若干规定：

一、主要机械设备

（1）柴油机扫气箱防爆门的开启压力不超过最高扫气压力的 1.1 倍。

（2）柴油机气缸盖、气缸和活塞的冷却水腔水压试验，一般为 0.7MPa。

（3）柴油机气缸安全阀校验开启压力为 1.4 倍最大燃烧压力。

（4）柴油机机座紧配螺栓应不少于总数的 15%，且至少不少于 4 只；垫片厚度应在 10 ~ 75mm 之间，钢质或铸铁垫块厚度不大于 25mm。

（5）发电柴油机修理后的负荷试验应尽量达到标定值，如老旧船舶有困难时，可按船舶常用最大负荷但不低于标定值的 75% 进行负荷试验，试验时间不少于 2 小时。

（6）废气涡轮增压器的叶轮做动平衡试验并应负荷下列规定：

①当 n≤20000r/min 时，叶轮偏心距 e≤0.002mm。

②当 n>20000r/min 时，叶轮偏心距 e≤0.001mm。

（7）对涡轮增压器壳进行 1.5p（p 为工作压力，MPa）但不少于 0.4MPa 的水压试验，以检查有无裂纹。

（8）中冷器应进行 1.25p 水压试验（p 为最大工作压力，MPa）。

（9）经修理的锚机、舵机和起货设备，在效用试验前应进行不少于 30min 的空运转试验。

（10）空气压缩机总排量对空气启动系统应能从大气压力开始在 1h 内充满所有主机启动用空气瓶。

（11）空气瓶及管系的密封性试验从充气达到工作压力后起算 24h 内压力降不大于工作压力的 4%，或浸入水中 3min 无漏气即为合格。

（12）空气瓶的安全阀应经校验，开启压力不超过 1.1 倍工作压力，关闭压力一般不低于 85% 的工作压力；设置易熔塞的空气瓶，应结合内部检验检查易熔塞的技术状况是否正常。

（13）动力管系一般按 1.5 倍工作压力做液压试验，管壁表面温度超过 60℃ 的应包扎绝热材料或保护层。

二、电气设备

（1）发电机或变换装置检修后，以在船舶各种使用工况中常用的最大负荷作为试验负荷，试验时间 1 ~ 2 小时；发电机额定容量（如属可能）进行温升试验直至温升实际稳定为止，试验时间一般不少于 4h，温升不应超过规范规定的温升限值。

（2）发电机并联运行试验的负载应在总标定功率的 20% 至机组并联运行常用的最大负荷内变化，应能稳定运行和负荷转移。

（3）发电机的自动开关，应校核下列保护装置（包括脱扣器动作）的可靠性：

①过载保护装置。过载 10% ~ 50%，经少于 2min 的延时开关应分断（建议调定在发电机额定电流的 125% ~ 135%，延时 15 ~ 30s 自动开关分断，也可按原调定值进行复核）。

②并联运行。柴油发电机标定功率（电流）的 8% ~ 15%，汽轮发电机标定功率（电流）的 2% ~ 6%；交流发电机应延时 3 ~ 10s 动作，直流发电机应瞬时或短暂延时（少于 1s）动作，也可按原调定值复核。

（4）并联运行的发电机的欠电压保护。应在电压降低至额定电压的 70% ~ 35% 时，自动开关自动分断。

(5)电动机检修后。在机械装置常用最大负荷下试验不少于1h,电动机应无敲击和过热及振动现象。

(6)电动机绕组经过拆绕。进行平衡、超速、耐电压及温升试验,以机械装置常用最大负荷进行温升试验时,时间不少于2h。

三、螺旋桨轴和尾轴

1. 键与尾轴的键槽及桨毂键槽的装配情况检查

一般应不能插入0.05mm塞尺,允许沿键槽周长的20%局部插入。

2. 轴套磨损情况检查

轴套减薄不应超过厚度的50%,填料函处不应超过60%,轴和轴套的圆度和圆柱度不应超过规定值。

3. 铜套换新后的检测

进行0.15MPa的水压试验,5min内不渗漏。

4. 尾轴承间隙检查

轴承下部应无间隙,测量位置一般以距尾管端100mm处为准;铁梨木轴承需偏心镗孔修理时,铁梨木厚度应不小于按正中心镗孔厚度的80%。

5. 尾轴油润滑轴承的轴封装置检测

检查密封性的油压试验压力为1.5倍工作压力;若采用重力油柜润滑时,从泵至有回油时算起,连续3min内不应有任何泄漏;如属橡皮筒式端面密封,一般不应漏油,但每分钟油滴不超过3滴时允许使用(试验时应间断正倒车慢慢转车)。

四、锅 炉 装 置

(1)火管锅炉烟管腐蚀,管壁减薄超过原壁厚的50%时应换新;检查水管锅炉的水管触火面管壁情况,如管壁起泡、裂纹、穿孔或管壁减薄超过原壁厚的40%时应换新。

(2)检查给水管、集合管和排污管、减温器等锅炉附件的腐蚀,管壁腐蚀超过原管壁厚度的30%时应予换新。

(3)检查过热器、给水加热器管特别弯头处有无起泡、裂纹、穿孔、弯形,管子挠曲变形超过原间距50%或下垂超过1.5倍管径时应予换新。

(4)主、副蒸汽管管壁减薄超过原厚度的30%时应予换新。

(5)校核锅炉安全阀的开启压力(表6-11):

锅炉安全阀校核开启压力   表6-11

火管锅炉和工作压力小于1MPa的其他锅炉	≤p+0.05
水管锅炉	≤1.05p
过热器	≤1.02p
给水系统	≤p+0.2

注:安全阀的关闭压力应不影响主机的正常使用,一般不低于0.9p(p为锅炉工作压力,MPa)

(6)当锅炉设计不能进行内部检验,经较大修理或验船师认为必要时,应进行水压试验(表6-12):

锅炉水压试验压力　　　　　　　　　　　表6-12

锅炉工作压力	试验压力(MPa)	锅炉工作压力	试验压力(MPa)
p≤1.0	p+0.25	p>4.0	1.2p+0.2
1.0<p≤4.0	1.25p		

注:一般性修理后的水压试验,可在工作压力下进行。

(7)锅炉附件、设备、主蒸汽管等需要水压试验时,应进行如下压力试验(表6-13):

锅炉附件水压试验压力　　　　　　　　　表6-13

名　　称	试验压力(MPa)	名　　称	试验压力(MPa)
给水阀、过热蒸汽阀	2.5p	过热器、经济器	1.5p
上、下排污阀	2.5p	主辅蒸汽管	2p
其他锅炉附件	2p		

(8)锅炉升压试验。安全阀更换,改变其排汽流通面积后或验船师认为有必要时,均应进行锅炉安全阀升压试验。

试验时,锅炉给水,只需补水至足以保持安全水位的水量,在停汽阀等全部关闭的情况下充分燃烧,安全阀开启后,水管锅炉7min,火管锅炉15min,锅炉压力升高不得超过工作压力的10%。

试验后,如不能满足要求,应考虑改变安全阀的面积或排汽通流面积。

"规范"规定,任何安全阀的直径应不大于100mm,但不小于25mm。

【拓展提高】

船舶机械计划保养系统 Planned Maintenance System

1. 定义

PMS是轮机船级证书附加标志之一,它是通过制定科学的设备维修保养内容和要求,使船舶机械保持良好技术状态的一整套管理制度。

CCS根据国际惯例结合我国的实际情况也推行PMS检验,它指船舶机械(包括电气设备)根据CCS现行规范的有关要求和设备制造厂说明书的规定,由船东制订一套详细的周期维修保养计划,通过该计划在船上的贯彻和实施,使船舶机械始终保持在良好的技术状态。对这种采用周期性维修保养船舶机械的计划管理,称为计划保养系统。

2. 操作

(1)申请。凡拟实行PMS的船舶,船东应向CCS总部或各执检单位提出书面申请。建议最好在轮机特别检验或轮机循环检验完成后申请实施PMS检验。

对于正在执行循环检验的船舶,如果能合理编排PMS检验,则可对原循环检验项目予以确认,PMS检验项目应完全覆盖所有循环检验项目,并保证原循环检验项目完成日距下次维修保养日期不超过PMS检验间隔期。

对于在两次特别检验之间申请实施PMS的船舶,如能够将所有轮机特别检验项目合理编排在剩余的特别检验周期(申请时间至本次特检到期时间)内,也可接受实施PMS检验。

(2)船东准备。

①机构和人员。申请实施 PMS 检验的公司应设立主管 PMS 的专门机构,此机构可由机务部兼任,也可以是专门部门。该机构负责制定 PMS 的各项文件、PMS 日常管理,以及同船级社的联系。上述制定负责 PMS 管理的公司人员应经过 CCS 或 CCS 认可的组织进行的培训,并具有培训证明。

②计划制定。公司 PMS 主管机构应根据规范的有关要求和设备制造厂说明书的规定,列出 PMS 设备清单,制定详细的维护保养计划和工作卡汇总表。PMS 设备清单应覆盖对于轮机的特别检验或循环检验项目,并根据设备制造厂说明书和船舶设备实际运行状况确定各级保养期限;对于设备制造厂说明书没有要求的项目,应规定在每个 PMS 检验周期内至少拆捡 1 次。主管机构应根据上述资料制定计算机化的 PMS 管理系统。

③保养间隔期。一般 PMS 项目的检验间隔期不应超过循环检验所限定的期限。实行定时检验的项目可以接受更长的间隔期,但不得超过设备说明书规定的检修期限。对于 CCS 批准的状态监控系统进行有效控制的设备,上述间隔期可适当延长。

④计算机数据库系统要求。PMS 应采用计算机化管理系统的方式,该系统应经 CCS 批准。PMS 计算机化管理系统应包括可进行常规更新的备份,例如磁盘、磁带、光盘等。

只有轮机长或其他授权人员许可,才能对 PMS 计算机系统的保养文件和计划进行更新,对其重要设备(按 2001 版《钢制海船入级和建造规范》第 3 篇第 1 章 1.1.12.1 中所列举的重要设备)的更改应送交 CCS 予以重新认可。

⑤计划实施。船公司主管机构应提前数月将每个月计划指令下达到船上。如船舶已安装计算机和 PMS 管理系统,在船上可自动生成月保养计划,则可免除指令的下发。轮机长应按照公司指令及时完成要求的项目。船上应至少每季度将该季度内每个月的完成情况报公司主管机构,主管机构负责汇总和管理。

⑥报告。公司主管机构应每年度将 PMS 执行情况按指定的电子文件格式用 E-mail 转发 CCS 总部。在船舶申请船级年度检验时,公司应同时提交 PMS 年度审核的申请;当船级特别检验到期时,公司应同时提交 PMS 年度审核的申请。

⑦授权轮机长职责。轮机长应经过 CCS 或 CCS 认可的组织培训,并获得 CCS 颁发的轮机长授权证书。PMS 授权轮机长是船上实施 PMS 的负责人。

轮机长负责安排每一项目的检修,检修应按照工作卡汇总表的要求进行,并保存必要的维修和测量记录。轮机长负责检查或确认、签署相关的检修报告。

只有轮机长或指定的人员有权修改和更新船上的 PMS 数据库。

轮机长应向公司上报 PMS 计划的完成情况

⑧当船舶所有人或经营人变更时,PMS 应重新认可。

(3)批准。CCS 在收到船东的申请及提交的资料后,应及时对资料进行审查。审查满意后,CCS 将安排对船公司主管部门(机务部或 PMS 主管机构)按照有关要求进行审核。对于船公司审核满意、资料齐全、内容符合申请要求的,可批准船方实施 PMS。将上述批准资料退给船东 2 份,对于电子文件的审批,将审批结果通知船东。

经批准实施 PMS 的船舶应申请一次轮机附加检验,检验主要包含以下内容:

①确认船上应保存的资料齐全并满足要求。

②确认 PMS 检验计划已覆盖轮机循环检验或特别检验的全部项目。

上述确认完成后,执行检验单位可以为该船签发临时轮机入级证书,建议总部授予 PMS 附加标志,同时签发 RA 报告。总部将根据临时证书换发全期证书。

对于初次授予 PMS 附加标志的船舶,应在 RO 报告中给出一个遗留项目,以提醒船东在下一个年度审核时应进行"实施检验"。其英文为:Implementation Survey should be carried out at next Annual Audit。

(4)替代。PMS 的申请和实施可替代船级换证检验,可作为轮机特别检验或轮机循环检验(CMS)的一种替代方式,不能替代年度检验。其检验项目应与所替代的特检或循环检验项目相覆盖。

【课后自测】

1. 船舶检验分哪几种? 有何区别?

2. 什么是船级? 船级的作用是什么?

3. 保持船级的检验主要包括哪几种检验?

4. 简述循环检验的目的和内容是什么?

5. 简述何时需要公证检验? 何时需要临时检验?

项目 7 船舶安全检查

通过本项目训练,学生能够达到正确开展船舶安全检查和接受船舶安全检查的能力需求,即在保障水上人命、财产安全,防止船舶造成水域污染方面达到船旗国监督和港口国监督检查规范的能力目标;同时,为了满足国家海事局适任证书考试需求,学生还应该达到相应任务的知识目标需求。学生分组完成教学任务,每个小组成员既要有明确分工,又要相互合作,这样也就达到了情感目标的教学要求。

任务 1 船旗国监督(FSC)

教学目标

◎ 能力目标:(1)能解读《中华人民共和国船舶安全检查规则》;(2)能规范开展和接受船旗国监督检查。

◎ 知识目标:(1)掌握船旗国监督检查的程序、主要内容与处理意见;(2)掌握《船旗国监督检查记录簿》的正确使用。

◎ 情感目标:(1)具备严谨的工作态度;(2)具备良好的职业道德;(3)具备团队合作精神。

【任务介绍】

模拟开展一次船旗国监督检查。

【任务解析】

学生按检查人员和被检船舶人员进行分组,配对完成任务,之后进行角色互换。完成该任务需熟练掌握船舶安全检查和处理的要求;《船旗国监督检查记录簿》使用规定的要求;相关法律责任等知识。

【相关知识】

1.《中华人民共和国船舶安全检查规则》适用范围

《中华人民共和国船舶安全检查规则》适用于对中国籍船舶以及航行、停泊、作业于我国港口(包括海上系泊点)、内水和领海的外国籍船舶实施的安全检查活动。

此规则不适用于军事船舶、公安船舶、渔业船舶和体育运动船艇。

2. 船舶安全检查

船舶安全检查是指海事管理机构按照本规则规定的程序,对船舶技术状况、船员配备及适任状况等进行监督检查,以督促船舶、船员、船舶所有人、经营人、管理人以及船舶检验机构、发证机构、认可组织等有效执行我国法律、行政法规、规章,船舶法定检验技术规范,以及我国缔结、加入的有关国际公约的规定。

船舶安全检查分为船旗国监督检查和港口国监督检查。

船旗国监督检查是指对中国籍船舶实施的船舶安全检查。

港口国监督检查是指对航行、停泊、作业于我国港口(包括海上系泊点)、内水和领海的外国籍船舶实施的船舶安全检查。

中华人民共和国海事局统一管理全国的船舶安全检查工作,其他各级海事管理机构按照职责开展船舶安全检查工作。

3. 船舶安全检查的内容

(1)船舶配员。

(2)船舶和船员有关证书、文书、文件、资料。

(3)船舶结构、设施和设备。

(4)载重线要求。

(5)货物积载及其装卸设备。

(6)船舶保安相关内容。

(7)船员对与其岗位职责相关的设施、设备的实际操作能力以及中国籍船员所持适任证书所对应的适任能力。

(8)船员人身安全、卫生健康条件。

(9)船舶安全与防污染管理体系的运行有效性。

(10)法律、行政法规、规章以及国际公约要求的其他检查内容。

4. 检查人员对船舶实施详细检查的几种情况

(1)巡视或者核查过程中发现在安全、防污染、保安、劳工条件等方面明显存在缺陷或者隐患的。

(2)被举报低于安全、防污染、保安、劳工条件等要求的。

(3)两年内未经海事管理机构详细检查的。

(4)中华人民共和国海事局要求进行详细检查的。

5. 存在缺陷船舶的处理意见

(1)开航前纠正缺陷。

(2)在开航后限定的期限内纠正缺陷。

(3)滞留。

(4)禁止船舶进港。

(5)限制船舶操作。

(6)责令船舶驶向指定区域。

(7)驱逐船舶出港。

(8)法律、行政法规或者国际公约规定的其他措施。

6. 检查人员与被检查人员的权利和义务

(1)船舶有权对海事管理机构实施船舶安全检查时提出的缺陷以及处理意见当场进行陈述和申辩。

(2)检查人员应当签发《船旗国监督检查记录簿》;实施港口国监督检查结束后,检查人员应当签发《港口国监督检查报告》。

(3)检查人员应当在《船旗国监督检查记录簿》或者《港口国监督检查报告》中标明缺陷及处理意见,签名并加盖船舶安全检查专用章。对于缺陷处理意见为滞留的,检查人员应当在《船旗国监督检查记录簿》或者《港口国监督检查报告》中注明理由。

(4)船舶以及相关人员应当按照海事管理机构签发的《船旗国监督检查记录簿》或者《港口国监督检查报告》的要求,对存在的缺陷进行纠正。

7.《船旗国监督检查记录簿》和《港口国监督检查报告》使用规定

(1)中国籍船舶应当随船携带《船旗国监督检查记录簿》。

(2)《船旗国监督检查记录簿》由船舶或者其所有人、经营人、管理人向海事管理机构申请换发、补发。《船旗国监督检查记录簿》使用完毕或者污损不能继续使用的,应当申请换发,并交验前一本《船旗国监督检查记录簿》。因遗失或者灭失等原因申请补发的,应当书面说明理由,附具有关证明文件,并提供最近一次对其实施船旗国监督检查的海事管理机构名称。

(3)《船旗国监督检查记录簿》应当连续使用,保持完整,不得缺页、擅自涂改或者故意毁损。

(4)《港口国监督检查报告》以及使用完毕的《船旗国监督检查记录簿》应当妥善保管,至少在船上保存两年。

(5)除海事管理机构外,任何单位、人员不得扣留、收缴《船旗国监督检查记录簿》或者《港口国监督检查报告》,也不得在《船旗国监督检查记录簿》或者《港口国监督检查报告》上签注。

(6)船舶不得涂改、故意损毁、伪造、变造《船旗国监督检查记录簿》或者《港口国监督检查报告》,不得以租借、骗取等手段冒用《船旗国监督检查记录簿》或者《港口国监督检查报告》。

【任务实施】

根据分组,依据船舶安全检查表(机舱现场管理)开展一次船旗国监督模拟检查(表7-1)。

船舶安全检查表(机舱现场管理)　　　　　　　　　　　表7-1

序号	船舶安全检查表(机舱现场管理)	检查状况
6.1	**主机及其附属设备**	
6.1.01	主机外观清洁,附属燃润油、淡海水管系及其泵浦、加热器、冷却器、空气干燥器状态良好,无泄漏	
6.1.02	主机安保系统(滑油、冷却水、排温、主机飞车、应急停车、燃油泄漏、扫气箱高温)测试功能正常,并保留记录	
6.1.03	主机本体重大部件(活塞、缸套、缸头、连杆轴承、主轴承、增压器、空冷器、调速器等)按指令/计划和说明书规定进行定期检修,并记录	
6.1.04	主机监测设备的指示器、报警器工作正常	
6.1.05	主机曲拐箱内部检查、测量(主机拐挡差、齿轮箱、链条、轴瓦、导板)按规定检查周期完成并记录	
6.1.06	主机及附属设备曾经出现过不正常的情况及其原因,留记录备案	
6.1.07	主机燃油与滑油管系接头的防飞溅包扎正常,排烟管包扎完好无漏气	

序号	船舶安全检查表(机舱现场管理)	检查状况
6.1.08	主机热工参数及其他参数(空冷器气压差、透平滤网及消音器压差)在规定范围内,并定期进行热工参数分析(指引:核查轮机日志参数记录)	
6.1.09	主机应急机旁操作正常,并在操纵处张贴"机旁操作规程"	
6.1.10	主机备有符合 CCS 规定的最低备件存量及清单	
6.1.11	主机燃烧部件有 IMO 标识,更换燃烧部件按要求记录填写在《柴油机参数记录簿》(适用国际航行船舶)	
6.1.12	为主机服务的泵浦自动切换功能定期试验,并相互转换使用	
6.1.13	主机冷却水、喷油器冷却水的化验及处理定期进行	
6.1.14	气缸油系统(断流及日用油柜低位)保护功能正常	
6.1.15	主机艉轴滑油系统(重力油柜、艉艉循环油柜低位报警及艉管及中间轴承温度)监测装置功能正常	
6.1.16	艉轴密封装置状况正常,无漏油漏水现象	
6.1.17	曲拐箱油雾探测器零位及灵敏度的检查校准及反光镜清洁保养正常并记录	
6.1.18	主机扫气箱灭火装置及其管系的检查吹通试验并记录	
6.1.00	主机及附属设备的其他缺陷	
6.2	**副机及其附属设备:**	
6.2.01	副机外观清洁,附属燃润油、淡海水管系及其泵浦、加热器、冷却器状态良好,无泄漏	
6.2.02	副机安保系统(滑油、冷却水、排温、副机飞车、燃油泄漏、扫气箱高温)测试功能正常,并保留记录	
6.2.03	副机主要部件(活塞、缸套、连杆轴承、主轴承、增压器、空冷器、调速器等)按指令/计划和说明书规定进行定期检查并记录	
6.2.04	副机检测控制设备的指示器、报警器工作正常	
6.2.05	副机热工参数在规定范围内,并定期进行热工参数分析(指引:核查副机日志参数记录)	
6.2.06	副机曲拐箱、齿轮箱的检查(柴油机拐挡差、轴承间隙)测量记录完整	
6.2.07	副机备有符合 CCS 规定的最低备件存量及清单	
6.2.08	副机燃油与滑油的防飞溅包扎正常,排烟管包扎良好无漏气	
6.2.09	副机系统滑油的定期分滤和定期送验,为副机服务的机油分油机工作正常(指引:燃用#4、180cSt 以上的作重点监控)	
6.2.10	副机透平定期冲洗和定期拆检,并记录(指引:燃用#4、180cSt 以上的作重点监控)	
6.2.11	副机燃油日用柜每半年内部检查清洗并作记录	
6.2.12	副机燃烧部件有 IMO 标识,更换燃烧部件按要求记录填写在《柴油机参数记录簿》。(适用国际航行船舶)	
6.2.13	副机冷却水的化验及处理定期进行	
6.2.14	副机曲轴与电球中心线的检查测量与记录(指引:拐挡差的测量值必须在标准范围内)	
6.2.00	副机及附属设备存在的其他缺陷	

序号	船舶安全检查表(机舱现场管理)	检查状况
6.3	**舵机及附属设备**	
6.3.01	舵机部件保养良好(舵承油、舵柱润滑脂充足)舵装置安全报警设备完好	
6.3.02	应急操舵程序(或规程)应张贴现场,与设备实际相符。标识由应急配电板供电的控制箱	
6.3.03	从一舷的35°到另一舷的30°转舵时间不大于28秒	
6.3.04	一机组发生故障时,可以启用另外一机组	
6.3.05	舵机舱内部设置的扶手完好,格子板或其他防滑地板保持完好;液压油无泄漏	
6.3.06	舵机修理的记录保存完整	
	舵角指示器所指示的舵角与实际舵角一致;舵角限位器的动作灵活,到规定舵角即停止	
6.3.07	舵机备有符合CCS规定的最低备件存量及清单	
6.3.08	舵机主副油箱低油位报警正常,每2~3年清洗及更换新油,每年取样化验一次	
6.3.09	舵机控制箱整洁、控制电气元件及接线牢固、马达绝缘正常,定期清洁检查操舵仪电气元件及接线紧固度	
6.3.10	舵机房保暖设备正常	
6.3.11	舵柱接地电缆连接正常,接合处无磨损	
6.3.12	驾驶台和舵机房所悬挂的舵机原理方框图的操作说明和程序及工况选择表	
6.3.00	舵机及附属设备的其他缺陷	
6.4	**锅炉及其附属设备:**	
6.4.01	定期进行锅炉水化验与处理,经常排污,明确炉水盐度严重超标的可能原因(指引:是否冷凝器穿洞)	
6.4.02	航行中废气锅炉的吹灰	
6.4.03	废气锅炉强制循环水泵低压报警和自动切换功能正常	
6.4.04	包括组合式和独立式废气锅炉每季度检查废气炉内灰垢情况,吹灰排污管(烟道放残管)畅通,避免积聚造成管系腐蚀	
6.4.05	包括组合式和独立式废气锅炉每半年打开道门人工彻底清除烟灰	
6.4.06	无裸露和漏汽的蒸汽管	
6.4.07	锅炉工况良好,外部绝热,炉水水位镜清洁活络,锅炉附件完好	
6.4.08	锅炉水低低位报警停炉及应急切断系统功能正常	
6.4.09	热水井无浮油,无过多水垢,过滤材料状况良好	
6.4.00	锅炉及附属设备存在的其他缺陷	
6.5	**电气及其控制:**	
6.5.01	主配电板和应急配电板、动力与照明线路的绝缘测试状况正常,"绝缘报表"记录与本船设备实际相符;主配电板主开关、仪表按特检周期校验并配有合格证书;主发电机定期检查清洁测量、滤网定期清洗	
6.5.02	应急照明定期的效能试验及绝缘测量正常	
6.5.03	机舱通信设备、驾驶台、机舱、舵机房之间专用的通信设备工作正常、畅通	

序号	船舶安全检查表(机舱现场管理)	检查状况
6.5.04	关键性设备的限位器正常(克令吊、救生艇吊艇架及手摇臂、伙食与物料吊、机舱天车、舷梯等)	
6.5.05	舵机控制装置每开航前检查试验;定期的电动机接线头检查、测量绝缘及执行伺服马达的整流器、碳刷清洁	
6.5.06	船舶的防海生物装置维护状况(指引:工作电流在0.8~1.0A之间,且进入淡水区域应关闭装置电源)	
6.5.07	船体外加阴极电流阴极保护系统维护状况(指引:进入淡水区域超过7天或进坞期间应关闭装置电源)	
6.5.08	推进器轴接地系统维护状况,舵柱接地电缆连接正常,接合处无磨损(指引:推进器轴与船体间的电位差应在70mA以下)	
6.5.09	机舱舱底、机舱管路、应急消防泵房、艏物料间污水高位报警功能正常	
6.5.10	机舱自动化控制设备的可编程控制控制器PLC电池(空调、冰机、锅炉、舵机、电站、焚烧炉、泵浦)结合特检,定期换新	
6.5.11	定期检查和记录自动化船舶机舱UPS电源和蓄电池情况,结合特检,定期换新	
6.5.12	照明灯的灯罩完整,无漏露的灯管及灯泡	
6.5.13	机舱自动化控制设备的电站管理系统(GAC-21及SYNPOL-D)、机舱监测报警装置(DC-20)、主机遥控安保调速及油水液位遥测和阀门遥控系统、泵浦自动切换系统功能正常,定期检查维护及记录	
6.5.14	延伸报警,轮机员应急呼叫,报警超时应答,值班人员事故报警功能测试正常	
6.5.00	电气设备的其他缺陷	
6.6	**辅助机械与电气设备**	
6.6.01	空压机曲拐箱、I & II组合阀按指令/计划和说明书规定进行定期检查情况	
6.6.02	应急空压机每月进行由应急电源供电供气测试	
6.6.03	空调压缩机工作正常,监控、检测仪表完好,另一台备用压缩机可用	
6.6.04	冷藏机工况正常,运行参数有记录。补充和回收冰种有记录	
6.6.05	空调压缩机,伙食冰机压缩机超高压保护、低油压保护功能正常。每季度效用试验	
6.6.06	实际冰库温度达到设定的要求	
6.6.07	库房呼叫声光报警正常	
6.6.08	空调风机房整洁,风机工作正常,空调房间无积水	
6.6.09	集控室空调工作正常	
6.6.10	空调系统各风门挡板活络,紧急时能关闭	
6.6.11	造水机平时造水量和真空度符合要求,航行时开启造水机(指引:核查每日造水记录)	
6.6.12	盐度传感器进行定期清洁保养,造水时投入使用	
6.6.13	机舱中央冷却系统的铜镍合金管系保养状况(指引:各阀兰、不同材质之间的"绝缘隔离"正常)	
6.6.14	风机、风机房、风门挡板、百叶窗、及其辅助设备保养良好,标识清楚;风机房排水通畅	

序号	船舶安全检查表(机舱现场管理)	检查状况
6.6.15	机舱舱壁无未经授权的管系、电线穿壁现象或在船壳板上焊接安装各种设备	
6.6.16	机舱损管器材专门存放并建立清单,良好保养	
6.6.17	主机、辅机超速保护装置每半年进行一次模拟试验	
6.6.18	气焊与电焊设备管理:氧气和乙炔瓶是否放置在专用的舱室,有效固定。作业时气瓶与作业现场有足够的安全距离(指引:至少10m);乙炔瓶安装防回火装置。标志并张贴在紧急情况时如何处置的说明。除正在使用的气瓶外,所有的气瓶阀头均有护盖。焊接指南(须知)张贴在焊接工具附近,配备电焊用长手套/围裙/面罩/护脚在焊接工具附近。电焊机上贴有并可见的电压调整指示表。风焊枪有专用点火器。风、电焊操作人员有焊工证	
6.6.19	机舱内的应急药箱及药品有效(指引:检查内置及清单)	
6.6.20	砂轮机的状况正常(指引:检查砂轮的磨耗程度是否正常,检查防护罩、护目镜及其清晰度),车床和钻床的状况正常(指引:检查是否张贴了安全警示)	
6.6.21	盘车机合上有挂警示牌(指引:检查机舱集控室是否有指示)	
6.6.22	在港内主空气启动瓶阀保持关闭状态	
6.6.23	化学物品正确贮存,有化学物品航海安全数据表(MSDS),有合适的个人防护用品。(指引:围裙/橡胶/防护面具);在化学物品贮存区有洗眼处(指引:OPTREX瓶和洗杯)	
6.6.24	管系用不同的颜色标明用途和流向。无生锈泄漏和"软补丁"现象,机舱各阀门活络,机舱花铁板的固定螺钉齐全	
6.6.25	机舱内可能发生绊跌、滑落和碰撞的危险处所,有鲜明的标记	
6.6.26	机舱内的水密门保持常闭状态,开关正常	
6.6.27	机舱应急舱底阀活络,有应急排水管系图及相关应急阀门正常、活络	
6.6.28	机舱管子弄、机舱干隔舱无无积水	
6.6.29	舱底泵、管线、阀件保养良好,无缺损、无泄漏。机舱滑铁板下的阀有独立的指示标识,使船员易于辨别和查寻并能显示其开关状态	
6.6.30	机舱各设备泵浦工作正常,无泄漏	
6.6.31	燃烧情况状态良好(指引:检查主机、柴油发电机、辅锅炉、焚烧炉)烟囱有无冒黑烟	
6.6.32	机舱舱底污水、管弄积水高位报警正常有效	
6.6.33	船舶货舱进水探测报警系统每月检查、效用试验正常	
6.6.34	定期对移动式电动和电热器具的线路、插座、插头的容量、绝缘及完好情况作检查和测量,及时维修保养,并记入《电器测量记录簿》中	
6.6.35	所有380V/440V的开关箱/配电板前的地板上铺垫橡胶绝缘垫及开关箱/配电板处标识"高压危险"标志	
6.6.36	检查所有的应急照明灯正常	
6.6.37	各马达工作正常,控制箱开关、按钮、指示灯无缺失现象	
6.6.00	辅助机械、电气设备的其他故障	

【任务小结】

通过任务训练,学生能较全面了解《中华人民共和国船舶安全检查规则》的主要内容,掌握船旗国监督检查的程序、主要内容与处理意见,能熟练的开展船旗国监督检查工作。

【知识链接】

《中华人民共和国船舶安全检查规则》确立了哪些相关制度?

(1)人员资质管理制度。规则第七条规定,从事船舶安全检查的人员应当具备必要的船舶安全检查知识和技能,并取得相应等级的船舶安全检查资格证书。

(2)安检装备制度。规则第七条规定,海事管理机构应当配备足够、合格的船舶安全检查人员和必要的装备、资料等,以满足船舶安全检查工作的需要。

(3)选船制度。规则第九条规定,海事管理机构应当根据中华人民共和国海事局制定的选船标准以及国际公约、区域性合作组织的规定,结合辖区实际情况,按照公平对等、便利公开、重点突出的原则,合理选择船舶实施安全检查。

(4)信息通报制度。规则第十五条规定的通报船籍港,船旗国政府、国际海事组织;第十六条规定的通报相关的船舶检验机构、发证机构或者认可组织。第二十条和第二十一条规定的中国籍船舶所有人、经营人或者管理人通报船籍港。

(5)飞行检查制度。规则第二十条规定,对连续两年不能返回国内港口接受船旗国监督检查的船舶,经中华人民共和国海事局授权,船籍港海事管理机构可以到船舶所在地港口对船舶实施船旗国监督检查。

(6)信息公开制度。规则第二十三条规定,海事管理机构应当建立健全船舶安全检查信息公开制度,并接受社会公众和有关方面的咨询和监督。

(7)对船舶检验机构、发证机构和认可组织的调查处理制度。第三十二条规定,海事管理机构在实施船旗国监督检查中发现船舶存在的缺陷与船舶检验机构、发证机构和认可组织有关的,应当根据相关规定对船舶检验机构、发证机构、认可组织或者其工作人员开展调查和处理。

(8)小型船舶安全检查简易程序。由于 09 规则适用于所有中国籍船舶,考虑到小型船舶的特殊性,将针对小型船舶的特点,制定相应的检查程序。

(9)文书记录核发制度。规则第二十五条规定,中国籍船舶应当随船携带《船旗国监督检查记录簿》。《船旗国监督检查记录簿》由船舶或者其所有人、经营人、管理人向海事管理机构申请换发、补发。《船旗国监督检查记录簿》使用完毕或者污损不能继续使用的,应当申请换发,并交验前一本《船旗国监督检查记录簿》。因遗失或者灭失等原因申请补发的,应当书面说明理由,附具有关证明文件,并提供最近一次对其实施船旗国监督检查的海事管理机构名称。

【拓展提高】

1.《中华人民共和国船舶安全检查规则》的颁布与修订

1997 年 11 月 5 日,交通部发布《中华人民共和国船舶安全检查规则》(交通部令 1997 年第 15 号),《中华人民共和国船舶安全检查规则(1997)》自 1998 年 3 月 1 日起施行。

2009 年 11 月 30 日,交通运输部发布《中华人民共和国船舶安全检查规则》(交通运输部令 2009 年第 15 号),《中华人民共和国船舶安全检查规则(2009)》自 2010 年 3 月 1 日起施行。

2.《中华人民共和国船舶安全检查规则(1997)》修订的原因

船舶安全检查作为海事现场监督管理最重要的手段,在打击低标准船舶、保障水上交通安全、防止船舶污染水域发挥了巨大的作用。但其实施 11 年来一直未经修订,随着社会主义市场经济体制的建立和完善、科学技术的迅猛发展以及管理思想的不断进步,海事监管的环境和方式都发生了巨大变化,1997 年颁布施行的《中华人民共和国船舶安全检查规则》(以下简称97 规则)的理念、内容、方式已不能完全适应新形势下海事监管的新情况和新要求。主要体现在以下几个方面:

(1)船舶安全检查的法律性质和地位需要明确。船舶安全检查在 97 规则中缺乏明确定义,性质、内涵都比较模糊,与港口国监督(检查)、船旗国监督(检查)的关系没有界定。同时,船舶安全检查定位也不明确,船舶安全检查被业内人士誉为水上安全的最后一道防线,人们对其安全把关的期望值极高,认为安全检查工作能解决所有问题,大包大揽;没有界定与船检、船员发证、公司审核等相关方的关系,实际效果却不尽如人意。所以随着社会经济的发展和法制的完善,都需对上述问题进行明确的界定。

(2)未覆盖现行公约和法规的要求。97 规则生效后,一批新的国际公约、规则相继出台,并已对我国生效或即将生效,如 ILO 公约、ISM 和 ISPS 规则等,同时我国制定实施了一系列法规。这些国际公约、规则和法规规定了相应的检查内容,但 97 规则没有规定相关的检查要求。

(3)与其他业务联系不紧密。97 规则的船舶安全检查基本上是封闭运行的,检查结果与船检部门、船员发证部门、审核发证部门未形成通报、反馈制度,也没有相互制约机制;同时,97 规则没有体现船籍港管理理念,只强调了航行港的检查,未规定将检查结果流转到船籍港海事管理机构,忽视了船籍港管理的作用;也未规定航运公司应收集所拥有船舶的被检查情况,并分析原因,制定纠正措施。没有督促航运公司发挥自身的主观能动性。上述方面导致船舶安全检查制度监管的合力以及威慑力不够。

(4)没有体现分级管理理念。97 规则没有要求制定选船标准,没有突出重点跟踪船舶和诚信船舶的检查要求,是一种盲目的、拉网式的检查,没有集中资源对重点船舶进行检查,同时也干扰了技术状况好又诚信守法的船舶的正常营运,没有对船舶实行分级分类管理,检查的针对性不强,效率不高。

(5)没有完全体现责权利统一。97 规则大量规定了相对人的义务,而主管机关的权利多,责任、义务少,责权利不平衡,不符合现代社会的发展要求。

3. 规则修订的主要内容是什么?

规则修订,主要在法律、法规和我国缔结的国际公约规定的框架内,对授权的或未明令禁止的船舶安全检查内容进行了详细的阐述,明确了检查程序和内容,未突破现有法律、法规和国际公约的框架。从构建海事监管新模式、体现三个服务的角度,明确了立法的目的和船舶安全检查程序及内容,规定了海事管理机构及检查人员和行政相对人的权利和义务,体现了平等和责权利统一的原则。对促进海事管理机构履行职责,规范船舶安全检查行为,提高检查人员素质,提升检查质量和效果,将起到很好的作用。与 97 规则相比,09 规则主要进行了以下几个方面的修改:

(1)明确了立法的目的。09 规则突破了 97 规则单纯的以加强对船舶技术设备状况和人员配备及适任状况的监督检查,达到了保障水上人命财产的安全,防止污染水域,约束行政相对人行为的立法目的,同时强调了规范海事管理机构船舶安全检查行为的立法目的,并为此设定了船舶信息公开等相关制度,明确了船舶安全检查程序,保证了立法目的实现的途径。

(2)对船舶安全检查进行了定义,明确了检查主体、对象、性质和内容。97 规则没有对船舶安全检查进行定义,对它的功能也没有界定,定位不明确,这不符合现代的立法要求。而 09

规则第三条对船舶安全检查进行了定义,明确了船舶安全检查的行政(监督)检查的性质,明确了检查的主体和对象,规定了检查内容,进一步明确了船舶安全检查的功能。

(3)界定了船舶安全检查与港口国、船旗国监督检查的关系。97规则对船舶安全检查与港口国和船旗国监督检查的概念与关系未作阐述,不便于理解。09规则明确了船舶安全检查包括港口国监督检查、船旗国监督检查,并对两种检查进行了定义。船舶安全检查包括港口国监督检查、船旗国监督检查,港口国监督检查、船旗国监督检查是并列的关系,更加容易理解。

(4)拓宽了船舶安全检查的适用范围,适用的对象和水域更为广泛。一是扩大了中国籍船舶适用范围,对中国籍适用船舶的吨位和功率未加以限制,将规则适用于所有中国籍船舶;二是将船舶安全检查适用对象进行了延伸,除船舶、船员外,还包含了对船舶所有人、经营人、管理人以及船舶检验机构、发证机构、认可组织等有效执行我国法律、行政法规、规章,船舶法定检验技术规范,以及我国缔结、加入的有关国际公约的规定的要求。三是进一步明确了本规则不适用于军事船舶、公安船舶、渔业船舶和体育运动船艇。四是扩大了对外国籍船舶适用水域的范围,对外国籍船舶的检查不再限于在我国港口(包括海上系泊点)航行、停泊、作业的外国籍船舶,对在我国内水和领海的外国籍船舶同样适用。五是丰富了检查内容。97规则规定的检查内容主要限定在安全与防污染方面。09规则规定船舶安全检查内容除上述方面,还包含安全管理体系运行情况(ISM、NSM)、保安检查(ISPS)的相关检查。

(5)检查形式符合公约和实际情况的要求。09规则将港口国监督检查和船旗国监督检查分为一般检查、详细检查。从检查检查程度上分为一般检查和详细检查,符合港口国监督程序的要求,并引入了开展详细检查的几种情形,也符合诚信和便民的原则。

(6)明确了船舶安全检查的功能定位。09规则明确了船舶安全检查是通过对船舶技术状况、船员配备及适任状况等进行监督检查,督促并实现船舶、船员、船舶所有人、经营人、管理人以及船舶检验机构、发证机构、认可组织等有效执行我国法律、行政法规、规章,船舶法定检验技术规范,以及我国缔结、加入的有关国际公约的目的,检查结果不免除船舶及公司应负的安全与防污染管理责任。对船舶安全检查的功能进行了明确了定位,打破了传统安全检查一包到底的概念,划清了海事管理机构和行政相对人责任。

(7)加强了船籍港管理和船旗国监督管理。目前国内海事立法中对船籍港管理和船旗国监督管理提的较少,多数人对此理解不到位,未认识到船籍港管理和船旗国监督管理的重要性。09规则明确提出了船旗国监督检查的概念,融进了船籍港管理理念,并通过设计相关检查程序进行强化,要求从事国际航行的中国籍船舶所有人、经营人或者管理人,定期将船舶在境外接受检查和处罚的情况向船籍港海事管理机构通报,在境外发生水上交通事故或者污染事故的,或者在境外被滞留、禁止进港(入境)、驱逐出港(境)的,船舶所有人、经营人或者管理人应及时将船舶在境外接受检查和处罚的情况向船籍港海事管理机构报告,并明确规定对连续两年不能返回国内港口接受船旗国监督检查的船舶,经中华人民共和国海事局授权,船籍港海事管理机构可以到船舶所在地港口对船舶实施船旗国监督检查,对在境外发生水上交通事故或者污染事故的,或者在境外被滞留、禁止进港(入境)、驱逐出港(境)的,中华人民共和国海事局可以根据事故或者缺陷的性质以及客观条件,指定有关船舶检验机构对其实施境外临时检验,进一步加强了船旗国和船籍港管理的职能,为构建船舶监督管理乃至海事监管新模式打下了坚实的法律基础,同时也履行了国际海事公约强调的船旗国管理的义务。

(8)加强了与船检、船员发证机构、审核发证机构的联系。传统船舶安全检查工作正在逐渐成为其他工作的挡箭牌,弱化了源头管理的效能,不能起到以点带面的功能。如船舶安全检查正逐渐演变为第二船检,部分船舶检验机构错误地将船舶安全检查对船舶安全所起的把关作用当作了为其船舶检验把关的工具,将船舶检验所应起的源头管理作用推给了海事管理机构船舶安全检查,一方面弱化了船舶检验的源头管理作用,另一方面增加了海事管理工作的工作量和工作难度,船舶安全检查工作也不能起到应有的作用。在船员发证、审核发证中也存在此情况。船舶检验、船员发证、体系审核是水上安全监督管理链中的非常重要的一环,在船舶安全检查中应加强对上述相关方的监督,督促其履行职责,严格把关。09 规则建立了与船舶检验机构、发证机构或者认可组织通报监督制度,加强了船舶安全检查与船舶检验、船员发证、安全管理、保安体系审核等业务之间的联系,进一步强化了源头管理,加强了船舶安全检查效能,有利于提高监管合力。

(9)体现了分级管理的理念。09 规则要求主管机关制定选船标准,突出重点跟踪船舶和诚信船舶的检查要求,对重点跟踪船舶可以增加检查频次,对诚信船舶可以减少检查频次,集中资源对重点船舶进行检查,减少对技术状况好又诚信守法的船舶干扰,对船舶实行分级分类管理,提高了检查的针对性和效率。

(10)充分体现了诚信、高效、便民的原则。09 规则实行了分级管理,突出诚信船舶、重点跟踪船舶的管理,提高了效率,方便了行政相对人。同时,要求安检员实施详细检查时,告知船方原因,明示检查方式,让船方知道海事管理机构的检查要求,以方便接受检查。另外,对发现的缺陷,要求船方按处理意见进行纠正,除导致滞留、禁止进港、驱逐出港的缺陷外,其他缺陷可以自愿申请复查,而非强制性复查,要求船方自行核查缺陷纠正情况,同时海事管理机构可以对缺陷纠正情况进行跟踪,对未按处理意见纠正缺陷的,一经发现将进行处罚。重点要求船方纠正缺陷,而不拘泥于复查,既保证了船舶缺陷得到纠正,又减轻了海事管理机构的工作量,方便行政相对人,体现了诚信管理的理念。

(11)充分调动社会资源参与管理。09 规则规定了船舶存在可能影响水上人命、财产安全或者可能造成水域环境污染的缺陷和隐患的,船员及其他知情人员应当向海事管理机构举报。提供了社会公众参与船舶安全管理的途径。第二十三条规定:海事管理机构应当建立健全船舶安全检查信息公开制度,并接受社会公众和有关方面的咨询和监督。海事管理机构公布船舶安全检查信息,除方便社会公众和有关方面咨询和监督外,还有利于有关方面,特别是货主、租船人、买船人以及金融、保险机构及时了解船舶安全和管理情况,督促船舶所有人、经营人和管理人加强船舶安全管理,保持船舶的良好技术状态。上述规定有利于调动社会资源参与管理,提高船舶安全检查的针对性和效率。

(12)实现了责权利统一。97 规则大量规定了相对人的义务,而主管机关的权利多,责任、义务少,责权利不平衡,不符合现代社会的发展要求。而09 规则既规定了行政相对人的义务,同时还赋予了行政相对人的权利,如对检查提出的缺陷及处理意见进行当场陈述和申辩的权利等;对海事管理机构赋予权利的同时,也规定了大量的法律责任和义务。如要求海事管理机构制定选船标准,告知船方详细检查的原因,听取船方对缺陷及其处理的意见,公示检查结果,供社会各界查询,并接受社会的监督,对徇私舞弊、玩忽职守、滥用职权的人员进行处理等,也体现了海事管理机构履行社会责任的态度。

4. 新旧规则在船舶安全检查报告形式及保存时间上有无区别?

09 规则中规定新的报告名称为《船旗国监督检查记录簿》或者《港口国监督检查报告》,使用完毕船上保持2年。而97 规则中规定《船舶安全检查通知书》或《亚太地区港口国监督检查报告》使用完毕后应在船上保持1年。

【课后自测】

1. 船舶安全检查的依据和内容是什么?

2. 简述对船舶实施详细检查的情况。

3. 简述船舶安全检查中涉及机舱现在管理的主要内容。

任务2　港口国监督(PSC)

教学目标

◎ 能力目标:(1)能执行《港口国监督程序》的相关规定;(2)能接受(执行)港口国监督
检查。

◎ 知识目标:(1)了解港口国监督产生的背景及其重大意义;(2)掌握港口国监督程序;
(3)掌握船舶开航前自查。

◎ 情感目标:(1)具备严谨的工作态度;(2)具备良好的职业道德;(3)具备团队合作精神。

【任务介绍】

开展一次船舶开航前港口国监督自查。

【任务解析】

各组学生在掌握《港口国监督程序》的基础上,根据港口国监督更详细检查的内容,充分开展开航前船舶自查,减少船舶港口国检查滞留率和缺陷率。

【相关知识】

1. 港口国监督

Port State Control,PSC,亦称港口国监控、港口国管理或港口国检查。是指世界各地的港口国当局对抵港的外国籍船舶实施的以船舶技术状况、操作性要求、船舶配员以及船员的生活和工作条件为检查内容的,以确保船舶和人命财产安全、防止海洋污染为宗旨的一种监督与控制。

目前,各港口国政府正日益严格和广泛地采取措施,对抵港的外国船舶实施港口国监督。不少抵港船舶因被发现存在严重缺陷而被警告、限期解决或被滞留。被滞留的船舶不仅会导致船期损失和承担高昂的修船费,还会使船舶、船公司、船旗国、船级社因被列入"黑名单"而再受名誉损失。

2. 港口国监督程序

1995 年 11 月 23 日 IMO 第 19 次大会,通过了 A. 787(19)决议,即《港口国监督程序(PROCEDURES FOR PORT STATE CONTROL)》。《港口国监督程序》已成为各港口国进行PSC 检查的基准文件,巴黎备忘录和亚太备忘录均已据此作了修正,并分别与 1997 年 4 月 1日和 1998 年 5 月 1 日起施行。其他地区性 PSC 组织的检查程序也是以 A. 787(19)决议为基准,仅调整其内容编排和给出少量的地区性要求。

3.《港口国监督程序》的用语定义

(1)明显理由:船舶及其设备或船员并不真正符合相应公约的要求,或船长和船员并不熟悉与船舶安全和防污染有关的船上主要操作管理程序的根据。

(2)缺陷:被发现并不符合相应公约规定的状况。

(3)滞留:当船舶或其船员状况并不真正符合适用公约,为了确保船舶在消除对船舶或船上人命构成的危险或对海上环境构成的过高危害之前不开船,港口国采取的干预行动。

(4)检查:检查相关证书和其他文件的有效性,以及检查船舶及其设备和其船员的总体状况的一种登船查访。

(5)更详细检查:当存在明显理由确信船舶及其设备或船员并不真正符合证书的详细要求而进行的检查。

(6)PSC 检查官(PSCO):由某缔约国主管当局正式授权从事 PSC 检查的人员。

(7)低标准船:其船体、机器、设备或操作安全性实际上低于相应公约规定的标准,或者船员不符合最低安全配员证书的船舶。

(8)有效证书:由缔约国直接签发或缔约国授权组织代其签发的符合相应公约的证书,其包含准确和有效的日期,满足相应公约的规定,符合船舶、船员和设备的细节。

4. 采取更详细检查的"明显理由"

(1)缺少公约所要求的主要设备或设施。

(2)检查时,船舶证书被发现一张或几张明显失效。

(3)船舶各种日志、手册或其他所要求的文件不在船上、未保持或保持有误。

(4)由 PSCO 的总体印象和观察发现:船体或结构严重受损或存在重大缺陷可能对船体结构、水密或风雨密的完整性构成危险。

(5)由 PSCO 的总体印象和观察发现:船舶在安全、防污或航行设备方面存在严重缺陷。

(6)船长或船员不熟悉与船舶安全或防污染有关的船上基本操作,或这些操作未被执行的信息或证据。

(7)有迹象表明主要船员之间或主要船员与船上其他人员之间不能够相互交流。

(8)缺少最新的应变部署表、防火控制图和客船破损控制图。

(9)遇险报警信号误发后没有适当的取消程序。

(10)收到某船可能是低标准船的报告或投诉。

巴黎备忘录组织还规定下列情况为导致更详细检查或扩大检查范围的"明显理由":

(11)其他当局的报告或通知。

(12)船舶受到宣称其违反有害物质或油污水排放规定的投诉。

(13)船舶在到港途中发生了碰撞、触底或搁浅。

(14)发生了错误的遇险信号又未按正确的程序取消。

(15)已被确定为优先检查的船舶。

(16)悬挂非相关公约成员国国旗的船舶。

(17)船舶卫生状况极差。

(18)船舶与岸上当局不能通过通用语言或岸上当地的语言进行交流。

(19)未能安全地或按照 IMO 指南的规定进行装货作业或其他操作。

294

5. 更详细的检查

《PSC 程序》的"更详细检查"的内容分为四大部分：

（1）船舶构造和设备要求指南。

（2）MARPOL 73/78 附则 I 和附则 II 排放要求指南。

（3）操作性要求检查指南。

（4）最低配员标准和证书。

6. 低标准船的识别

（1）一般情况下,如果船舶的船体、机械、设备或操作安全性确实低于相应公约规定的标准,或其船员配备不符合船舶最低安全配员证明的要求,则该船被认定为低标准船。例如：

①缺少公约所要求的主要设备或布置。

②设备或布置不符合公约的有关要求。

③由于诸如管理维护不善造成的船舶或设备的实质性受损。

④船员操作技能欠缺或对主要操作程序不熟悉。

⑤船员配备不足或船员证书不适当。

（2）如果这些明显原因的总体或单个使船舶不适航和使船舶、船上人员的生命处于危险或如果让船舶开航可对海上环境构成过高的危险,此船应被认定为低标准船。

（3）根据相应公约的要求,缺少有效证书将是船舶低标准的明显证据,是作出滞留船舶决定和对其检查的依据。

7. 船舶滞留指南

作为 A. 787(19)附则《港口国监督程序》附件 1 的"船舶滞留指南",用于帮助 PSCO 作专业判断,但其滞留标准和滞留缺陷显然有利于船方有重点地自查和及时纠正可能导致船舶滞留的缺陷,从而避免船舶被滞留。

（1）船舶滞留的主要标准。当对决定是否滞留船舶作专业判断时,PSCO 应利用下列标准：

时机：对离港开航不安全的船舶,不论船舶将在港停留多久,在第一次检查时,就应对其滞留。

标准：如果发现的船舶缺陷足够严重,而使 PSCO 认为船舶离港之前必须再次登轮,以确认船舶是否已令其满意地消除了缺陷时,应滞留该船舶。

（2）主要标准的应用。

①当决定船上发现的缺陷是否足够严重而导致滞留时,PSCO 应分析船舶是否具有：

a)相关的有效文件；

b)"最低安全配员证明"要求的船员。

②在检查中,PSCO 应进一步评估船舶和/或船员在即将开始的航行中是否能够：

a)安全航行；

b)安全地管理、载运货物和监视货物的状况；

c)安全地进行机舱操作；

d)维持正常的推进和操纵；

e)必要时船舶任何部位的有效灭火；

f)迅速安全地弃船和必要时的有效救助；

g)防止海洋环境污染；

h)保持足够的稳性；

i)保持足够的水密完整性；

j)必要时遇险情况下的通信；

k)在船上提供安全和卫生的条件。

③如果这些评估的任何结果是否定的,考虑到所有已发现的缺陷,应强烈地认为需要滞留该船。多项不太严重的缺陷的组合也可能导致船舶滞留。

(3)可导致船舶滞留的缺陷。下列是根据有关公约和/或法规分类的缺陷表。表中所列被认为其性质已严重到足以导致滞留船舶。不能认为此表已概括无疑,但可作为滞留船舶理由的例子。

①依据"SOLAS 公约"：

a)推进机械和其他主要机械以及电气装置不能正常工作；

b)机舱不够清洁、舱底油污水过多,包括机舱中排气管的管系绝热层表面被污染、舱底水泵系不能正常工作；

c)应急发电机、照明、蓄电池组和开关不能正常工作；

d)主、辅操舵装置不能正常工作；

e)个人救生设备、救生筏和起落装置数量不足或严重腐蚀；

f)探火系统、报警系统、消防设备、固定灭火设施、通风阀门、挡火板、速闭装置等缺少、不符合使用要求或严重受损以致不能满足预定用途；

g)油轮货舱甲板区域防火设施没有、严重损失或不能正常工作；

h)号灯、号型或号声没有、不符合要求或严重损坏；

i)用于遇险和安全通信的无线电设备没有或不能正常工作；

j)考虑到"SOLAS 公约"V/12 条的规定,航行设备没有或不能正常工作；

k)针对计划航线,缺乏所需的经改正过的海图和/或所有其他航海出版物,但可考虑用电子海图代(传统)海图；

l)货油泵舱没有采用无火花型通风设备；

m)不符合操作性要求的各种缺陷；

n)船员人数、构成或证书不符合安全配员文件要求。

②依据"国际散化规则"(IBC Code)：

a)运输"适装证书"中未列出的货物或没有所运货资料；

b)高压安全装置没有或已损坏；

c)电气装置为非安全型设计或不符合规则要求；

d)危险区域存在着电源；

e)违反操作特殊要求；

f)货舱装载量超过最大允许值；

g)对敏感成品货物缺乏足够的隔热防护。

③依据"国际液化气体船规则"(IGC Code)：

a)装运"适装证书"中未列出的货物或没有所运货物资料；

b)居住或服务区域缺少关闭装置；

c)舱壁不气密；

d) 空气锁失效；

e) 速闭阀没有或失效；

f) 安全阀没有或失效；

g) 电气装置为非安全型设计或不符合规则要求；

h) 货物区域通风设施无法工作；

i) 货舱压力报警器失效；

j) 气体测装置和/或有毒气体探测装置失效；

k) 运输防爆货物而无防爆证书。

④依据"载重线公约"(Load Lines)：

a) 重要区域损坏或锈蚀，或影响适航性或甲板及船体上承受局部符合的板材及其相关扶强材的麻点状锈蚀，除非已做了适当的临时性修理以便开往下一个港口做永久性修理；

b) 稳性不足；

c) 缺少经认可的足够和可靠的资料，使船长迅速和简单地安排船舶的装载和压载，并保证船舶在航程的各个阶段及航行条件变化时，具有安全的稳性余量和避免船体结构产生过大应力；

d) 关闭设施、舱口关闭装置和水密/风雨密门缺少、严重腐蚀或失效；

e) 超载；

f) 吃水和/或载重线标志没有或无法辨认。

⑤依据"MARPOL 公约"附则 I：

a) 油水分离设备、排油监控系统或 15ppm 报警装置没有、严重腐蚀或损坏；

b) 污油水舱或渣油柜的剩余舱容不能满足计划航程的污油存放；

c) 未能出示油类记录簿；

d) 设有未经认可的排放旁通道路。

⑥依据"MARPOL 公约"附则 II：

a) 无 P&A(程序和布置)手册；

b) 货物未分类；

c) 未能出示货物记录簿；

d) 不满足运输类油类物质的要求；

e) 设有未经认可的排放旁通管路。

⑦依据"STCW 公约"：

a) 船员未持有证书或持证不符、无有效免除或不能提供已交船旗国当局申请签署的证明文件；

b) 不符合主管机关规定适用的配员要求；

c) 驾驶或轮机值班安排不符合主管机关针对船舶制定的要求；

d) 值班人员不具备操作有关安全航行、安全无线电通信或防止海洋污染等主要设备的资格或能力；

e) 不能安排业已充分休息而适于值班的人员以便作为在航次开始时的首次值班人员和随后接班人员。

⑧依据"商船运输(最低标准)公约"：

a) 没有充足的食物以航行到下一港口；

b）没有充足的饮用水以航行到下一港口；

c）船上太脏；

d）当船员运营在气温过低的海域时居住处所无供暖；

e）在通道、居住处所存放着过多的垃圾、设备或货物等阻碍或其他不安全的状况。

8. 港口国监督优先检查的船舶

（1）"巴黎备忘录"优先检查的船舶：

①船舶第 1 次或在 12 个月之后再次抵达备忘录成员国港口。

②滞留率高于 3 年平均值的船旗国的船舶（该类国家在备忘录的年报中公布）。

③未按期消除 PSC 发现的缺陷的船舶。

④由引航员或港口当局报告存在危及航行安全的缺陷的船舶。

⑤持有主管机关未认可的组织根据相关公约签发的船舶构造和设备法定证书和船级证书的船舶。

⑥载运危险货物或污染货物而未按规定向港口当局和沿岸国家报告的船舶。

⑦属于扩大范围检查类别的船舶（注：系指根据"MSRPOL73/78"附则Ⅰ的 13G 条，过渡期之后 5 年内的油船；船龄 12 年以上的散货船；客船；船龄 10 年以上的气体和化学品船）。

⑧在前 6 个月内因安全原因被中止船级的船舶。

（2）"亚太备忘录"优先检查的船舶：

①客船、滚装船和散货船。

②可能引起特别危险的船舶：包括油船、气体船、化学品船及运输包装类有害物质的船舶。

③首次到达，或经 12 个月之后再次抵达本备忘录的成员国港口。

④滞留率高于 3 年平均值的船旗国的船舶（该类国家在本备忘录的年报中公布）。

⑤未按期消除 PSC 发现的缺陷的船舶。

⑥由引航员或港口当局报告存在危及航行安全的缺陷的船舶。

⑦载运危险货物或污染货物而未向有关港口和沿岸国家当局报告有关船舶资料、船舶动态及所装危险/污染货物资料的船舶。

⑧在前 6 个月内因安全原因已被中止船级的船舶。

⑨因滞留缺陷无法在检查港纠正，经检查港当局允许驶往其认可的修船厂，但未满足检查港当局认可的出海条件的船舶。

⑩按本备忘录组成的委员会确定的需优先检查的船舶类型的船舶。

9. PSC 检查措施代码含义（表 7-2、表 7-3）

PSC 检查需采取的措施代码 表 7-2

Code 代码	Actions to be Taken 需采取的措施
00	No Action Taken 不需采取措施
10	Deficiency Rectified 缺陷已纠正
12	All Deficiencies Rectified 所有缺陷已纠正
15	Rectify Deficiencies At Next Port 在下一港口纠正缺陷
16	Rectify Deficiencies Within 14 Days 在 14 天内纠正缺陷

Code 代码	Actions to be Taken 需采取的措施
17	Master Instructed to Rectify Deficiencies Before Departure 要求船长在离港前纠正缺陷
18	Rectify Deficiencies Within 3 Months 在三个月内纠正缺陷
19	Entrance Prohibition for ship without Certification 未经认证的船舶禁止靠港
20	Ship Delayed to Rectify Deficiencies 船舶延期离港以纠正缺陷
25	After Delay Allowed to Sail (*Specify Date) 延期后允许开航(注明日期)
30	Ship Detained 滞留船舶
35	Detention Rised (*Specify Date) 解除滞留(注明日期)
36	Ship allowed to sail after follow-up detention 船舶再次滞留后允许开航
40	Next Port Informed 通知下一港口
50	Flag State /Consul Informed 通知船旗国/领事馆
55	Flag State Consulted 咨询船旗国
60	Region State Informed 通知本区域成员国
70	Classification Society Informed 通知船级社
80	Temporary Substitution of Equipment 临时更换设备
82	Alternative equipment or method used 使用替代设备或方法
85	Investigation of Contravention of Discharge Provision (MARPOL)违反(MARPOL)排放规定的调查
90	Letter of warning issued 签发警告信
95	Re-inspection Connection with Code 90 根据签发的警告信重新检查
96	Letter of Warning Withdrawn 收回警告信
97	Destination Unknown Information 目的港信息未知
99	Other (Specify) 其他(具体说明)

PSC 检查已采取的措施代码

表 7-3

Code 代码	Meaning 含义	Actions Taken 已采取的措施
A	Detained	Grounds for detention 滞留的原因
B	Rectified	Deficiency rectified 缺陷已纠正
C	Before Departure	Rectify the deficiency before departure 在开航前纠正缺陷
D	At the next port	Rectify the deficiency within 14 days 在 14 天内纠正缺陷
E	Within 14 days	Rectify the deficiency at the next port 在下一港口纠正缺陷
F	Agreed Class Condition	As in the agreed class condition 根据已同意的船级条件
G	Within 3 Months	Rectify non-conformity in three months 在三个月内纠正缺陷
H	Major NC	Rectify major non-conformity before departure 开航前纠正主要不合格项
J	At Agreed repair port	At an agreed repair port 在经允许的港口修理
K	Temporary repair	Temporary Repair to be carried out 进行临时修理

Code 代码	Meaning 含义	Actions Taken 已采取的措施
L	Flag consulted	Flag State Consulted 咨询船旗国
M	LOW issued	Letter of Warning issued 签发警告信
N	LOW withdrawn	Letter of Warming withdrawn 收回警告信
O	Operation Stoped	Prohibition to continue an operation 禁止继续操作
P	Temporary Substitute	Temporary substitute of the equipment 临时更换设备
Q	Other	Specify unusual circumstances (free text) 说明异常情况(格式不限)

Notes：

①never with a detainable deficiency 不适用与滞留性缺陷。

②only for ISM defective items and never with a detainable deficiency 仅适用于与 ISM 有关的缺陷项目,且不适用于滞留行的缺陷。

③only for ISM defective items and always with detainable deficiency 仅适用于与 ISM 有关的、滞留性的缺陷项目。

④only for detainable deficiency 仅适用于滞留性的缺陷。

【任务实施】

各组按照表7-4内容给组员分配任务,开展一次船舶开航前自查。

开航前检查自查表　　　　　　　　　　　　　　　表7-4

开航前检查自查表(参照 2008 年 4 月亚太地区港口国监督相关要求编排)			
Codes	Description	种　类	自查结果
0100	SHIP'S CERTIFICATES AND DOCUMENTS	船舶证书和文件	
	……	……	
0199	Others (certificates)	其他(证书)	
0200	CERTIFICATION AND WATCHKEEPING FOR SEAFARERS	海员值班证书	
	……	……	
0299	other (STCW)	其他(海员值班78/95 公约和海员值班规则)	
0300	CREW AND ACCOMMODATION (ILO 147)	船员和住舱(国际劳工组织 147 号公约)	
	……	……	
0399	other (accommodation)	其他(住舱)	
0400	FOOD AND CATERING (ILO147)	食品和饮食(国际劳工组织 147 公约)	
	……	……	
0499	other (food)	其他	
0500	WORKING SPACES (ILO147)	工作场所(国际劳工组织 147 公约)	
	……	……	
0599	other(working spaces)	其他(工作场所)	
0600	LIFESAVING APPLIANCES	救生设备	
	……	……	
0699	other(life-saving)	其他	

Codes	Description	种 类	自查结果
0700	FIRE SAFETY MEASURES	消防安全措施	
	……	……	
0800	ACCIDENT PREVENTION(ILO147)	事故预防(国际劳工组织147公约)	
	……	……	
0900	STABILITY, STRUCTURE AND RELATED E-QUIPMENT	稳性、上层建筑和相关设备	
	……	……	
0999	other(stability/structure)	其他(稳性/结构)	
1000	ALARM SIGNALS	警报	
	……	……	
1099	other (alarms)	其他(警报)	
1100	CARRIAGE OF CARGO AND DANGEROUS GOODS	货物装载和危险货物	
	……	……	
1199	other(cargo)	其他	
1200	LOAD LINES	载重线	
	……	……	
1299	other(load lines)	其他(载重线公约的要求)	
1300	MOORING ARRANGEMENTS(ILO147)	系泊设备(国际劳工组织147公约)	
	……	……	
1399	other(mooring)	其他(系泊设备)	
1400	PROPULSION AND AUXILIARY MACHIN-ERY	主推进装置和辅助机器	
	……	……	
1499	other(machinery)	其他(机械)	
1500	SAFETY OF NAVIGATION	航行安全	
	……	……	
1599	other(Navigation)	其他(航行设备)	
1600	RADIO COMMUNICATIONS	无线电通信	
	……	……	
1699	other(radio)	其他(无线电)	
1700	MARPOL-ANNEX I	MARPOL 公约-附则 I	
	……	……	
1799	other(MARPOL/Annex I)	其他(防止船舶污染公约附则I)	
1800	OIL CHEMICAL TANKERS AND GAS CAR-RIERS	油/化学品船和气体船	
	……	……	

Codes	Description	种　　类	自查结果
1899	other(oil tankers)	其他(油船)	
1900	MARPOL-ANNEX II	MARPOL 公约-附则 II	
	……	……	
1999	other(MORPOL. Annex II)	其他(MORPOL. Annex II)	
2000	SOLAS RELATED OPERATIONAL DEFI-CIENCIES	与 SOLAS 公约相关的操作缺陷	
	……	……	
2099	other (SOLAS/operational)	其他(SOLAS/操作)	
2110	Oil and oily mixtures from machinery spaces	来自机器处所的油和油类混合物	
2120	garbage	垃圾	
2199	other (MARPOL/operational)	其他(MARPOL/操作)	
2200	MARPOL -ANNEX III	MARPOL 公约-附则 III	
2220	Marking and labeling	标志和标签	
2299	Other (MARPOL/Annex III)	其他(MARPOL/Annex III)	
2330	Garbage record book	垃圾记录簿	
2510	safety and enviromental	安全和环境保护方针	
2530	resources and personnel	资源和人员	
2540	emergency preparedness	应急准备	
2555	documentaion	文件	
2600	BULK CARRIERS-ADDITIONAL SAFETY MEASURES	散货船附加安全措施	
2640	cargo density declaration	货物密度的声明	
2700	ADDITIONAL MEASURES TO ENHANCE MARITIME SECURITY	加强海上保安的附加措施	
2725	Ship security officer	船舶保安员	
2730	Access control to ship	进入船舶的通道监控	
2799	other(Maritime security)	其他(海事保安)	
2815	Marking of IMO number	IMO 编号的永久标识	
2899	other (Additional maritime safety)	其他(附加的海事安全)	
2910	Sewage treatment plan	生活污水处理装置	
2920	Sewage comminuting system	生活污水粉碎和消毒系统	
2999	other(MARPOL-Annex IV)	其他(MARPOL 公约附则 IV)	
3010	Technical Files	技术文件夹	
3020	Approved document relating to exhaust gas system	排气系统的相关认可文件	
3030	Type approval certificate incinerator	焚烧炉认可证书	
3040	Quality of fuel oil	燃油的质量	
3050	Volatile organic compounds in tankers	油舱的挥发性有机化合物	

Codes	Description	种　类	自查结果
3099	other(MARPOL Annex VI)	其他(MARPOL 公约附则 VI)	
3110	Ballast Water Management Plan	压载水管理计划	
3130	Ballast Water Management construction	压载水管理结构	
3140	Ballast Water Exchange	压载水更换	
3150	Sediment	沉淀物	
3160	Crew familiarization	船员熟悉情况	
3170	Performance standard	执行标准	
3180	Prototype	标准	
3190	Exemption	免除	
3199	Other(BWM)	其他(压载水管理)	
3200	ILO 180	国际劳工组织 180 号令	
3210	Crew fatigue	船员疲劳	
3220	Night work	夜间工作	
3230	Rest legal doc	休息法定文件	
3300	AFS Convention	防污底公约	
3310	AFS supporting documentation	防污底支持文件	
3315	Logbook entries referring AFS	有关防污底的日志记载	
3320	Paint condition	油漆状况	
3340	Sampling	取样	
3399	Other(AFS)	其他(防污底)	
9900	ALL OTHER DEFICIENCIES		
9901	deficiencies clearly hazardous to safety, health or environment, specified in clear text	文字说明明显地危害安全、健康或环境的缺陷	
9902	deficiencies not clearly hazardous to safety, healthor environment, specified in clear text	文字说明不明显地危害安全、健康或环境的缺陷	

自查无缺陷 打"√";有缺陷打"×";不适用打"-"。

【任务小结】

通过任务训练,学生能较全面了解《港口国监督程序》产生的背景及其重大意义,掌握 PSC 更详细检查的理由和内容;掌握减少 PSC 滞留率和缺陷率的船舶自查;掌握 PSC 检查处理代码含义。

【知识链接】

1. 港口国监督的由来和现状

港口国监督是由 1978 年"AMODO CADIZ"轮的触礁事故而产生。当时,该事故引起了欧洲公众与政界的极大震动,普遍以为有些船旗国政府的主管机关,在确保他们所管辖的船舶符合国际公约规定的标准方面,未能尽到职责。为此,1980 年 13 个欧洲国家,加上欧共体、国际海事组织（IMO）、国际劳工组织（ILO）在巴黎开会,一致同意共同采取措施,限制并继续消除不符合国际公约船舶的航行。继 1980 年会议之后,与 1982 年 1 月召开第二次会议,会上通过了著名的巴黎谅解备忘录（Paris MOU）。该备忘录于 1982 年 7 月 1 日开始生效。该备忘录现有 18 个成员国:比利时、丹麦、芬兰、法国、德国、希腊、爱尔兰、意大利、荷兰、挪威、葡萄牙、西班牙、瑞典、英国、波兰、加拿大、俄罗斯、克罗地亚。

据统计,世界全损船舶艘数及吨位居高不下的原因,主要是人为的因素和船舶结构缺陷所致。由于"巴黎备忘录"组织在防止和减少低标准船继续航行方面成效显著,IMO 在 1991 年召开的第 17 次大会上通过了关于"在船舶排放和控制方面加强地区合作"的决议。该决议要求全球各地区建立与"巴黎备忘录"相类似的 PSC 备忘录组织,并且要求各备忘录组织成员国及事实 PSC 的其他 应作出的安排,相互合作,以期建立全球性的 PSC 网络。

目前,地区性 PSC 组织除"巴黎备忘录"外,还有:拉美 PSC 协定（1992.11.10）、亚太地区 PSC 谅解备忘录（1993.12.2）、加勒比地区 PSC 谅解备忘录（1996.2.9）和地中海地区 PSC 谅解备忘录（1997.7.11）。我国是亚太地区 PSC 谅解备忘录的成员国。

2. 港口国监督的法律依据

（1）1974 年国际海上人命安全公约（SOLAS74）。

（2）经 1978 年议定书修订的 1973 年国际防止船舶污染公约（MARPOL 73/78）。

（3）经 1995 修正的 1978 年海员培训、发证和值班标准国际公约（STCW 78/95）。

（4）1996 年国际载重公约（L. L. 66）。

（5）1969 年国际吨位丈量公约（ITC69）。

（6）1972 年国际海上避碰规则公约（COLREG72）。

（7）1976 年商船运输（最低标准）公约（ILO 第 147 号）。

此外,巴黎备忘录组织还将下列议定书用于 PSC:

（8）SOLAS74 的 1988 年议定书。

（9）L. L. 66 的 1988 年议定书。

根据上述公约要求,PSC 的通常检查项目是:

（1）船舶证书、文件和手册。

（2）船体、机器和设备状态。

（3）有关机器、设备和仪器的使用和操作要求。

（4）船员配备、劳动及生活条件。

【拓展提高】

1. 船舶轮机 PSC 检查常见缺陷

（1）油水分离器:出海三向截止阀装置不合公约要求;出海管有旁通;泵盘根漏水;没有操作说明;有一个直通船外的连接;不工作。（检验时污水泵马达烧毁）

（2）污水报警器 100PPM/15PPM 不许可;界面显示不正常。

（3）15PPM 油水分离器出海阀前,有一段管子接口,虽已用盲板封死,但检查官要将该段管子割掉封死;机舱舱底污水较多;油水分离器没按 IOPP 证书要求装置自动停止装置。

（4）分油机间残油过多。

（5）大于 0.5 立方米的油柜,必须安装速闭阀。（新加坡对此项检查严格）

（6）救生艇机油箱不得留有空档（汉堡要求）。吊艇控制开关不活络。艇舷外照明灯不亮;艇电瓶电不足启动失败。救生艇松艇齿轮不牢靠。救生艇滚筒刹车部分,除齿轮可用外,其他需换新。

（7）机舱大通风筒自动关闭开关不太灵活;机舱烟筒顶的防水板开关,船员不熟悉。

（8）应急发电机间发电机风冷出口挡板不活络。

（9）伙房通风打开不灵便;机舱风筒自闭装置不活络;烟筒百叶窗关闭不严,检查官要求对主机排烟筒临时修理并检验;下港前永久修理排烟筒。

（10）机舱风筒开关方向标反。

（11）机舱门和舵机房门自动关闭功能失常。

（12）机舱烟筒及通风筒锈穿有洞。

（13）机舱一些防火门自动关闭装置失效。

（14）机舱油水的标准排放接头应有明显的标记,原来标记为:BILGE WATERS,要求改为:ENGINE ROOM BILGES TO SHORE RECEPTION;卫生水排放接头应标记为:SOIL TO SHORE RECEPTION(新加坡要求)。

（15）舵机舵角指示和驾驶台的指示不能相差一度。

（16）舵机及舵机间要清洁干净。舵机失电时,驾驶台要有报警。舵机间堆放液压油。

（17）舵机推力杆油封漏油,底部积油太多。舵机油缸底座二个缓冲垫块未固定牢。舵机系统油漏泄。舵机间存放易燃物品。舵机房多余的消防员备品箱要移走。舵机房机械通风装置需修理。舵机房存有化学药剂和牛油桶。舵机房存放油桶过多。舵机液压管漏油。

2. 避免船舶被不适当滞留的对策

（1）提高船员自身素质,增强船员责任感。大多数船员对PSC有一种恐惧和紧张感,但是PSC的发展趋势是体系越来越系统、标准越来越严格、内涵越来越深化、监控区域越来越扩大、检查数量越来越频繁,应做好持久作战的准备。首先,对船员进行PSC有关知识的定期培训,掌握PSC检查的规律与特点,了解PSC检查中详细检查的内容与范围;其次,船员要认真学习掌握有关公约的内容,尤其是掌握涉及PSC检查的一些常用设备的技术标准与公约依据,如救生艇、应急消防泵的启动时间、救生设备的配备数量与技术要求等,这样在检查中才能做到心中有数,从容应对。最后,要求船员严格遵循ISM规则,写你该做的,做你所写的,记你所做的,查你所做的,提高受控人员整体的安全管理素质,让船舶始终处于良好的安全状态,符合国际公约的要求,使PSCO查不出任何重大缺陷。

（2）了解港口当局的特殊规定和PSCO的习惯。船员除了要有良好的英语和有关公约知识外,还应尽可能掌握港口当局的特殊规定和所在国的风俗习惯。如到美国前,船上的垃圾箱最好不要空着,否则反而会被怀疑船舶是否已将垃圾倒入海里;消防救生演习时,发出警报后,在美国,要求全体船员立即赶到集合地点,而我们的船员听到报警后往往是立即赶到出事现场。各国PSCO检查风格不同,西方人较随意,仅凭个人的感觉,东方人则喜欢按部就班,逐项检查;有些国家的PSCO喜欢索要礼品礼金,而有些PSCO却对送礼品很反感,有的则喜欢一些具有特色的纪念品。

（3）以友好合作的态度接受和配合PSC。PSC检查中,船长是至关重要的,应该周密安排,精心组织,认真落实,准备好一切文件、资料、台账,积极主动友好合作,热情接待,寻求相互尊重的友好的气氛,注意PSCO兴趣习惯,不要抱抵触情绪,不要怕麻烦,不当面顶撞冒犯PSCO,有耐心,积极配合,动之以情,晓之以理,消除对PSCO的偏见、误解、敌意的情绪。船长尽可能自始至终陪同PSCO,对检查过程和项目要及时掌握,做到心中有数。在检查过程中,PSCO往往往会用小本子记录检查情况,要密切注意,一旦有问题尽量当场给予解决并及时演示。做出必要的解释,必要时能及时指出 PSCO 的错误,做到不卑不亢,在 PSCO 填写 PSC 报告前,搞清楚是否存在问题? 属什么问题? 如果 PSCO 做出错误决定,应先礼后宾,进行交流,并注意拒绝的方法,不要草率在报告单上签字,设法避免不适当的滞留。在检查中尽量制造活跃、友好、轻松的气氛,以便分散其注意力,空闲之余,闲聊一些共同感兴趣的话题,以此来交流感情,拉近距离。

(4)应用法律武器,提出严正交涉或索赔。经修正的 SOLAS 1974 公约及其 1978、1988 年议定书,控制条款 REGULATION I/19-(f)款;MARPOL 73/78 公约,控制条款 ARTICLE 7-(2)款;STCW 78/95 公约控制条款 ARTICLE-X(4)款及其他规则的相应条款规定,如果在执行控制时,应尽一切努力避免对船舶作不适当地扣留或延误,如船舶被不适当的扣留或延误,应有权对所受的任何损失和损害要求赔偿。因此一旦船长收到滞留报告,若该滞留为明显的不适当滞留,又没有任何办法可挽回的情况下,应立即报告公司和我国主管机关或驻外领使馆。在报告中,尽可能写一份详细检查经过,以便向有关方提出交涉和索赔;若该滞留属适当滞留,则应组织人员尽快进行严格整改,以便安排尽早复查,减少延迟时间,这样也让港口当局明白中国的船员是有水平的、具有完善的纠错能力,引起其对中国船舶的尊重,制约其检查的随意性,避免不适当的滞留。

3. 机器处所的更详细检查项目

(1)PSCO 将对主辅机械和电气设备的状况(如能否为推进和辅助机械提供连续、足够的电力)进行评估。

(2)在对机器处所的检查中,PSCO 将对保养状况形成印象。速闭阀拉线损坏或断开、延伸控制杆或机械的脱扣装置未连接或无法使用、阀门手轮丢失、长期形成的蒸汽、水和油泄漏的痕迹、舱面和污水井污浊或机器底座过度锈蚀等可作为系统维护工作管理不善的例证。大量临时性修理,包括管子的切断或水泥箱等均被视作不愿进行永久性修理。

(3)尽管不做性能试验时无法确定机械的状况,但对泵密封圈泄漏、水位表玻璃不洁、压力表失灵、释放阀锈蚀、安全或控制装置失灵或未连接、柴油机扫气箱或曲轴箱释放阀反复动作的迹象、自动设备和报警系统工作失常或不工作、锅炉壳体或烟道等的一般缺陷将导致轮机日志的检查和对机器故障、事故记录的调查,并可要求机器运转试验。

(4)如果一台发电机无法投入运行,PSCO 应调查供电量是否维持主要设备和应急设备的工作,并应进行试验。

(5)如发现存在明显疏忽的证据,PSCO 应调查范围,包括主辅机布置、舵机布置、超速切断、断路器等。

(6)必须强调:以上一项或多项缺陷的出现,可作为低标准状况的线索,实际的综合状况应根据具体情况进行专门判断以便作出低标准结论。

4. 救生设备的更详细检查

救生设备的有效性很大程度上取决于良好的维护保养和在定期操练中的使用情况。签发船舶设备安全证书的上次检验以后的时间内,如果船员未对设备进行定期的检查,可能是设备损坏的重要因素。除了未按公约要求配备设备或如救生艇破损等明显缺陷以外,PSCO 还应查找是否存在救生艇筏释放装置废置(不使用)或障碍,包括油漆积聚、支点锈死、缺少润滑、艇筏错误绑扎、甲板货物的存放或捆绑妨碍艇筏降落装置等。

5.防火安全的更详细检查项目

（1）消防和甲板冲洗管路及水龙头状况差、居住处所消防皮龙和灭火器丢失等均可能成为需要仔细检查所有防火安全设备的原因。除了应符合公约的要求，PSCO 将查找比日常更易发生火灾的隐患，这常见于机器处所不清洁。这种迹象和固定或手提灭火设备的严重缺陷可能导致船舶被定为低标准船舶。

（2）PSCO 将检查船舶防火控制图，以了解船舶防火措施概况，并根据建造日期考虑其是否符合公约要求。

（3）防火门不易操作会加速火势蔓延。PSCO 将检查在主要区域舱壁上、封闭梯道及易失火区（如主要机器处所、厨房等）的防火门的操作性能和固定装置，并特别注意开敞位置的门。发生火情时的另一威胁是通过通风系统蔓延的烟，可检查部分防火、阻烟挡板位置以确定其操作性。PSCO 也将确认通风机能在总控站予以停止，且通风系统的主进风口和主出风口有关闭装置。

（4）确保脱险通道的有效性，注意重要的门不得锁闭，通道和梯道不得堵塞。

6.机械操作的更详细检查

（1）PSCO 可查证船舶负责人员是否熟悉他们职责中与下列重要机械设备有关的操作：应急和备用电源；辅助舵机；舱底水泵和消防水泵；紧急情况下任何其他重要设备。

（2）PSCO 可查证船舶负责人员对以下内容是否特别熟悉：

①应急发电机。启动原动机前的必要行动、依据启动动力源不同原动机可能有不同启动方式和原动机第一次启动失败后的程序。

②备用发电机原动机。手动或自动启动备用原动机的可能性、全船断电程序和负载分配系统。

（3）PSCO 可查证船舶负责人员是否特别熟悉：本船的辅助舵机是何种型号；怎样表明哪台舵机正在工作；怎样才能使辅助舵机投入运转。

（4）PSCO 可查证船舶负责人员是否特别熟悉：

①舱底水泵。船上舱底泵（包括应急舱底泵）的数量和位置；所有舱底泵的启动程序；适当的操作阀件；舱底泵运转故障的最可能的原因和可能的补救措施。

②消防水泵。船上消防泵（包括应急消防泵）的数量和位置；所有消防水泵的启动程序；适当的操作阀件。

（5）PSCO 可查证船舶负责人是否特别熟悉：救生艇和/或救助艇发动机的启动和维护；通常在驾驶台控制的系统的现场控制程序；无线电设施的应急电源和完全独立电源的使用；电瓶的维护程序；应急停止装置、探火系统和报警系统的工作和水密门、防火门的操纵；主、辅机冷却水系统和滑油系统从自动变为手动控制的切换。

【课后自测】

1.什么是港口国监督？其通常检查项目有哪些？

2.港口国监控程序对低标准船的判别有何规定？

项目8 船舶安全操作及应急处理

通过该项目训练,学生能组织开展机舱日常维修保养工作,能应对机舱值班时的突发事件,能积极响应船舶的应变部署,能恰当地使用船内通信器材。

任务1 轮机部安全操作

教学目标

◎ **能力目标:**(1)能安全地实施机舱日常维修保养工作;(2)能安全地使用压力钢瓶;(3)能安全的机动用车。

◎ **知识目标:**(1)掌握机舱日常维修作业安全事项;(2)掌握压力钢瓶使用注意事项;(3)掌握机动用车的安全措施。

◎ **情感目标:**(1)具备良好的职业道德;(2)具备团队合作精神;(3)具备以船为家、优质服务的观念。

【任务介绍】

(1)能对机舱日常维修保养工作的安全进行提供支持;

(2)能正确使用压力钢瓶;

(3)能针对机动用车需求采取正确措施。

【任务解析】

1. 机舱日常维修作业

船舶在海上航行时,为了保证机舱的动力设备保持有效的持续工作,需要轮机员进行必要的维护、保养工作,比如拆装、吊运、清洗、车、钳、焊等;在维修工作过程中,若不能遵守安全注意事项,可能导致人员伤亡事故,从而影响船舶安全。

2. 压力钢瓶

压力钢瓶是高压容器(如氧气、乙炔钢瓶),装卸或搬运时要安全操作,不准跌落或抛扔,避免碰撞,插好瓶口钢帽,取下钢帽时不准敲击,否则会导致重大安全事故。

3. 机动用车

船舶在靠离码头和进出港口、航行于狭窄水道、运河时,主机操纵频繁,运行状态多变,为了保证船舶能够安全运行,一般要求提前采取一些准备措施。

【任务实施】

一、拆装作业

1. 检修主机

（1）悬挂警告牌。在主机操纵处悬挂"禁止动车"的警告牌，并应合上转车机，以防流水带动推进器。

（2）检修中转车。须征得驾驶员同意，应特别注意检查各有关部位是否有人或影响转车的物品和构件，并应发出信号或通知周围人员注意，以防伤人或损坏部件。

2. 检修副机和各种辅机及其附属设备

应在各相应的操纵处，或电源控制部位，悬挂"禁止使用"或"禁止合闸"的警告牌。

3. 检修发电机、电动机

应在配电板或分电箱的相应部位悬挂"禁止合闸"的警告牌，如有可能还应取出控制箱的保险丝。

4. 检修管路及阀门

应事先按需要将有关阀门置于"正确"状态，在这些阀门处悬挂"禁动"的警告牌，必要时用锁链或铁丝将阀扎住。

5. 检修锅炉、油水舱内部

（1）应打开两个及以上导门给予足够通风。

（2）作业期间应经常保持空气流通并悬挂"有人工作"的警告牌。

（3）派专人守望配合，注意在内部的工作人员的情况。

6. 检修锅炉汽包等汽水空间

应参照 4、5 两项执行，如在连通的其他部位仍有压力时，还应事先检查并确认阀门无漏，并派专人看守阀门。

7. 检修空气瓶、压力柜及有压力的管道

应先泄放压力，禁止在有压力时作业。

8. 照明灯具

（1）在锅炉、机器、舱柜等内部工作时，应用可携式低压照明灯。

（2）在油柜内应使用防爆式的，使用前必须认真检查并确保良好状态。

9. 拆装带热部件

要穿长袖工作衣裤并戴帽及手套。

10. 拆装冷冻液管

一般应先抽空，拆装时必须戴手套、防护眼镜或面罩，以防冻伤和中毒。

11. 检修气门室、气缸、透平内部、减速齿轮以及其他较为隐蔽或不易接近的部位

（1）作业人员衣袋中不得携带任何零星杂物，以免落入机内造成事故。

（2）检查减速齿轮时，必须在主管检修的轮机员的亲自监督指导下方可打开探视门，收工以前必须盖好。

（3）严禁在无人看守时敞开探视门。

12. 更换喷油器

柴油机在运转中如发现喷油器故障并需立即更换应:停车→打开示功阀→泄放气缸内压力并更换。

禁止在运转中或气缸尚有残存压力时拆卸喷油器。

13. 试验柴油机喷油器

禁止用手探摸喷油器的油嘴或油雾。

14. 检修电气设备

（1）裸露的高压带电部位必须悬挂危险警告牌或用油漆书写危险标记。

（2）严禁带电作业。

（3）确需带电作业时,必须使用绝缘良好的工具。

（4）禁止单人作业,只有一名电机人员的船上,轮机长应指派一名合适的人员进行协助。

（5）作业中注意防止工具、螺栓、螺帽等物掉入电器或控制箱内。

（6）看守人员应密切注意工作人员的操作情况,随时准备采取切断电源等安全措施。

（7）作业完毕后,应再认真检查。

（8）一切电气设备,除主管人员外,任何人不得自行拆修。

（9）禁止使用超过额定电流的保险丝。

15. 警告牌挂卸

（1）一切警告牌均由检修负责人挂卸,其他任何人不得乱动。

（2）检修移走栏杆、花铁板或盖板后,应在其周围用绳子拦住,以防人员不慎踏空造成伤亡。

二、吊 运 作 业

1. 严禁超负荷使用起吊工具

（1）在吊运部件或较重的物件前,应认真检查起吊工具、吊索、吊钩以及受吊处,确认牢固可吊运。

（2）禁止使用断股钢丝、霉烂绳索和残损的起吊工具。

（3）吊起的部件,应在稳妥可靠的地方放下,并衬垫绑系稳固。

2. 起吊工具的使用

（1）应先用低速将吊索绷紧。

（2）然后摇晃绳索,注意观察是否牢固、均衡。

（3）起吊物是否已经松动,再慢慢起吊。

如发现起吊吃力,应立即停止,进行检查或采取相应措施,防止超负荷。

3. 吊运作业过程中注意事项

（1）在吊运过程中禁止任何人员在下方通过。

（2）非必要时不得在吊起的部件下方进行工作。

（3）如确属必须,应采取各种有效的防范措施。

三、上高和多层作业

(1)离基准面2m以上为高空作业,作业用具如系索、滑车、脚手架、座板、保险带、移动式扶梯等,在使用前必须严格检查,确认良好,脚手架上应铺防滑的帆布或麻袋。

(2)作业人员应穿防滑软底鞋、系带保险带并系挂在牢固的地方,必要时应在作业处下方铺张安全网。

(3)上层作业所有的工具和所拆装的零部件放在工具袋或桶内,或用软细绳索缚住,以防落下伤人或砸坏部件。

(4)当上层有人作业时应尽量避免在其下方停留或作业,如属必须,应佩戴安全帽。

四、车、钳工作业

1. 车床、钻床作业

(1)严格遵守操作规程,工件应夹持牢固,夹头扳手用完应立即从夹头上取下。

(2)操作者衣着要紧身,袖口要扣好,戴好防护眼镜。

(3)禁止戴手套操作。

2. 磨制工具、砂轮机作业(包括除锈除炭)

(1)作业者应戴防护眼镜和口罩、禁戴手套。

(2)和砂轮旋转方向偏离45°角。

3. 禁止使用手柄不牢的手锤

五、焊 接 作 业

1. 焊接守则

(1)报告制度:

①航行途中施焊,轮机长须报告船长,征得同意后进行并报上级机关备案。

②船靠码头或在装卸作业期间如须进行焊接,必须遵守港口国主管当局有关规定并征得同意后方可进行。

(2)焊前风险评估:

①清理现场,现场不得有任何易燃物品。

②周围环境有无易燃的物品和气体,必要时应予挪移和通风。

③根据不同环境备妥适当的灭火器材。

(3)施焊时注意事项:

①两人作业,一人操作,一人监守。

②作业人员应穿长袖衣裤、戴手套、眼镜,必要时还应戴防护面具;电焊时必须使用面罩,不得用墨镜代替。

③严禁对存有压力的容器、未经清洁和通风的油柜、油管进行施焊。

④在狭窄舱、柜内或其他空气不够流通的部位施焊要特别注意通风,施焊持续时间不应太久,照明灯具应使用低压型并注意电线不能距离施焊处过近。

⑤焊件的焊处应清洁、干燥,防止焊后产生裂缝,焊接大件时,应先预热以消除内应力,必要时可加夹具。

⑥对有色金属或合金施焊时应注意通风,作业人员应在上风位置或戴防护面具,以防中毒。

⑦敲打焊渣时,必须戴眼镜并注意角度,以防碎屑飞溅伤眼。

⑧焊件未冷,作业人员不应离开现场,如属必要,应采取防范措施,防止误触烫伤。

⑨施焊完毕,应将工具整理好并复归原处,现场打扫清洁,仔细检查周围有无火种隐患,确认无患后方可离开。

⑩如由船厂工人施焊时,应由主管部门同意,派专人备妥消防器材,并监督施焊以防止发生火灾;如认为施焊不安全时,有权停止其作业,施焊完毕后应仔细检查,特别应注意施焊物的背面,有无隐患,待施焊物完全冷却后方可离去。

2. 电焊时注意事项

(1)严格遵守电焊机的使用操作规程,开机时应逐步启动开关,不可过快,注意防止焊夹和焊条碰地。

(2)经常检查焊机温度及运转是否正常,禁止施焊时调整电流。

(3)禁止在运转中的机电设备、起重用的钢丝绳或乙炔氧气管或钢瓶上通过电焊线。

(4)电焊完毕或较长时间停焊应切断焊机电源。

3. 气焊时注意事项

(1)连接各部分焊具前,应先吹净阀口,检查并确认各阀门并无漏气。任何时候,气瓶阀口和焊枪喷嘴均不应对人。

(2)连接胶管时(尤其应注意焊枪一端)要注意颜色标志,接氧气的应是蓝或黑色,接乙炔的应是黄或红色,不能反接。

(3)胶管要牢固,接口要紧密,不宜用铁丝捆扎胶管接口,以防扎孔或断裂。烧焊时胶管不应拉得过紧,并尽量远离火焰和焊件。

(4)一般情况下,气瓶总阀的开度不应超过1/2,以便应急关闭。

(5)气焊结束后,应先关掉焊枪上的控制阀,然后关闭气瓶总阀。

(6)点火、熄火、回火。

①点火。打开钢瓶上的阀门,转动减压器的调节螺丝,将氧气和乙炔调到工作压力(氧气为 $0.3 \sim 0.5$ MPa,乙炔为 $0.01 \sim 0.05$ MPa)。后打开焊枪上的乙炔阀门,稍开氧气阀,在喷嘴的侧面点火。点着后慢慢开大氧气阀,将火焰调到中性焰(或碳化焰,氧化焰)。

中性焰的焰芯较圆且呈蓝白色,轮廓清楚,外焰中长呈淡橘红色,这种火焰常被用来焊接低碳钢材料。

碳化焰的焰芯较长且尖,呈绿白色,轮廓不清楚,外焰很长呈橘红色。常被用来焊接铸铁、高碳钢和焊接硬质合金。

氧化焰的焰芯短小且呈蓝白色,外焰看不清,同时发出急剧的"嘶嘶"声响,常被用来焊接黄铜材料。

②熄火。先将氧气阀关小,再将乙炔阀关闭,火即熄灭。然后关闭氧气阀(如使用割炬时,则先关切割氧气阀,再关乙炔和预热氧气阀)。

③回火。施焊中有时会出现爆响,随之火焰熄灭,同时焊枪有吱吱响声,这种现象称回火。如遇回火,应速将胶管曲折握紧,先关闭焊枪上的氧气阀,再关闭乙炔阀,回火即可免除。处理

回火时动作要迅速、准确,防止气瓶爆炸酿成重大事故。

六、清洗和油漆作业

(1)油管及过滤器、加热器等如有泄漏应尽快清除,并注意防止漏油流散。

(2)机舱地板上的油污必须随时抹去;在用水冲洗机舱底部时,要防止水柱和水珠冲到电机设备上而引起损坏,并防止人员滑倒跌伤。

(3)使用易燃或有刺激性的液体清洗部件时,一般应在尾部甲板等下风处进行,不宜在机舱进行,同时要注意防止发生污染海面的事故。

(4)在处理酸、碱或其他化学品,或进入有毒气处所时,需相应地戴手套、防护眼镜、口罩、面罩等。

(5)油漆空气瓶内部或其他封闭处所不能同时多人作业,且时间不能太久,应轮流作业并相互照顾,防止油漆中毒。

【任务小结】

通过任务训练,帮助学生厘清机舱日常工作类型,培训学生规范的工作意识和安全工作的能力。

【知识链接】

一、压力钢瓶使用注意事项

(1)压力钢瓶不准卧放使用,应直立安放在妥善处并用卡箍或绳子紧固,两瓶的间距和瓶与烧焊处的距离均应大于 3m。

(2)钢瓶不准在电焊间存放,应放在阴凉处,禁止曝晒或靠近锅炉、火焰等热源。

(3)钢瓶内气体绝不能全部用光,剩余压力应保持不小于 100kPa。

(4)待灌的空瓶应做好明显标记并按原来气体充灌,不准互换使用或改灌其他气体。

(5)钢瓶在开阀前应仔细检查,特别要注意阀门是否反螺牙。

(6)钢瓶如因严寒结冻,不能用明火烘烤,但可用蒸汽或热水适当加温,一般瓶体温度不得超过 $30 \sim 40℃$。

二、机动用车时的安全措施

(1)机动航行前对主机进行试车,检查主机的起动和换向性能以确保机动用车。

(2)增开一部发电机,并电运行,以保证用电需要,在机动用车时,因空气压缩机、应急鼓风机、舵机、绞缆机、锚机的频繁使用或开关舱盖等使电站负荷增加且变化频繁。

(3)主机换用轻油可提高柴油机的机动性能并便于柴油机的检修(如需要)。

(4)加强对空气压缩机、空气瓶的管理,保证起动用气和汽笛用气。

(5)加强对废气锅炉的管理,调整蒸汽压力或旁通烟道,使锅炉在废气或燃油燃烧下保持一定的蒸汽压力。

(6)注意主机应急鼓风机的工作情况,保证柴油机的低负荷运转。

(7)注意柴油机冷却水、滑油的温度与压力的调整,使其在频繁的变负荷下保持稳定。

(8)海底门可换用高位,防止浅水航道的泥沙吸入(如需要)。

【拓展提高】

一、自动化机舱管理要点

自动化机舱除常规管理外,还应特别强调下列维护要点:

(1)要保证除湿设备和过滤设备工作正常。

(2)定期清洗空气滤器。

(3)如有液控系统,则应定期对滑油进行过滤净化,保持油质的清洁。

(4)对有关的电气设备,如继电器、电子电路等的功能要定期检查。

(5)定期进行自动手动转换操作。

二、主机发生故障时的安全措施

主机发生突然故障时要采取正确的安全措施,以保证船舶、主机和人身安全。

(1)当机械设备发生故障不能执行驾驶台命令时,应立即通知轮机长和值班驾驶员报告船长,并将故障情况记载于轮机日志。如需停车,应先征得值班驾驶员同意;但是在发生人身事故以及重要机件损坏等严重威胁主机安全的危急情况时,可先停车,并立即报告值班驾驶员和轮机长。

(2)迅速备车,并严格执行船长命令。

(3)柴油机运转中,下列情况应立即停车:

①柴油机运转已危及人身安全或导致机损时。

②滑油、燃油管系破裂,大量油类外泄,造成严重污染并危及柴油机安全时。

③曲轴箱、扫气箱爆炸时。

(4)主机停车后应合上盘车机进行盘车,淡水冷却与滑油系统应继续运转进行冷却。

(5)停车后15min,待曲轴箱温度下降时方可小心地打开曲轴箱道门,进行认真检查。

【课后自测】

1.简述主机拆修时的注意事项。

2.简述电焊作业时的注意事项。

3.简述气焊作业时的注意事项。

4.简述吊运作业时的安全注意事项。

5.简述车、钳作业时的安全注意事项。

6.简述清洗和油漆作业时的安全注意事项。

任务2 船舶搁浅碰撞应急处理

教学目标

◎ 能力目标:(1)船舶搁浅后,能采取正确的应急安全措施;(2)船舶碰撞后,能采取正确的应急安全措施。

◎ 知识目标:(1)掌握船舶搁浅后的应急安全措施;(2)掌握船舶碰撞后的应急安全措施。

◎ 情感目标:(1)具备团队合作精神;(2)具备面对险情,冷静思考的能力。

【任务介绍】

(1)模拟一次船舶搁浅场景,学生能采取相应措施正确应对;

(2)模拟一次船舶碰撞场景,学生能采取相应措施正确应对。

【任务解析】

1. 船舶搁浅应急安全措施

通过视频、图片再现船舶搁浅现场场景,要求学生能够从"应急处理""搁浅后检查""记录搁浅"三个方面进行准备,最终达到锻炼学生正确应对船舶搁浅的能力。

2. 船舶碰撞应急安全措施

通过视频、图片再现船舶搁浅现场场景,要求学生能够坚守事故现场、服从指挥,能够果断采取措施,避免事态扩大,积极控制船舶碰撞而带来的危害。

【相关知识】

1. 船舶搁浅(图 8-1)

船舶搁浅,是指船舶搁置在浅滩上致损;通常是由船舶操纵不当、定位失误、走锚、主要机械设备发生故障、不可抗力等原因导致。但据有关资料显示,该类事故 90% 以上都是人为因素所造成的。

图 8-1 船舶搁浅实图

案例1:1999 年 11 月 24 日,烟台烟大汽车轮渡股份有限公司的"大舜"号客轮在航行途中由于船舱起火,导致船舶搁浅倾覆,造成全船 300 多人仅 20 多人生还的特大海难事故,给我国海上客运业带来巨大经济损失,对社会产生了重大影响。

案例2:1967 年 3 月 18 日,利比里亚籍油轮 TORREY CANYON 轮载运 117000 吨波斯湾原油驶近英吉利海峡的锡利群岛,由于瞭望、定位和操舵等综合失误,导致该船触礁,船身折成两截,10 万多吨原油流出,浮油造成了法国北部海岸严重污染,大量海生物死亡,举世震惊。

2. 船舶碰撞（图 8-2）

船舶碰撞,是指在海上或者与海相通的可航水域,两艘或者两艘以上的船舶之间发生接触或者没有直接接触,造成财产损害的事故。

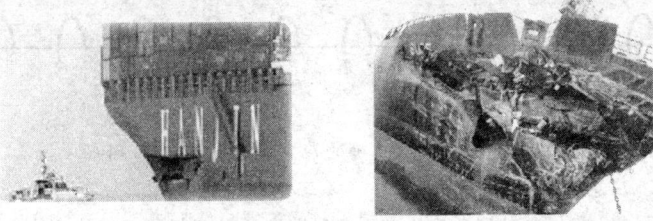

图 8-2　船舶碰撞实图

船舶因故发生碰撞、触礁事故,使船体破损进水,引起船身倾斜,甚至沉船,造成严重后果。

案例:2009 年 5 月,伊朗海运所属的"AFFLATUS"轮与国内某国际航运有限公司所属的巴拿马籍船舶在山东威海海域发生碰撞,导致后者沉没,该船上所有船员全部死亡,威海海域造成严重污染。

【任务实施】

一、船舶搁浅后的应急安全措施

船舶发生搁浅、擦底或触礁时,应迅速备车并按船长命令正确操纵主机。其安全措施如下:

1. 应急处理

(1)轮机长迅速进入机舱,指令值班人员做好备车工作,遵从驾驶台指令正确操纵主机。

(2)主机降速航行。船舶进入浅水区,因为船舶阻力增加,主机转速下降,或者在全制式调速器作用下自动增加油门致使柴油机超负荷运行。当值班轮机员发现主机转速和功率变化异常时,应考虑到搁浅的可能,主动向驾驶台联系询问情况,并采取降速措施。

(3)使用机动操纵转速。搁浅后,无论驾驶台采取冲滩或退滩措施,机舱所给车速都应使用机动操车转速或系泊试验转速,防止主机超负荷。

(4)换用高位海底阀。搁浅时值班轮机员应立即将低位海底阀换为高位海底阀,防止海水吸入管吸入泥沙,堵塞海水滤器。

(5)清洗海水滤器。换用高位海底阀后,如果发现海水压力仍然较低,应立即开启另一舷侧的高位海底阀,清洗被泥沙部分堵塞的海水滤器。如不及时换另一舷侧的高位海底阀并清洗被泥沙堵塞的海水滤器,可能会发生海水低压报警、冷却系统无压工作,使主机不能正常运行,甚至发电机因高温不能工作。

2. 搁浅后的检查

船舶搁浅后应作如下检查:

(1)轴系状态检查:搁浅后可能引起船体变形,所以必须检查轴系的情况。判断轴系状态可用下列方法:

①盘车检查:为了判断轴系是否正常,在船尾部允许盘车时,可用盘车机盘车检查轴系运转是否受阻,查看盘车机电流的变化情况是否正常。必要时应松脱某些中间轴承的地脚螺丝。

②柴油机运转检查:盘车检查正常,可在柴油机慢转的情况下进行下列检查:

a）检查中间轴承和尾轴的温度；

b）检查中间轴和尾轴是否跳动，声音是否正常；

c）检查中间轴承地脚螺栓情况；

d）检查曲轴箱的温度和声响；

e）检查齿轮箱的声音是否正常。

③柴油机曲轴臂距差检查：若条件允许应及早测量曲轴臂距差。通过曲轴臂距差来判断曲轴中心线的变化和船体的变形，决定脱浅后主机是否正常运行或减速运行。

（2）双层底舱柜的检查：搁浅时双层底舱柜可能变形破裂，要注意反复检查和测量各舱柜的液位变化，注意海面有无油花漂浮等，并做好机舱排水准备工作。

①连续检查主机滑油循环柜的液位。

②测量干隔舱、油水舱等双层底舱柜，如有漏水可将测量管、透气管封死。

③检查机舱舱底和轴弄的污水变化情况。

（3）舵系的检查：搁浅时舵系有可能被擦伤和碰坏，因此搁浅后必须对舵系进行检查。

①检查舵柱有无位移现象。

②进行操舵试验，检查转舵是否受阻。

③检查舵机负荷是否增加，电机电流和舵机油压是否正常。

④检查转舵时间（从任一舷的35°至另一舷的30°）是否符合要求。

⑤转舵时，检查舵柱是否振动。

3. 记录

记录搁浅发生的时间和脱浅的时间；记录所采取的各项应急措施；记录所造成的直接损失和间接损失等。为海事处理提供正确和必要的法律依据。

二、船舶碰撞后的应急安全措施

船舶因故发生碰撞、触礁事故，使船体破损进水，引起船身倾斜，甚至沉船，造成严重后果。当船舶发生碰撞、触礁后必须做到：

（1）轮机长立即进入机舱，监督值班轮机员按照船长命令操纵主机，做好轮机日志、车钟记录簿的记录。

（2）对轮机部所辖范围做检查，将损坏部位和损坏情况记入轮机日志。

（3）视情切断碰撞部位的油、水、电、气、汽源，关闭相关油柜的进出口阀。

（4）反复测量受损部位及其附近油水舱、柜的液位高度变化情况。

（5）如有火情、进水伴随发生，应按应急布置表的规定，各职责人员迅速进入指定的岗位。

（6）在统一的指挥下，根据船体破损、进水情况，采取相应的堵漏、排水措施。

（7）详细记录机电设备的损失或损失的估计、发生的时间和抢救措施，为海事处理提供确凿的法律依据；

（8）万一自救失败，处理好轮机部弃船时必须完成的工作，轮机长携带轮机日志和其他重要文件最后离开机舱。

【任务小结】

通过该任务训练，培养学生应对船舶突发搁浅或碰撞事故的能力，面对船舶搁浅或碰撞突发事故时,能够冷静思考,做出正确判断,采取果断措施。

【拓展提高】

船舶搁浅、触礁事故的预防

1. 全面了解本船的情况,掌握设备的性能,运用良好的船艺

(1)了解本船情况的关键是船舶的适航能力,船舶的出厂年限、证书的限制、制造厂家、姐妹船的共性、船体结构、本船的特性、主要技术参数等,尤其是老龄船,出厂的技术参数只能参考,还要考虑锈蚀、损耗、减负等因素。

1997 年某轮在比斯开湾南下,遇狂风巨浪,由于该轮的船体形状特殊,航速慢,受风面积大,船不但没有前进反而后退,几乎被推上法国海岸,造成十分紧迫的危险局面,在公司管船部门的及时指导下才脱离危险。在新接船或刚上一艘不熟悉的船工作时,争取在交接班时就把船舶情况了解清楚,否则一旦移泊或离港开航,往往会造成十分被动的局面,而且新船的技术参数也会有误,平时工作中要注意核对。

(2)掌握设备的性能关键是掌握主要设备(四机一炉)的特性,如设备的功率和工况,转换的时间间隙,损耗和减负情况,以前发生过的故障,操作时的技巧和要领等。尤其是老旧船,设备老化,问题较多,由于主机故障、开不出倒车、丢锚断链而发生搁浅、碰撞等事故已屡见不鲜。

在掌握各种设备性能的基础上,还要充分利用所有设备的效能。如导航设备是船舶安全航行的基本保证,发挥得好,综合应用得当,船舶定位、协助瞭望、接收信息、协调沟通等才有保障,否则将会酿成大事故。

(3)运用良好的船艺关键是正确理解和严格遵守《国际避碰规则》,不开"英雄船"、"斗气船",尤其是在狭窄航道、复杂海区航行时,要尽量争取主动,充分考虑到危险性的存在,给自己留有余地。操船技能是否良好,往往与船长的经验有关。每当进出繁忙的港口,航经复杂的航区时,要善于观察、思考和记录,不断总结经验、积累经验。另外还要善于沟通和交流,在介绍和检验自己经验的同时也不断吸取他人的经验,取长补短,不断提高操船技能。

2. 全面了解船员情况,遵守操作程序,提高应急反应能力

根据发生的海事统计和分析,船员不安全行为的主要因素有:一是船员缺乏良好的教育和训练;二是管理人员放松了管理;三是工作环境不符合要求;四是违反安全操作规程;五是设备维护保养不良;六是麻痹大意满不在乎;七是经验不足,应急应变能力差;八是不遵守国际公约、规则,违反船员通常做法;九是对事故预测不全面;十是过分相信自身能力。由此可见,对"人为因素"的控制已成为保障海上人命财产和海洋环境的关键。

(1)了解船员情况的关键是要掌握全体船员的素质。一艘船舶的船员就是一个组织、一个整体,全体船员必须牢固树立"同舟共济、安全第一"的观念,才能避免或减少事故的发生。

(2)提高应急反应能力。应急就是使海上人命财产和海洋环境摆脱和远离事故危险,恢复安全状态的活动过程。应急的成败直接关系到人命财产损失和环境损害的程度,所以应急必须是迅速的和有效的。成功的应急有赖于训练有素的人员,完备的应急设施和器材,高效率的船舶应变部署,正确的指挥和良好的群体协同。

3. 全面了解环境情况,掌握控制要素,提前预测危险

所谓"环境"要素可分两部分:一是创造安全的工作环境、必要的生活环境,营造良好的船风;二是随时掌握港口当地的政治态势,气候变化、天气预报、航道和航标、港口操作条件等。

要防止和及时消除物的不安全状态,防止和及时制止人的不安全行为,特别是保证不使物的不安全状态和人的不安全行为同时出现。

(1)了解环境情况。远洋船舶是一个独立的、运动的生产单位,无论是船员内部结构、舱内所装载的货物、还是外部的自然环境,都是在无规律地发生变化。

(2)掌握控制要素。船长所需控制的要素是多方面的,要根据具体情况而定。如防抗台风时,关键是要掌握台风的动向,本船所在位置和抗风的能力等;选择锚地时,关键的要素是旋回半径,流向、流速,风向、风速,附近的浅滩、浅点、沉船和障碍物等;狭窄航道航行时,关键是要掌握可供本船航行的水域,可供定位的陆标和浮标,风、流压对船的影响,水域内船只的密度等。近年来,船舶在码头装卸作业时发生多起坐浅事故,这一类事故关键是没有控制好抢卸重点舱货物的进度,没有掌握准确潮差与吃水的关系和码头边沿的实际水深,主要原因就是没有控制好当时情况下的相关要素。

【课后自测】

1.简述船舶搁浅、擦低后轮机部应采取的应急安全措施。

2.简述船舶搁浅后如何对轴系进行检查。

任务3 全船失电应急处理

教学目标

◎ 能力目标:(1)能分析全船失电的原因;(2)能针对失电原因采取措施。

◎ 知识目标:(1)掌握全船失电的原因;(2)掌握全船失电时采取的应急措施。

◎ 情感目标:(1)具备良好的职业道德;(2)具备沉着冷静的心态。

【任务介绍】

能根据船舶失电的特点,分析船舶失电的原因,能根据失电的原因采取正确的措施。

【任务解析】

船舶失电属于大事故,因为船舶失电会导致船舶驾驶、轮机的遥控系统失灵,导航设备、舵机失效,给船舶的安全航行带来极大的威胁。船舶失电的原因多种多样,通过任务训练学生可以根据失电的现象分析失电原因,从而采取果断措施,尽快恢复船舶发电机组供电。

【相关知识】

船舶发电机跳闸造成全船突然失电的原因十分复杂,一般有下列各种原因:

(1)电站本身故障,如空气开关故障、相复励变压器故障等。

(2)发生大电流、过负荷,如大功率泵的起动或发生了电气短路现象。

(3)大功率电动辅机故障或启动控制箱的延时发生变化。

(4)发电机及其原动机本身的故障,如调速器故障和滑油低压、冷却水低压、燃油供油中断等。

(5)操作失误。

【任务实施】

船舶失电时,轮机员应采取积极的措施,努力恢复船舶供电。

1.超负荷跳电

(1)现象。跳电后,发电机仍在空负荷下运转。

(2)措施。

①切除"非重要负载",如通风机、空调、冰机、厨房和部分照明设备等。

②再次合闸供电。

若一次合闸再跳电,应立即检查故障所在,不应再次合闸。

在全船失电情况下要注意确保舵机、助航设备、消防设备供电,恢复供电后逐台起动有关电动泵以利于发现故障。

2.不同航行状态失电所应采取的措施

(1)船舶在海上航行时失电。

①应首先停止主机运转并立即电告驾驶台,然后迅速启动备用发电机组,尽快恢复供电。

②如果情况特殊急需用车避让,只要主机有可能短期运转则应执行驾驶台命令。

如备用发电机组也不能启动,应急发电机应自动启动,并首先给导航设备和舵机供电。在恢复正常供电后,再启动为主机服务的各电动泵,然后再启动主机。

(2)船舶在狭窄水道或进出港航行中失电。

①应迅速启动备用发电机组尽快恢复供电。

②立即通知驾驶台并停止主机运转。

在应急处理过程中必须有人坚守主机操纵台,随时与驾驶台联系;如情况危急船长必须用车时,可按车令强制主机运行而不考虑主机后果。

(3)船舶在系泊或锚泊状态发生失电。应先启动备用发电机组,恢复正常供电后,再分析检查故障原因并予以排除。

(4)码头装卸站。应先启动备用发电机组,向船舶起货设备供电,恢复正常供电后再分析检查故障原因并予以排除。

【任务小结】

通过该任务训练,学生可以掌握船舶失电常见的各种原因及不同状况下应对船舶失电的措施。

【知识链接】

防止失电的安全措施

(1)做好配电板、控制箱等的维护保养工作。

(2)做好各电机及其拖动设备的维护保养工作,及时修理与更换有关部件。

(3)做好发电机及其原动机的维护保养工作。

(4)在狭窄水道、进出港航行时,增开一台发电机并联运行以策安全。

(5)在装卸货物期间,如增加开工头数,值班驾驶员应提前通知机舱。

(6)在狭窄水道、进出港等机动航行时应做到:

①尽量避免配电板操作。

②尽量避免同时使用几种大功率设备,如起货机等。

【拓展提高】

发电装置担负着全船电力供应的任务,如果发电柴油机发生故障就会造成全船失电,危及船舶安全,所以必须做好发电柴油机的运行管理工作。

1. 正常情况下的运行管理

(1)保持滑油的正常油位、温度和压力。

(2)保持滑油质量处于良好状态,定期用分油机净化或换用新滑油。

(3)启动发电柴油机时应保证充分地预先润滑。如用人工起动应摇动手摇滑油泵50次左右,使滑油压力达到正常工作压力。

(4)冷却水的压力、温度应符合要求。

(5)排气温度、进气压力和温度应和柴油机的负荷相适应,各缸应保持均匀。

(6)燃油、滑油和空气滤器应定期清洁。

(7)调速器和超速安全装置应定期检查,以防飞车。

(8)定期吊缸维修,检查轴承和螺栓。

2. 应急情况下的运行管理

在船舶发生碰撞、搁浅、失火或过运河、机动操纵、大风浪等应急情况下,应尽力做好发电柴油机的运行管理工作,保证正常供电。

(1)应启动备用机组并车运行,以便有较大的功率储备,满足大功率设备启动电流的冲击和应急操作的高负荷要求。

(2)在应急情况下对配电板的调整和操作应尽量减少,以防发生误操作。

(3)必要时应切除次要设备的供电,以确保应急措施的实施。

3. 发电柴油机发生故障时的管理

发电柴油机突然发生故障,造成全船失电,船舶将因此失去控制,所以必须根据不同情况采取正确果断的措施,以避免由此而产生的其他重大事故。

【课后自测】

1. 简述全船失电时轮机部应采取的应急安全措施。

2. 简述防止全船失电的安全措施。

任务4 弃船时应急措施

教学目标

◎ 能力目标:(1)能完成弃船的善后工作;(2)能按照应变部署表的规定登乘救生艇。

◎ 知识目标:(1)掌握离开机舱前的弃船准备工作;(2)掌握奔赴集合地点前的行动要点。

◎ 情感目标:(1)具备良好的心态;(2)具备自我控制能力;(3)具备强烈的求生欲望。

【任务介绍】

能参与船舶的弃船演习。

【任务解析】

弃船是万不得已的情况下而做出的决定。当船舶发生事故(图8-3),经积极抢救无效,事态恶化,确已无法保全船舶,并即将危及船员和旅客的生命安全时,船长才能发出弃船警报,下令弃船;如果情况允许,船长还应电告公司。

为了安全离开处于极端危险状态的船舶,在接到船长下达的"用车完毕"车令或船长通知后,轮机长率领轮机部全体成员在最短的时间内,处理好机舱的善后工作,才能离开机舱,奔赴集合地点集合。

图8-3 弃船事故

【相关知识】

2004年12月31日0220时,烟台锚地内一货轮"浙XX"因所载货物移位造成船体严重倾斜,12名船员乘救生筏弃船逃生,请求交通运输部北海救助局派船救助。

救助指挥值班室立即派"德洋"轮迅速驶往现场,0255时发现救生筏并接近施救,当时气象相当恶劣,偏北风7~8级,浪高4~5米,船舶横摇40多度,气温为零下7度,"德洋"轮采取尾右舷顶风,把救生筏置于下风。甲板工作人员将两根绳索撒上救生筏,并要求筏上人员将救生筏固定,可是筏上人员接到绳索后并没有固定而是争先恐后的直接攀登。0303时第一名遇难船员上船,经过二十多分钟的奋力施救,将八名遇险船员救上船,突然几个大浪将救生筏打离船舷,"德洋"轮再次向救生筏靠近,发现筏边有两个人。其中,一人为"浙XX"船长,但此时两人已被冻僵无力攀登,水手长系好安全绳置身舷外,用脚勾起救生网,全体甲板人员将"浙XX"船长用救生网卷到船上。

0344时在成功救助"浙XX"船长后,水手长又一次置身船舷外,准备救助另一名遇难船员时,被一个巨浪卷入海中。"德洋"轮救起水手长后再次接近救生筏,发现筏上已没人。"德洋"轮按救助指挥值班室指示在附近搜寻,直至0758时没有发现难船失踪人员,救助指挥值班室指示"德洋"轮将受伤遇难船员送回北海救助局码头。

【任务实施】

船长发出弃船命令后,轮机部船员应该在完成规定的工作后方能离开机舱:

(1)关停所有正在运转的机电设备,确认已停止工作。

(2)停炉放汽,确认汽压迅速降低。

(3)尽可能地关闭所有油舱柜、管系的阀门,堵塞透气孔,确认燃油、滑油柜速闭阀、海底阀已经关闭。

(4)关闭机舱范围水密门窗。

(5)开启应急发电机并保证应急电源供电。

(6)轮机长待机舱善后工作完成后,携带轮机日志、电气日志、车钟记录簿及油类记录簿最后离开机舱。

全体船员在奔赴集合地点前的行动:

(1)尽量多穿保暖性好的衣服,即使是当人体浸泡在水中,也可形成保暖隔离层。

(2)尽可能多带淡水和食物,维持生命时间的延长。

（3）携带部署表中所规定的应携带的物品。

（4）固定值班人员应严守岗位。

驾驶台固定值班人员仍应望守值班,按船长命令操纵船舶,执行任务;电台负责人仍应在电台坚持通信,同时做好弃船准备工作。

机舱固守值班人员仍然坚守操作岗位听令操作;在得到"用车完毕"车令或船长通知后,轮机部成员在轮机长领导下做好"轮机部完成规定的工作后方能离开机舱"的工作。

【任务小结】

通过任务训练,学生能具备弃船时机舱善后工作组织和执行能力,及奔赴集合地点前按照应变部署表规定进行行动的能力。通过案例学习,学生应该领悟到,强烈的求生欲望的重要性。

【知识链接】

奔赴集合地点时的行动:

（1）全体船员,除固定值班者外,应在 2 min 内穿好救生衣到达集合地点。

（2）艇长立即清点人数,检查每人所应携带的物品。

（3）迅速做好放艇准备工作。

（4）按应变部署表弃船时所规定的必须携带的物品逐项清点,如:航海日志、轮机日志、电台日志和电台执照、车钟记录簿、出事地点的有关海图、船舶证书、船员名册和旅客清单、救生艇手提式无线电设备等。

【拓展提高】

船长发出弃船命令时的行动:

（1）各就各位迅速放艇至登乘位置。全体人员上艇,放艇下水,并释放救生筏,放下登乘梯。

（2）机舱值班人员接到两次"用车完毕"车令或船长用其他方法通知撤离后,立即携带规定物品撤离机舱,奔赴集合登乘地点。

（3）取下国旗带上救生艇,驾驶台及电台人员撤离。

【课后自测】

1. 简述弃船时轮机部应采取的应急安全措施。

2. 简述弃船时船员奔赴集合地点前注意事项。

任务5　机舱进水应急处理

教学目标

◎ 能力目标:(1)能对机舱进行应急排水;(2)能对机舱进行应急堵漏。

◎ 知识目标:(1)掌握机舱进水的应急排水措施;(2)掌握机舱进水的应急堵漏措施。

◎ 情感目标:(1)具备良好的职业道德;(2)具备团队合作精神;(3)具备沉着应对船体破损的心态。

【任务介绍】

能参与机舱进水应急堵漏演习;能选择正确泵浦排除机舱进水。

【任务解析】

船舶机舱是船舶动力装置所在地,是船舶的"心脏",一旦机舱进水,会危及船舶主推进动力装置、发电机及其他动力装置的正常工作,导致船舶无法正常航行;另外,机舱大量进水,会影响到船舶的吃水和船体所受应力分布,严重时会导致船舶倾覆或船体断裂。所以,通过该任务训练,学生应该能在发现机舱进水初期采取正确、果断措施,控制险情,防止机舱进水事态扩大,殃及船舶、人命和货物财产安全。

【相关知识】

2011 年 6 月 9 日,"XX"货轮是从广东开往上海的,船上运载了 3000 吨钢材,途经石湖港码头时,正值海上风大浪高,于是在离石湖港 4 公里的水域锚泊避风。然而,6 月 10 日晚上 11 点半左右,船员们发现机舱进水,货轮瞬间失去动力。经过抽水处理后仍不见起色,船员便立即向泉州海事局求助。

6 月 11 日凌晨两点多,泉州海事局调来一艘海巡艇和两艘救援船赶到现场,此时机舱水位已接近生活区主甲板。随后,两台抽水机开始对舱内进行抽水工作,不过船体依旧慢慢下沉。11名船员先行弃船,他们关闭了船舶相关阀门和封堵通风、透气孔等后,被安全转移至救助船上。

随后清污船舶也抵达现场,欲抽取机舱内的柴油防止污染,但因海上涌浪较大,清污船无法靠泊事故船便停止作业。直到当天早上 10 点多,整艘船的主甲板已基本被海水淹没了。为了防止舱内柴油外泄,3 艘清污船在事故船周围布设了围油栏,防止水域污染。海事工作人员在"XX"轮前后桅杆分别临时布设了两盏急闪红灯,并安排海巡艇现场警戒,提醒过往船舶小心避让。

【任务实施】

一、机舱进水时的应急排水措施

(1)一旦发现机舱进水,值班人员应立即发出警报并报告轮机长、驾驶台或船长,同时应迅速采取紧急措施,不得擅离机舱。

(2)轮机长或值班轮机员接到报告后,应立即进入机舱现场检查并按应急部署组织抢救。

(3)轮机长与船长协商后根据需要操纵主机。

(4)尽力保持船舶电站正常供电,必要时起动应急发电机。

(5)根据机舱进水情况使用舱底水系统或应急排水系统。

(6)机舱大量进水时应急吸入阀及其海水泵系的应急操作:

①根据轮机长的命令按照应急吸入阀阀盘所示方向全开吸入阀。

②起动与应急吸入阀相连的应急海水泵向舷外排水。

(7)根据进水部位、进水速率判断排水措施的有效性,进一步采取相应措施或请求外援。

二、机舱进水时的应急堵漏措施

(1)执行机舱进水时的应急排水措施,同时船长和轮机长立即组织人员摸清破损部位、进水流量,拟定有效的堵漏措施。

(2)风浪天应关好水密门窗及通风口。

(3)尾轴管及其密封装置破损,应酌情关闭轴隧水密门。

(4)海底阀及阀箱、出海阀或应急吸入阀等破损,应关闭相应的阀,并选用有效的堵漏器材封堵。

(5)冷却器、海水滤器或管路等破损,应关闭相应的阀,组织修复或堵漏。

(6)机舱部位破损,按应急部署投入抢险。

【任务小结】

通过任务训练,针对机舱进水实际情况与分工,学生能相应采取排水措施,能相应采取堵漏措施。

【知识链接】

机舱的油、水舱柜破损时的应急操作:

(1)尽力查明受损部位、受损程度与油水舱柜及相邻舱柜液位的变化。

(2)封堵受损舱柜的测深管口及透气管口,延缓和阻止舷外水继续涌入。

(3)注意舷外水是否出现油污,防止污染区扩大。

(4)做好机舱应急排水工作。

【拓展提高】

一、机舱进水事故报告

1. 值班人员立即将现场情况报告轮机长,轮机长立即报告船长,报告内容:

(1)破损的部位、程度与原因。

(2)已经采取的应急措施。

(3)机舱水位与排水情况。

2. 轮机长将抢修、抢救情况报告船长,报告内容:

(1)人员安排情况。

(2)堵漏措施及堵漏效果。

(3)机舱进、排水量。

(4)所需要的支援与要求。

3. 船长向港务监督和公司报告的内容:

(1)机舱进水的时间、船位与海况。

(2)破损的部位、程度与原因。

(3)应急排水和堵漏的效果。

(4)所需要的支援与要求。

4. 事故过后应向港务监督和公司的报告,报告内容:

(1)进水的原因与性质。

(2)采取的应急措施及效果。

(3)进水对船舶营运的影响、损失估计。

二、弃　船

(1)一旦机舱进水抢救无效,船舶陷入极端危险境地必须弃船时,听候船长命令实施弃船。

（2）发出弃船命令后，轮机长按应急部署组织机舱人员，关停锅炉和机电设备，封闭油舱柜等，最后离开机舱，并携带轮机日志、车钟记录和重要文件等到指定地点集合待命。

【课后自测】

1. 机舱进水的原因有哪些？
2. 简述机舱进水后的应急措施。
3. 简述机舱进水的事故报告。

任务6　船舶应变部署

教学目标

◎ **能力目标**：(1)能履行船舶应变部署；(2)能及时调节心态。

◎ **知识目标**：掌握船舶应变部署的规定。

◎ **情感目标**：(1)具备良好的职业道德；(2)具备团队合作精神；(3)具备自我控制能力。

【任务介绍】

通过任务训练，学生能够履行消防应变部署、堵漏部署、人落水救生部署、弃船部署和综合应变部署，参与相应应变部署的演习，能履行相应的职责。

【任务解析】

由于船舶所处的环境复杂多变，随时可能会发生各种危及船舶和人命安全的事故。为了避免严重后果，把损失减少到最低程度，船舶必须备有各种应变设备和器材；必须有掌握应变知识，能熟练操作应变系统、设备和器材，明确自身应变职责，训练有素的人员；还必须制定出一整套的应变部署。

【相关知识】

2011年5月生效的海洋运输船舶应变部署新标准（GB 17566—2010），规定了海洋运输船舶应变部署表和应变部署卡的基本要求，货船和客船在弃船救生、消防灭火时，船上所有人员的分工部署、职责和技术动作，以及应变部署表和应变部署卡在船上的配备和填写要求。该标准适用于航行于海上的从事商业运输为目的，500总吨及以上的货船、载客12人及以上的客船。其他船舶，如工程船、考察船、海洋测量船、渔船以及500总吨以下的货船和载客12人以下的船舶等，可参照使用。

【任务实施】

1. 消防应变部署

（1）船舶消防必须以防为主，同时要立足于自救。如果发现异味、烟雾或局部失常升温等情况，应立即报告值班人员和领导。一旦发现火警，应沉着镇定地根据火种性质和火情立即用附近适宜的灭火器材进行扑救,并大声呼喊,就近按启警铃,值班人员或驾驶台应迅速发出警报。

(2)听到消防警报信号后,所有船员应按部署表规定的职能迅速到位。

(3)消防应变部署。消防部署是船舶应变部署中的一个单项。消防应变部署表是船舶应变部署表的一个组成部分。它规定了火灾警报信号及每个船员在消防应变中所负的责任和行动。

消防部署中,船长是总指挥,大副是现场指挥。在机舱内发生的火灾,轮机长则是现场指挥,大副协助。火警中驾驶台、电台和机舱应有固定人员值班,其余人员则分编成消防、隔离和救护三个队。

消防队一般由三副或水手长任队长,直接担负现场探火和灭火。可根据船舶所配不同性质的灭火器材将该队划分成若干小组。如水龙组、固定灭火系统组、手提灭火机组、应急消防泵组等,分别操纵、使用各类灭火器材灭火。

隔离队一般由木匠和轮助任队长。其任务是根据火情,关闭有关的门窗、舱口、风机、挡火闸和孔道,切断局部电路,搬开近火处的易燃物品,阻止火势蔓延。

救助队一般由医生、管事或大厨担任队长。任务是维持现场秩序,准备担架,救护伤员,管理急救药箱等。

(4)在客船或客货船上,服务员应维持好旅客秩序,适当地介绍火情及施救情况,说服旅客不要惊慌乱动,禁止旅客跳水逃生。在听到弃船警报信号后,应按部署组织旅客转入弃船救生应变。

(5)消防演习的部署和动作与正式应变相同,要求所有船员在听到警报信号后,在 2min 内到达各自岗位,机舱值班人员,应在 5min 内开泵供水。

(6)机舱火灾应急处理:

①发现机舱火情,当值人员应迅速发出火警信号并及时灭火,控制火势蔓延。

②轮机长迅速进入机舱,作出正确判断,进行现场指挥。

③轮机部全体人员立即进入应变部署岗位,服从统一指挥。

④在施救过程中,如认为有必要,可要求船长减速,改变航向或停车;切断火场电源。如局部起火,应根据火情性质选用水、CO_2、泡沫或干粉等灭火。

如大面积起火,必须用大型 CO_2 灭火系统时,应关闭下列设备并确认机舱人员全部撤离。

a)释放锅炉安全阀和空气瓶安全阀(对于机、炉舱分设的,可视着火地点而定)。

b)释放燃油速闭阀。

c)释放风、油应急切断装置。

d)关闭机舱风机和风筒防火板。

e)关闭天窗(如有)及与外界相通的部位。

在实施上述工作时应充分利用应急遥控装置。

⑤如果用水灭火,应注意机舱排水。

⑥火灾扑灭后,要查找隐火,严防死灰复燃。救护伤员,机舱通风,清理现场,检查机电设备状况,排除舱底积水。

⑦查清火灾原因,起火、灭火准确时间,灭火过程,善后处理,火灾损失情况,需要修理项目,并记入轮机日志。将有关情况电告公司,为海事处理作好必要的准备。

⑧如进入火区抢救应三人一组,穿好消防衣,配戴呼吸器,做好支援、通信联络工作。

（7）消防演习。消防演习是船舶应变演习的一个重要部分。按规定消防演习应每月举行一次。客船每次出航后，应在最短时间内（条件许可，应在 24 h 内）召集旅客一次，向旅客讲解防火注意事项。

演习时，应假想船上某处发生火警，组织船员扑救。假想之火警性质及发生的地点应经常改变，以使船员熟悉各种情况。

全体船员必须严肃对待消防演习，听到警报后，应按消防部署表的规定，迅速到达火警现场，听从指挥，认真操演。演习结束后，由现场指挥进行讲评，并检查和处理现场，还要对器材进行检查和清理，使其恢复至可用状态。必要时，船长可召集全体船员大会，进行总结。

（8）防火控制图。防火控制图是船上防火总布置图，应张贴在船舶应急部署表的附近。图上清楚地标明了每层甲板的各个控制站，A 级和 B 级分隔所围成的各个区域，连同探火和报警系统、喷水器装置、灭火设备、各舱室和甲板出入通道等设施以及服务于每一区域通风识别号码的细目。或者经主管同意，上述细目可记入一小册子，每一高级船员一本，并应有一份放入船上易于到达的地方，可随时取用。控制图和小册子应保证是最新资料。如有改动，应尽可能立即加以更正。远洋船的控制图和小册子还应译成英文。此外，船上灭火和抑制火灾用的所有设备和装置的保养和操作说明，应保存在一个封套内，并放在易于到达的地方，以便随时取用。

在所有船上，还应有一套防火控制图或具有该图的小册子的复制品，永久性地置于甲板室外面有醒目标志的风雨密封盒子里，有助于岸上的消防人员应急时登船使用。

2. 堵漏部署

（1）船舶因碰撞、搁浅、触礁、爆炸或遭受武器攻击从而造成船体破损渗漏，应及时发出堵漏警报信号，组织船员堵漏抢救。

（2）听到警报信号后，所有船员应按部署表规定的职责迅速赶到现场，编队集合待命。

（3）堵漏抢险之关键是尽快寻找出准确部位和漏情。寻找部位时，除派人到各处可以直观的地方检查外，还可以用下述方法判断和寻找。

①倾听各空气管内的水声。

②观察船旁水面有无气泡，并记下部位。

③在舱内以听声或目观进一步查清渗漏部位并尽可能查清漏洞的大小和形状。

（4）通知机舱迅速排水，根据漏洞大小位置正确估算进排水量差，充分估计险情发展，采取正确有力的堵救抢修措施。

（5）堵漏应变部署一般编成堵漏，排水，隔离和救护四个队。其中堵漏队由水手长与三管轮任正副队长，直接负责堵漏和抢修任务。排水队由轮机长领导进行。

（6）堵漏演习的部署和动作与正式应变相同，要求所有船员在听到警报信号，于 2min 内到达各自岗位，听候指挥。

3. 人落水救生部署

该部署通常在值班驾驶员直接指挥下，由甲板部人员执行。

（1）船员发现有人落水，应立即就近投下救生圈并大声呼喊，迅速告之驾驶台人员落水部位。驾驶台发现人落水，应立即就近投下救生圈，同时甩开船尾，发出人落水报警信号，派专人瞭望。

（2）听到人落水报警信号后，应变部署有指定任务的船员应穿着救生衣立即赶到艇甲板，做好放艇准备，听令行动。

（3）人落水救生演习的部署和动作与正式应相同,在听到警报信号后,应在 2min 内各就岗位。

4. 弃船部署

弃船是在船舶自救已经无效,外援救助已不可能情况下,为在最后关头实施船员自救、保存船舶海事资料而采取的重大行动。该决定由船长做出并对之负责。有关弃船时的应急安全措施。

5. 综合应变部署

船舶若遭遇其他事变,如海盗袭击、战争等情况,应执行船舶守卫部署及人员救护部署;尤其在客船上应执行更为严格的守卫部署与旅客救护部署,以确保旅客生命安全。当船舶因海事导致严重险情,如碰撞后导致大量进水、起火爆炸、人员落水甚至伤亡等,除上述应变部署需要执行之外,总指挥(船长)还应做出综合部署,全面调整和安排人员,制定周密计划,以应付当时的严重局面。

【任务小结】

通过任务训练,主要培养学生在消防应变部署、堵漏应变部署、人落水应变部署、弃船应变部署和综合应变部署方面的能力,明确个人在上述应变部署中的岗位和职责。

【知识链接】

船舶应变部署表

按"公约"规定,每一艘商船,不论其种类与大小(我国为 200 总吨以上)均应制定针对各种变故的应变部署表。船上所有的高级船员应按部署表的要求,规范地完成自己所承担的应变部署任务,并督促所属人员严格按部署表实施演练,共同完成应变部署任务。按照船舶实际情况科学制定的应变部署表,既是船舶应变演习的根据,也是船舶一旦发生海事采取相应应变措施的实施大纲,应该得到每个船员的信守。

1. 应变部署表的制定原则

（1）坚持从实际情况出发。特别要结合本船的船舶条件、船员条件、客货条件以及航区自然条件,来具体制定符合本船实际情况和条件的应变部署表。注意防止生搬硬套的教条主义倾向。充分认识不结合本船实际的应变部署表,不但无益,反而有害。

（2）坚持明确的目标。不论是应变演习还是发生海事时采取的应变措施,应变部署表都具有指导作用。要强调演习的效果和质量,强调从严从难从实际应变需要出发的反复练习的重要性和必要性。换而言之,一艘船舶在建造时,即使按照各项国际公约、规范、配了完全符合标准的各项设备和相应系统,但在编制应变部署表时却未坚持明确的应变目标,演习时马马虎虎、敷衍了事,其结果在真的遇到紧急变故时,也会漏洞百出,贻误大事。

（3）坚持居安思危的观点。根据"安全第一,预防为主"的指导方针,编制应变部署表要从最坏处着想,从最困难情况着手。方案实施,设备使用,人员组织乃至采取的行动,均应预作周密细致的考虑。

2. 应变部署表的基本要求

（1）根据任务合理地分配人员。应变部署表应一目了然地将应变时需完成的专门任务指派给每一个船员,并提出明确而详细的要求。做到每一个人都明确自己在相应种类的应变中应该做什么和应该怎么做。这就要求编制应变部署表时,按照设备使用的逐个环节,根据船舶实有的船员数量、技术特长、担任职务、实际能力甚至年龄结构做出最合理的安排,以便能准确迅速地履行各项应变任务。

(2)被指派人员应有明确的职责。合理分配的人员,不但应从应变部署表中了解自己承担的任务,同时应明确自己必须到达的指定位置,携带何种指定必带的工具及物品。具体职责应明确记入应变部署表相应栏目中,以保证应变部署准确迅速,有条不紊地实施。真正做到一当听到应变部署信号,每个船员立即按任务要求携带自己应带的器材、工具及物品,以最短路径迅速到达指定位置,按职责要求完成应变部署规定的任务。

(3)规定统一的应变信号(表8-1)。应变部署表应明确规定各种应变部署的识别信号,考虑到要使身处船舶不同处所的各个船员及时收到该应变信号,船上通常采用汽笛、钟声或警铃声等声响信号发出,均由驾驶室加以控制。

各类应变警报信号 表8-1

警 报 信 号	警 铃 或 汽 笛	时 间	备 注
消防	短声	连续1min	
堵漏	两长声一短声	连续1min	
人落水	三长声	连续1min	
弃船	七短声一长声	连续1min	
综合应变	一长声	连续30s	
解除警报	一长声	连续6s	或以口令宣布
溢油	一短二长一短声		

为了指明火警部位,在消防警报信号之后鸣一声表示船的前部,鸣二声表示中部,鸣三声为后部,鸣四声为机舱,鸣五声为上甲板。消防警报如由船钟发出:即一阵乱钟急敲后,击一响表示船的前部,击二响表示中部,击三响为后部,击四响为机舱,击五响为上甲板。

3.应变部署表的制定

船舶每当人员有较大变动时,都应重新编制应变部署表。航次开航前,三副应根据大副指示编制或修订船舶应变部署表(如果本船情况及人员基本无变化时可免),经大副核查,船长批准后,由三副复制交船长署名后公布执行。应变部署表应张贴或布置于驾驶台、机舱、餐厅,主要走廊和其他的人员集合场所。三副在应变部署表中根据船员任职情况给全体船员编号,明确任务与职责,并制成应变任务卡(表8-2),每一个船员的应变任务卡应置于本人床头的小木框内。

船员应变任务卡 表8-2

应变编号	姓名:	职务:	艇/筏号:
弃船 …… −			守卫# 站
灭火 ……			
堵漏 – – –			
人落水 — — —			
停泊值班	灭火:	人落水:	

【拓展提高】

　　每条船舶应在规定的时间间隔内和适当的地点举行弃船、救生、消防、堵漏应变演习。要使每个船员,特别是高级船员明白定期举行应变演习的重大意义,是贯彻国际海上人命安全公约的具体行动,是船舶、货物、人员安全的重要保证,是贯彻船舶安全管理规定、提高安全管理水平的一项重要工作内容,是检验船舶安全管理工作好坏,应变意识强弱,应变实际能力高低以及实际应变组织工作是否合理的重要标准。如果没有定期的应变演习与操练,有计划有部署也仅是一纸空文的形式。

1. 船舶应变演习

　　(1)SOLAS公约规定每个船员每月应至少参加一次弃船演习和一次消防演习,若有25%以上的船员未参加该特定船上的上个月弃船和消防演习,则应在该船驶离港口后24h内举行该两项船员演习。

　　(2)客船每周应进行一次弃船、消防演习,国际航线上长航程的客船,应于旅客登船后内实施集合旅客演习。向旅客讲解并示范正确穿、用救生衣以及应变时应采取的行动。

　　(3)除时间安排之外,应对应变演习提出明确的质量要求,进行严格的考核,并拟定相应的考核标准,规定达标的期限。

2. 船上训练与授课

　　应尽快地(不迟于船员上船后2个星期内)进行船舶救生设备、消防设备用法的船上训练。在每艘装有吊架降落救生筏的船上,应每个月举行该设备用法的船上训练。

　　应与演习相同的间隔讲授船舶消防设备用法、救生设备用法和海上救生须知方面的课程。每一课程内容可以是船舶救生和消防设备系统中的不同部分,但每2个月一期的课程应覆盖该船全部救生和消防设备。

　　每位船员均应听课,课程应包括但不限于:

　　(1)船舶气胀式救生筏的操作和使用。

　　(2)低温保护问题,低温急救护理及其他合适的急救方法。

　　(3)在恶劣气候和恶劣海况中,使用船舶救生设备所必需的专门课程。

　　(4)消防设备的操作和使用。

3. 记录

　　举行应变演习的日期、弃船演习与消防演习的细节、其他救生设备的演习以及船上训练应记载于主管机关可能规定的航海日志内,若在指定时间未举行全部应变集合、演习和训练项目时,则应在航海日志内记述其原因和已举行的集合、演习或训练项目的范围。

【课后自测】

　　1. 简述船舶消防应变部署。

　　2. 简述船舶堵漏应变部署。

　　3. 简述弃船应变部署。

任务7 机舱应急设备的使用管理

教学目标
◎ 能力目标:(1)能使用机舱应急设备;(2)能管理机舱应急设备。
◎ 知识目标:(1)掌握机舱应急设备的种类;(2)掌握机舱应急设备的使用方法;(3)掌握机舱应急设备的管理要点。
◎ 情感目标:(1)具备良好的职业道德;(2)具备团队合作精神。

【任务介绍】

根据分工明细表的规定,能对职责范围内的机舱应急设备进行使用与管理。

【任务解析】

船舶在海上航行,一旦进入或临近事故状态,就必须进入应急反应状态,以使得船舶尽快摆脱事故危险。船舶应急反应的成败,直接关系船舶、人命和货物财产的安全,及环境损害的程度,所以应该保证应急反应的迅速、有效。完备的应急设备和器材是应急成功的必要条件。

【相关知识】

船舶机舱应急设备种类多,具体分类如表8-3所示。

机舱应急设备　　　　　　　　　　　　　　　　　　　　　　表 8-3

应急设备种类	应急设备名称	管 理 人
应急动力设备	应急电源	二管轮
	应急空气压缩机	二管轮
	应急操舵装置	大管轮
应急消防设备	应急救火泵	三管轮
	燃油速闭阀	大管轮
	风油应急切断	二管轮
	通风筒防火板	二管轮
	机舱天窗应急关闭装置	大管轮
应急救生设备	救生艇发动机	三管轮
	脱险通道	大管轮
机舱进水时的应急设备	应急舱底水吸口及吸入阀	大管轮
	水密门	大管轮

【任务实施】

一、应急动力设备的使用

1. 应急电源

（1）客船和 500 总吨及以上的货船均应设独立的应急电源。

（2）应急电源应布置于经船级社同意的最高一层连续甲板以上和机舱棚以外的处所，使其确保当发生火灾或其他灾难致使主电源装置失效时能起作用。整个应急电源的布置，应能在船舶横倾 22.5°和纵倾 10°时仍起作用。

（3）应急电源。

①应急发电机。应该由具有独立的冷却系统、燃油系统和启动装置的柴油机驱动，原动机的自动启动系统和原动机的特性均应能使应急发电机在安全而实际可行的前提下尽快地承载额定负载（最长不超过 45s）。

②蓄电池组。当主电源供电失效时，自动连接至应急配电板，应能承载应急负载而无需再充电，并在整个放电期间保持其电压在额定电压的之内。

（4）应急电源功率应满足船级社对不同类型船舶的规定。

（5）应急照明即船上常称小应急，是由蓄电池供给的低压照明电。

2. 应急空气压缩机

应急空气压缩机应采用手动启动的柴油机或其他有效的装置驱动，以保证对空气瓶的初始充气，应急空气压缩机是船舶以"瘫船"状态恢复运转的原始动力。

3. 应急操舵装置

（1）根据《钢质海船建造与入级规范》规定，每艘船舶应配备主操舵装置和辅助操舵装置，并且两者之一若发生故障，不能导致另一装置不能工作，但如果主舵机有两台并可分别工作，可不设辅助操舵装置。

（2）辅助操舵装置应能于紧急时迅速投入工作，并能在船舶最深航海吃水和以最大营运航速的一半或不小于 7kn 前进时，在不超过转 60s 内将舵自一舷 15°至另一舷 15°。

（3）对于辅助操舵装置，其操作在舵机室进行，如系动力操纵也应能在驾驶室进行，并应独立于主操舵装置的控制系统。

（4）驾驶室与舵机室之间应备有通信设施。

二、应急消防设备

1. 应急救火泵

应急救火泵是当机舱进水、失火或全船失电时，用来提供消防水的设施。

根据《钢质海船建造与入级规范》要求，2000 总吨以下船舶的应急救火泵可为可携型的，常用汽油机驱动的离心泵；2000 总吨及以上船舶应设固定式动力泵。固定式应急救火泵应设在机舱以外，其原动机为柴油机或电动机；电动应急救火泵需由主配电板和应急配电板供电。

应急救火泵的排量应不少于所要求的消防泵总排量的 40%，且任何情况下不得少于 $25m^3/h$。

2. 燃油速闭阀

双层底以上的主机、发电柴油机、锅炉的各个油柜的出口管上应装有速闭阀。这些速闭阀除能就地开关外,在机舱外尚需设有遥控关闭装置,以便机舱失火时远距离关闭速闭阀,防止油舱柜的油流出扩大火势。

三、应急救生设备

1. 救生艇发动机

2. 脱险通道(逃生孔)

货船和载客不超过 36 人的国际航行客船,在机器处所内,在每一机舱、轴隧和锅炉舱应设有两个脱险通道,其中一个可为水密门。在未设水密门的机器处所内,两个脱险通道应为两组尽可能远离的钢梯,通至舱棚上同样远离的门,从该处至登艇甲板应设有通路。

从机器处所的下部起至该处所外面的一个安全地点,应能提供连续的防火遮蔽。

四、机舱进水时的应急设备

1. 应急舱底水吸口及吸入阀

机舱应设一个应急舱底水吸口。应急吸口应与排量最大的一台海水泵相连,如主海水泵、压载泵、通用泵等。少数船舶的应急吸口还与舱底水泵相通,其管路直径应不小于所连接泵的进口直径。应急吸口与泵的连接管路上装设截止止回阀,阀杆应适当延伸,使阀的开关手轮在花铁板以上的高度至少为 460mm。

2. 水密门

(1)水密门应为滑动门或铰链门或其他等效形式的门,任何水密门操作装置,无论是否为动力操作,均须于船舶向左或向右倾斜至 15°时能将门关闭。

(2)水密门的关闭装置应能两面操纵和远距离操纵,在远距离操纵处应设有水密门开关状态的指示器。

【任务小结】

通过任务训练,主要培养学生机舱应急设备的使用能力,掌握机舱应急设备的设置要求。

【拓展提高】

按照检修分工明细表规定,机舱应急设备分别由各轮机员分工负责。

应急发电机、应急空压机、应急救火泵、救生艇发动机应定期检查、养护和试验。一般应每周试运转一次,并将情况记入轮机日志:

(1)应急发电机应检查其柴油柜油量、冷却水箱及曲轴箱液位是否正常,润滑点要加油;检查启动电瓶或启动空气瓶,进行启动和并电试验(包括遥控起动)。冬季要做好保温防冻措施。

(2)应急空压机要按其结构的具体情况,检查和加注润滑油,进行启动和效用试验。

(3)应急救火泵应做启动和泵水试验,检查排水压力,试车后关闭海底阀和进口阀,放出消防管中残水,防止冬季冰冻。

(4)救生艇要检查发动机和离合器,进行启动试验。冬季做好防冻措施。

应定期清洁机舱应急舱底水吸口,防止污物堵塞;截止止回阀阀杆应定期加油,防止锈死。

水密门、速闭阀、风机油泵应急开关、应急蓄电池应定期保养和检验,并进行就地操纵试验和遥控试验。

各种应急设备必须保持良好工作状态,以备船舶到港后海事管理机构登船检查。

【课后自测】

1. 简述机舱应急设备的种类。
2. 简述机舱应急设备的使用方法及管理要点。

任务8 恶劣海况下机舱安全管理

教学目标

◎ **能力目标**:(1)船舶大风浪中航行时,能对机舱设备安全管理;(2)船舶大风浪中锚泊时,能对机舱设备安全管理。

◎ **知识目标**:(1)掌握船舶大风浪中航行时轮机部安全管理事项;(2)掌握船舶大风浪中锚泊时轮机部安全管理事项。

◎ **情感目标**:(1)具备良好的职业道德;(2)具备良好的心态;(3)具备团队合作精神。

【任务介绍】

船舶在恶劣气候条件下航行、锚泊时,学生能对机舱设备进行安全管理。

【任务解析】

海上气象变化莫测,恶劣天气和海况,对船舶的航行安全带来了不可估量的影响。如集装箱船舶在航行时遭遇大风浪袭击,会致使大面积集装箱坍塌、坠海,船体严重受损,危及了船舶、船上人员的安全,危害了海上环境,为此国际海事组织海上安全委员会先后发布了1228号通函《对"不利气象和海况时避免危险局面的船长指南"的修正》和《2008年国际完整稳性规则》。

【相关知识】

案例1:1998年10月,一艘超巴拿马型集装箱船在高雄至西雅图的航行途中,在北太平洋遭遇风暴,由于在迎浪中发生大幅度的参激横摇运动,船体产生35°~40°的横摇并伴以大幅度的纵摇,甲板上近1300只集装箱中有约1/3丢失,另1/3集装箱损坏,造成船舶、货物的重大损坏和经济损失事故。经调查,这是由于大幅度的横摇和纵摇,对集装箱及其系固设备和索具产生了巨大的动载荷,超出了集装箱绑扎件设计所能承受的极限强度,因此发生货物丢失或损坏。

案例2:2007年,一大型集装箱船舶航行于新加坡港至那波里港途中,在印度洋SOCOTRA岛附近海域仅短短的16h,因受印度洋强季风的侵袭,船舶左右摇晃20°,前后上下起伏5m,船速骤降。巨浪不时碰击船体,致使船体两处不同程度的损伤,一处是第六货舱舱口围右后角一加强肘板焊接部位开裂15cm;另一处是240至250肋位处内走道一纵向肋骨及舷板明显内陷。

【任务实施】

一、大风浪中航行时轮机部安全管理事项

（1）轮机长要督促全体轮机部人员集中精力加强检查，防止主、辅机和舵机发生故障，必要时备车并加强值班。

（2）值班轮机员不得远离操纵室，注意主机转速变化，防止主机飞车和增压器喘振，认真执行船长和轮机长的命令。

（3）根据海上风浪、船体摇摆情况以及主机飞车和负荷变化情况，轮机长应适当降低主机负荷，并调整好主机的限速装置。

（4）安排船员将机舱管辖范围的门窗和通风道关好。

（5）将机舱里行车、工具、备件和可移动的物料、油桶等绑扎好。

（6）尽量将分散在各燃油舱柜里的燃油驳到几个或少数燃油舱柜中，以减少自由液面，并保持左、右舷存油平均，防止驳油时造成船体倾斜。

（7）日用油柜和沉淀油柜要及时放残水，并保持较高的油位和适当的油温。

（8）注意主、副机燃油系统的压力，酌情缩短清洗燃油滤器的时间，以免燃油滤器被堵而影响供油。

（9）主机滑油循环油柜的油量应保持正常，不可过少。

（10）密切注意辅锅炉和废气锅炉的工况，特别是辅锅炉里的水位，防止出现假水位。

（11）机舱舱底水要及时处理。

（12）必要时增开一台发电机。

（13）根据实际工作的需要，无人值班机舱可临时改为有人值班及时处理各种报警并排除故障，确保航行安全。

二、大风浪中锚泊时轮机部安全管理事项

（1）按航行状态保持有效的安全值班。

（2）影响航行和备车的各项维修检查工作必须立即完成，使所有与航行有关的机电设备保持良好的工作状态。

（3）定期检查所有运转和备用的机器。

（4）按驾驶台命令使主、副机保持备用状态。

（5）采取措施，防止本船污染周围环境并遵守各防污规则。

（6）所有应急设备、安全设备和消防系统均处于备用状态。

（7）注意做好大风浪中航行的各项准备，加强对机舱动力设备的管理，应经常在机炉舱及舵机间巡回检查，及时处理可能发生的故障。

【任务小结】

通过任务训练，当船舶在恶劣海况下航行、锚泊时，学生能克服自身恐惧心理，能保证有效值班。

【拓展提高】

船舶在冰区航行时，除做好必要的防冻工作外，还要做到：

（1）轮机值班人员加强监视主、辅机等机电设备的运行工况。

（2）指定专人照顾主、副海水泵的工作，及时换用低位海底阀，防止冰块卡住或堵塞，以致海水系统因缺水而无法正常工作。

（3）特别注意舵机的运转情况。

（4）注意船体与舷外冰块的摩擦声响，船体的动态及推进器搅动冰块的声响，空载、轻载船舶应增加尾部吃水，使推进器全部浸入水中。

（5）发现异常动态，要做好记录并及时通知轮机长和船长。

【课后自测】

1. 简述船舶大风浪中航行时轮机部安全管理事项。

2. 简述船舶大风浪中锚泊时轮机部安全管理事项。

任务9　轮机部防台措施

教学目标

◎ 能力目标：(1)能根据气象信息采取轮机防台措施；(2)能自我控制、积极调整心态。

◎ 知识目标：(1)掌握防台安全措施；(2)掌握防台应急措施。

◎ 情感目标：(1)具备良好的心态；(2)具备团队合作精神。

【任务介绍】

能按照《船舶防台技术操作规则》的规定，参与轮机部防台准备。

【任务解析】

船舶在台风高发季节航行时，应提前准备好防台有关设备和属具，调整心态，积极应对台风诱发恶劣海况给船舶航行带来的挑战，努力克服恶劣海况给船员工作、生活带来的影响，能够领导或者参与抗台工作。

【相关知识】

日本青森至函馆之间的往来，以前一直以轮渡为交通工具，如果没有风浪，航行时间约为5个小时左右。1954年9月26日，搭乘1400余人的"洞爷丸"号客船从青森起航赴函馆，途中遭遇台风而沉没，1430名乘客葬身海底，海面浮尸纵横，其情状惨不忍睹。遇难人数仅次于"泰坦尼克"号，是人类历史上的第二大海难。

【任务实施】

在台风季节轮机部应在公司和船舶防台领导小组的领导下，落实防台具体措施，做好各自的本职工作。

（1）尽早(1个月)对防台设备和器材进行一次全面检查，使锚机、绞缆机、主机、发电机、锅炉、操舵设备等处于良好工作状态。

（2）船舶如需拆检主机、舵机、锚机和清洗锅炉等，必须经过当地港监批准，进行中间如有大风或台风警报时，应尽快装复并采取相应的安全措施。

（3）在台风季节、港口停泊的船舶应保持三分之二船员留船，轮机长与大管轮不可同时离船。

（4）在台风季节期间航行时船上应备有比正常航行多5天的备用燃油并备足淡水。

（5）所有移动的工具、备件、物料和油桶等应绑妥。

（6）各燃油柜中的存油尽量驳入几个或一个燃油柜中，以减少自由液面。

（7）关闭机舱天窗、水密门、通风道等，保持水密。

（8）在航行中遇台风时，值班轮机员应在控制室里随时操纵主机，并督促值班机工加强巡回检查；轮机长应在机舱亲自指挥，保持主、副机、水泵、舵机等正常运转，在安全范围内应尽一切可能配合驾驶台的操作需要。

【任务小结】

通过任务训练，学生能参与船舶防台工作，能具备良好的心理素质应对台风袭击船舶时任何突发情况。

【知识链接】

1. 中国沿海的台风盛行季节：

（1）珠江口以南包括海南岛和北部湾（东京湾）区域在5月至11月之间。

（2）珠江口到福州包括台湾海峡区域在6月至10月之间。

（3）福州以北到渤海湾包括黄海、东海区域在7月至9月之间。

2. 组织分工

海上船舶的防台组织，应依照"海上船舶船员职务规则"的规定进行，在台风威胁中为了分头进行迅速做好防御，在船长统一领导下，具体分工如下：

（1）甲板部：大副组、二副组、三副组分头进行检查工作。

（2）轮机部：在轮机长指导下进行检查工作。

（3）业务部：在大副指导下进行检查工作。

【拓展提高】

一、台风季节期间的工作

（1）台风季节来临的一个月前，举行一次紧急操舵演习和防堵塞演习，并检验有关应用工具。

（2）每次开航前船上锅炉和厨房用燃料、淡水以及粮食等，除备有正常足够的储备量，尚应额外携带，其额外携带量，根据航区情况定。

（3）港内停航和修理的船舶，应由各海运局机务、监督部门，对其系泊和泊位的安全，进行妥善安排，大修理和基本恢复修理船舶，由船舶修造厂负责布置，当地港务监督应对港内一切停泊船舶进行检查监督。

（4）船舶进行洗刷锅炉或拆卸主机、起锚机、舵机、锚链等重要机械属具，应征得船长同意作相应的安全措施。

二、"台风威胁中"的措施

（1）船舶于未来48小时以内，遭遇风力可能达到6级以上，应被认为已在"台风威胁中"，船舶于未来12小时以内，遭遇风力可能达到6级以上，应被认为在"台风严重威胁中"。

（2）"台风威胁中"，港内船舶，非经港务监督批准，不可以进行洗刷锅炉或拆卸主机、起锚机、舵机、锚链等重要机械属具，已经进行该项工作的船舶应即在"台风严重威胁"前，安装恢复原状。

（3）上岸船员获悉有台风威胁，应自动在"台风严重威胁"前归船，进行防御准备工作，台风季节期间，值班驾驶员应掌握全部上岸船员的地址，必要时，应派人员上岸通知所属人员。

三、"台风袭击中"的紧急措施

（1）台风中心接近，风力转剧达8级以上的时候，称为"在台风袭击中"。

（2）在台风袭击中，全体船员应不分班次，一齐出动，巡视全船四周，以便发生障碍或意外的时候，立时进行抢修或抢救。

（3）台风袭击中每小时仍应记录气象一次，并探测全船各部舱底一次。

（4）台风袭击中，全体船员应严格遵守纪律，服从领导，如发生意外事故，船长必须尽一切可能，救护船舶，防止损失扩大。

（5）台风袭击中，轮机长应亲自下机舱领导，保持主机、副机、水泵、舵机等的正常运转。在机器安全范围内，主机转数应尽一切可能配合驾驶台的要求。

（6）在台风袭击中，应注意船员的人身安全，甲板工作者的两袖、领口等应扎紧并穿着救生衣系带救生绳。

（7）船舶在航行中遭受台风袭击，应按照下列办法，尽一切努力，避免卷入台风中心区域：

①在危险半圆，应使右舷船首受风，全速航行，如不可能航行，则使右舷船首受风漂浮。

②在可航半圆或台风进路上，应使右舷船尾受风顺走，如不可能顺走则使左舷船首或右舷船尾受风漂浮。

（8）在台风袭击中航行，应该注意：

①调节航速和航向，避免船舶摇摆周期与波浪周期互相一致。

②调节航速，必要时，暂时停车，避免船首或船尾与狂浪正面撞击。

③更改航向，避免受横浪冲击。

④顺航船舶，如无其他原因，一般宜用慢速前进，在前方已接近陆地浅滩，尤须注意，必要时，由船尾放出海锚漂浮。

⑤尽量避免转头，尽可能利用抛海锚漂浮，如果为形势所迫必须掉头，应慎重考虑稳心并进行必要准备，绝不可以贸然进行。

⑥选择船上适当部位撒油，以减少波浪的冲击力量。

⑦在较浅水处停滞漂浮，可将双锚卸扣打开，松出锚链，以减少不必要的漂流。

⑧甲板货物或其他物件属具等危及船舶稳性，或松散移动危及船体设备，特别是舱口水密，船长有权抛弃或者采取其他必要安全措施。

（9）台风袭击中，锚泊船舶应派驾驶员和有经验水手各一人在船道看守锚链，并根据锚链方向和受力情况，开动主机和操舵，以减轻锚链负荷，防止走锚断链的危险。

（10）锚泊船舶在大风浪中，船体左右摆动，扭动主锚，发生走锚危险，应进行开车操舵。

(11)台风袭击中,靠泊码头或系带浮筒船舶,也应备机待用,并随时关注系缆碰垫的情况。

(12)台风眼过境的时候,各船应利用台风眼内短暂无风时间,赶紧再作准备,以抵御下阶段风向相反的狂风暴雨。

(13)台风眼过境的时候,停泊船舶如情况许可,可将锚起上。待回转后再抛,以免锚链发生纠缠。

(14)在大风浪中,如果为环境所迫,不得不在大风浪中起锚的时候,应该适当开动主机,或待船首随浪下跌,锚链稍为松弛,用起锚机将其绞起,锚链很紧的时候不宜硬绞,以防断链或损坏起锚机。

(15)在大风浪中起锚,在锚将起未起的时候,若因底质关系无法绞起,可开动快车,使锚迅速离底,但应防止船首偏横,致被横浪压向下风岸壁的危险。

(16)大风浪中起锚,在锚将起未起的时候,应作适当驾驶操纵,以防走锚以致漂压岸边。

(17)在大风浪中,因环境所迫,必须出港漂浮,而又不能起锚的时候,可将锚链卸扣打开,接上钢丝绳和锚浮漂,暂时舍弃水中。

四、台风过后工作

(1)台风过后,各船应即迅速恢复生产。

(2)台风袭击过后,应即检查遭受损失情况,特别注意检查船舶重要机械属具,锚链舵机等有否在风浪中遭受潜在的损伤。

(3)台风袭击过后各船在航行中,应警惕潮汐规律可能发生紊乱,浮标可能漂移,江河口外浅滩可能发生变动。

(4)台风袭击过后,各船应即进行总结,在10天内连同有关记录资料送所属海事局审核。

【课后自测】

1.简述船舶在台风季节期航行时的工作任务。

2.简述船舶遭受台风袭击时的紧急措施。

任务10　船内通信系统管理

教学目标
　◎能力目标:(1)能恰当使用船内通信系统;(2)能正确解读警报信号;(3)能正确填写记录簿。
　◎知识目标:掌握船内通信工具和信号装置的组成和作用。
　◎情感目标:(1)具备良好的职业道德;(2)具备团队合作精神。

【任务介绍】

充分利用轮机模拟器,能操作传令车钟收、发一次车令,能恰当的使用电话进行船内通信,能准确辨认报警装置的信号。

【任务解析】

　　为了保证船舶安全营运,学生必须能够恰当的使用船内通信系统,及时了解和掌握船舶机电设备的工作情况,进行日常工作和生活的事务联系。

【相关知识】

一、船内主要通信工具和信号装置:

1. 电话通信设备

声力电话,共电式指挥电话系统和自动电话设备。

2. 电气传令钟和各种指示仪表

机舱传令钟,舵角指示器,电动转速表等。

3. 报警信号装置

紧急动员警钟,测烟、测温式报警装置。

4. 各种信号装置

航行灯、信号灯、自动雾笛。

5. 广播音响设备

船用指挥扩音机。

二、船舶主要报警信号装置

(1)紧急动员警钟和应急状态下的各种铃组系统。
(2)火警探测和报警装置。
(3)主、辅机工况的自动监视报警系统。

三、铃 组 系 统

　　铃组系统是船上有关部位之间专用的通信联络信号。铃组系统的发讯器为按钮或关闭器,信号器为电铃或带信号灯的电铃。
　　应急情况下使用的铃组主要有:

1. 机舱铃组

用于驾驶室和机舱的双向联络,作为传令钟故障时应急车令和回令信号。

2. 冷藏库报警铃组

用于冷藏库对厨房之间的单向联络,作为被误锁在冷库里的人对外呼救的信号装置;若冷库的门能从内部开启,此装置可以免于设置。

3. 二氧化碳灭火装置的施放预告铃组

用于施放控制部位与失火部位的单向联络,以通知该部位的一切人员迅速撤离;在许多新船中,该铃组已被电笛和转灯取代。

4. 水密门关闭和开启指示灯装置及预告水密门关闭的声响铃组

前者是光报警,让人们有所准备;后者是声报警,要求人们迅速撤离。

【任务实施】

1. 传令钟

（1）在船上应设置把驾驶室的命令发送至机舱的主机传令钟，主机传令钟应具备复示装置。

（2）应于驾驶室内设置主机传令钟的失电听觉和视觉报警器，该报警器一般应由蓄电池供电，若采用船电时，则不应与传令钟接入同一电源线路上。

（3）主机传令钟系统一般应在主机操纵台附近设有主机错向报警装置。

（4）主机传令钟若有 2 个及以上的发信器时，则每个发信器之间应有机械或电气的联动或联锁装置。

2. 指挥电话

电话是船内使用最广泛的一种通信形式，目前在一般商船上，驾驶台、机舱、舵机房等重要工作场所以及餐厅、会议室等公共活动场所都设有电话。船长、轮机长以及其他高级船员居住舱室内也通常设有电话。

（1）《钢质海船入级与建造规范》要求下列处所之间若以电话为主要通信工具时，则应以声力电话或蓄电池供电的指挥电话：

①驾驶室——机舱。

②驾驶室——应急操舵站及舵机舱。

上述①②应为直通电话，若在通信系统中具备插入忙线通话时，则①②可采用如图 8-4 所示通话方式；

③驾驶室——火警信号站及消防设备集中控制站、船首、船尾。

如果船首、船尾与驾驶室之间已有其他的通信工具，则船首、船尾的电话可免予设置。

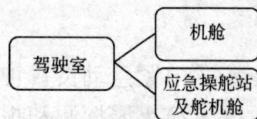

图 8-4 具有忙线插入功能通话方式

④驾驶室——无线电室。

若驾驶室与无线电室相毗邻，且能进行有效的通信联系时，可免除驾驶室与无线电室之间电话通信的要求。

（2）指挥电话应保证在船舶各种工况下通话清晰。

（3）安装在噪声较大的舱室内的电话，若影响通话时，则应装设在隔音室或隔音罩内。

（4）应设有固定式、可携式或两者兼备形式的应急通信设备，以供船上应急控制站、救生艇筏集合和登乘地点与驾驶室和消防控制站等要害部位之间进行双向通信。

3. 通用紧急报警系统

（1）船舶应设单向发信的通用紧急报警系统，在全船所有起居处所、通常船员工作的处所以及客船的开敞甲板均应听到该系统的报警。报警器被触发后一直保持报警状态，直至人工将其关闭或由于广播系统工作而暂时中止。

在客船上，该报警信号应通过两组独立的线路分别向船员和旅客发出。

（2）在主电源供电失效时，通用应急报警系统应能自动转换至应急电源供电。

（3）通用紧急报警系统应能在驾驶室、消防控制站控制。

（4）通用紧急报警系统的分电箱应设在舱壁甲板以上的适当处所，由分电箱引出的每一分路的绝缘板上均需设熔断器保护。

（5）当所有的门和通道都关闭的情况下，在居住舱室内睡眠位置和距离声源 1m 处，音响报警信号的声压级至少应达到 75dB(A),并至少比船舶在较好天气状况下航行时的正常设备操作的环境噪声级高出 10dB(A);声压级应在基频附近的 1/3 倍频带之内。在任何情况下,某一处所内的音响报警信号声压级应不得超过 120dB(A)。

(6)除电铃外,各种听觉信号的频率应在 200~2500Hz 之间。

4. 有线广播系统

(1)应设有能将指令有效地发送到各居住处所、服务处所、控制站以及开敞甲板的有线广播系统。

(2)在主电源供电失效时,有线广播系统应自动转换至应急电源供电。

(3)如果有线广播系统能符合相应要求以及对通用紧急报警系统的要求,则可兼作通用紧急报警系统和发送火灾报警信号。

【任务小结】

通过结合轮机模拟器进行任务训练,学生能够正确操作传令车钟。

【知识链接】

CCS 对船内通信与信号设备的一般要求:

(1)各种不同用途的船内通信装置,其声响信号应有不同的音色,以利辨别。

(2)具有 2 个或以上的设备并联工作的船内通信装置,当其中 1 个(或几个)设备切断或发生故障时,应不影响其余设备的工作。

(3)各种自动声光警报器,应设有能切断声响信号而不切断发光信号的装置。

(4)各种自动报警和指示信号系统,均应设有检查其动作是否正常的试验装置。

(5)安装在驾驶室的重要指示器应有适当的照明并附有亮度调节器或遮光罩。

【拓展提高】

一、传令钟与记录簿

传令钟习惯上称为车钟,其作用是将驾驶台所需要的车令通过驾驶台的车钟发送至机舱主机的车钟。车钟具有复示装置和声响信号装置。当驾驶台需要某一车令时,值班驾驶员将驾驶台车钟从某一位置扳至所需位置,机舱车钟声响信号就会响起,这时值班轮机员应首先扳动机舱主机车钟的复示装置,使其与驾驶台车钟位置一致时,车钟的声响信号就会消失,这一过程称为回车钟。然后,值班轮机员根据车钟上的指示。起动或改变油门刻度,使主机尽快地稳定在驾驶台所需的工况上。

车钟传令也具有可逆性,如果机舱万一需要紧急停车时,可将车钟扳至停车位置,告诉驾驶台知道。通常,车钟传递的每一个车令,都是用来改变主机的运转状况,而机舱能否准确而又及时地给出驾驶台所需的每一个车令,直接关系到船舶的安全,因此必须用车钟记录簿以规范的形式加以记载,并对其负责。

车钟记录簿与轮机日志同属船舶的重要法定文件,记录必须严肃、认真、准确。记录者在每页下面签名,轮机长应每航次审阅,及时督促,指导。该记录簿用完,应立即送交船公司。如果发生海事,应将该簿与轮机日志同时送交船公司。

记载时应:

(1)应用钢笔记录,逐页顺序记载,不得撕页,添页;必须保持记录的清楚、整洁,不得任意删改或涂抹;记录应用国家标准(GB)规定的符号。

（2）备车前,驾驶台与机舱的车钟必须校准,此工作称之为对车钟,并应记入轮机日志。必须准确记录每次用车的准确时间,要求精确到1/4分钟。

（3）如有记录错误,必须用横线划去,被删之字仍应清楚可见。改正的字应写在被删之字的上方,记录者须在删改之处签署并标以括号。

（4）主机的每一个动作用表8-4所示的国家标准(GB)符号正确记录。

《规范》要求于驾驶室内设置主机传令钟的失电声光报警器,失电声光报警器一般应由蓄电池供电。若采用船电时,则不应与传令钟接入同一电源线路上。

车钟记录簿记录符号 表8-4

符　号	符号内容	符　号	符号内容	符　号	符号内容
⊙	核对时钟、车钟	∥	微速前进	∥	微速后退
⊗	备车	╱	慢速前进	╱	慢速后退
×	停车	╫	半速前进	╫	半速后退
○	完车	⊬	快速前进	⊬	快速后退
⊗	定速				

二、其他警报装置

（1）在厨房内应设有声光警报器,以保证当工作人员偶然被锁在伙食冷冻库内时能发出求救信号,但冷冻库的门如能从内部开启时则可免予设置。

（2）水密门关闭和开启指示信号装置及预告水密门关闭的声响警报器。

（3）二氧化碳灭火系统施放预告信号及其声光报警装置。

（4）灭火自动喷水系统中的探火和失火报警系统,任何探火装置或手动火警按钮动作时,应在控制板和指示装置上发出声、光火警信号,如果在2min内信号未引起注意,则应向所有船员起居处所和服务处所,控制站以及机器处所自动发出声响警报。

周期性无人值班的机器处所的固定式探火和失火报警系统,其报警信号显示应保证驾驶室和负责的轮机员听到和看到该报警信号,当驾驶室无人值班时,应能在负责值班船员的住处发出警报。

（5）主机及辅机警报装置。冷却水设置有高温警报器,滑油低压、透平重力油柜低位设置有声光信号报警装置。

（6）冷藏货舱内应有能向制冷机室及机舱报警的按钮,以便危急时进行求援报警。

（7）应设置能由机器控制室或操纵台操作的轮机员警报装置,并能在轮机员居住舱室内清晰地听到。

【课后自测】

1.简述船内主要通信工具和信号装置。

2.简述船内铃组系统。

3.简述船内指挥电话的应用。

参考文献

[1] David J. Eyres. Ship Construction-5th ed. [M]. Butterworth-Heinemann, 2001.

[2] 韩寿家. 造船大意[M]. 大连：大连海事大学出版社，1993.

[3] 中华人民共和国海事局. 1978年海员培训、发证和值班标准国际公约马尼拉修正案[M]. 大连：大连海事大学出版社，2010.12.

[4] 国际海事组织. 国际海上人命安全公约(2009综合文本). 北京：人民交通出版社，2009.

[5] 国际海事组织. MARPOL公约2006中文稿.

[6] 黄连忠，陈宝忠. 船舶管理[M]. 大连：大连海事大学出版社，2008.2.

[7] 中国船级社. 钢质海船入级规范第2~5分册(2009版). 北京：人民交通出版社，2009.8.

[8] 中国船级社. 钢质海船入级规范2011年修改通报. 北京：人民交通出版社，2011.7.

[9] 中国船级社. 船舶废气清洗系统试验和检验指南. 北京：人民交通出版社，2011.7.

[10] 中国船级社. 船舶压载水管理计划编制指南. 北京：人民交通出版社，2006.

[11] 中国船级社. 船上海洋污染应急计划编制指南.(上海规范研究所，2007.3).

[12] 中国船级社. 船用柴油机氮氧化物排放试验及检验指南. 北京：人民交通出版社，2011.

[13] 江一斌. 从一起油污事故看新《海环法》的实施[J]. 中国水运，2000.7：15.

[14] 方泉根. 船舶驾驶台资源管理[M]. 北京：人民交通出版社，2006.6.

[15] 中国船级社. 关于美国"船舶压载水排放规则"的信息通告. 2011.12.

[16] 中国船级社. 海事劳工条件检查实施指南2009. 北京：人民交通出版社，2009.

[17] 中华人民共和国宁波海事局. 2010年水上交通事故教训案例集. http://www.nbmsa. gov.cn.

[18] 船舶溢油应变部署表. GB/T 16559-2010.

[19] 康文宝、黄连忠.《2006年海事劳工公约》对我国海运业的影响及对策[J]. 大连海事大学学报(社会科学版)，2008.6：16-18.

[20] 许乐平，詹玉龙. 船舶动力装置技术管理[M]. 大连：大连海事大学出版社，2006.1.

[21] 许乐平. 船舶管理[M]. 大连：大连海事大学出版社，2000.9.

[22] 陈宝忠. 海洋船舶轮机管理[M]. 大连：大连海事大学出版社，2004.

[23] 陈宝忠，鲁农安. 船舶管理[M]. 北京：人民交通出版社，2000.4.

[24] 轮机管理，青岛远洋船员学院国家级精品课程. http://ftp.coscoqmc.com.cn/Nclass/ljgl/index.htm